D1615185

EURIPIDE

TOME IV

IL A ÉTÉ TIRÉ DE CET OUVRAGE

200 exemplaires sur papier pur fil Lafuma, numérotés à la presse de 1 à 200.

COLLECTION DES UNIVERSITÉS DE FRANCE
publiée sous le patronage de l'ASSOCIATION GUILLAUME BUDÉ

EURIPIDE

TOME IV

LES TROYENNES — IPHIGÉNIE EN TAURIDE — ÉLECTRE

TEXTE ÉTABLI ET TRADUIT
PAR
Léon PARMENTIER
Professeur à l'Université de Liége

ET

Henri GREGOIRE
Professeur à l'Université de Bruxelles

PARIS
SOCIÉTÉ D'ÉDITION « *LES BELLES LETTRES* »
95, BOULEVARD RASPAIL

1925

Conformément aux statuts de l'Association Guillaume Budé, ce volume a été soumis à l'approbation de la commission technique, qui a chargé MM. J. Bidez et E. Chambry d'en faire la revision et d'en surveiller la correction en collaboration avec MM. L. Parmentier et H. Grégoire.

LES TROYENNES

Texte établi et traduit

PAR

L. PARMENTIER

SIGLES

P = cod. Palatinus 287, XIVe siècle.
V = cod. Vaticanus 909, XIIIe siècle.
p et *v* = corrections de deuxième main dans P et V.
Σ = scholiaste de V.
tab. = tablette de cire dans *Berliner Klassikertexte* V. 2. p. 98 (vv. 876-879), 1er siècle ap. J.-C.
Chr. = Christus patiens, ed. Brambs.
rec. = corrections laissées anonymes.

Est. = Henri Estienne
Scal. = Scaliger
Herm. = Hermann
Wil. = Wilamowitz.

J'ai collationné, en octobre 1921, P et V à Rome, et j'ai examiné à Naples certaines scolies, presque illisibles dans V, sur sa copie, le *Neapolitanus* II F 9, XVe siècle. Ayant obtenu, par l'obligeante intervention de Mme Ada Adler, une photographie du *Hauniensis* 417, XVe siècle, j'ai pu me convaincre qu'il dérive de V et je n'ai nulle part invoqué son témoignage, qui est sans valeur pour la tradition. Quant au *Harleianus* 5743, de date beaucoup plus récente encore, l'examen de ses leçons, citées par Kirchhoff et par d'autres, m'a montré qu'il convient de le négliger également.

NOTICE

La trilogie.

Un passage d'Elien[1] nous a conservé, au sujet de la représentation des *Troyennes*, de précieux renseignements qui compensent en partie la perte de l'argument d'Aristophane de Byzance. « Pendant la 91e olympiade... il y eut concours entre Xénoclès et Euripide. Celui qui obtint le premier prix fut Xénoclès — quel que soit ce personnage — avec *Œdipe, Lycaon*, les *Bacchantes*, et *Athamas,* drame satyrique. Euripide fut second avec *Alexandros, Palamède*, les *Troyennes*, et *Sisyphe,* drame satyrique. Quelle dérision : Xénoclès triompher et Euripide être vaincu, et cela, avec de pareils drames ! » Des scolies d'Aristophane[2] nous permettent de préciser qu'il s'agit de la première année de la 91e olympiade, et que les *Troyennes* furent jouées aux grandes Dionysies (mars) de 415.

On voit, d'après leurs titres, que les trois pièces de la trilogie traitaient des sujets empruntés au cycle troyen. Un pareil lien entre les thèmes choisis rappelle la manière d'Eschyle, et il n'apparaît guère chez Euripide dans les autres cas où nous connaissons sûrement les pièces représentées au même concours, par exemple *Crétoises*, *Alcméon*, *Télèphe, Alceste* (en 438) ; *Médée, Philoctète, Dictys* (431) ; *Hélène*, *Andromède* (412) ; *Iphigénie à Aulis, Alcméon, Bacchantes* (après 406)[3]. Si l'*Oinomaos,* le *Chrysippe* et les *Phéniciennes* ont vraiment été joués ensemble, la liaison entre leurs sujets ne pouvait être très marquée.

Le cas de la trilogie troyenne est donc fort rare, sinon unique ; l'analyse de ses différents drames va nous montrer

[1] *Var. Hist.* II 8. Voir le texte cité plus loin p. 26.

[2] *Guêpes* 1326. *Oiseaux* 842.

[3] Ici Euripide le jeune a sans doute simplement fait jouer ensemble les pièces laissées par son père. Je ne parle pas des trilogies dont la constitution est conjecturale.

de plus qu'une même pensée générale en a déterminé la composition. La première pièce présente les Troyens à l'heure où ils attirent irrévocablement sur eux les menaces du destin; la seconde nous fait assister, dans le camp des Grecs, à la consommation d'une injustice dont la conscience humaine réclame et attend le châtiment; la troisième constitue l'épilogue de la lutte entre la Grèce et l'Asie; de cette guerre légendaire, ornée par la poésie de tant de gloire et de beauté, elle fait le type de toute guerre de conquête, et elle en tire une morale que l'on n'avait pas encore affirmée devant le peuple d'Athènes.

Nous possédons par bonheur, sur les deux pièces perdues, assez de renseignements[1] pour les reconstruire dans leurs éléments essentiels.

L'Alexandros. Dans le prologue de l'*Alexandros*, un personnage[2] racontait les événements antérieurs à l'action. Hécube, avant de devenir mère de Pâris, avait rêvé qu'elle enfantait un tison ardent. Sur l'avis des devins (Hygin), ou bien d'après un oracle d'Apollon (Ennius), Priam avait ordonné de faire périr l'enfant aussitôt après sa naissance, pour qu'il ne devînt pas la cause de la ruine de Troie. Les parents apprendront seulement à la fin du drame que le vieillard[3] chargé de tuer le nouveau-né l'avait exposé sur le mont Ida. Recueilli là par un bouvier[4], l'enfant a grandi

[1] Surtout leurs fragments, ceux de l'*Alexander* d'Ennius et les *fab.* 91 (Alexander) et 105 (Palamedes) d'Hygin. Des fragments nouveaux de l'*Alexandros* sur papyrus, conservés à Strasbourg, ont été publiés et commentés par Crönert, *Nachrichten von der Ges. der Wiss. zu Göttingen. Phil.-hist. Klasse* 1922, p. 1-17. Cf. Körte, *Archiv f. Papyrusforschung* VII, 1924, p. 255. — Sophocle aussi avait composé un *Alexandros* dont le thème général (fr. 90) devait ressembler à celui d'Euripide.

[2] On a supposé que c'était Cassandre. Cf. O. Ribbeck, *Trag. Rom. fragmenta, ex incertis incertorum fabulis* V, 3e éd.

[3] πρέσϐυς *Troyennes* 922; cf. fr. VIe 12 Crönert.

[4] Crönert imagine pour ce personnage, qu'il nomme Archélaos, un rôle dont il me paraît exagérer l'importance.

sous le nom de Pâris[1]. Les années ont passé. Priam a décidé de faire célébrer des jeux funèbres en l'honneur de son fils mort. Comme prix pour le vainqueur, on est allé chercher un taureau parmi les troupeaux de l'Ida, et l'animal choisi est justement celui que préférait Pâris.

Une stichomythie, qui suivait sans doute de près la parodos, montrait Hécube regrettant toujours l'enfant qu'elle a perdu ; ce morceau se terminait, semble-t-il, par l'entrée en scène de Cassandre[2]. Nous voyons donc apparaître, dans la première pièce de la trilogie, deux des personnages les plus importants du drame final, et même il semble qu'Hécube jouait dans l'*Alexandros* un rôle central comme dans les *Troyennes*. La lutte gymnique, dont on attendait sur la scène avec impatience le résultat (Ennius fr. II), a dû fournir le sujet d'un beau récit. Le bouvier Pâris se présentait pour disputer le prix aux nobles Troyens et triomphait de tous les concurrents, notamment de ses deux frères, Déiphobe et Hector. Le rôle d'Hector est la révélation la plus intéressante que nous apportent les nouveaux fragments (IV). Les deux frères vaincus arrivaient ensemble sur la scène, et ils engageaient un débat destiné surtout à faire apparaître la supériorité morale d'Hector et à préparer l'idéalisation dont sa mémoire sera l'objet dans les *Troyennes*. Hector, suivant une conception fréquente chez Euripide, n'attache qu'une médiocre importance aux joutes athlétiques, tandis que Déiphobe, humilié d'avoir été vaincu par un esclave qui n'avait pas même le droit de prendre part aux luttes, forme le dessein de tuer Pâris et expose son projet devant Hécube[3]. Nous savions déjà que le sujet du drame offrait au poète des

[1] Le scoliaste d'*Andromaque*, 293, dérive le nom de Pâris de la besace (πήρα) dans laquelle le berger aurait placé l'enfant. L'étymologie est tout à fait dans la manière d'Euripide.

[2] Fr. 43, 44 N., et fr. I Crönert, qui suppose que l'interlocuteur d'Hécube est le Coryphée. L'entrée de Cassandre paraît bien établie par une heureuse restitution de Wilamowitz. — L'interprétation que donne Crönert des fr. II et III est très douteuse.

[3] Fr. VI*b* et VI[c] Crönert. Cette rivalité entre les deux frères donne

occasions de discuter la situation des esclaves et d'attaquer les supériorités fondées sur la richesse et sur la naissance (fr. 48-51, 54-58 N. VI[e] Crönert).

Nous ignorons comment se faisait l'arrivée en scène de Pâris, et comment Déiphobe l'obligeait à chercher un refuge sur l'autel de Zeus domestique. Les figurations de cette scène sur des cistes étrusques montrent d'ordinaire Aphrodite comme protectrice à côté de Pâris. Finalement, intervenait une scène de reconnaissance dont nous ne pouvons préciser sûrement les détails, et Priam et Hécube accueillaient dans leur palais le fils retrouvé (fr. 60, 62 N.). Mais le drame ne se terminait pas sur l'impression de cet heureux dénouement. Cassandre, soudainement inspirée par Apollon, désignait Pâris comme le flambeau destiné à allumer l'incendie de la cité; devant les Troyens, comme toujours incrédules à ses prophéties, elle prédisait l'arrivée de la flotte grecque, la mort d'Hector, l'entrée du cheval de bois et la ruine de la haute Pergame (Ennius fr. VI-IX).

Le chœur était composé de Troyens, sans doute ces vieillards (δαμογέροντες) dont il est parlé dans l'*Andromaque*, v. 300. Il y avait un chœur secondaire de bouviers de l'Ida qui avaient suivi Pâris dans son aventure. C'est un procédé dont Euripide avait déjà fait un emploi pittoresque avec son chœur de chasseurs de l'*Hippolyte*. Parmi les personnages du drame, Hécube et Cassandre reparaîtront dans les *Troyennes* où leur rôle rappellera tragiquement celui qu'elles avaient joué dans la première pièce. Priam et ses fils auront péri avec tous les défenseurs d'Ilion, et il ne restera plus que les femmes pour pleurer autour d'Hécube le désastre de la patrie.

Le Palamède. Avec la seconde pièce, le *Palamède*, Euripide transportait la scène dans le camp des Grecs. D'après les *Chants cypriens*, Palamède, fils de Nauplios, avait été noyé traîtreusement par

de l'intérêt à l'allusion au mariage forcé d'Hélène avec Déiphobe, *Troyennes* 959-960 (deux vers souvent rejetés à tort).

Ulysse et par Diomède, un jour qu'il était à la pêche[1]. La version qui fait de lui la victime d'un crime judiciaire n'apparaît pas, à notre connaissance, avant les trois tragiques, dont chacun a écrit un drame intitulé *Palamède*. De même que la tragédie, la prose artistique appliqua sa virtuosité à plaider les vieilles causes mythiques, et c'est à cette mode que nous devons le petit chef-d'œuvre qu'est le *Palamède* de Gorgias[2]. Dès lors, Palamède est représenté comme un sage, à qui les Grecs doivent le bienfait des plus utiles inventions, l'écriture, la numération, les mesures, le jeu de dés, la tactique militaire, d'autres encore. Son génie excitait la jalousie des chefs grecs et particulièrement celle d'Ulysse, qui ne lui pardonnait pas d'avoir déjoué son stratagème lorsqu'il contrefaisait le fou pour ne pas aller au siège de Troie[3]. La tendance générale de la trilogie fait penser que, chez Euripide, on faisait aussi un grief à Palamède de ses sentiments défavorables à la guerre[4].

Voici en résumé comment le complot criminel est raconté par Hygin. Ulysse persuade Agamemnon de lever le camp de l'armée grecque pour une journée, et il profite de la solitude pour enterrer une somme d'or à l'emplacement de la tente de Palamède[5]; puis, il remet, prétendument pour qu'il la porte à Priam, une lettre à un prisonnier phrygien qu'il fait tuer à sa sortie du camp. Le lendemain, l'armée étant revenue dans ses quartiers, un soldat trouve la lettre sur le cadavre du Phrygien et la porte à Agamemnon. C'était un faux, attribué à Priam et promettant à Palamède une récompense égale à l'or enfoui dans sa tente, s'il tenait

[1] Pausanias X 31, 1.

[2] On démontrerait facilement qu'il date du ve siècle et que, pas plus que la charmante fantaisie (παίγνιον) de l'*Hélène*, il ne peut être le produit de la verve d'un homme qui, avec la date admise par Blass (en 393), eût été à peu près centenaire. — L'accusation d'Ulysse contre Palamède forme le sujet d'un plaidoyer attribué à Alcidamas.

[3] *Chants cypriens*, d'après Proclos. Hygin 95.

[4] *quia bella vetabat*, Virgile, *Énéide* II 84.

[5] Ce moyen est une variation sur un thème ancien que l'on retrouve dans la vie d'Ésope et ailleurs.

son engagement de livrer le camp des Grecs. Palamède avait beau nier devant Agamemnon; il était confondu par la découverte de l'or, condamné et mis à mort par l'armée.

La plupart des fragments se rapportent aux discours — nous pourrions dire aux plaidoyers — d'Ulysse et de Palamède devant Agamemnon et le Chœur. Celui-ci devait nécessairement se composer de guerriers achéens représentant l'opinion de l'armée. En effet, le drame, dans sa perspective légendaire, présente aux contemporains le type d'une de ces erreurs judiciaires dont les tribunaux populaires d'Athènes avaient déjà fourni plus d'un exemple à l'égard de nobles esprits. Ulysse est le démagogue qui trompe le peuple, excite ses passions et l'entraîne à une erreur irrémédiable. Mais l'erreur (ἀμαθία), pour le penseur ami de Socrate, est aussi le crime et se paie comme lui. C'est l'armée grecque tout entière qui lapidera Palamède innocent, et c'est elle aussi qui subira plus tard le châtiment de cette injustice[1].

Un récit apprenait au public comment le héros avait péri, et sa mort provoquait des lamentations dont nous avons conservé ce fragment lyrique (588) : « Vous avez tué, vous avez tué, ô Danaens, l'ingénieux rossignol des Muses, qui ne faisait de mal à personne... » J'attribuerais cette plainte mélique au frère de Palamède, Oiax, dont le rôle devait rappeler quelque peu celui de Teucros dans l'*Ajax* de Sophocle. Des anciens[2] avaient vu dans ce frag-

[1] M. de Wilamowitz (*Herakles* I, p. 115) imagine un chœur de femmes indigènes, retenues dans le camp grec au moment où elles allaient célébrer sur l'Ida le culte de Bacchus. Pour cela, il lui faut préalablement introduire dans le fr. 586 une correction invraisemblable, Διονύσου ἰκόμαν pour Δ. κόμαν, la chevelure flottante de Dionysos étant justement une caractéristique constante de la bacchanale (*Phéniciennes* 787. *Bacchantes* 150, 695). La comparaison avec le chœur des *Phéniciennes* n'est aucunement de mise. Les Phéniciennes peuvent s'intéresser au sort de Thèbes dont les rois appartiennent à leur race. Mais quelle raison auraient des bacchantes asiatiques de prendre parti dans une querelle entre Grecs?

[2] Diogène Laërce II 44. Argument du *Busiris* d'Isocrate.

ment une allusion à la condamnation de Socrate. L'idée qui les a inspirés, malgré l'anachronisme évident, a une certaine justesse en ce sens qu'Euripide, instruit par des exemples antérieurs, comme les persécutions contre Phidias, Anaxagore, et déjà sans doute aussi contre Diagoras et Protagoras, donnait ici au peuple d'Athènes un avertissement prophétique. Platon lui-même[1] a associé le nom de Palamède à celui de Socrate, et le drame d'Euripide avait dû contribuer particulièrement à faire de ce héros mythique le type du martyr judiciaire et du sage calomnié.

La fin de la pièce faisait prévoir le châtiment du crime. Sur des rames qu'il jetait à la mer, Oiax écrivait le récit de la mort de Palamède, afin que l'une d'elles arrivât dans les mains de son père Nauplios. Ainsi se préparait la destruction de la flotte grecque dont parleront les *Troyennes* (v. 90). Pendant la tempête soulevée contre elle par Poseidon, Nauplios allumera des fanaux pour attirer les vaisseaux dans la « mer creuse » de l'Eubée où ils viendront s'engouffrer et périr. Le rôle odieux d'Ulysse est rappelé par Hécube dans les *Troyennes*, lorsqu'elle le traite d'ennemi de la justice et de monstre sans loi (v. 284), et ce sont ses malheurs et ceux de son ami Agamemnon que les prédictions de Cassandre se plairont à détailler cruellement. — On ne voit pas qu'il y eût place dans le *Palamède* pour un de ces rôles de femme où triomphe le pathétique d'Euripide. De là vient peut-être en partie le reproche que lui fait Aristophane[2] d'être une pièce « froide ».

Les Troyennes. Au moment où s'ouvre le troisième drame, les *Troyennes*, la cité de Priam a succombé. Le théâtre représente à l'arrière-plan l'acropole d'Ilion, dominant des temples et des maisons où fume déjà l'incendie.

Au fond de la scène, on voit des baraques où sont enfer-

[1] *Apologie* 41 B.

[2] *Thesmophories* 848 τὸν Παλαμήδην ψυχρόν.

mées les captives troyennes; devant l'une d'elles, gît sur le sol la vieille Hécube, abîmée dans sa douleur. Poseidon, armé du trident qui soulève les mers, se présente pour dire adieu à la ville dont il avait bâti les murs. Son monologue, suivant l'ordinaire, fait connaître les antécédents de la situation, mais il est suivi d'une scène qui nous donne prématurément des renseignements réservés partout ailleurs pour la fin de la pièce. A côté de Poseidon, le dieu ami des Troyens, apparaît inopinément Athéna, jusqu'ici protectrice des Grecs. Irritée des impiétés dont ceux-ci ont souillé leur victoire, elle s'entend avec son ancien ennemi pour préparer à la flotte athénienne un funeste retour et pour la faire périr dans le désastre qu'avait annoncé la fin du *Palamède*. Ainsi la scène prédit les événements postérieurs au drame, à la façon dont le fait fréquemment dans l'épilogue le *deus ex machina*. Si le poète a donné ici dans le prologue de telles indications, c'est que, pour la satisfaction de la conscience humaine, il a voulu dès le début laisser planer la perspective du châtiment par delà les atrocités du sac de la ville. Les trois derniers vers que prononce Poseidon (95 sqq.) expriment toute la pensée morale de la pièce : « Insensé le mortel qui détruit les cités et livre à l'abandon les temples et les tombes, asiles saints des morts : sa perte s'ensuivra. » Bien des auditeurs ont dû se rappeler ici les vers où Eschyle expliquait par les mêmes crimes les désastres infligés à l'armée de Xerxès[1].

Mise en scène. Le spectacle va se composer d'une série de tableaux représentant divers moments de la passion troyenne. Pour les relier par une unité d'impression, Hécube reste constamment sur la scène; comme reine, comme mère et comme épouse, elle est la figure où viennent se concentrer les souffrances sans mesure que la guerre apporte aux femmes innocentes des vaincus. Les renouvellements de son supplice sont mar-

[1] *Perses* 809-812. Cf. Paul Perdrizet, *Le témoignage d'Eschyle sur le sac d'Athènes. Revue des Études grecques*, 1921, pp. 57-79.

qués par les interventions réitérées du héraut Talthybios, chargé d'annoncer aux captives les décisions de l'implacable vainqueur.

Le danger d'un pareil sujet était qu'il ne fatiguât le public, en faisant un appel trop répété au même genre d'émotion. On va voir avec quel art le poète a réussi à ranimer sans cesse l'intérêt par l'imprévu et la variété de la mise en scène. Et d'abord, l'entrée du Chœur, qui devait offrir un spectacle pittoresque de femmes et de jeunes filles au costume asiatique, se fait, non pas comme d'habitude en un seul groupe, mais en deux demi-chœurs, sortant tour à tour des tentes pour venir se presser autour d'Hécube et entendre les arrêts des Grecs de la bouche de Talthybios.

A cette première partie, d'un lyrisme plaintif, succède la scène étrange et menaçante de Cassandre. Tout à coup, l'une des tentes semble s'éclairer des lueurs d'un incendie. Élevant un flambeau allumé et vêtue en prêtresse d'Apollon, Cassandre, dans un transport de délire prophétique, se précipite en dansant sur la scène, chante son hyménée avec Agamemnon et prédit les malheurs des Atrides et d'Ulysse. Même sur des spectateurs qui se souvenaient de la grande scène d'Eschyle, cette apparition de Cassandre devait produire un effet saisissant, et l'on voudrait pouvoir lui comparer la scène qu'Euripide avait tirée encore du même thème à la fin de l'*Alexandros*.

La présentation scénique de l'épisode suivant, celui d'Andromaque, est faite par des moyens dont la nouveauté pittoresque devait à son tour étonner les spectateurs. Andromaque, que des guerriers grecs conduisaient à son maître, Néoptolème, passait devant la scène sur un char à quatre roues, berçant sur son sein le jeune Astyanax et entourée de dépouilles troyennes, parmi lesquelles brillait le gigantesque bouclier d'Hector. Elle échangeait ainsi avec Hécube ses plaintes et ses discours, jusqu'au moment où l'on arrachait de ses bras Astyanax pour aller le précipiter du haut des tours de Troie. Cette mise en scène, qui rappelle le char amenant Agamemnon chez Eschyle, a dû plaire au public, car Euripide l'a répétée dans deux autres de ses drames, l'*Électre* et l'*Iphigénie à Aulis*.

Le troisième acte s'ouvre par l'arrivée soudaine de Ménélas, suivi bientôt d'Hélène qu'il fait saisir par ses gardes et traîner hors de la tente des captives. Très inattendue est l'attitude de ce Ménélas qui reste insensible devant la beauté et les prières d'Hélène, alors que toute la légende racontait comment, à la vue du sein nu de l'infidèle, le roi de Sparte avait aussitôt laissé tomber son épée[1]. La curieuse discussion qui s'engage entre Hélène et Hécube présente, on le verra plus loin, une importance particulière pour la philosophie de la trilogie; au point de vue dramaturgique, elle sert aussi à ménager une diversion et un repos avant les deux derniers actes où le pathétique atteindra son degré suprême.

Le premier de ces deux actes est consacré aux lamentations d'Hécube devant le cadavre d'Astyanax et le bouclier d'Hector que l'on apporte ensemble sur la scène. A la fin, on voit la grand'mère bander elle-même les plaies de l'enfant et faire avec les captives la toilette funèbre du corps, avant de le déposer dans le glorieux bouclier d'Hector qui lui servira de tombeau. Ce détail émouvant est sans doute de l'invention d'Euripide; il a su ailleurs encore tirer des effets dramatiques de la personnification de l'arme familière d'un héros[2].

Pour celui qui, par delà le texte écrit, se représente l'action théâtrale, la fin des *Troyennes* présente un tableau qui dépasse tous les précédents par le mouvement, les sons, la couleur, et par l'effet général qu'il devait produire sur les sens mêmes des spectateurs. Ordre est donné aux soldats de consommer l'incendie de la cité, et aux captives de se rendre, au premier appel de la trompette, vers les vaisseaux

[1] *Petite Iliade* fr. 17 Allen. Ibycos, fr. 35. Aristophane, *Lysistrata* 155. Euripide, *Andromaque* 628. *Oreste* 1287.

[2] *Héraclès* 1379 sqq.

de leurs maîtres grecs. Bientôt, dans la ville d'où une fumée noire montait depuis le début du drame, on voit s'élever partout des flammes rouges qui s'avancent rapidement vers le fond de la scène; il faut empêcher Hécube de se précipiter dans le bûcher de sa patrie. Ici, comme pour le reste de cette tragédie, la plus lyrique de toutes celles d'Euripide[1], la musique nous manque et nous ignorons l'élément essentiel pour exprimer le paroxysme de la douleur ; nous ne saurons jamais sur quelles notes déchirantes Hécube et ses compagnes exhalaient leur complainte suprême. La vieille reine se jetait sur le sol pour frapper la terre de ses mains, et tout le Chœur imitait ce rite effrayant qui évoque les morts de leur couche souterraine. Cependant, les palais et les temples s'écroulent dans le brasier ; la cendre cachera jusqu'à l'emplacement des demeures où les Troyennes ont vécu. Soudain, on entend un formidable fracas ; la terre tremble ; c'est la haute citadelle de Pergame qui tombe. L'appel éclatant des trompettes retentit ; terrifiées, menacées par les flammes, poussées par les soldats grecs, les captives se dirigent vers les vaisseaux qui vont les emmener en servitude.

La tendance du drame.

Jamais spectacle aussi émouvant n'a montré aux yeux la grande pitié des vaincus, et pourtant les *Troyennes* sont la pièce que les critiques littéraires ont généralement choisie pour démontrer à Euripide qu'il ne savait pas construire une tragédie. Je n'éprouve nul besoin de mettre le grand poète en règle avec les exigences d'une esthétique surannée. Mais il paraît nécessaire d'examiner ici l'opinion très répandue qui voit dans les *Troyennes* une pièce toute de circonstance, inspirée par l'imminence de l'expédition d'Athènes contre la Sicile[2].

[1] Les parties méliques (anapestes compris) contiennent 535 vers sur 1332 ; l'*Électre* en a 392 sur 1359, l'*Héraclès* 432 sur 1428; les *Suppliantes* 300 sur 1234.

[2] Surtout H. Steiger, *Warum schrieb Euripides seine Troerinnen?* dans *Philologus*, 1900, p. 362 sqq.

Et d'abord, l'assemblée du peuple qui vota cette guerre eut lieu en mars 415, c'est-à-dire pendant le mois même où furent représentées les *Troyennes*. Sans doute, déjà pendant l'hiver 416-415, les députés de Ségeste étaient venus demander le secours d'Athènes contre Sélinonte; mais, à ce moment, il n'était pas question ouvertement d'une guerre de conquête; il s'agissait de protéger les cités démocratiques et amies d'Athènes contre l'ambition conquérante de Syracuse, la grande cité dorienne qui avait anéanti récemment la ville de Léontini. Au surplus, ce n'est pas en quelques mois qu'Euripide eût pu composer et préparer pour la représentation sa trilogie troyenne. Nous sommes portés à la mettre spécialement en rapport avec la guerre contre Syracuse parce que nous connaissons l'issue fatale de celle-ci. Mais, à l'heure où Euripide a conçu et rédigé son œuvre, nul ne pouvait prévoir à quelle catastrophe aboutirait l'aventure sicilienne. Ce qui est vrai, c'est qu'en montrant sur la scène, précisément en 415, les crimes et les châtiments qu'entraîne la guerre, le grand poète a donné au peuple d'Athènes une leçon morale qu'une catastrophe imprévue a fait apparaître plus tard comme un avertissement prophétique; en ce sens, il a été véritablement *vates*, de la même façon qu'on pourrait dire que, dans le passage du *Palamède* cité plus haut, il a prédit la mort de Socrate. Mais les raisons qui ont fait de lui l'apôtre de la paix sont bien antérieures au vote de l'assemblée athénienne en 415. Elles sont inspirées avant tout par le caractère de barbarie et d'inhumanité que prenaient de plus en plus les guerres entre Grecs.

Pendant longtemps, à peu près tant que domina la génération de Périclès, Athènes avait appliqué aux cités révoltées ou conquises un droit assez humain pour l'époque[1]. Mais, peu d'années déjà après la mort de Périclès,

[1] En général, les clauses sont : démolition des remparts, livraison des vaisseaux, paiement d'un tribut, par exemple pour Thasos (en 463), pour Égine (457), pour l'Eubée (446), pour Samos (439). En 430,

Cléon parvint à faire décréter contre les habitants de Mytilène un arrêt de mort que le peuple repentant put heureusement révoquer à temps le lendemain du vote (427). Ainsi Athènes n'eut point alors sur la conscience un crime comparable à celui que commettait Sparte contre Platées, et Euripide avait le droit, dans son *Andromaque*, de s'indigner contre la cruauté lacédémonienne. Cependant, la politique de la domination par la terreur arriva assez tôt à triompher dans beaucoup d'esprits de la génération nouvelle. Elle aboutit à la doctrine du droit fondé sur la force, flétrie par Socrate chez le Calliclès du *Gorgias* et par Euripide chez l'Étéocle des *Phéniciennes*, mais admirée et pratiquée par les Alcibiade, les Critias et leurs émules ; enfin, elle s'imposa de plus en plus au peuple d'Athènes lui-même dans la conduite de la guerre.

En 422, après la prise de Toroné, ville de la Chalcidique, Cléon fit vendre comme esclaves les femmes et les enfants, et emmena comme prisonniers les autres habitants[1]. On comprend qu'à la fin de la guerre d'Archidamos, qui avait duré dix ans comme la guerre de Troie, Euripide ait accueilli avec bonheur l'aurore de la paix et les espérances d'une période plus humaine. « Nous savons, écrit-il en 422 dans les *Suppliantes* (488 sqq.), combien la paix l'emporte sur la guerre, la paix chérie des Muses, odieuse aux Furies, amie de la fécondité et de l'opulence... A ces biens, nous préférons la guerre, l'asservissement du faible, de l'homme par l'homme, de l'État par l'État. » Mais la paix à peine conclue, en 421, Euripide dut voir ses compatriotes commettre un crime plus grand encore que celui de Toroné. Après la reddition de Scioné, autre ville de la Chalcidique, tous les hommes valides furent mis à mort et les femmes et les enfants réduits à l'esclavage[2]. Enfin, pendant l'hiver

les habitants d'Égine et de Potidée durent émigrer de leurs pays, mais tous échappèrent à la mort ou à l'esclavage.

[1] Thucydide V 3, 3.

[2] Thucydide V 32, 1. Les Athéniens eurent eux-mêmes conscience

416-415, les Athéniens, invoquant sans détour le droit du plus fort[1], s'emparèrent de la cité inoffensive de Mélos, coupable seulement d'être une colonie dorienne, et, sur la proposition d'Alcibiade, ils firent mettre à mort les hommes valides et vendre comme esclaves les femmes et les enfants[2].

L'Hécube. Ces divers événements, en même temps que la menace constante d'une reprise générale de la guerre, expliquent assez l'esprit et la tendance de la trilogie troyenne. A cet égard, la comparaison avec l'*Hécube*, représentée environ dix ans plus tôt et composée sans doute après la *Polyxène* de Sophocle, achève de nous éclairer. Les situations dans les deux drames sont à peu près les mêmes : Troie vient d'être conquise, et Hécube, entourée d'un chœur de captives, reste constamment sur la scène. Mais, dans l'*Hécube*, la vieille reine est vraiment l'héroïne de la tragédie. Notre pitié va vers cette mère qui voit dans la même journée périr deux de ses enfants ; notre intérêt s'attache à son caractère, capable de tant d'habileté et d'abnégation quand elle essaie de sauver sa fille Polyxène, de tant de dissimulation et de barbarie quand elle tire vengeance de la mort de son dernier fils, Polydore. D'autre part, sur le problème moral de la guerre elle-même, Euripide ne se prononce point dans l'*Hécube*. On ne trouve là que la pitié qu'éveillent naturellement les souffrances des vaincus et l'odieux n'est point réservé de parti pris aux vainqueurs.

des représailles que méritaient ce crime et celui de Mélos. Isocrate, *Panégyrique* 100. 109. *Panathénaïque* 63. Xénophon, *Helléniques* II 2, 3. — De leur côté, dans l'hiver 417-416, les Spartiates mirent à mort tous les habitants d'Hysiai, bourg de l'Argolide (Thucydide V 83, 2).

[1] Thucydide V 85-116.

[2] La victoire d'Alcibiade à Olympie ayant eu lieu en 416 et non en 420, je suis convaincu, avec M. de Wilamowitz (*Einleitung* à la traduction des *Troyennes*, *Griechische Tragoedien übersetzt*, t. III, p. 292), qu'Euripide n'est point l'auteur de l'ode triomphale en l'honneur de cet aspirant à la tyrannie. Le fragment cité chez Plutarque (*Alcibiade* 11) est d'ailleurs indigne d'un tel poète. L'attribution était déjà contestée dans l'antiquité (Plutarque, *Démosthène* 1).

Dans les *Troyennes*, au contraire, c'est Troie qui obtient, au détriment des Grecs, toute la sympathie du poète. La conquête de cette cité fabuleuse était le patrimoine de gloire commun à tous les Hellènes. Depuis des siècles, l'art et la poésie n'avaient cessé de célébrer cette grande victoire nationale. La noblesse et l'honneur des villes grecques étaient d'y avoir pris part, ou du moins de se rattacher par leur fondateur à l'un ou l'autre des compagnons d'Agamemnon. Or, voulant transporter dans le passé épique, suivant les habitudes de son art, un problème moral d'application contemporaine, Euripide a choisi précisément pour thème cet anéantissement de Troie dont s'enorgueillissaient tous les Grecs. Examinant cette victoire à la clarté de sa raison et de son expérience, il a eu l'audace de la flétrir et de présenter au peuple d'Athènes une tragédie qui est à la fois un *gloria victis* et un *vae victoribus*.

Son mépris pour toute guerre de conquête s'exprime sans réserve dans ces paroles de Cassandre (400 sqq.) : « Éviter la guerre est le devoir de tout homme sage. S'il faut pourtant en arriver là, ce n'est pas une couronne à dédaigner qu'un beau trépas pour la cité, mais mourir pour une cause qui n'est pas belle n'apporte que le déshonneur. » — « Les Troyens ont eu la gloire la plus belle, celle de mourir pour la patrie (386), et leur ville est plus heureuse (μακαριωτέραν) que la Grèce (365). » Ici, la grandeur morale d'Euripide s'égale à celle de Socrate démontrant à Polos et à Calliclès que l'homme coupable d'une injustice est plus malheureux que sa victime[1].

Ainsi, comme son ami Socrate, Euripide rappelait à ses concitoyens le véritable idéal de la civilisation, au moment où les principes d'une culture nouvelle tendaient à en éloigner la Grèce. A y bien réfléchir, il apparaît ici comme le

[1] Platon, *Gorgias* 507 C : « L'homme qui fait le bien est heureux (μακάριόν τε καὶ εὐδαίμονα), celui qui fait le mal est malheureux (ἄθλιον) ». La réponse de Calliclès 521 C est dans le même ton d'ironie que celle du Chœur à Cassandre 406 sq.

digne continuateur de certains des poètes de l'*Iliade* qui avaient su déjà introduire tant d'humanité dans les légendes guerrières, de celui, par exemple, qui a corrigé la barbarie primitive d'Achille en le montrant pitoyable aux prières du vieux Priam. D'autres ont, avant la Cassandre d'Euripide, déploré la misère des Grecs exposés à périr loin de leur famille et de la terre natale[1], et ils ont célébré la gloire des Troyens mourant pour défendre leur patrie, leurs femmes et leurs enfants[2]. Les lecteurs de l'*Iliade* savent bien que les figures les plus sympathiques et les plus humaines du poème sont Andromaque, Hécube, Priam, et surtout Hector, la personnification accomplie du devoir et de l'honneur. Il appartenait à Euripide, qui ne pardonne pas leurs crimes aux dieux d'Homère, de traiter ses héros avec la même liberté, et de joindre à la pitié pour les vaincus le mépris pour la gloire des vainqueurs.

La scène d'Hélène. Devant les catastrophes racontées par la légende, le poète philosophe se demande d'ordinaire pourquoi elles ont frappé les humains, et dès lors apparaît le conflit entre l'explication traditionnelle et les exigences de sa raison. Ce conflit fait l'objet de la grande scène entre Hécube et Hélène, et c'est se tromper que d'y voir un hors-d'œuvre et un simple jeu dans le goût de la rhétorique à la mode[3].

Hélène plaide sa cause en s'appuyant principalement sur les récits et les conceptions des poètes homériques. Elle est la victime innocente offerte par Aphrodite à Pâris afin d'obtenir le prix de beauté, et son malheur a empêché la Grèce de devenir l'esclave des Phrygiens, comme l'avaient promis à leur juge les deux autres déesses[4]. Si elle a suivi

[1] Paroles de Patrocle Λ 816 sqq.

[2] Paroles fameuses d'Hector Ο 495 sqq.

[3] Tel le badinage de Gorgias, cité plus haut, p. 7, n. 2. De même que le discours d'Hélène chez Euripide, c'est un plaidoyer (ἀπολογία), et non pas proprement un éloge (ἐγκώμιον), ainsi que le remarque avec raison Isocrate, *Hélène* 14.

[4] Les offres d'Héra et d'Athéna ne sont que chez Euripide et, avec

Pâris, c'est que nul ne peut résister à une déesse qui fait de Zeus son esclave. Ainsi pense l'Hélène d'Homère, et Priam lui-même ne voit pas en elle la cause de ses malheurs[1]. Euripide a choisi Hécube, la reine barbare, pour opposer à ce fatalisme la doctrine de la responsabilité humaine. Le rôle qu'Homère prête aux dieux est une dérision (983). Ce qu'Hélène appelle la toute puissance d'Aphrodite n'est que sa propre *aphrosyné*, l'égarement de sa raison et de ses sens lorsqu'elle vit apparaître dans sa petite cour de Sparte le bel et magnifique prince d'Asie.

L'Hécube qui raisonne ainsi n'est plus celle qui, dans la première pièce de la trilogie, l'*Alexandros*, s'effrayait des songes et des oracles et exposait à la mort son enfant nouveau-né. Aussi, à l'argument d'Hélène prétendant qu'elle-même est la première cause de tous les malheurs pour avoir enfanté Pâris, elle ne répond rien et, à cette heure où les funestes prédictions sont accomplies, elle ne pourrait rien répondre, à moins de nier les données mêmes du premier drame et de supprimer tout l'enchaînement mythique de la trilogie. Avec l'attitude que prend Euripide vis-à-vis des légendes, qui s'imposaient à ses tragédies comme sujets sans que sa raison en acceptât la vérité, de telles contradictions sont inévitables, et il ne cherche guère à y échapper, fût-ce au cours d'un même drame. Ainsi, dans l'*Héraclès*, après avoir montré aux yeux l'infortune du héros comme l'œuvre des agents d'Héra, il a voulu qu'Héraclès lui-même refuse de croire à une aussi criminelle intervention divine; devenant déjà presque stoïcien, il ne rend responsable que la τύχη (v. 1357), le déterminisme fatal dont l'homme est esclave et que, sous le nom de Moira, les poètes homériques avaient pressenti. Ce

certaines différences, chez Isocrate, *Hélène* 41 sq. Mais elles sont conformes à l'esprit homérique. Héra dit à Zeus Δ 51 : « Trois villes me sont chères entre toutes, Argos, Sparte et Mycènes. Tu peux les détruire (pourvu que je me venge des Troyens). »

[1] Γ 399, 164 etc.

recours à la Tyché est finalement indispensable, parce qu'il reste toujours dans les malheurs une part inexpliquée dont les hommes ni les dieux ne paraissent responsables. Même il arrive que ceux-ci avertissent un homme de la menace du destin et lui offrent une chance apparente de salut. Mais la Tyché, dans sa marche lente et sûre, déjoue tous les efforts qui voudraient l'arrêter[1]. Pâris et Œdipe échappent à la mort et les destins s'accomplissent. — Dans un autre passage très curieux (1240-1245) où pour la dernière fois Hécube raisonne sur ses malheurs, elle les attribue à la haine des dieux que nul sacrifice n'aurait pu apaiser. Ici, la divinité est inconsciemment confondue avec la mystérieuse et inexorable Tyché, et Hécube trouve une sorte de compensation à ses infortunes dans l'idée homérique qu'elles seront chantées par les poètes de l'avenir.

La prière d'Hécube. Euripide s'étant fait un procédé de moderniser la forme et le style des discours prêtés à ses personnages, il n'est guère étonnant que les arguments d'Hécube et d'Hélène soient présentés quelque peu comme ils le seraient dans des plaidoyers faits pour les juges athéniens. Il est toutefois dans la scène un passage où les termes paraissent trancher d'une façon vraiment trop crue avec le ton d'une tragédie historique, et c'est peut-être ici le lieu d'indiquer brièvement comment il convient d'apprécier les anachronismes de ce genre. Il s'agit de la prière fameuse d'Hécube, au moment où Ménélas annonce son intention de livrer Hélène à la mort (884 sqq.) : « O toi, support de la terre et qui sur la terre as ton siège, qui que tu sois, insoluble énigme, Zeus, loi inflexible de la nature ou intelligence des humains, je t'adore. Toujours, suivant sans bruit ton chemin, tu mènes selon la justice les affaires des mortels. » Assurément, la forme de cette prière, dont s'étonne Ménélas (889), n'est choisie que pour éveiller l'intérêt de spectateurs instruits

[1] Euripide, *Électre* 402 μόλις προβαίνουσ' ἡ τύχη. *Ibid.* 1301.

des doctrines d'Héraclite, d'Anaxagore et de Diogène d'Apollonie[1]. Mais il n'en reste pas moins que le sentiment qui l'inspire est de tous les temps et que, pour le fond, elle est parfaitement en situation. Le mensonge n'existe que dans la forme. Il était naturel qu'Hécube (469), comme déjà les héros d'Homère, fît peu de cas des dieux en présence de l'accumulation de ses infortunes imméritées. Il est naturel également qu'en apprenant le prochain châtiment d'Hélène, elle s'écrie : « Il y a donc un dieu, quelque nom qu'on lui donne ! », et qu'elle s'incline devant la manifestation de l'immanente justice. L'étrangeté ne réside donc que dans l'expression, et elle démontre simplement une fois de plus qu'Euripide a fréquemment dans son art un souci tout contraire à celui de la couleur locale. Pour prendre un autre exemple, il est vraisemblable, même à l'époque supposée des *Bacchantes*, qu'un roi violent comme Penthée montre à l'égard d'un prêtre comme Tirésias la même irritation qu'Agamemnon contre Calchas chez Homère ou qu'Œdipe et Créon contre Tirésias encore chez Sophocle. L'originalité d'Euripide consiste à faire présenter ses arguments par Tirésias à la manière d'un théologien moderniste (272 sqq.).

Allusions contemporaines.

Sans m'arrêter à discuter les allusions particulières à la politique contemporaine[2] que l'on a voulu trouver dans les *Troyennes*, j'indiquerai cependant quelques détails intéressants par lesquels la pièce porte sûrement la marque de sa date.

J'ai démontré ailleurs[3] que les vers 13-14 contiennent

[1] Cf. mon étude sur *Euripide et Anaxagore*, Paris, 1893, p. 70 sqq. (Extrait du t. 47 [1893] des *Mémoires* publiés par l'Académie royale de Belgique.)

[2] Par exemple, Alcibiade qui, dans les *Suppliantes*, était Thésée, devient Ulysse dans les *Troyennes*, et Euripide y prend le parti de Nicias, le stratège superstitieux qui, par sa crainte devant une éclipse de lune, causa plus tard la catastrophe sicilienne, et qui, entre tous les conservateurs bien pensants, devait être le premier à se scandaliser des idées du poète rationaliste.

[3] *Revue des Études grecques* 1923, pp. 46-49.

une allusion à une œuvre du sculpteur Strongylion, la statue en bronze du cheval de bois érigée peu avant 415 sur l'Acropole, dans l'enceinte d'Artémis. Euripide avait déjà chanté la prise de Troie dans un chœur magnifique de l'*Hécube* (905 sqq.). L'idée générale y consistait à opposer la sécurité des Troyens et l'imminence de leur perte. C'est justement la mention du cheval de bois, devenue d'actualité, qui a permis au poète de reprendre le thème et de le varier dans un chœur des *Troyennes* (511 sqq.). Cette mention lui a donné l'occasion de rappeler (31), « pour plaire aux Athéniens » comme dit le scoliaste, le rôle attribué aux Théséides par l'épopée tardive. En effet, l'œuvre de Strongylion, à tendances politiques, représentait Ménestheus, Teucros et les fils de Thésée, Acamas et Démophon, penchant la tête hors du cheval de bois[1]. En rappelant de son côté que les Théséides ont eu leur part du butin des captives, Euripide introduit un détail tout à l'honneur d'Athènes, puisque ces princes étaient allés à Troie pour en ramener leur grand'mère Aithra, jadis enlevée par les Dioscures et devenue servante d'Hélène. On s'étonne de voir citer en même temps les Arcadiens, qui n'apparaissent que dans le Catalogue de l'*Iliade*. La raison en est sans doute l'importance prise depuis quelques années par cette nation pour la politique athénienne.

Dans un chœur des *Troyennes* (205 sqq.) offrant de nouveau la variation d'un thème déjà traité dans l'*Hécube* (444 sqq.), les captives énumèrent diverses contrées où pourront les emmener leurs maîtres, et elles pensent naturellement à Athènes. L'*Hécube* parle simplement du péplos brodé pour la déesse dans la ville de Pallas ; mais, dans les *Troyennes*, Athènes est citée par deux fois comme étant « le pays glorieux, bienheureux et divin de Thésée », c'est-à-dire que le poète rappelle au public l'Athènes idéale du passé, pieuse, pacifique et miséricordieuse, douce et accueil-

[1] Pausanias I 23, 8.

lante aux vaincus et aux persécutés, celle qu'il avait, sept années plus tôt, personnifiée par Thésée dans les *Suppliantes*[1]. L'éloge d'Athènes « la brillante » revient dans un autre chœur (799), qui chante aussi « Salamine, la nourrice d'abeilles, penchée au milieu des flots vers les saintes collines que couronne le feuillage glauque des oliviers ». Ainsi le poète, en quelques traits nets et exquis, évoque aux yeux le paysage de l'île où il aimait à séjourner et à méditer.

L'esprit général des *Troyennes* ne rend pas vraisemblable la présence d'attaques contre Sparte et, pour en trouver, il a fallu interpréter certains passages suivant une idée préconçue. Sans doute, les captives ont horreur d'être emmenées à Sparte (210 sqq.), mais elles en donnent une raison très naturelle dans la situation : elles y rencontreraient l'odieuse Hélène, et Ménélas, le destructeur de Troie. Même Corinthe, l'alliée de Syracuse, est citée sans aucune malveillance spéciale (205). — J'ai dit plus haut que le Ménélas des *Troyennes*, résolu à faire périr Hélène, est un personnage inattendu, aussi nouveau que le sera bientôt Hélène elle-même dans la pièce représentée en 412[2]. Selon certains interprètes[3], Ménélas joue ici un rôle d'hypocrite en se présentant comme vengeur inflexible de son honneur. Il est dès l'abord bien décidé à reprendre et à garder l'infidèle, et le public n'a pu s'y tromper. Pour ma part, je n'aperçois dans la scène pas un seul détail de nature à avertir les spectateurs que Ménélas veut ici sauver simplement les apparences. En tant que héros épique, il n'en a d'ailleurs nul besoin; pour ce qui est du point d'honneur, l'époque homérique ne s'est point scandalisée de l'indulgence de Ménélas et elle a même transporté tout vivant au séjour des Bienheureux ce gendre de Zeus[4]. Quant à

[1] Cf. H. Grégoire, *Notice des Suppliantes*, p. 87.

[2] τὴν καινὴν Ἑλένην, Aristophane, *Thesmophories* 850.

[3] Notamment Wilamowitz, *Griechische Tragoedien übersetzt*, t. III, p. 279 sqq.

[4] δ 561 sqq.

savoir si la conduite future de Ménélas sera conforme à ses résolutions présentes, c'est une question qui regarde l'après-scène, et sans doute les spectateurs et même Hécube et le Chœur ont pu penser que l'événement démentirait ses promesses de châtiment. Mais ils ont cru et le poète a voulu faire croire à la sincérité de Ménélas au moment présent, et c'est ce qui fait justement l'originalité de sa figure dans le drame. Euripide lui a prêté en outre certains traits qui, à ce qu'il me paraît, caractérisent chez lui, ici et ailleurs[1], l'officier spartiate, notamment certaines singularités (869. 881) ou brutalités (901. 911. 1046) d'expression, et une sorte d'humour un peu vulgaire (1050. 1056 sqq.).

Une allusion à la situation contemporaine ne peut être méconnue dans le passage des *Troyennes* où les captives imaginent qu'on pourrait les emmener en Sicile et dans la Grande-Grèce. Malgré l'anachronisme manifeste, Euripide a voulu ici évoquer une pensée répondant aux préoccupations générales du public. On devait alors s'entretenir partout à Athènes des régions grecques occidentales, et l'on préparait déjà l'expédition dont le départ eut lieu quelques mois plus tard, vers la fin de juin. Les vers consacrés à la Sicile sont d'ailleurs tout le contraire d'une excitation guerrière; ils parlent des couronnes que mérite sa valeur (ἀρετή), et un tel éloge s'applique bien plutôt à Syracuse qu'à Ségeste, l'alliée d'Athènes.

Deux ans et demi après les exhortations pacifiques des *Troyennes*, l'armée athénienne subissait devant Syracuse (septembre 413) le destin tragique que nous a raconté Thucydide, et c'est Euripide, dit-on, qui composait l'épitaphe en l'honneur des guerriers morts au combat[2]. Au lieu de femmes troyennes, c'étaient des citoyens de la brillante Athènes, tous les survivants de sa grande armée, qui devenaient esclaves sur la terre de Sicile. La plupart péri-

[1] Ce n'est pas ici le lieu de recueillir ces traits curieux dans les autres pièces où Ménélas joue un rôle.

[2] Plutarque, *Nicias* 17.

rent de maladie et de misère dans les latomies de Syracuse. « Il y en eut mesme quelques uns, raconte Plutarque[1], que lon sauva pour l'amour d'Euripides : car les Siciliens ont plus aimé la poësie de ce poëte que nulz autres Grecs du cueur de la Grece, de sorte que quand il en venoit quelques uns qui en apportoient des monstres et des eschantillons seulement, ilz prenoient plaisir à les apprendre par cueur, et se les entredonnoient les uns aux autres à grande ioye. Au moien de quoy, lon dit que plusieurs de ceux qui peurent eschapper de celle captivité et retourner à Athènes, alloient saluer et remercier affectueusement Euripides, luy comptans les uns comme ils avoient esté delivrez de servitude pour avoir enseigné ce qu'ilz avoient retenu en memoire de ses œuvres, les autres comme apres la battaille s'estans sauvez de vistesse, en allant vagabonds çà et là parmy les champs, ilz avoient trouvé qui leur donnoit à boire et à manger pour chanter de ses carmes. »

Parmi les chants d'Euripide qui appelèrent la pitié des vainqueurs sur les vaincus, il faut sans doute compter ceux des *Troyennes*, les derniers que les soldats d'Athènes avaient entendus au théâtre de l'Acropole, avant le départ de la fatale expédition.

[1] *Ibid.* 29, traduction d'Amyot. Le récit est ancien, car il se trouve déjà dans la vie d'Euripide de Satyros (IIIe siècle av. J.-C.), *Oxyrhynchus Papyri* IX n. 1176 fr. 39, p. 163. — Voir Plutarque, *Lysandre* 15, une anecdote analogue attribuant au chant d'un chœur de l'*Électre* le salut d'Athènes après sa reddition aux alliés en 404.

ARGUMENT DES TROYENNES

Après la destruction d'Ilion, Athéna et Poseidon décidèrent de faire périr l'armée des Achéens, l'un par bienveillance pour la ville qu'il avait bâtie, l'autre par haine des Grecs, à cause de l'attentat d'Ajax contre Cassandre. Les Grecs tirèrent au sort les femmes captives ; en raison de leur rang élevé, ils donnèrent Cassandre à Agamemnon, Andromaque à Néoptolème, et Polyxène à Achille. Ils égorgèrent celle-ci sur la tombe d'Achille et précipitèrent Astyanax du haut des remparts. Quant à Hélène, Ménélas l'emmena pour la mettre à mort, tandis qu'Agamemnon prit pour épouse la prophétesse. Hécube, après avoir accusé Hélène et gémi et pleuré sur les victimes, fut emmenée dans la tente d'Ulysse, à qui on l'avait donnée comme servante.

Voir la traduction du passage d'Élien, dans la Notice, p. 3.

ΥΠΟΘΕΣΙΣ ΤΡΩΙΑΔΩΝ

Μετὰ τὴν Ἰλίου πόρθησιν ἔδοξεν Ἀθηνᾷ τε καὶ Ποσειδῶνι τὸ τῶν Ἀχαιῶν στράτευμα διαφθεῖραι, τοῦ μὲν εὐνοοῦντος τῇ πόλει διὰ τὴν κτίσιν, τῆς δὲ μισησάσης τοὺς Ἕλληνας διὰ τὴν Αἴαντος εἰς Κασάνδραν ὕβριν. Οἱ δὲ Ἕλληνες ἐκληρώσαντο τὰς αἰχμαλωτίδας τῶν γυναικῶν· τὰς γὰρ ἐν ἀξιώμασιν ἔδωκαν Ἀγαμέμνονι μὲν Κασάνδραν, Ἀνδρομάχην δὲ Νεοπτολέμῳ, Πολυξένην δὲ τῷ Ἀχιλλεῖ. Ταύτην μὲν οὖν ἐπὶ τῆς τοῦ εἰρημένου ταφῆς ἔσφαξαν, Ἀστυάνακτα δὲ ἀπὸ τῶν τειχῶν ἔρριψαν. Ἑλένην δὲ ὡς ἀποκτενῶν Μενέλαος ἤγαγεν, Ἀγαμέμνων δὲ τὴν χρησμῳδὸν ἐνυμφαγώγησεν. Ἑκάβη δὲ τῆς μὲν Ἑλένης κατηγορήσασα, τοὺς ἀναιρεθέντας δὲ κατοδυραμένη τε καὶ θρηνήσασα, πρὸς τὰς Ὀδυσσέως ἤχθη σκηνάς, τούτῳ λατρεύειν δοθεῖσα.

Aelianus, *Var. Hist.* II 8 : Κατὰ τὴν πρώτην καὶ ἐνενηκοστὴν ὀλυμπιάδα, καθ' ἣν ἐνίκα Ἐξαίνετος ὁ Ἀκραγαντῖνος στάδιον, ἀντηγωνίσαντο ἀλλήλοις Ξενοκλῆς καὶ Εὐριπίδης. Καὶ πρῶτός γε ἦν Ξενοκλῆς, ὅστις ποτὲ οὗτός ἐστιν, Οἰδίποδι καὶ Λυκάονι καὶ Βάκχαις καὶ Ἀθάμαντι σατυρικῷ. Τούτου δεύτερος Εὐριπίδης ἦν Ἀλεξάνδρῳ καὶ Παλαμήδει καὶ Τρῳάσι καὶ Σισύφῳ σατυρικῷ.

Cf. Schol. Aristophan. Vesp. 1326.

1 πόρθωσιν V ‖ 2 διαφεῖραι P ‖ 5 sq. ἐκληρώσαντο... τὰς γὰρ ἐν P : κληρωσάμενοι περὶ τῶν αἰχμαλώτων γυναικῶν τὰς ἐν V ‖ 7 prius δὲ P : μὲν V ‖ τῷ om. V ‖ 8 εἰρημένου P : ἀχιλλέως V ‖ 10 ἀποκτενῶν rec. : -είνων PV ‖ 12 δὲ P : μὲν V ‖ κατοδυραμένη V : -ομένη P ‖ τε καὶ θρηνήσασα P : καὶ κηδεύσασα V καὶ ⟨τὸν Ἀστυάνακτα⟩ κηδεύσασα Kirchhoff ‖ 13 τούτῳ P : -ων V.

PERSONNAGES DU DRAME

Poseidon
Athéna
Hécube
Chœur de captives troyennes
Talthybios
Cassandre
Andromaque
Ménélas
Hélène

ΤΑ ΤΟΥ ΔΡΑΜΑΤΟΣ ΠΡΟΣΩΠΑ

ΠΟΣΕΙΔΩΝ
ΑΘΗΝΑ
ΕΚΑΒΗ
ΧΟΡΟΣ ΑΙΧΜΑΛΩΤΙΔΩΝ ΤΡΩΙΑΔΩΝ
ΤΑΛΘΥΒΙΟΣ
ΚΑΣΑΝΔΡΑ
ΑΝΔΡΟΜΑΧΗ
ΜΕΝΕΛΑΟΣ
ΕΛΕΝΗ

Χορὸς ἐξ αἰχμαλώτων (sic) τρῳάδων ante Ἑκάβη in V.

LES TROYENNES

Le camp des Grecs devant Troie. Au loin, la ville où fume l'incendie. Au fond de la scène, quelques tentes où sont enfermées des captives troyennes. Devant la porte de l'une d'elles, Hécube pleure, étendue sur le sol. Le jour commence. Entre Poseidon, invisible pour Hécube.

Poseidon. — Je viens, moi Poseidon, des profondeurs salées de la mer Égéenne, où les chœurs des Néréides déploient en danses sinueuses la grâce de leurs pas. Depuis qu'ici, autour de Troie, Phoibos et moi avons dressé une enceinte de pierres bien alignées au cordeau[1], jamais mon cœur n'a retiré sa bienveillance à la ville de mes Phrygiens. Maintenant elle n'est plus que fumée ; la lance argienne l'a saccagée et détruite. Un habitant du Parnasse, le phocidien Épeios, usant d'un artifice suggéré par Pallas, a construit un cheval dont les flancs étaient remplis d'armes, et il a introduit à l'intérieur des murs ce simulacre funeste ; la postérité lui donnera le nom de cheval de bois, parce qu'il cachait dans son sein le bois des lances[2].

Les bois sacrés sont déserts et les sanctuaires des dieux ruissellent de sang ; contre les marches de l'autel de Zeus domestique, Priam est tombé, frappé à mort. En masse,

[1] Apollon et Poseidon avaient dû se mettre pendant un an au service de Laomédon et construire les remparts de Troie. Cf. Homère H 452. Φ 443 sqq.

[2] Euripide, jouant ici sur le double sens du mot δόρυ, « bois » et « lance », veut que δούρειος signifie, non pas « en bois » (cf. Homère

ΤΡΩΙΑΔΕΣ

ΠΟΣΕΙΔΩΝ

῞Ηκω λιπὼν Αἴγαιον ἁλμυρὸν βάθος
πόντου Ποσειδῶν, ἔνθα Νηρῄδων χοροὶ
κάλλιστον ἴχνος ἐξελίσσουσιν ποδός.
᾿Εξ οὗ γὰρ ἀμφὶ τήνδε Τρωικὴν χθόνα
Φοῖβός τε κἀγὼ λαΐνους πύργους πέριξ
ὀρθοῖσιν ἔθεμεν κανόσιν, οὔποτ᾿ ἐκ φρενῶν
εὔνοι᾿ ἀπέστη τῶν ἐμῶν Φρυγῶν πόλει·
ἣ νῦν καπνοῦται καὶ πρὸς ᾿Αργείου δορὸς
ὄλωλε πορθηθεῖσ᾿· ὁ γὰρ Παρνάσιος
Φωκεὺς ᾿Επειός, μηχαναῖσι Παλλάδος
ἐγκύμον᾿ ἵππον τευχέων ξυναρμόσας,
πύργων ἔπεμψεν ἐντὸς ὀλέθριον βρέτας·
ὅθεν πρὸς ἀνδρῶν ὑστέρων κεκλήσεται
δούρειος ἵππος, κρυπτὸν ἀμπίσχων δόρυ.
῎Ερημα δ᾿ ἄλση καὶ θεῶν ἀνάκτορα
φόνῳ καταρρεῖ· πρὸς δὲ κρηπίδων βάθροις
πέπτωκε Πρίαμος Ζηνὸς ἑρκείου θανών.

Testimonia **1** Athenaeus I p. 4 A. XI p. 474 B (= Menander, fr. 348 Kock) || **3** Aristides I p. 403 || **3** ἐξελίσσουσι, **16** κρηπίδων Hesychius s. v. || **11** Cf. Servius *In Virg. Aen.* II 20.

τρωάδες ante personarum indicem in P : εὐριπίδου τρωάδες V || **1** αἴγαιον PV, de accentu, hic et 82, vide Suid. s. v. Αἰγαῖον πέλαγος, Lobeck, *Comment. ad Soph. Ai.* 461 || **2** νηρηίδων χορὸς P || **3** ποδός PV : ποδί Aristid. || **6** ὀρθοῖσιν P : -οῖς V || **9** παρνάσιος P : -σσιος VΣ || **11** ἵππον V : -ων P || ξυναρμόσας P : συν- V || **12** βρέτας V : βάρος P, cf. 525 ξόανον || **13-14** delent plerique ; non recte, cf. *Revue des Études grecques* 1923 pp. 46-49 || **13** κεκλήσεται V : κληθή- P || **14** ἀμπίσχων V : ἀμφίσχων P ἀμπισχὼν Lud. Dindorf || **15** ἀνάκτορα PV : suprascr. γρ. καὶ ἀγάλματα V, cf. *Rhes.* 516 || **17** ἑρκείου Musgrave : ἑρκίου P ἐρκίου VΣ.

on transporte l'or et les dépouilles de la Phrygie vers les vaisseaux achéens. Là, on attend d'avoir le vent en poupe; car ils aspirent au bonheur de revoir leurs femmes et leurs enfants, ces Grecs qui ont dix fois compté le retour des semailles depuis qu'ils ont entrepris la guerre contre cette cité. Et moi, vaincu par la déesse d'Argos, Héra, et par Athéna, qui se sont unies pour perdre les Phrygiens, j'abandonne l'illustre Ilion et mes autels. Dans une ville où règne la morne solitude, le culte des dieux languit et s'éteint, n'ayant plus d'hommage à réclamer[1]. Des milliers de leurs cris plaintifs, les captives font retentir le Scamandre[2], tandis que le sort leur désigne un maître. Les unes sont échues à des guerriers d'Arcadie, d'autres à des Thessaliens ou bien aux princes d'Athènes, fils de Thésée[3]. Les Troyennes exclues du tirage au sort sont réunies dans les tentes que voilà et forment la part réservée aux chefs de l'armée; avec elles se trouve la fille de Tyndare, la laconienne Hélène, à bon droit considérée comme une captive.

Si quelqu'un veut contempler une grande infortune, il peut voir ici Hécube, couchée devant cette porte; que de larmes elle verse et combien elle a de sujets de pleurer! Sa fille Polyxène, près du tombeau d'Achille, a péri, pitoyable victime d'un meurtre cruel; c'en est fait de Priam et de ses enfants; et la vierge que l'auguste Apollon a livrée aux élans du délire, Cassandre[4], voici qu'au

Θ 512), mais « lancéen ». Sur la curieuse actualité que présentait cette étymologie pour les spectateurs de l'an 415, voir Notice, p. 22.

[1] Les dieux se plaisent aux hommages des mortels (*Hippolyte* 8) et ils désertent une cité conquise. Cf. Eschyle, *Sept* 218.

[2] Homère mentionne souvent les rives escarpées du Scamandre qui sont donc propres à répercuter le son. Φ 10.

[3] Les Arcadiens, conduits par leur roi Agapénor, n'apparaissent que dans le Catalogue de l'*Iliade* B 603 sqq. Les Thessaliens désignent surtout les gens de Néoptolème. Sur la mention des fils de Thésée, Acamas et Démophon, voir Notice, p. 22.

[4] Pour gagner l'amour de Cassandre, Apollon l'avait douée du don de prophétie. Comme ensuite elle refusa de se donner à lui,

Πολὺς δὲ χρυσὸς Φρύγιά τε σκυλεύματα
πρὸς ναῦς Ἀχαιῶν πέμπεται· μένουσι δὲ
πρύμνηθεν οὖρον, ὡς δεκασπόρῳ χρόνῳ
ἀλόχους τε καὶ τέκν' εἰσίδωσιν ἄσμενοι,
οἳ τήνδ' ἐπεστράτευσαν Ἕλληνες πόλιν.
Ἐγὼ δέ — νικῶμαι γὰρ Ἀργείας θεοῦ
Ἥρας Ἀθάνας θ', αἳ συνεξεῖλον Φρύγας —
λείπω τὸ κλεινὸν Ἴλιον βωμούς τ' ἐμούς·
ἐρημία γὰρ πόλιν ὅταν λάβῃ κακή,
νοσεῖ τὰ τῶν θεῶν οὐδὲ τιμᾶσθαι θέλει.
Πολλοῖς δὲ κωκυτοῖσιν αἰχμαλωτίδων
βοᾷ Σκάμανδρος δεσπότας κληρουμένων.
Καὶ τὰς μὲν Ἀρκάς, τὰς δὲ Θεσσαλὸς λεὼς
εἴληχ' Ἀθηναίων τε Θησεῖδαι πρόμοι.
Ὅσαι δ' ἄκληροι Τρῳάδων, ὑπὸ στέγαις
ταῖσδ' εἰσί, τοῖς πρώτοισιν ἐξῃρημέναι
στρατοῦ, σὺν αὐταῖς δ' ἡ Λάκαινα Τυνδαρὶς
Ἑλένη, νομισθεῖσ' αἰχμάλωτος ἐνδίκως.
  Τὴν δ' ἀθλίαν τήνδ' εἴ τις εἰσορᾶν θέλει,
πάρεστιν Ἑκάβη κειμένη πυλῶν πάρος
δάκρυα χέουσα πολλὰ καὶ πολλῶν ὕπερ·
ᾗ παῖς μὲν ἀμφὶ μνῆμ' Ἀχιλλείου τάφου
οἰκτρὰ τέθνηκε τλημόνως Πολυξένη,
φροῦδος δὲ Πρίαμος καὶ τέκν'· ἣν δὲ παρθένον
μεθῆκ' Ἀπόλλων δρομάδα Κασάνδραν ἄναξ,
τὸ τοῦ θεοῦ τε παραλιπὼν τό τ' εὐσεβὲς

Test. 20 πρύμνηθεν οὖρον, 26 ἐρημία Hesychius s. v. || 25 Macrob. *Sat.* V 22, 7 || 27 Strabo XI p. 498 || 32 ἄκληροι Bekker *An.* p. 367 s. v. || 39 sq. cf. Schol. Lycophr. 323.

22 ἐπεστράτευσαν P : ἐστράτευσαν (sic) V || 23 θεοῦ P : θεᾶς V || 24 ἀθάνας θ' P : τ' ἀθήνας τ' V || 31 τε V : δὲ P || 32 τρωάδων V : τρωι- P γράφεται παρθένων Σ || 34 δ' ἡ V : ἡ P || 37 ἑκάβη κειμένη P : -ην -ην V || 38 δάκρυα χέουσα Nauck : δάκρυα -αν V δακρυχέουσα P || 39 ἀχιλείου V, et ita cum uno λ semper || 40 οἰκτρὰ P γρ. οἰκτρὰ ὃ καὶ ἄμεινον V : λάθρα V, cf. 260 sqq. 622 || τλῆμον ὡς P || 41 παρθένον VΣ : πάροιθεν P

mépris du dieu et de la religion, Agamemnon va faire d'elle par force son épouse secrète.

Adieu donc, ville jadis fortunée, adieu, bel appareil de tes remparts ! Si Pallas, fille de Zeus, n'avait pas voulu ta ruine, tu serais encore debout sur tes fondements.

Entre Athéna.

ATHÉNA[1]. — Parent le plus proche de mon père, dieu puissant et que le ciel honore, permets-tu qu'abdiquant notre haine ancienne, je vienne te parler ?

POSEIDON. — Oui, auguste Athéna. Converser en famille offre un charme où le cœur s'abandonne aisément[2].

ATHÉNA. — J'aime ton humeur douce. Je t'apporte un projet qui t'intéresse autant que moi-même, seigneur.

POSEIDON. — Un avis général[3], venant de quelque dieu, de Zeus peut-être, ou bien d'un autre être divin ?

ATHÉNA. — Non, il s'agit de Troie dont nous foulons le sol. Je viens pour allier ta puissance à la mienne.

POSEIDON. — Est-ce que, renonçant à ta haine ancienne, tu prends Troie en pitié, depuis qu'elle est en cendres ?

ATHÉNA. — Reviens d'abord au fait : veux-tu t'associer à mon plan et prêter ton aide à mes desseins ?

POSEIDON. — Oui, mais enfin je veux connaître ton projet. Concerne-t-il les Grecs ou bien les Phrygiens ?

ATHÉNA. — Je veux réjouir Troie, mon ancienne ennemie, et infliger aux Grecs un douloureux retour.

POSEIDON. — Pourquoi sauter ainsi d'un sentiment à l'autre et, sans mesure, haïr et aimer au hasard ?

le dieu la punit en enlevant toute créance à ses prédictions. Cf. Eschyle, *Agamemnon* 1202-1212. *Infra* 253.

[1] Sur la tendance de cette scène, voir Notice, p. 10.

[2] La même allusion à quelque proverbe familier se retrouve en termes voisins dans le fr. 323 de la *Danaé* d'Euripide.

[3] J'ai adopté κοινόν, et non καινόν, car κοινός (54, 55, 58, 61) est le mot sur lequel porte le jeu de la stichomythie.

γαμεῖ βιαίως σκότιον Ἀγαμέμνων λέχος.
Ἀλλ', ὦ ποτ' εὐτυχοῦσα, χαῖρέ μοι, πόλις
ξεστόν τε πύργωμ'· εἴ σε μὴ διώλεσε
Παλλὰς Διὸς παῖς, ἦσθ' ἂν ἐν βάθροις ἔτι.

ΑΘΗΝΑ

Ἔξεστι τὸν γένει μὲν ἄγχιστον πατρὸς
μέγαν τε δαίμον' ἐν θεοῖς τε τίμιον,
λύσασαν ἔχθραν τὴν πάρος, προσεννέπειν;

ΠΟ. Ἔξεστιν· αἱ γὰρ συγγενεῖς ὁμιλίαι,
ἄνασσ' Ἀθάνα, φίλτρον οὐ μικρὸν φρενῶν.

ΑΘ. Ἐπῄνεσ' ὀργὰς ἠπίους· φέρω δὲ σοὶ
κοινοὺς ἐμαυτῇ τ' ἐς μέσον λόγους, ἄναξ.

ΠΟ. Μῶν ἐκ θεῶν του κοινὸν ἀγγέλλεις ἔπος,
ἢ Ζηνὸς ἢ καὶ δαιμόνων τινὸς πάρα;

ΑΘ. Οὔκ, ἀλλὰ Τροίας οὕνεκ', ἔνθα βαίνομεν,
πρὸς σὴν ἀφῖγμαι δύναμιν, ὡς κοινὴν λάβω.

ΠΟ. Ἦ πού νιν ἔχθραν τὴν πρὶν ἐκβαλοῦσα νῦν
ἐς οἶκτον ἦλθες πυρὶ κατῃθαλωμένης;

ΑΘ. Ἐκεῖσε πρῶτ' ἄνελθε· κοινώσῃ λόγους
καὶ συμπονήσεις ἂν ἐγὼ πρᾶξαι θέλω;

ΠΟ. Μάλιστ'· ἀτὰρ δὴ καὶ τὸ σὸν θέλω μαθεῖν·
πότερον Ἀχαιῶν οὕνεκ' ἦλθες ἢ Φρυγῶν;

ΑΘ. Τοὺς μὲν πρὶν ἐχθροὺς Τρῶας εὐφρᾶναι θέλω,
στρατῷ δ' Ἀχαιῶν νόστον ἐμβαλεῖν πικρόν.

ΠΟ. Τί δ' ὧδε πηδᾷς ἄλλοτ' εἰς ἄλλους τρόπους
μισεῖς τε λίαν καὶ φιλεῖς ὃν ἂν τύχῃς;

Test. 65-71 Cyrillus *Contra Iul.* V p. 175 A sq.

47 παλλὰς V : πολλὰς P || 48 τὸν P : τὸν ἐν V || 52 μικρὸν P : σμικρὸν V || 55 κοινὸν ἀγγέλλεις P : καινὸν ἀγγελεῖς V || 57 ἔνθα βαίνομεν V : ἔνθ' ἐβ- P || 59 νῦν V : νυν P, cf. Soph. *El.* 123 || 62 συμπονήσεις P : συνθελήσεις V || 64 οὕνεκ' ἦλθες P : ἦλθες οὕνεκ' V || 68 τύχης V : τύχῃ P Cyr.

Athéna. — Ne sais-tu pas l'affront qu'on m'a fait dans mon temple ?

Poseidon. — Oui, quand, de force, Ajax a entraîné Cassandre.

Athéna. — Et les Grecs ne l'en ont ni puni, ni blâmé[1].

Poseidon. — C'est ton appui pourtant qui leur fit prendre Troie.

Athéna. — Aussi, unie à toi, je veux les châtier.

Poseidon. — Compte sur mon concours. Qu'as-tu dessein de faire ?

Athéna. — Je veux leur infliger un funeste retour.

Poseidon. — Pendant qu'ils sont à terre, ou sur les flots amers ?

Athéna. — Quand ils navigueront de Troie vers leurs demeures. — Zeus leur enverra des torrents de pluie et de grêle, avec des ouragans qui obscurciront le ciel. Il promet de me donner le feu de sa foudre pour en frapper les Achéens et embraser leurs vaisseaux. Toi, de ton côté, fais retentir sur leur route égéenne le fracas des vagues amoncelées et les tourbillons de l'onde salée ; remplis de cadavres la mer creuse de l'Eubée[2], pour que les Achéens apprennent à vénérer désormais mes sanctuaires et à honorer les autres dieux.

Poseidon. — Ce sera fait ; pour obtenir ce service, point n'est besoin de longs discours. Je bouleverserai les eaux profondes de la mer Égée. Les rivages de Myconos, les récifs de Délos, et Scyros, et Lemnos, et le promontoire de Capharée[3] recevront les cadavres d'innombrables victimes. Allons, monte dans l'Olympe, reçois des mains

[1] D'après l'*Iliou Persis*, les Grecs, irrités du crime d'Ajax le locrien, avaient voulu le lapider. A Athènes même, on voyait au Poecile les rois assemblés à cause de son sacrilège ; Pausanias I 15, 3. Euripide exagère à dessein la faute des Grecs.

[2] « Les Creux » (τὰ Κοῖλα) de l'Eubée, à la côte sud-ouest, étaient une région redoutée pour ses tempêtes. Hérodote VIII 13-14. Dion Chrysostome VII 7. Tite-Live 31, 47. Strabon X 445.

[3] Pour venger son fils Palamède, mis à mort par les Grecs devant

ΑΘ. Οὐκ οἶσθ' ὑβρισθεῖσάν με καὶ ναοὺς ἐμούς;
ΠΟ. Οἶδ', ἡνίκ' Αἴας εἷλκε Κασάνδραν βίᾳ.
ΑΘ. Κοὐδέν γ' Ἀχαιῶν ἔπαθεν οὐδ' ἤκουσ' ὕπο.
ΠΟ. Καὶ μὴν ἔπερσάν γ' Ἴλιον τῷ σῷ σθένει.
ΑΘ. Τοιγάρ σφε σὺν σοὶ βούλομαι δρᾶσαι κακῶς.
ΠΟ. Ἕτοιμ' ἃ βούλῃ τἀπ' ἐμοῦ. Δράσεις δὲ τί;
ΑΘ. Δύσνοστον αὐτοῖς νόστον ἐμβαλεῖν θέλω.
ΠΟ. Ἐν γῇ μένουσιν ἢ καθ' ἁλμυρὰν ἅλα;
ΑΘ. Ὅταν πρὸς οἴκους ναυστολῶσ' ἀπ' Ἰλίου.
Καὶ Ζεὺς μὲν ὄμβρον καὶ χάλαζαν ἄσπετον
πέμψει γνοφώδη τ' αἰθέρος φυσήματα·
ἐμοὶ δὲ δώσειν φησὶ πῦρ κεραύνιον,
βάλλειν Ἀχαιοὺς ναῦς τε πιμπράναι πυρί.
Σὺ δ' αὖ, τὸ σόν, παράσχες Αἴγαιον πόρον
τρικυμίαις βρέμοντα καὶ δίναις ἁλός,
πλῆσον δὲ νεκρῶν κοῖλον Εὐβοίας μυχόν,
ὡς ἂν τὸ λοιπὸν τἄμ' ἀνάκτορ' εὐσεβεῖν
εἰδῶσ' Ἀχαιοὶ θεούς τε τοὺς ἄλλους σέβειν.
ΠΟ. Ἔσται τάδ'· ἡ χάρις γὰρ οὐ μακρῶν λόγων
δεῖται· ταράξω πέλαγος Αἰγαίας ἁλός.
Ἀκταὶ δὲ Μυκόνου Δήλιοί τε χοιράδες
Σκῦρός τε Λῆμνός θ' αἱ Καφήρειοί τ' ἄκραι
πολλῶν θανόντων σώμαθ' ἕξουσιν νεκρῶν.
Ἀλλ' ἕρπ' Ὄλυμπον καὶ κεραυνίους βολὰς
λαβοῦσα πατρὸς ἐκ χερῶν καραδόκει,

Test. 77 sqq. Cf. Macrob. *Sat.* V 22, 8 || 78-81 et 88-91 Schol. Lycophr. 382 || 84 Εὐβοίας μυχόν Hesychius s. v.

70 εἷλκε P Cyr. : εἷλε V || 71 γ' P Cyr. : om. V || 72 ἔπερσάν γ' Victorius : ἔπερσάν τ' V ἐπέρσατ' P || 75 δύσνοστον P . δύστηνον V, cf. 471 || 76 μένουσιν P : μενόντων V || 78 χάλαζαν V : -ζα P || 79 γνοφώδη PV Sch. Lyc. : δνοφώδη Dindorf || 82 παράσχες P : πάρασχε V || 89 μυκόνου P : μυκίνου Σ (sic) et ex corr. V.

de ton père les traits de la foudre, et attends que la flotte grecque ait délié ses câbles.

Athéna quitte la scène.

Insensé le mortel qui détruit les cités et livre à l'abandon les temples et les tombes, asiles saints des morts : sa perte s'ensuivra[1].

Poseidon s'éloigne. Hécube s'agite et se soulève lentement.

Mélodrame.

HÉCUBE. — Lève, infortunée, ta tête du sol, relève ton cou[2]. Il n'est plus ici de Troie ni de reine de Troie. La fortune change, résigne-toi. Vogue au gré du courant, vogue au gré du destin ; n'oppose pas au flot la barque de ta vie ; vogue au gré des hasards.

Hélas ! hélas ! que de sujets de larmes en ce malheur où je perds ma patrie, mes enfants, mon époux ! Faste magnifique de mes aïeux, que cet écroulement montre bien ton néant[3] !

Que dois-je taire ? que dois-je dire ? sur quoi pleurer ? Ah ! quelle lourdeur accable mes pauvres membres dans l'attitude où je gis ici, le dos étendu sur cette couche dure ! O ma tête, ô mes tempes et mes flancs ! quelle envie j'ai de

Troie (voir Notice, p. 9), Nauplios alluma, sur le cap Capharée au sud de l'Eubée, des signaux qui attirèrent les navires achéens dans les parages dangereux où ils périrent. Cf. *Hélène* 767, 1126 sqq. Virgile, *Énéide* XI 260.

[1] Cf. Notice, p. 10.

[2] Ἄνα, à lui seul, équivaut à ἀνάστηθι. Pour le construire avec κεφαλήν, il faudrait entendre ἀνάειρε, en suppléant le verbe de ἐπάειρε par une sorte de construction ἀπὸ κοινοῦ. — L'asyndeton avec δέρην se comprend, si l'on se représente le jeu de l'acteur et la lenteur pénible de ses mouvements.

[3] Le grec, continuant à user de métaphores nautiques, dit que le faste est « replié, rabaissé » comme une voile.

ὅταν στράτευμ' Ἀργεῖον ἐξιῇ κάλως.
Μῶρος δὲ θνητῶν ὅστις ἐκπορθεῖ πόλεις,
ναούς τε τύμβους θ', ἱερὰ τῶν κεκμηκότων,
ἐρημίᾳ δοὺς αὐτὸς ὤλεθ' ὕστερον.

ΕΚΑΒΗ

Ἄνα, δύσδαιμον, πεδόθεν κεφαλὴν
ἐπάειρε, δέρην· οὐκέτι Τροία
τάδε καὶ βασιλῆς ἐσμεν Τροίας.
Μεταβαλλομένου δαίμονος ἀνέχου.
Πλεῖ κατὰ πορθμόν, πλεῖ κατὰ δαίμονα,
μηδὲ προσίστη πρῷραν βιότου
πρὸς κῦμα πλέουσα τύχαισιν.
Αἰαῖ αἰαῖ.
Τί γὰρ οὐ πάρα μοι μελέᾳ στενάχειν,
ᾗ πατρὶς ἔρρει καὶ τέκνα καὶ πόσις;
ὦ πολὺς ὄγκος συστελλόμενος
προγόνων, ὡς οὐδὲν ἄρ' ἦσθα.
Τί με χρὴ σιγᾶν; τί δὲ μὴ σιγᾶν;
τί δὲ θρηνῆσαι;
Δύστηνος ἐγὼ τῆς βαρυδαίμονος
ἄρθρων κλίσεως, ὡς διάκειμαι,
νῶτ' ἐν στερροῖς λέκτροισι ταθεῖσ'·
οἴμοι κεφαλῆς, οἴμοι κροτάφων

Test. 95 ἐκπορθεῖ Hesychius s. v. || 101-102 Stob. *Flor.* 108, 14 (IV 44, 15 Hense) || 102 Zonaras, *Lexicon* II p. 1557.

94 Ἀργεῖον Canter: ἀργείων PV || κάλως V et ex κάλος corr. P || 96 τύμβους τε· τὰ γὰρ ἱερὰ interpungit Σ || 98 ΕΚ. V : ΧΟ. P || πεδόθεν PVΣ : cf. ὦ ἐκ θεῶν δυσδαίμων κεφαλὴ γεγονυῖα, ἀνάστηθι Σ alter qui variam lectionem θεόθεν κεφαλή legisse Schwartzio videtur || κεφαλὴν P: κεφαλά V utrumque Σ || 99 δέρην ⟨τ'⟩ Musgrave || 100 βασιλῆς rec.: -εῖς PV || 101-102 Choro tribuit Stob. ut P ad v. 98 || ἀνσχοῦ Nauck || 103 προσίστη P: προσίστω VΣ || 105 ΕΚ. praef. P || συστελλόμενος Victorius: -ομένων PVΣ || 111 δὲ P: δὲ μὴ V || 113 κλίσεως Musgrave: κλίσιος P κλισίας V τῆς ἀνακλίσεως Σ || 114 στεροῖς (sic) V: στέρνοις P || ταθεῖσα PV.

balancer mon dos et son épine tour à tour des deux côtés de mon corps, pour accompagner ma complainte et mes larmes sans fin[1] ! C'est la musique qui reste aux malheureux dans des désastres où doit se taire le chant des chœurs.

Hécube se lève et chante.

Nefs à la proue rapide, que vos rames ont portées vers la sainte Ilion, à travers la mer empourprée, de l'un à l'autre des beaux ports de l'Hellade, c'est aux accents d'un odieux péan des flûtes et des chalumeaux sonores que, lançant les engins dont l'Égypte[2] enseigna le tressage, vous les avez, hélas! attachés dans la rade de Troie. Vous veniez chercher l'épouse odieuse de Ménélas, opprobre de Castor[3] et déshonneur de l'Eurotas, la meurtrière de Priam, le semeur de cinquante enfants, et pour moi, déplorable Hécube, la cause de ma chute en mes malheurs présents.

Hélas! à quelle place il faut ici m'asseoir, à côté des tentes

[1] La métaphore est empruntée au roulis d'un vaisseau. Pour les Grecs, dont la langue est remplie d'expressions nautiques, elle ne devait pas offrir autant d'étrangeté que pour nous. Les termes τοῖχοι ἀμφότεροι servent à désigner proprement les deux côtés, bâbord et tribord, d'un navire ; Théognis 674. Théocrite 22, 12. Homère O 382, μ 420. *Hélène* 1573. Dans le squelette d'une personne qui est couchée et qui se balance comme le fait Hécube, la colonne vertébrale représente la quille, tandis que les deux parois des côtes (τοίχους μελέων, cf. Eschyle, *Perses* 991) figurent les côtés de la barque. — Par le balancement de son corps, Hécube veut en quelque sorte produire la mimique violente qui doit accompagner le commos.

[2] La plante βύβλος ou papyrus d'Égypte servait à fabriquer les voiles et les cordages des navires ; Hérodote II 96. Théophraste, *Hist. plant.* IV 8, 4. Le poète comique Hermippe, dans ses Φορμοφόροι (représentés avant 424), citait τὰ κρεμαστὰ ἱστία comme un produit spécial de l'Égypte. F. C. G. I, p. 243 Kock.

[3] La honte que doivent ressentir Castor et Pollux de la conduite de leur sœur est mentionnée chez Homère par Hélène elle-même, Γ 242. Dans l'*Hélène* 135-142, Euripide donne une version d'après

πλευρῶν θ', ὥς μοι πόθος εἱλίξαι
καὶ διαδοῦναι νῶτον ἄκανθάν τ'
εἰς ἀμφοτέρους τοίχους μελέων,
ἐπὶ τοὺς αἰεὶ δακρύων ἐλέγους.
Μοῦσα δὲ χαὔτη τοῖς δυστήνοις
  ἄτας κελαδεῖν ἀχορεύτους.

Πρῷραι ναῶν ὠκεῖαι, Str.
Ἴλιον ἱερὰν αἳ κώπαισιν
δι' ἅλα πορφυροειδέα καὶ
λιμένας Ἑλλάδος εὐόρμους
αὐλῶν παιᾶνι στυγνῷ
συρίγγων τ' εὐφθόγγων φωνᾷ
βαίνουσαι πλεκτὰν Αἰγύπτου
παιδείαν ἐξηρτήσασθ',
αἰαῖ, Τροίας ἐν κόλποισιν
τὰν Μενελάου μετανισσόμεναι
στυγνὰν ἄλοχον, Κάστορι λώβαν
τῷ τ' Εὐρώτᾳ δυσκλείαν,
ἃ σφάζει μὲν
τὸν πεντήκοντ' ἀροτῆρα τέκνων
Πρίαμον, ἐμέ τε ⟨τὰν⟩ μελέαν Ἑκάβαν
ἐς τάνδ' ἐξώκειλ' ἄταν.
Ὤμοι θάκους οὓς θάσσω Ant.
σκηναῖς ἐφέδρους Ἀγαμεμνονίαις.

Test. **117** Cf. Hesychius s. v. ἄκανος. *Et. Magn.* 702, 48 ? || **121** ἄτας κελαδεῖν, **124** δι' ἅλα πορφυροειδῆ, **126** παιᾶνι στυγνῷ Hesychius s. v.

119 ἐλέγους V : ἐλέγχους P || **120** χαὔτη P : χ' αὐτὴ VΣ || **122** sqq. responsio strophica saepe desideratur, cf. 136, 140, 144, 148 || **122** ναῶν V : λιαῶν P || **123** ἱερὰν P : -ὸν V || κώπαισιν Seidler : -αις PV || **124** πορφυροειδέα V : -ρίδεα P -ροειδῆ Hesych. || **127** φωνᾶ P : -αῖς V || **130** κόλποισιν Seidler : -οις PV || **131** μετανισσόμεναι P : -ισόμεναι V || **133** δυσκλείαν Nauck : δύσκλειαν PV || **135** τὸν P : ὧν vel τῶν V || **136** ⟨τὰν⟩ Paley, cf. 151 ; possis etiam κἀμέ γε || **138** οὓς P : οἵους V || **139** ἐφέδρους Bothe : ἔφεδρος PV || Ἀγαμεμνονίαις Valckenaer : -είαις PV.

d'Agamemnon! Comme esclave, on emmène la vieille que je suis, les cheveux rasés en signe de deuil, et la tête lamentablement ravagée. Allons! ô déplorables femmes des Troyens aux lances d'airain, et vous, vierges qui n'aurez point d'époux, Troie est fumante, gémissons! Comme l'oiseau lance son cri à sa tendre couvée[1]*, j'entonnerai pour vous une chanson; ce ne sera pas celle que jadis, appuyée sur le sceptre de Priam et marquant du pied, à coups bien frappés, la cadence phrygienne, j'entonnais en tête du chœur pour célébrer les dieux*[2].

Le premier demi-chœur entre en scène, sortant des tentes du fond[3].

Mélodrame.

La Coryphée. — Hécube, que veulent dire ces paroles et ces cris ? Quelles sont les nouvelles ? A travers la cloison, j'ai entendu les plaintes que tu gémis, et à travers les poitrines, l'effroi se précipite au cœur des Troyennes qui, dans ces tentes, pleurent leur servitude.

laquelle Léda et les Dioscures se seraient donné la mort à cause du déshonneur de leur fille et sœur. Comme on le verra plus loin dans notre pièce même (v. 1001), il connaît cependant la légende qui avait placé les deux frères jumeaux parmi les astres ; cf. *Hélène* 140.

[1] Si le sens du passage apparaît clairement, le texte même n'est pas tout à fait sûr. Il semble que le poète a scindé en deux une comparaison qui pour nous serait simple : « moi, comme la mère, (à vous) comme aux poussins... » On a rapproché *Hécube* 398 : Ὁποῖα κισσὸς δρυὸς ὅπως τῆσδ' ἕξομαι. « Je m'attacherai comme le lierre, à elle, comme à un chêne. » Aucune des nombreuses corrections que l'on a proposées ne m'a paru certaine.

[2] A la fin de la complainte, ces détails pittoresques évoquent par contraste le tableau d'une fête troyenne. Il s'agit d'un chœur chanté sur le mode phrygien qui était célèbre en Grèce. La correction Φρυγίους rend le texte banal. Sur le double accusatif οἵαν et θεούς, cf. Sophocle, *Électre* 556 sq.

[3] L'entrée du Chœur, pour laquelle Euripide a trouvé des combinaisons si variées, se fait ici en xued fois, par demi-chœurs compo-

Δούλα δ' ἄγομαι
γραῦς ἐξ οἴκων, [κουρᾷ ξυρήκει] πενθήρη
κρᾶτ' ἐκπορθηθεῖσ' οἰκτρῶς.
Ἀλλ', ὦ τῶν χαλκεγχέων Τρώων
ἄλοχοι μέλεαι
καὶ κοῦραι δύσνυμφοι,
τύφεται Ἴλιον, αἰάζωμεν.
Μάτηρ δ' ὡσεὶ πτανοῖς κλαγγὰν
ὄρνισιν ὅπως ἐξάρξω 'γὼ
μολπάν, οὐ τὰν αὐτὰν
οἵαν ποτὲ δὴ
σκήπτρῳ Πριάμου διερειδομένα
ποδὸς ἀρχεχόρου πληγαῖς Φρυγίαις
εὐκόμποις ἐξῆρχον θεούς.

ΗΜΙΧΟΡΙΟΝ Α'

Ἑκάβη, τί θροεῖς; τί δὲ θωύσσεις; Str. 1
ποῖ λόγος ἥκει; διὰ γὰρ μελάθρων
ἄιον οἴκτους οὓς οἰκτίζῃ,
διὰ δὲ στέρνων φόβος ἀίσσει
Τρῳάσιν, αἳ τῶνδ' οἴκων εἴσω
δουλείαν αἰάζουσιν.

Test. **143** χαλκεγχέων, **145** τύφεται, **150** διερειδομένα Hesychius s. v.

140 δούλα δ' P : δοῦλ' V || lacuna –⏑⏑–? cf. 124 || **141** κουρᾶ ξυρήκει PV: del. Murray (ξυρήκει iam del. Burges) cl. *Alc.* 427 || πενθήρη P : -ρει V πενθίμην Σ || **142** ἐκπορθησεῖσ' P || **143** χαλκεχέων V || **144** desunt duo pedes, **144** *bis* deest una longa, cf. 128 sq. || κοῦραι δύσνυμφοι rec. : κόραι δύσνυμφαι PV || **145** αἰάζωμεν rec. : -ομεν PV || **146** ὡσεὶ V : ὡσεί τις P || **147** ὅπως cf. *Hec.* 398 || **148** una longa deest, cf. 133 : οὐ μὰν τὰν Herm. ἀλλ' οὐ τὰν Seidler οὐκέτι τὰν ? || **150** διερειδομένα VΣ : δ' ἐρ- P || **151** ποδὸς P : παιδὸς V || ἀρχαιχόρου P || πληγαῖς P : πλαγγαῖς V || **153** 'Ημιχόριον Α' Beck, cf. V ad 164 et Σ ad 166, 176 : ΧΟ. PV || **154** sq. ποῖ λόγος ἥκει et ἄιον οἴκ om. P || ἥκει mut. in ἵκει V || **156** ἀίσσει PV : ἄισσεν Murray ἄιξεν Wil., sed α longa etiam 1086, ut vid.

Hécube. — O mes enfants ! déjà, à bord des vaisseaux grecs, les mains, tenant la rame, préparent leur élan.

La Coryphée. — Ah ! que méditent-ils ? Vont-ils déjà peut-être m'emmener sur les mers loin du pays natal ?

Hécube. — Je ne sais, mais je devine le pire.

La Coryphée. — Ah ! déplorables Troyennes, vous allez apprendre les épreuves qui vous attendent, sortez de vos demeures ; les Grecs apprêtent leur retour.

Hécube. — *Ah ! de grâce, ne laissez pas sortir Cassandre, la bacchante, la ménade en délire, pour notre honte devant les Grecs. Que je n'aie pas cette douleur de plus*[1] *! Ah ! Troie, Troie malheureuse, tu n'es plus ! Malheureux ceux qui te perdent, vivants ou morts !*

Entre le second demi-chœur.

Mélodrame.

La Coryphée. — Hélas ! tremblante, je quitte les tentes d'Agamemnon pour t'entendre, ô ma reine. Est-ce la mort qu'ont décidée les Grecs pour l'infortunée que je suis, ou,

sés peut-être, l'un des épouses, ἄλοχοι, l'autre des jeunes filles, κοῦραι ; cf. v. 144. Chacun de ces demi-chœurs avait son chef ou coryphée particulier. Dans la première strophe et dans son antistrophe (153-196), la répartition de chaque couplet entre la coryphée et Hécube présente une symétrie parfaite. — Au vers 154, ποῖ λόγος ἥκει ; on accepte généralement le sens indiqué par Seidler : *quo spectat oratio ?* Mais le Chœur ne peut guère appeler λόγος les cris qu'a poussés Hécube. J'ai donc admis comme plus plausible un autre sens fréquent de λόγος : « Où en sont les nouvelles ? »

[1] Ce couplet prépare l'entrée dramatique de Cassandre, *infra* v. 308. Les mots αἰσχύναν Ἀργείοισιν sont expliqués par le scoliaste : ἵνα καταισχύνωσιν αὐτὴν οἱ Ἕλληνες. Cf. Brodeau : *scortum Graecorum futuram.* Mais Hécube n'a pas à redouter un attentat des Grecs contre la fiancée d'Agamemnon. Ce qu'elle craint, c'est que la folie de sa fille ne présente aux Grecs un spectacle dont elle devra avoir honte à leurs yeux. C'est un principe que répète Euripide qu'il convient de cacher les hontes de la famille. Cf. *Bacchantes* 334 sqq., et surtout fr. 460.

ΕΚ. Ὦ τέκν', Ἀχαιῶν πρὸς ναῦς ἤδη
κινεῖται κωπήρης χείρ.
ΗΜ. Οἴ 'γὼ [τλάμων], τί θέλουσ'; ἦ πού μ' ἤδη
ναυσθλώσουσι πατρῴας ἐκ γᾶς;
ΕΚ. Οὐκ οἶδ', εἰκάζω δ' ἄταν.
ΗΜ. Ἰὼ ἰώ.
Μέλεαι μόχθων ἐπακουσόμεναι
Τρῳάδες, ἔξω κομίσασθ' οἴκων·
στέλλουσ' Ἀργεῖοι νόστον.
ΕΚ. Ἒ ἔ.
Μή νύν μοι τὰν
ἐκβακχεύουσαν Κασάνδραν
πέμψητ' ἔξω,
αἰσχύναν Ἀργείοισιν,
μαινάδ', ἐπ' ἄλγεσι δ' ἀλγυνθῶ.
Ἰώ,
Τροία Τροία δύσταν', ἔρρεις,
δύστανοι δ' οἵ σ' ἐκλείποντες
καὶ ζῶντες καὶ δμαθέντες.

ΗΜΙΧΟΡΙΟΝ Β'

Οἴμοι. Τρομερὰ σκηνὰς ἔλιπον — Ant. 1
τάσδ' Ἀγαμέμνονος ἐπακουσομένα,
βασίλεια, σέθεν· μή με κτείνειν
δόξ' Ἀργείων κεῖται μελέαν,

Test. **162** ναυσθλώσουσιν Hesychius s. v.

159 Ἀχαιῶν Schroeder : ἀργείων PV || **161** XO. V : nulla nota in P || οἴ 'γώ Kirchhoff : οἴ 'γὼ τλάμων P οἴ ἐγὼ μελέα V, cf. 184 || μ' ἤδη V : γε δὴ P || **162** ναυσθλώσουσι πατρώας PV : -σιν πατρίας Bothe || ἐκ V : ἐπὶ P || **163** EK. om. PV || **164** HMIX. V : XO. P || **165** μόχθων P : -ον V || **166** ἔξω κομίσασθ' rec. : ἔξω κομίζεσθ' PV ἐξορμίζεσθ' Headlam || **168** αἰαῖ Dindorf, cf. 190 || **170** κασσάνδραν P || **171** πέμψετ' P || **172** αἰσχύνην P || **173** ἄλγεσι P, cf. 596 : ἄλγει V || ἰώ P : ἰὼ ἰώ V, del. Seidler, cf. 194 ⟨αἰαῖ⟩ || **174** δύστανοι V : -νον P || σ' ἐκλείποντες Burges : σ' ἐκλιπόντες V σε λιπόντες (spatium post σε) P || **176** XO. PV.

déjà rangés à leurs bords, les matelots s'apprêtent-ils à manier les avirons ?

Hécube. — O mon enfant, depuis l'aurore, je suis ici, tant j'avais l'âme saisie d'un horrible frisson[1].

La Coryphée. — Est-il venu déjà un héraut danaen ? De qui me fait-on l'esclave infortunée ?

Hécube. — Ton sort est près de se décider.

La Coryphée. — Ah ! quel guerrier d'Argos, de Phthie ou bien d'une île va loin de Troie m'emmener désolée ?

Hécube. — *Hélas, hélas! chez quel maître, où, en quelle région serai-je esclave, triste vieille, semblable à un frelon*[2], *figure misérable de morte, vaine image d'un trépassé ? Faire la garde à une porte*[3] *ou soigner des enfants sera la tâche de celle à qui Troie rendait les honneurs souverains.*

Les deux demi-chœurs se réunissent.

Le Chœur.[4] — *Hélas, hélas! par quelles plaintes tu pleures ton abaissement ! Je ne ferai pas, aux métiers de l'Ida,*

[1] Le sens de ce passage est très discuté et son texte a été diversement corrigé. Je crois que la réponse d'Hécube nous donne la raison de sa présence sur la scène dès le début du drame. Cf. *Revue des études grecques*, t. 36 (1923), p. 49 sqq.

[2] Les mâles des abeilles mènent dans la ruche une existence de parasites encombrants qui provoque finalement leur massacre par les ouvrières. Depuis Hésiode, *Théogonie* 594 sqq., *Œuvres* 304, leur comparaison avec l'homme oisif est devenue typique. Dans les *Bacchantes* 1365, le vieux Cadmos, comme Hécube, se traite lui-même de κηφήν, et il semble que les vieillards, pour prévenir les reproches, désignaient amèrement ainsi eux-mêmes leur impuissance et leur inutilité.

[3] Cf. *infra* 492. Dans l'*Hélène* 437 sqq., c'est une vieille femme qui est portière du château de Théoclymène.

[4] Le début de cette strophe offre à l'interprétation des difficultés dont témoignent déjà les divergences d'attribution dans les deux manuscrits. Mais on ne peut guère admettre pour la strophe une répartition qui ne se répéterait pas dans l'antistrophe, et l'une et l'autre ne comportent que trois groupes correspondants de 6, 4 et

ἢ κατὰ πρύμνας ἤδη ναῦται
στέλλονται κινεῖν κώπας;
ΕΚ. Ὦ τέκνον, ὀρθρεύουσα ψυχὰν
ἐκπληχθεῖσ' ἦλθον φρίκᾳ.
ΗΜ. Ἤδη τις ἔβα Δαναῶν κῆρυξ;
τῷ πρόσκειμαι δούλα τλάμων;
ΕΚ. Ἐγγύς που κεῖσαι κλήρου.
ΗΜ. Ἰὼ ἰώ.
Τίς μ' Ἀργείων ἢ Φθιωτᾶν
ἢ νησαίαν μ' ἄξει χώραν
δύστανον πόρσω Τροίας;
ΕΚ. Φεῦ φεῦ.
Τῷ δ' ἁ τλάμων
ποῦ πᾷ γαίας δουλεύσω γραῦς,
ὡς κηφήν, ἁ
δειλαία νεκροῦ μορφά,
νεκύων ἀμενηνὸν ἄγαλμα,
⟨αἰαῖ,⟩
τὰν παρὰ προθύροις φυλακὰν κατέχουσ'
ἢ παίδων θρέπτειρ', ἃ Τροίας
ἀρχαγοὺς εἶχον τιμάς;

ΧΟΡΟΣ

Αἰαῖ αἰαῖ. Ποίοις δ' οἴκτοις Str. 2
τὰν σὰν λύμαν ἐξαιάζεις;

182 ὀρθρεύουσα Lud. Dindorf: ὀρθρεύου σὰν PVΣ || 183 Choro tribuunt PV, sed cf. 159 sq. || 184 HM. Seidler : nulla nota in PV || 185 τλάμων V : -ον P || 187 HM. Seidler : XO. PV || EK. ante τίς in P || φθιωτᾶν rec. : -τὰν P -τῶν V || 188 μ' ἄξει V : ἥξει P || 189 πόρσω Dindorf : πρόσω V πόρρω P γράφεται πόρρω V || 190 XO. ante Φεῦ et EK. ante τῷ δ' P : nulla nota in V || 191 παῖ P : πᾶ V || 192 κηφήν, ἁ : σκηφὴν ἁ P κηφήνᾶ (sic) V || 193-196 νεκύων... τιμάς : mutili sic νεκύων ἀμενηνὰ | παρὰ προθύροις | ἢ παίδων θρέπτηρας in P || 193 ἄγαλμα, αἰαῖ Herm., cf. ἰώ 173 : ἄγαλμ' ἢ VΣ || 194 παρὰ P : παρά τε V || 195 θέπτειρ' V || 197 XO. P : EK. V, utrumque Σ || 198 ἐξαιάζεις V : ἐξετάζεις P.

tourner et courir ma navette ; pour la dernière fois, je vois la demeure de mes parents, pour la dernière fois. J'aurai des épreuves plus dures. Ou je devrai entrer dans la couche d'un Grec — maudite soit la nuit où j'aurai ce destin ! — ou j'irai puiser l'eau, servante pitoyable, à la source auguste de Pirène[1]. *L'illustre et fortuné pays de Thésée est celui où je voudrais aller. Surtout que je ne voie jamais les flots de l'Eurotas, le séjour odieux d'Hélène où, devenue esclave, je rencontrerais Ménélas, le dévastateur d'Ilion.*

La noble terre du Pénée, base splendide de l'Olympe, regorge d'opulence, à ce que j'entends dire, et de plantureuses moissons. C'est le second séjour que je désire, après le pays vénéré et divin de Thésée. La terre de l'Etna et d'Héphaistos, qui fait face à la Phénicie[2], *la mère des montagnes de la Sicile, obtient, me dit-on, des couronnes qui proclament au loin sa valeur. Tout proche*[3], *lorsque l'on navigue dans la*

6 vers, chantés peut-être par des choreutes différents. — La principale difficulté réside dans le v. 201. Le texte transmis dit : « Ils sont jeunes, les corps d'enfants que je vois, oui, bien jeunes. » Dans l'impossibilité de rattacher cette idée au contexte, j'ai introduit une correction que je suis loin de donner pour certaine. — Dans tout ce morceau, Euripide s'est souvenu de son chœur 444 sqq. de l'*Hécube*. Là, les Troyennes se demandent notamment (466 sqq.) si elles broderont le péplos de la déesse Athéna. Cf. Homère Z 456.

[1] Il y avait à Corinthe deux fontaines de ce nom, l'une dans la ville, l'autre sur l'Acrocorinthe ; Pausanias II 3, 3 et 5, 1. L'origine du lieu commun est encore Homère, Z 457.

[2] Je crois que Φοινίκας désigne, non pas Carthage comme on l'admet d'après le scoliaste, mais la véritable Phénicie ainsi qu'au dire du scoliaste encore, l'entendait Parméniscos, un disciple d'Aristarque. Cf. *Phéniciennes*, 211, où le navire parti de Tyr doit ramer dans la mer Ionienne contre le vent d'ouest venu de la Sicile. Wilamowitz entend assez étrangement le mot ὀρέων dans le sens, non pas de « montagnes », mais de « mulets ».

[3] Sur les allusions qui suivent, cf. Notice, p. 24. La fondation athénienne de Thurii avait remplacé Sybaris au bord du Crathis. Euripide prête ici au Crathis de la Grande-Grèce une vertu que l'on attribuait aussi à une rivière du même nom dans le Péloponèse et au Scamandre ou Xanthos de la Troade.

οὐκ Ἰδαίοις ἱστοῖς κερκίδα
δινεύουσ' ἐξαλλάξω·
νέατον τοκέων δώματα λεύσσω,
νέατον. Μόχθους ἕξω κρείσσους,
ἢ λέκτροις πλαθεῖσ' Ἑλλάνων
— ἔρροι νὺξ αὕτα καὶ δαίμων —
ἢ Πειρήνας ὑδρευσομένα
πρόσπολος οἰκτρὰ σεμνῶν ὑδάτων [ἔσομαι].
Τὰν κλεινὰν εἴθ' ἔλθοιμεν
Θησέως εὐδαίμονα χώραν.
Μὴ γὰρ δὴ δίναν γ' Εὐρώτα,
τὰν ἐχθίσταν θεράπναν Ἑλένας,
ἔνθ' ἀντάσω Μενέλᾳ δούλα,
τῷ τᾶς Τροίας πορθητᾷ.
Τὰν Πηνειοῦ σεμνὰν χώραν, Ant. 2
κρηπῖδ' Οὐλύμπου καλλίσταν,
ὄλβῳ βρίθειν φάμαν ἤκουσ'
εὐθαλεῖ τ' εὐκαρπείᾳ·
τάδε δεύτερά μοι μετὰ τὰν ἱερὰν
Θησέως ζαθέαν ἐλθεῖν χώραν.
Καὶ τὰν Αἰτναίαν Ἡφαίστου
Φοινίκας ἀντήρη χώραν,
Σικελῶν ὀρέων ματέρ', ἀκούω
καρύσσεσθαι στεφάνοις ἀρετᾶς.
Τάν τ' ἀγχιστεύουσαν γᾶν

199 XO. V : EK. P || ἱστοῖσι PV || **201** EK. V || **201** sq. νέατον (bis) Seidler : νέα τοι PVΣ || τοκέων δώματα dubitanter scripsi : τεκέων σώματα PVΣ, quod probare nequeo, pueris in scena non adstantibus ; cf. v. 602 ἐμὸν δόμον, et de mendis τεκέων et σώματα, infra ad v. 830, *Heracles* 825, *Bacch.* 600 || **203** πλασθεῖσ' V || **204** αὕτα Seidler : αὐτὰ PV || **206** οἰκτρὰ om. V || ἔσομαι del. Herm., cf. 223 || **207** XO. et 210 EK. praef. P || **210** δὴ δίναν VΣ : ἐν δίνα P || **211** θεράπαν V : θεράπεναν corr. in -αιναν P, cf. Θεράπνη Σ || **213** τῆς V || **215** οὐλύμπου V : ὀλ- P || **216** ὄλβω V : -ον P || **217** εὐκαρπείᾳ Burges : -πίᾳ PV || **218** τάδε VΣ : τὰ P || **219** ἐλθεῖν om. P || **223** καρύσσεσθε V : κηρύσσεσθαι PΣ || στεφάνοις V : -οις τ' P.

mer Ionienne, est le pays qu'arrose le plus beau fleuve, le Crathis. Ses merveilleuses eaux colorent les cheveux d'un blond ardent, elles nourrissent et rendent prospère une terre féconde en hommes vigoureux.

Mélodrame.

LA CORYPHÉE. — Voici justement le héraut de l'armée grecque. Chargé d'un nouveau message, il vient d'un pas rapide l'accomplir. Que nous apporte-t-il ? que va-t-il dire ? Nous sommes bien désormais esclaves de la terre dorienne.

Entre Talthybios, par la droite, avec une escorte.

Parlé.

TALTHYBIOS. — Hécube, tu sais que j'ai fait à Troie de fréquentes visites, comme héraut de l'armée achéenne. C'est une ancienne connaissance, noble dame, c'est Talthybios qui vient t'apporter un message officiel.

HÉCUBE. — *Voilà, chères Troyennes, voilà ce que je craignais depuis longtemps.*

TALTHYBIOS. — Le sort a prononcé, si c'est là votre crainte.

HÉCUBE. — *Hélas! quelle ville de Thessalie, de Phthiotide ou du pays cadméen*[1] *veux-tu ainsi nous désigner?*

TALTHYBIOS. — Le sort donne à chacune un maître différent.

HÉCUBE. — *A qui chacune est-elle échue? Qui des Troyennes peut attendre un destin favorable?*

[1] Le pays cadméen désigne ici la Béotie, et non Thèbes. Les Thébains, d'après la légende, ne sont pas allés à Troie, et leur ville n'est pas citée dans le Catalogue de l'*Iliade* B 494 sqq.

Ἰονίῳ ναύτᾳ πόντῳ,
ἂν ὑγραίνει καλλιστεύων
ὁ ξανθὰν χαίταν πυρσαίνων
Κρᾶθις, ζαθέαις πηγαῖσι τρέφων
εὔανδρόν τ' ὀλβίζων γᾶν.

Καὶ μὴν Δαναῶν ὅδ' ἀπὸ στρατιᾶς
κῆρυξ, νεοχμῶν μύθων ταμίας,
στείχει ταχύπουν ἴχνος ἐξανύων.
Τί φέρει; τί λέγει; δοῦλαι γὰρ δὴ
Δωρίδος ἐσμὲν χθονὸς ἤδη.

ΤΑΛΘΥΒΙΟΣ

Ἑκάβη, πυκνὰς γάρ οἶσθά μ' ἐς Τροίαν ὁδοὺς
ἐλθόντα κήρυκ' ἐξ Ἀχαιϊκοῦ στρατοῦ,
ἐγνωσμένος δὲ καὶ πάροιθέ σοι, γύναι,
Ταλθύβιος ἥκω κοινὸν ἀγγέλλων λόγον.

ΕΚ. Τόδε [τόδε], φίλαι Τρῳάδες, ὃ φόβος ἦν πάλαι.

ΤΑ. Ἤδη κεκλήρωσθ', εἰ τόδ' ἦν ὑμῖν φόβος.

ΕΚ. Αἰαῖ, τίνα Θεσσαλίας πόλιν ἢ
Φθιάδος εἶπας ἢ Καδμείας χθονός;

ΤΑ. Κατ' ἄνδρ' ἑκάστη κοὐχ ὁμοῦ λελόγχατε.

ΕΚ. Τίν' ἄρα τίς ἔλαχε; τίνα πότμος εὐτυχὴς
Ἰλιάδων μένει;

Test. 226 sq. Schol. Lycophr. 1021.

225 ναύται P : ναύτα V, fortasse sanum, i. e. πλέοντι ἐν Ἰονίῳ πόντῳ. Cf. Thucyd. I 24, 1. V 10, 6 || 226 ἂν PV : τὰν Nauck || ὑγραίνει V Schol. Lycophr. : ὑδραίνει P || 227 πυρσαίνων V Schol. Lycophr. : πυρσεύων suprascr. V πυρδεύων P || 228 κράθις V : κράνθις P || 230 ΧΟ. praef. PV || 232-234 nihil nisi ἐξανύων | δοῦλαι γὰρ δὴ | χθονὸς ἤδη in fine versuum, initiis vacuis relictis, P || 236 ἀχαϊκοῦ PV, et ita semper || 237 ἐγνωσμένος P : -ως V || 238 κοινὸν P : καινὸν V || ἀγγέλλων P : -έλων V || 239 alterum τόδε del. Nauck || τρῳάδες P : γυναῖκες V || 240 κεκλήρωσθ' εἰ P : -ρωθ' εἴς V || 241 τίνα Wil. : τίνα ἢ P; τίν' ἢ V || 242 ἢ P : ἢ καὶ V || 244 ΕΚ. P : ΧΟ. V || ἔλαχε V : -ον P || 245 μένει Herm. : μενεῖ PV.

Talthybios. — Je le sais ; mais demande une chose à la fois.

Hécube. — *Eh bien! ma pauvre enfant, Cassandre, à qui, dis-moi, est-elle échue ?*

Talthybios. — Elle est la part de choix qu'a prise Agamemnon.

Hécube. — *Quoi! pour être l'esclave de la femme de Sparte*[1]*! ô douleur!*

Talthybios. — Non, un hymen secret doit l'unir à son maître.

Hécube. — *Quoi! la vierge de Phoibos, celle qui, par un don du dieu aux cheveux d'or, obtint le privilège de vivre sans époux!*

Talthybios — Il s'est épris d'amour pour la jeune inspirée.

Hécube. — *Jette les clefs sacrées, ô mon enfant; dépouille ton corps de la sainte parure des bandelettes qui l'entourent.*

Talthybios. — Ce n'est donc rien d'entrer dans la couche royale ?

Hécube. — *Et l'enfant que naguère vous m'avez enlevée, où est-elle ?*

Talthybios. — Polyxène sans doute, ou de qui parles-tu ?

Hécube. — *C'est d'elle. A qui le sort l'a-t-il attribuée ?*

Talthybios. — Son service l'attache à la tombe d'Achille.

Hécube. — *Malheur à moi! c'est pour servir un tombeau que je l'enfantai. Mais quel est, mon ami, cet usage ou ce rite des Grecs ?*

Talthybios. — Félicite ta fille; elle a trouvé la paix[2].

[1] Clytemnestre est ainsi désignée comme étant la fille de Tyndare, roi de Lacédémone.

[2] Le langage du héraut est à dessein énigmatique ; cf. 625. Le scoliaste s'étonne avec quelque raison qu'Hécube ne questionne pas

ΤΑ. Οἶδ'· ἀλλ' ἕκαστα πυνθάνου, μὴ πάνθ' ὁμοῦ.
ΕΚ. Τοὐμὸν τίς ἄρ' ἔλαχε
τέκος, ἔννεπε, τλάμονα Κασάνδραν ;
ΤΑ. Ἐξαίρετόν νιν ἔλαβεν Ἀγαμέμνων ἄναξ.
ΕΚ. Ἦ τᾷ Λακεδαιμονίᾳ νύμφᾳ δούλαν ;
ἰώ μοί μοι.
ΤΑ. Οὔκ, ἀλλὰ λέκτρων σκότια νυμφευτήρια.
ΕΚ. Ἦ τὰν τοῦ Φοίβου παρθένον, ᾇ γέρας ὁ
χρυσοκόμας ἔδωκ' ἄλεκτρον ζωάν ;
ΤΑ. Ἔρως ἐτόξευσ' αὐτὸν ἐνθέου κόρης.
ΕΚ. Ῥῖπτε, τέκνον, ζαθέους κλῄ-
δας καὶ ἀπὸ χροὸς ἐνδυ-
τῶν στεφέων ἱεροὺς στολμούς.
ΤΑ. Οὐ γὰρ μέγ' αὐτῇ βασιλικῶν λέκτρων τυχεῖν ;
ΕΚ. Τί δὲ τὸ νεοχμὸν ἀπ' ἐμέθεν ἐλάβετε τέκος, ποῦ μοι ;
ΤΑ. Πολυξένην ἔλεξας, ἢ τίν' ἱστορεῖς ;
ΕΚ. Ταύταν· τῷ πάλος ἔζευξεν ;
ΤΑ. Τύμβῳ τέτακται προσπολεῖν Ἀχιλλέως.
ΕΚ. Ὤμοι 'γώ· τάφῳ πρόσπολον ἐτεκόμαν.
Ἀτὰρ τίς ὅδ' ἢ νόμος ἢ
τί θέσμιον, ὦ φίλος, Ἑλλάνων ;
ΤΑ. Εὐδαιμόνιζε παῖδα σήν· ἔχει καλῶς.
ΕΚ. Τί τόδ' ἔλακες ; ἆρά μοι ἀέλιον λεύσσει ;
ΤΑ. Ἔχει πότμος νιν, ὥστ' ἀπηλλάχθαι κακῶν.

Test. 263 πάλλος ἔζευξεν Hesychius s. v.

247 ἄρ' P : om. V || 248 κασσάνδραν P || 250 νύμφη P || 254 ζωάν PV, cf. ad *Heraclem* 664 || 255 κούρης V || 257 κληΐδας P : κλειΐδας V || 260 τί δὲ τὸ V : τί δὲ τὸν P τί δ' ὅ Tyrwhitt, sed τὸ relat. pronomen esse potest || 263 ταύτην V || 265 ὤμοι P : οἴμοι V || 266 ὅδ' ἢ V : ὅδ' ἦν P || 267 τί VΣ : om. P || 268 ἔχει P : mut. in ἔχειν in V || 270 κακῶν P : πόνων V.

HÉCUBE. — *Quel langage tu tiens! De grâce, elle voit le soleil?*

TALTHYBIOS. — Son sort présent la met à l'abri de tous maux.

HÉCUBE. — *Et l'épouse d'Hector, du preux bardé d'airain, la malheureuse Andromaque, quel est son destin?*

TALTHYBIOS. — Part de choix elle aussi, le fils d'Achille l'a prise.

HÉCUBE. — *Et de qui, moi, serai-je la servante, quand pour marcher j'ai besoin dans ma main du troisième appui qu'offre le bâton à mon corps incliné par l'âge*[1] *?*

TALTHYBIOS. — Tu échois comme esclave au roi d'Ithaque, Ulysse.

HÉCUBE. — *Ah! ah! meurtris ta tête rasée, déchire avec tes ongles tes deux joues! Malheur à moi! le sort me fait l'esclave d'un être abominable et perfide, d'un ennemi du droit, d'un monstre sans loi, qui chez vous calomnie les intentions des autres et va, des vôtres, en faire autant chez eux, langue doublement fausse qui met la haine partout où régnait l'amitié*[2]*. Pleurez sur moi, Troyennes! l'infortune m'accable. C'est fait de moi; le malheur veut que le sort m'ait donné le lot le plus funeste.*

LA CORYPHÉE. — Tu connais ton destin, reine; mais quel guerrier, achéen ou hellène[3], est le maître du mien?

TALTHYBIOS. — Allez, serviteurs, amenez ici Cassandre au plus vite. Je dois la remettre aux mains du chef de

davantage, mais Euripide évite de revenir sur le sujet de l'*Hécube*. L'expression ἔχει καλῶς, qui peut se dire d'un mort (Sophocle, *Électre* 791. *Adespota* fr. 513 Nauck), offre ici pour Hécube une ambiguïté inquiétante.

[1] Le grec dit « à ma vieille tête »; cf. *Rev. ét. gr.*, t. 36 (1923), p. 51.

[2] Allusion au rôle d'Ulysse dans le *Palamède*; Notice, p. 7.

[3] Les mots achéen et hellène peuvent l'un et l'autre s'appliquer

ΕΚ. Τί δ' ἁ τοῦ χαλκεομήστορος Ἕκτορος δάμαρ,
Ἀνδρομάχα τάλαινα, τίν' ἔχει τύχαν ;
ΤΑ. Καὶ τήνδ' Ἀχιλλέως ἔλαβε παῖς ἐξαίρετον.
ΕΚ. Ἐγὼ δὲ τῷ πρόσπολος ἁ τριτοβάμονος χερὶ
δευομένα βάκτρου γεραιῷ κάρᾳ;
ΤΑ. Ιθάκης Ὀδυσσεὺς ἔλαχ' ἄναξ δούλην σ' ἔχειν.
ΕΚ. Ἒ ἔ.
Ἄρασσε κρᾶτα κούριμον,
ἕλκ' ὀνύχεσσι δίπτυχον παρειάν.
Ἰώ μοί μοι.
Μυσαρῷ δολίῳ λέλογχα φωτὶ δουλεύειν,
πολεμίῳ δίκας, παρανόμῳ δάκει,
ὃς πάντα † τἀκεῖσ' ἐνθάδ'
ἀντίπαλ' αὖθις ἐκεῖσε † διπτύχῳ γλώσσᾳ
ἄφιλα τὰ πρότερα φίλα τιθέμενος πάντων.
Γοᾶσθ', ὦ Τρῳάδες, με.
Βέβακα δύσποτμος, οἴχομαι
ἁ τάλαιν', ἃ δυστυχεστάτῳ
προσέπεσον κλήρῳ.
ΧΟ. Τὸ μὲν σὸν οἶσθα, πότνια, τὰς δ' ἐμὰς τύχας
τίς ἆρ' Ἀχαιῶν ἢ τίς Ἑλλήνων ἔχει;
ΤΑ. Ἴτ', ἐκκομίζειν δεῦρο Κασάνδραν χρεὼν
ὅσον τάχιστα, δμῶες, ὡς στρατηλάτῃ

Test. 271 Hesychius s. v. χαλκεομίστωρ || 277 Schol. Lycophr. 1183.

271 ἡ PV || χαλκεομήστορος Burges : -μήτορος V -μίτορος P || 272 ἀνδρομάχη PV || 275 τριτοβάμονος P: τριβάμονος VΣ || χερὶ rec. : χειρὶ PV || 276 δευομένᾳ V sed -μένη Σ || 277 σ' erasum in P || 280 ὀνύχεσσι rec. : -εσι PV || 285 τἀκεῖσ' P et Σ ut videtur : τἀκεῖθεν V ; locus varie tentatus ὃς πάντα τἀκεῖθεν... αὖθις ⟨τ'⟩... γλώσσᾳ ⟨στρέφει⟩ Musgrave ὃς πάντα τἀκεῖθεν ἐνθάδ⟨ε στρέφει, τὰ δ'⟩ ἀντίπαλ' Wil. ; sensum recte indicat Σ τὰ μὲν ἐκεῖσε διαβάλλων ἐνταῦθα ἀντίπαλα τίθησιν, αὖθις δὲ ἐκεῖσε πολέμια τίθησιν, δηλονότι τὰ ἐνταῦθα. Τοῦτο γὰρ λείπει. || 287 ἄφιλα τὰ πρότερα φίλα PV : φίλα τὰ πρότερ' ἄφιλα Seidler || πάντων PV : -τως Bothe πάλιν Wil. || 290 ἁ τάλαινα ἃ P: ἁ τάλαινα V τάλαινα Seidler || 291 προσέπεσον V: -σα P.

l'armée, et conduire ensuite aux autres les captives qu'ils ont choisies[1].

Ah ! pourquoi dans la tente jaillit l'éclat des torches ? Qu'est-ce, sinon un incendie que les Troyennes allument à l'intérieur ? Près d'être emmenées de ce pays à Argos, veulent-elles périr en brûlant elles-mêmes leurs corps ? Il est bien vrai qu'en une telle situation, une âme libre se résigne difficilement à son malheur. Ouvrez, ouvrez ! Je ne veux pas que cette fin commode pour elles, mais fâcheuse pour les Grecs, attire sur moi une accusation.

Hécube. — Non, ce n'est pas un incendie, c'est ma fille Cassandre qui, dans sa course de ménade, se précipite vers nous.

Cassandre entre en dansant, parée de ses insignes de prêtresse (branches de laurier, bandelettes de laine blanche, clef du temple) ; elle croit qu'elle célèbre son hyménée devant le sanctuaire d'Apollon et tient un flambeau.

Cassandre. — *Élève, approche la flamme ! Je porte le flambeau*[2]*, je sanctifie, j'illumine — voyez, voyez ! — de l'éclat des torches ce temple divin. O roi Hyménée ! Béni l'époux ! bénie, moi aussi, l'épouse promise à la couche du roi d'Argos ! Hymen, ô roi Hyménée ! Puisque toi, ma mère, toute aux larmes et aux gémissements, tu ne fais que pleurer mon père*

à tous les Grecs, mais, ici, le premier doit désigner les habitants du Péloponèse, et le second, ceux de la Thessalie. Cf. Euripide, *Électre* 1285, où Ἀχαιῒς γῆ se dit du Péloponèse.

[1] Je ne m'explique pas le succès qu'a rencontré la correction de Heath εἰληγμένας (λαγχάνω). Talthybios ne peut évidemment pas se charger de conduire lui-même à chaque Grec la captive que le sort lui a attribuée. Comme le montre la suite du drame, il s'agit des Troyennes (Andromaque, Hécube) qui ont été choisies par les grands chefs (Néoptolème, Ulysse).

[2] Cassandre s'imagine qu'elle tient elle-même le flambeau qu'il appartenait à la mère de porter dans la cérémonie nuptiale. Cf. *Iph. Aul.* 732 sq. (à propos du mariage d'Iphigénie) : Clytemnestre. « Qui élèvera (ἀνασχήσει) la flamme ? » Agamemnon. « C'est moi

ἐς χεῖρα δούς νιν, εἶτα τὰς εἰλεγμένας
καὶ τοῖσιν ἄλλοις αἰχμαλωτίδων ἄγω.
Ἔα, τί πεύκης ἔνδον αἴθεται σέλας;
πιμπρᾶσιν, ἢ τί δρῶσι, Τρῳάδες μυχούς,
ὡς ἐξάγεσθαι τῆσδε μέλλουσαι χθονὸς
πρὸς Ἄργος, αὑτῶν τ' ἐκπυροῦσι σώματα
θανεῖν θέλουσαι; κάρτα τοι τοὐλεύθερον
ἐν τοῖς τοιούτοις δυσλόφως φέρει κακά.
Ἄνοιγ' ἄνοιγε, μὴ τὸ ταῖσδε πρόσφορον,
ἐχθρὸν δ' Ἀχαιοῖς, εἰς ἔμ' αἰτίαν βάλῃ.

ΕΚ. Οὐκ ἔστιν, οὐ πιμπρᾶσιν, ἀλλὰ παῖς ἐμὴ
μαινὰς θοάζει δεῦρο Κασάνδρα δρόμῳ.

ΚΑΣΑΝΔΡΑ

Ἄνεχε, πάρεχε· φῶς φέρω, σέβω, φλέγω, Str.
ἰδού, ἰδού,
λαμπάσι τόδ' ἱερόν.
Ὦ Ὑμέναι' ἄναξ·
μακάριος ὁ γαμέτας,
μακαρία δ' ἐγὼ βασιλικοῖς λέκτροις
κατ' Ἄργος ἁ γαμουμένα.
Ὑμήν, ὦ Ὑμέναι' ἄναξ.
Ἐπεὶ σύ, μᾶτερ, ἐπὶ δάκρυσι καὶ
γόοισι τὸν θανόντα πατέρα πατρίδα τε
φίλαν καταστένουσ' ἔχεις,

Test. **298** αἴθεται Hesychius s. v.? ‖ **308** sq. Schol. Aristoph. Vesp. 1326 et Av. 1720.

296 χεῖρα δούς νιν P: χεῖρας δῶμεν V ‖ εἰλεγμένας PVΣ: εἰληγμένας Heath, male, cf. 32 ‖ **297** αἰχμαλωτίδων ἄγω V: -τίδας λέγω P ‖ **298** αἴθεται P, cf. Hesych.: ἵσταται V ‖ **300** μέλλουσαι PΣ: -σι V ‖ **308** φέρω PV Schol. Arist. Vesp.: φέρε Schol. Arist. Av. ‖ φλέγω, σέβω alter Schol. Arist. Vesp. ‖ ἰδού, ἰδού trai. Herm., cf. 326: post ἄναξ 310 in PV ‖ **310** ὦ P: ὦ ὑμὴν VΣ ‖ **312** βασιλικοῖς λέκτροις om. P ‖ **313** ἁ γαμουμένα (ἁ et μου ex corr.) P: ἀγουμένα (γου ex corr.) V ‖ **314** ὑμὴν ὦ V: ὑμῖν P ‖ **316** θανέντα V.

mort et ma chère patrie, c'est moi qui, pour mes propres noces, tenant haute la flamme du feu, fais rayonner et resplendir, en ton honneur, ô Hyménée, en ton honneur, ô Hécaté[1]*, la lumière qui doit briller au mariage d'une vierge, ainsi que l'exige le rite.*

Bondis haut dans l'air. Mène, mène le chœur, Évan! Évoé! comme aux jours les plus heureux de mon père. Le chœur est saint : conduis-le toi-même, Phoibos, en l'honneur de ta prêtresse[2]*, dans ton temple parmi les lauriers. Hymen, ô Hyménée, Hymen! Prends part au chœur, mère, entre dans la danse, tourne et, dans la ronde, cadence tes pas aux miens pour me plaire. Chantez « Hyménée ô », acclamez l'épousée par des hymnes et des cris d'allégresse. Allons, jeunes Phrygiennes, en robes de fête, célébrez l'époux destiné à ma couche nuptiale.*

La Coryphée. — Reine, retiens ta fille en délire. Crains

qui tiendrai (παρέξω) à côté d'eux le flambeau qui convient aux époux ». Cf. *Médée* 1027. *Phéniciennes* 344. — Les termes ἄνεχε, πάρεχε, que Cassandre s'adresse ici à elle-même, étaient sans doute particulièrement de mise dans le chant nuptial, mais on les trouve employés comme formule à d'autres occasions, dans des passages où leur sens est très discuté : Euripide, *Cyclope* 203. Aristophane, *Guêpes* 1326 (voir la note d'Alphonse Willems sur ce vers dans sa traduction). M. de Wilamowitz entend l'expression dans le sens de : « Halte ! faites place. »

[1] Hécaté n'est pas proprement une déesse du mariage, mais en tant qu'identifiée à Artémis, elle veille aux couches des femmes ; Eschyle, *Suppliantes* 676. De plus, Cassandre, portant une torche et possédée d'un dieu, fait penser à Hécaté dont les flambeaux sont d'ordinaire l'emblème dans les représentations figurées ; *Hélène* 569. *Hippolyte* 142.

[2] Au lieu du datif θυηπόλῳ « pour la prêtresse », on imprime d'ordinaire θυηπολῶ « je sacrifie ». Mais le mariage antique ne comportait pas un sacrifice dans un temple, et d'ailleurs Cassandre continue à danser et à tenir son flambeau. Pour le datif, cf. *Bacchantes* 195. — On se représentait le temple d'Apollon à Troie comme entouré de lauriers (*Andromaque* 296) de même que celui de Delphes ; cf. *Andromaque* 1115. *Ion* 76.

ἐγὼ τόδ' ἐπὶ γάμοις ἐμοῖς
ἀναφλέγω πυρὸς φῶς
ἐς αὐγάν, ἐς αἴγλαν,
διδοῦσ', ὦ Ὑμέναιε, σοί,
διδοῦσ', ὦ Ἑκάτα, φάος,
παρθένων ἐπὶ λέκτροις ἃ νόμος ἔχει.
Πάλλε πόδ' αἰθέριον, ⟨ἄναγ'⟩ ἄναγε χορόν, Ant.
εὐάν, εὐοῖ,
ὡς ἐπὶ πατρὸς ἐμοῦ
μακαριωτάταις
τύχαις. Ὁ χορὸς ὅσιος·
ἄγε σὺ Φοῖβέ νιν κατὰ σὸν ἐν δάφναις
ἀνάκτορον θυηπόλῳ.
Ὑμήν, ὦ Ὑμέναι', Ὑμήν.
Χόρευε, μᾶτερ, ἄναγε, πόδα σὸν
ἕλισσε τᾷδ' ἐκεῖσε μετ' ἐμέθεν ποδῶν
φέρουσα φιλτάταν βάσιν.
Βοᾶτε τὸν Ὑμέναιον, ὤ,
μακαρίαις ἀοιδαῖς
ἰαχαῖς τε νύμφαν.
Ἴτ', ὦ καλλίπεπλοι Φρυγῶν
κόραι, μέλπετ' ἐμῶν γάμων
τὸν πεπρωμένον εὐνᾷ πόσιν ἐμέθεν.

ΧΟ. Βασίλεια, βακχεύουσαν οὐ λήψῃ κόρην,

319 τόδ' V : δ' P ‖ **322** διδοῦσ' om. P ‖ σοι PΣ : σὺ V ‖ post σοὶ habent e v. 324 παρθένων (παρθένω P) ἐπὶ λέκτροις PV ‖ **323** φάος V : φάους P ‖ post φάους iterat παρθένων ἐπὶ λέκτροις P : om. V ‖ **324** ἃ V : ἃ PΣ ‖ **325** πάλλε V : πάλαι P ‖ ⟨ἄναγ'⟩ Herm. ‖ ἄναγε P : ἄνεχε V ‖ εὖ ἂν εὖ οἶ (οἶ P) PVΣ ‖ **329** σὺ P : σοι V ‖ νιν Musgrave : νῦν PV ‖ **330** θυηπόλῳ Musgrave : θυηπολῶ PVΣ, cf. var. lect. Σ ἡγοῦ σὺ τοῦ (l. τῆς) θυηπόλου ‖ **331** Ὑμήν... Ὑμήν Seidler : ὦ ὑμὴν ὦ ὑμέναι' (mutatum in ὑμὴν) ὑμήν P ὑμὴν ὦ ὑμὴν ὑμὴν V ‖ **332** χόρευε μᾶτερ V : χόρευε μᾶτερ χόρευε P ‖ ἄναγε πόδα σὸν P : ἀναγέλασον V ‖ **333** τᾷδ' Scal. : τάδ' PV ‖ **334** φέρουσα in -σαι corr. P ‖ **335** βοᾶτε Paley : βάσατ' εὖ P βοάσατε V ‖ **338** ὦ P : ἔξω V ‖ **341** ΧΟ. PV : ταῦτά τινες τῷ Ταλθυβίῳ, τινὲς δὲ τῷ χορῷ ἐπιμερίζουσιν Σ.

que ses bonds légers ne l'emportent jusqu'au campement des Argiens.

Hécube. — Héphaistos, tu es porte-flambeau dans nos fêtes de noces, mais ici, elle est bien cruelle la flamme que tu attises, et loin pour nous sont les magnifiques espérances d'un pareil jour. Hélas ! mon enfant, je ne prévoyais guère que c'est sous les glaives et les lances des Argiens que serait célébré ton mariage. Donne-moi ce flambeau ; tu ne le tiens pas droit dans ta course furieuse de ménade Ton malheur ne t'a pas rendu la raison et tu restes toujours dans le même état.

Elle remet à une suivante le flambeau qu'elle a enlevé à Cassandre.

Emportez les torches[1], Troyennes, et répondez par des larmes à ses chants d'hyménée.

Cassandre. — Ma mère, couronne mon front victorieux et réjouis-toi de mes noces royales. Conduis-moi et, si je te parais manquer de zèle, pousse-moi de force. S'il est vrai que Loxias existe, c'est une épouse plus funeste qu'Hélène qu'aura en moi l'illustre roi des Achéens, Agamemnon. Je le ferai périr et je ruinerai à mon tour sa maison, vengeant ainsi mes frères et mon père. Mais il y a des ignominies que je veux taire[2] ; je ne célébrerai pas la hache qui tranchera mon cou et celui d'un autre, ni les luttes parricides[3] que causera mon mariage, ni le renversement de la maison d'Atrée.

[1] Ce pluriel veut-il dire qu'il y avait des Troyennes portant des torches dans le cortège de Cassandre ?

[2] Ce que Cassandre veut taire, c'est la série de crimes qu'entraînera l'adultère de Clytemnestre. La hache qui tua Agamemnon et Cassandre est souvent mentionnée chez les tragiques ; Sophocle, *Électre* 99. Euripide, *Électre* 160. *Hécube* 1279. L'origine de la version est le récit de l'*Odyssée*, λ 405-434.

[3] Oreste tua sa mère pour venger son père qui avait été tué à cause de Cassandre. Celle-ci est donc la première cause de cet enchaînement de meurtres.

μὴ κοῦφον αἴρῃ βῆμ' ἐς Ἀργείων στρατόν ;
ΕΚ. Ἥφαιστε, δᾳδουχεῖς μὲν ἐν γάμοις βροτῶν,
ἀτὰρ πικράν γε τήνδ' ἀναιθύσσεις φλόγα
ἔξω τε μεγάλων ἐλπίδων. Οἴμοι, τέκνον,
ὡς οὐχ ὑπ' αἰχμῆς οὐδ' ὑπ' Ἀργείου δορὸς
γάμους γαμεῖσθαι τούσδ' ἐδόξαζόν ποτε.
Παράδος ἐμοὶ φῶς· οὐ γὰρ ὀρθὰ πυρφορεῖς
μαινὰς θοάζουσ', οὐδέ σ' αἱ τύχαι, τέκνον,
σεσωφρονήκασ', ἀλλ' ἔτ' ἐν ταὐτῷ μένεις.
Ἐσφέρετε πεύκας δάκρυά τ' ἀνταλλάσσετε
τοῖς τῆσδε μέλεσι, Τρῳάδες, γαμηλίοις.
ΚΑ. Μῆτερ, πύκαζε κρᾶτ' ἐμὸν νικηφόρον
καὶ χαῖρε τοῖς ἐμοῖσι βασιλικοῖς γάμοις·
καὶ πέμπε, κἂν μὴ τἀμά σοι πρόθυμά γ' ᾖ,
ὤθει βιαίως. Εἰ γὰρ ἔστι Λοξίας,
Ἑλένης γαμεῖ με δυστυχέστερον γάμον
ὁ τῶν Ἀχαιῶν κλεινὸς Ἀγαμέμνων ἄναξ.
Κτενῶ γὰρ αὐτὸν κἀντιπορθήσω δόμους
ποινὰς ἀδελφῶν καὶ πατρὸς λαβοῦσ' ἐμοῦ.
Ἀλλ' αἴσχρ' ἐάσω· πέλεκυν οὐχ ὑμνήσομαι,
ὃς ἐς τράχηλον τὸν ἐμὸν εἶσι χἀτέρων,
μητροκτόνους τ' ἀγῶνας, οὓς οὑμοὶ γάμοι
θήσουσιν, οἴκων τ' Ἀτρέως ἀνάστασιν.

Test. **353** πύκαζε Hesychius s. v. || **358, 359, 360** Chr. 1646, 1645, 1647.

342 αἴρῃ P : αἶρε (sic) V || **344** πικράν γε P : λυγράν τε V || **345** τέκνον P : -ων V || **346** αἰχμῆς ⟨σ'⟩ Musgrave || **350** σεσωφρονήκασ' Seidler (qui 349 σαὶ τύχαι scribit) : ἐσωφρονήκασ' PV, et Σ qui σωφρονεῖν transitive tanquam σωφρονίζειν intellegit : σώφρονα πεποιήκασι || **351** δάκρυα P : δάκρυσι V || ἀνταλλάσσετε PV et lemma Σ : ἀνταλλάξατε Σ || **352** τῆσδε V : τοῖσδε P || **355** πέμπε V : -ετε P || κἂν P : καὶ V || **356** βιαίως P : αἰσίας V || εἰ V : οὐ P || **357** δυστυχέστερον P : δυσχερέστερον V || **361** ἀλλ' αἴσχρ' scripsi : ἄλλα τ' P et lemma Σ ἄλλά τ' V ἄλλας τ' et suprascr. ποινάς *p* ἀλλ' αὔτ' Musgrave ἄλλ' ἅττ' Murray e Σ qui τινὰ reddit; cf. 384, *Orest.* 26 et *Revue des Études grecques*, 1923, p. 52 || ὑμνήσομαι P : -μεν V.

Je veux seulement montrer que notre ville est plus heureuse que la Grèce. Toute possédée du dieu que je suis, je vais, pour le prouver, sortir de mon délire. A cause d'une seule femme et d'un unique amour, pour conquérir Hélène, les Grecs ont perdu des milliers de vies. Leur général, dont on vante la sagesse, a sacrifié son bien le plus cher pour l'objet le plus exécrable[1]; la joie de son foyer, sa fille, il l'a donnée à son frère pour lui rendre sa femme, une femme enlevée, non de force, mais de son plein gré. Arrivés aux bords du Scamandre, leurs hommes mouraient dans des combats dont l'enjeu n'était ni les frontières de leur pays, ni les murailles de leurs cités. Ces victimes d'Arès n'ont pas revu leurs enfants, ils n'ont pas été ensevelis par les mains d'une épouse ; ils gisent sur la terre étrangère. A leurs foyers, disgrâce pareille[2]. Les femmes mouraient veuves ; les parents ne laissaient pas après eux d'enfants dans leurs maisons; c'est pour d'autres qu'ils les ont élevés et, sur leurs tombes, il n'est personne qui viendra offrir pour eux à la terre le sang des victimes. Voilà bien le panégyrique que mérite leur expédition. — Mieux vaut me taire sur les ignominies[3]; que jamais la muse ne m'inspire de chant pour célébrer l'infamie.

Les Troyens, au contraire, avaient d'abord la gloire la plus belle; ils mouraient pour la patrie. Si la lance les frappait, leurs corps du moins étaient transportés dans leurs maisons par des amis ; c'est dans le sol des ancêtres que les enveloppait la terre du tombeau, lorsque les mains désignées pour ce devoir les avaient pieusement ensevelis. Les Phrygiens qui échappaient à la mort dans les combats

[1] Clytemnestre dit à Agamemnon au sujet du sacrifice d'Iphigénie, *Iph. Aul.* 1170 : τἄχθιστα τοῖσι φιλτάτοις ὠνούμεθα. « Nous achetons ce qu'il y a de plus odieux (Hélène) au prix de ce que nous avons de plus cher (Iphigénie). »

[2] Euripide met une insistance significative à montrer les conséquences funestes de la guerre pour les non combattants. Cf. *Andromaque* 307, 612 sqq.

[3] Les ignominies que Cassandre se refuse à raconter sont les

Πόλιν δὲ δείξω τήνδε μακαριωτέραν
ἢ τοὺς Ἀχαιούς, ἔνθεος μέν, ἀλλ' ὅμως
τοσόνδε γ' ἔξω στήσομαι βακχευμάτων·
οἳ διὰ μίαν γυναῖκα καὶ μίαν Κύπριν,
θηρῶντες Ἑλένην, μυρίους ἀπώλεσαν.
Ὁ δὲ στρατηγὸς ὁ σοφὸς ἐχθίστων ὕπερ
τὰ φίλτατ' ὤλεσ', ἡδονὰς τὰς οἴκοθεν
τέκνων ἀδελφῷ δοὺς γυναικὸς οὕνεκα,
καὶ ταῦθ' ἑκούσης κοὐ βίᾳ λελῃσμένης.
Ἐπεὶ δ' ἐπ' ἀκτὰς ἤλυθον Σκαμανδρίους,
ἔθνῃσκον, οὐ γῆς ὅρι' ἀποστερούμενοι
οὐδ' ὑψιπύργου πατρίδος· οὓς δ' Ἄρης ἕλοι,
οὐ παῖδας εἶδον, οὐ δάμαρτος ἐν χεροῖν
πέπλοις συνεστάλησαν, ἐν ξένῃ δὲ γῇ
κεῖνται. Τὰ δ' οἴκοι τοῖσδ' ὅμοι' ἐγίγνετο·
χῆραί τ' ἔθνῃσκον, οἳ δ' ἄπαιδες ἐν δόμοις
ἄλλοις τέκν' ἐκθρέψαντες, οὐδὲ πρὸς τάφους
ἔσθ' ὅστις αὐτοῖς αἷμα γῇ δωρήσεται.
Ἦ τοῦδ' ἐπαίνου τὸ στράτευμ' ἐπάξιον.
Σιγᾶν ἄμεινον τᾀσχρά, μηδὲ μοῦσά μοι
γένοιτ' ἀοιδὸς ἥτις ὑμνήσει κακά.

Τρῶες δὲ πρῶτον μέν, τὸ κάλλιστον κλέος,
ὑπὲρ πάτρας ἔθνῃσκον· οὓς δ' ἕλοι δόρυ,
νεκροί γ' ἐς οἴκους φερόμενοι φίλων ὕπο
ἐν γῇ πατρῴᾳ περιβολὰς εἶχον χθονός,
χερσὶν περισταλέντες ὧν ἐχρῆν ὕπο·
ὅσοι δὲ μὴ θάνοιεν ἐν μάχῃ Φρυγῶν,

Test. 367 Schol. Eurip. Orest. 268.

367 τοσόνδε γ' ἔξω PV : τοσόνδε δ' ἐκτὸς Schol. Orest. || 368 κύπριν V : πόλιν P || 376 ὑψιπύργου πατρίδος PV : ὑψίπυργον πατρίδ' Lenting || 377 παῖδας V : παῖδες P || 378 γῇ V : τῇ P || 379 ἐγίνετο V : ἐγένετο P || 381 ἄλλοις PV : ἄλλως Tyrwhitt, sed cf. 486 || ἐθρέψαντες P || τάφους VΣ : -οις P || 382 αὐτοῖς V : -ῶν P || 387 ἕλοι δόρυ P : ἄρης ἕλοι V || 388 γ' V : δ' P.

vivaient tous les jours en famille avec leurs femmes et leurs enfants, et goûtaient des joies absentes pour les Achéens. Quant au destin d'Hector, si cruel à tes yeux, écoute ce qu'il en faut penser. Il n'est plus, mais avant sa mort, il a fait apparaître sa valeur héroïque. C'est l'arrivée des Achéens qui est cause de sa renommée ; s'ils étaient restés chez eux, son mérite demeurait inconnu[1]. Pâris est devenu l'époux de la fille de Zeus ; sans ce mariage, nul ne parlerait de l'alliance où il aurait fait entrer sa maison[2].

Éviter la guerre est le devoir de tout homme sage ; s'il faut pourtant en arriver là, ce n'est pas une couronne à dédaigner qu'un beau trépas pour la cité, mais mourir pour une cause sans beauté n'apporte que le déshonneur. C'est pourquoi, ma mère, tu ne dois pleurer ni sur la patrie, ni sur mon hymen. Pour ceux que toi et moi haïssons le plus, mon mariage sera la ruine.

La Coryphée. — Quel plaisir tu trouves à sourire à tes propres maux[3], et comme tu chantes une chanson dont ton sort même pourrait bien faire voir le mensonge !

Talthybios. — Si Apollon ne faisait pas délirer ton esprit, il te coûterait cher d'accompagner de telles prédictions le départ de mes chefs. Mais, je le vois, avec leur majesté et leur étalage de sagesse, les grands ne sont en rien supérieurs à notre néant. Ainsi le très puissant roi de tous les Hellènes, le fils cher à Atrée, a choisi pour l'aimer cette folle que moi, tout pauvre que je suis, je n'aurais pas

adultères qui se commettaient en Grèce aux foyers des guerriers absents. Cf. *Andromaque* 1040.

[1] Comparez Ovide, *Tristes* IV 75 : Hectora quis nosset, si felix Troia fuisset ?

[2] Cf. Homère Z 357 sq. Isocrate, dans son *Hélène* 43, développe une idée assez voisine.

[3] Voici comment j'entendrais le texte avec la correction de κακοῖσιν en καλοῖσιν. Cassandre, en célébrant la gloire des Troyens vaincus, a fait en quelque sorte un renversement des valeurs et s'est ainsi créé un idéal particulier (καλὰ οἰκεῖα). Le Chœur, qui comme d'habitude représente le point de vue vulgaire, la rappelle au sentiment de la réalité.

ἀεὶ κατ' ἦμαρ σὺν δάμαρτι καὶ τέκνοις
ᾤκουν, Ἀχαιοῖς ὧν ἀπῆσαν ἡδοναί.
Τὰ δ' Ἕκτορός σοι λύπρ' ἄκουσον ὡς ἔχει·
δόξας ἀνὴρ ἄριστος οἴχεται θανών,
καὶ τοῦτ' Ἀχαιῶν ἵξις ἐξεργάζεται·
εἰ δ' ἦσαν οἴκοι, χρηστὸς ὢν ἐλάνθανεν.
Πάρις δ' ἔγημε τὴν Διός· γήμας δὲ μή,
σιγώμενον τὸ κῆδος εἶχεν ἐν δόμοις.
Φεύγειν μὲν οὖν χρὴ πόλεμον ὅστις εὖ φρονεῖ·
εἰ δ' ἐς τόδ' ἔλθοι, στέφανος οὐκ αἰσχρὸς πόλει
καλῶς ὀλέσθαι, μὴ καλῶς δὲ δυσκλεές.
Ὧν οὕνεκ' οὐ χρή, μῆτερ, οἰκτίρειν σε γῆν,
οὐ τἀμὰ λέκτρα· τοὺς γὰρ ἐχθίστους ἐμοὶ
καὶ σοὶ γάμοισι τοῖς ἐμοῖς διαφθερῶ.

ΧΟ. Ὡς ἡδέως κακοῖσιν οἰκείοις γελᾷς
μέλπεις θ' ἃ μέλπουσ' οὐ σαφῆ δείξεις ἴσως.

ΤΑ. Εἰ μή σ' Ἀπόλλων ἐξεβάκχευεν φρένας,
οὔ τἂν ἀμισθὶ τοὺς ἐμοὺς στρατηλάτας
τοιαῖσδε φήμαις ἐξέπεμπες ἂν χθονός.
Ἀτὰρ τὰ σεμνὰ καὶ δοκήμασιν σοφὰ
οὐδέν τι κρείσσω τῶν τὸ μηδὲν ἦν ἄρα.
Ὁ γὰρ μέγιστος τῶν Πανελλήνων ἄναξ,
Ἀτρέως φίλος παῖς, τῆσδ' ἔρωτ' ἐξαίρετον

Test. **395, 396, 397, 399** Chr. 1656, 1652, 1658, 1660 || **396** Hesychius s. v. ἶξις. Bekker *An.* p. 99,4.

395 δόξας PV : φανεὶς Chr. || **396** τοῦτ' P : ταῦτ' V ταῦθ' Chr. || ἵξις Hesych. : ἶξις PV et lemma Σ, γράφον καὶ ἧρξις ἵν' ᾖ καὶ ἡ ἔρξις καὶ ἡ πρᾶξις Σ ἧξις Bekker *An.* Cf. Hesych. s. v. ἧξις || **397** ὢν ἐλάνθανεν P Chr. : ἔλαθεν ἂν γεγὼς VΣ || **398** δ' P : τ' V || **399** κῆδος P : κῦδος VΣ Chr. || εἶχεν P Chr. : εἶδεν V et Σ ut vid. || **400** οὖν om. V || **402** δυσκλεές P : -ής V || **403** οἰκτείρειν PV || **404** οὐ V : ἢ P || **406** κακοῖσιν PV : fortasse καλοῖσιν ? Cf. Σ ad 407 καὶ ταῦτα, φησίν, ἃ εἴρηκας καλά, οὐ δείξεις αὐτὰ σαφῶς καλὰ καὶ ἀληθῆ || **408** ἐξεβάκχευε P : -ευσε V, εἰ μὴ ἐμαίνου Σ || **409** οὔ τἂν Lenting : οὐκ ἂν V οὔκουν P || **412** κρείσσων P || ἄρα P : ex ἄγαν factum in V.

voulu accepter pour ma femme. — Enfin, vu le dérangement de ton esprit, insulte les Argiens ou louange les Phrygiens, je laisse les vents emporter tes paroles. Suis-moi vers les vaisseaux, belle fiancée de notre général.

A Hécube.

Toi, quand le fils de Laërte demandera qu'on t'amène, il faudra marcher. Tu seras la domestique d'une honnête femme, au dire des guerriers venus à Ilion.

CASSANDRE. — Il est étonnant, ce domestique[1] ! Pourquoi donc portent-ils le nom de hérauts, ces membres de l'engeance universellement haïe que forment les agents des rois et des cités ? Tu dis que ma mère suivra Ulysse dans son palais ? Que fais-tu des paroles d'Apollon où il a déclaré devant moi qu'elle mourrait ici ?... Le reste est une honte que je ne répète point[2]. Malheureux Ulysse, il ne sait pas quelles souffrances l'attendent. Aussi enviables que l'or lui paraîtront un jour mes maux et ceux des Phrygiens[3]. Dix années, outre celles qu'il a passées ici, s'écouleront avant qu'il arrive, seul, dans sa patrie. Il verra, avec son rocher, la passe étroite où habite la terrible Charybde, et, sur sa montagne, le Cyclope, dévoreur de chair crue, et Circé, la ligurienne qui métamorphose en pourceaux, et les naufrages dans la mer salée, et les attraits du lotus, et les vaches sacrées du Soleil dont les chairs pren-

[1] Cassandre renvoie avec mépris à Talthybios le terme de λάτρις qu'il a appliqué à sa mère. Par le mot κήρυκες, Euripide entend les fonctionnaires qui tiennent avant tout à rester en bons termes avec les maîtres du jour (*Oreste* 888-897) et se montrent souvent insolents et bavards (*Héraclides* 292. *Suppliantes* 426. Fr. 1012). Il n'y a pas lieu d'attribuer ces sorties à un motif d'animosité personnelle. L'antipathie pour telle ou telle classe d'agents de la loi s'est rencontrée de tout temps chez certains esprits. En soi, le nom de κήρυκες n'a rien de malsonnant ; cf. Homère Θ 517. C'est pourquoi Euripide voudrait qu'on donne aux officiers publics le nom de valets.

[2] Hécube sera métamorphosée en chienne ; cf. *Hécube* 1265.

[3] Cf. l'exclamation d'Ulysse pendant la tempête, Homère, ε 306.

μαινάδος ὑπέστη· καὶ πένης μέν εἰμ' ἐγώ,
ἀτὰρ λέχος γε τῆσδ' ἂν οὐκ ἐκτησάμην.
Καὶ σοὶ μέν — οὐ γὰρ ἀρτίας ἔχεις φρένας —
Ἀργεῖ' ὀνείδη καὶ Φρυγῶν ἐπαινέσεις
ἀνέμοις φέρεσθαι παραδίδωμ'· ἕπου δέ μοι
πρὸς ναῦς, καλὸν νύμφευμα τῷ στρατηλάτῃ.
Σὺ δ', ἡνίκ' ἄν σε Λαρτίου χρῄζῃ τόκος
ἄγειν, ἕπεσθαι· σώφρονος δ' ἔσῃ λάτρις
γυναικός, ὥς φασ' οἱ μολόντες Ἴλιον.

ΚΑ. Ἦ δεινὸς ὁ λάτρις. Τί ποτ' ἔχουσι τοὔνομα
κήρυκες, ἓν ἀπέχθημα πάγκοινον βροτοῖς,
οἱ περὶ τυράννους καὶ πόλεις ὑπηρέται;
Σὺ τὴν ἐμὴν φῂς μητέρ' εἰς Ὀδυσσέως
ἥξειν μέλαθρα; ποῦ δ' Ἀπόλλωνος λόγοι,
οἵ φασιν αὐτὴν εἰς ἔμ' ἡρμηνευμένοι
αὐτοῦ θανεῖσθαι; τἄλλα δ' οὐκ ὀνειδιῶ.
Δύστηνος, οὐκ οἶδ' οἷά νιν μένει παθεῖν·
ὡς χρυσὸς αὐτῷ τἀμὰ καὶ Φρυγῶν κακὰ
δόξει ποτ' εἶναι. Δέκα γὰρ ἐκπλήσας ἔτη
πρὸς τοῖσιν ἐνθάδ', ἵξεται μόνος πάτραν,
οὗ δὴ στενὸν δίαυλον ᾤκισται πέτρας
δεινὴ Χάρυβδις, ὠμοβρώς τ' ὀρειβάτης
Κύκλωψ, Λιγυστίς θ' ἡ συῶν μορφώτρια
Κίρκη, θαλάσσης θ' ἁλμυρᾶς ναυάγια,
λωτοῦ τ' ἔρωτες, Ἡλίου θ' ἁγναὶ βόες,

Test. 432 Cf. Plutarch. *Sertorius* 5 || 436 Χάρυβδις ὠμόβροτος, 439 λωτοῦ τ' ἔρωτες Hesychius s. v.

417 σοὶ PV : σοῦ Herm. || 421 ἡνίκ' ἄν P : ἣν κἄν V || λαερτίου P || χρῄζοι P : -ζει V || 422 ἕπεσθαι V : φέρ- P || 429 ἡυρμηνευμένοι P || 433 ἐκπλήσας V : ἀντλήσας P, an ἀναπλήσας ? cf. Hom. ε 207.302 || 434 ἐνθάθ' V || post 434 lacunam statuunt Heath et plerique || 435 οὗ δὴ PVΣ : οἶδ' ἧ Musgrave, cf. *Androm.* 998 || πέτρας V : πέρας P || 436 ὠμοβρώς τ' ὀρειβάτης Scal. : ὠμοβρωστορ- P ὠμόφρων ἐπιστάτης V || 437 μορφάτρια P || 438 θ' ἁλμυρᾶς V : δ' ἁλμυρὰ P || 439 θ' ἔρωτες ἰλίου P.

dront un jour une voix pour tenir à Ulysse un langage cruel[1]. J'abrège ; finalement, il descendra vivant chez Hadès et il n'échappera à l'onde marine que pour trouver dans sa maison, à son retour, d'innombrables calamités.

Mais à quoi bon décocher sur Ulysse ces menaces de malheur ?

A Talthybios.

Marche au plus vite ; je veux m'unir dans l'Hadès à mon fiancé. Oui, misérable sera ta sépulture, la nuit, non le jour, ô toi qu'en apparence le sort place si haut, chef suprême des Danaens ! Et moi, mon corps sans vie, jeté nu dans les ravins où coule l'eau des torrents, près du tombeau de mon fiancé, sera livré aux bêtes sauvages, qui dévoreront la servante d'Apollon.

O bandelettes du dieu qui m'est le plus cher, parure des heures d'extase, adieu ; je renonce aux fêtes où je brillais jadis. Partez, je vous arrache de mon corps ; c'est maintenant, quand ce corps reste pur, que je veux livrer mes insignes au souffle des vents rapides pour qu'ils te les portent, ô prophète souverain ! Où est le vaisseau du chef ? où dois-je m'embarquer ? Guette sans tarder le vent pour tes voiles ; c'est une des trois Érynies qu'avec moi tu vas emmener de ces lieux. — Adieu, ma mère ! ne pleure pas. O chère patrie, et vous, mes frères, couchés sous la terre, et toi, père qui nous a donné la vie, vous n'aurez pas longtemps à m'attendre. J'arriverai chez les morts, victorieuse et après avoir ruiné la maison des Atrides qui nous ont perdus.

Cassandre sort avec Talthybios et ses gardes. Hécube tombe sur le sol.

La Coryphée. — Gardiennes de la vieille Hécube, ne

[1] Voici les passages de l'*Odyssée* auxquels font allusion les prédic-

αἳ σάρκα φωνήεσσαν ἥσουσίν ποτε,
πικρὰν Ὀδυσσεῖ γῆρυν. Ὡς δὲ συντέμω,
ζῶν εἶσ' ἐς Ἅιδου κἀκφυγὼν λίμνης ὕδωρ
κάκ' ἐν δόμοισι μυρί' εὑρήσει μολών.

Ἀλλὰ γὰρ τί τοὺς Ὀδυσσέως ἐξακοντίζω πόνους;
στεῖχ' ὅπως τάχιστ'· ἐς Ἅιδου νυμφίῳ γημώμεθα.
Ἦ κακὸς κακῶς ταφήσῃ νυκτός, οὐκ ἐν ἡμέρᾳ,
ὦ δοκῶν σεμνόν τι πράσσειν, Δαναϊδῶν στρατηλάτα.
Κἀμέ τοι νεκρὸν φάραγγες γυμνάδ' ἐκβεβλημένην
ὕδατι χειμάρρῳ ῥέουσαι νυμφίου πέλας τάφου
θηρσὶ δώσουσιν δάσασθαι, τὴν Ἀπόλλωνος λάτριν.
Ὦ στέφη τοῦ φιλτάτου μοι θεῶν, ἀγάλματ' εὔια,
χαίρετ'· ἐκλέλοιφ' ἑορτάς, αἷς πάροιθ' ἠγαλλόμην.
Ἴτ' ἀπ' ἐμοῦ χρωτὸς σπαραγμοῖς, ὡς ἔτ' οὖσ' ἁγνὴ χρόα
δῶ θοαῖς αὔραις φέρεσθαί σοι τάδ', ὦ μαντεῖ' ἄναξ.
Ποῦ σκάφος τὸ τοῦ στρατηγοῦ; ποῖ ποτ' ἐμβαίνειν με χρή;
οὐκέτ' ἂν φθάνοις ἂν αὔραν ἱστίοις καραδοκῶν,
ὡς μίαν τριῶν Ἐρινὺν τῆσδέ μ' ἐξάξων χθονός.
Χαῖρέ μοι, μῆτερ, δακρύσῃς μηδέν· ὦ φίλη πατρίς,
οἵ τε γῆς ἔνερθ' ἀδελφοὶ χὠ τεκὼν ἡμᾶς πατήρ,
οὐ μακρὰν δέξεσθέ μ'· ἥξω δ' ἐς νεκροὺς νικηφόρος
καὶ δόμους πέρσασ' Ἀτρειδῶν, ὧν ἀπωλόμεσθ' ὕπο.

ΧΟ. Ἑκάβης γεραιᾶς φύλακες, οὐ δεδόρκατε
δέσποιναν ὡς ἄναυδος ἐκτάδην πίτνει;
οὐκ ἀντιλήψεσθ'; ἢ μεθήσετ', ὦ κακαί,

Test. 455 Cicero *Ad Att.* VII 3, 5.

441 δὲ V : δή P ‖ **442** εἶσ' rec. : εἰς P om. V ‖ ἄδου P : ἄδην ex ἄδου fecit V ‖ **444** ὀδυσέως V ‖ ἐξαντίζω V ‖ **445** γημώμεθα P : γαμ- V ‖ **447** πράττειν P ‖ στρατηλάτα P : ἀρχηγέτα V ‖ **448** νεκρὸν P : -ων V et lemma Σ ‖ γυμνάδ' V : γυμνάν θ' P ‖ **452** ἐκλέλοιφ' P : -λοιπα δ' V ‖ **455** ποῦ... ποῖ P : ποῖ... ποῦ V ‖ τὸ τοῦ στρατηγοῦ PV : τὸ τῶν Ἀτρειδῶν Cic. ‖ ποτ' PV : πόδ' Elmsley ‖ με om. P ‖ **458** δακρύσῃς P : -σῃ V ‖ **460** μακρὰν... ἥξω P : μακρὰ... ἥκω V ‖ **463** ἐκτάδην Verrall : εἰς ἄδην P ἐς πέδον V ‖ πιτνεῖ PV ‖ **464** ἀντιλήψεσθ' P : -ετ' V ‖ μεθήσετ' V : -εσθ' P.

voyez-vous pas que votre maîtresse, sans un cri, tombe là étendue ? Saisissez-la donc. Allez-vous, cruelles, abandonner votre vieille reine ainsi gisante ? Relevez son corps.

Des jeunes filles essaient de relever Hécube.

Hécube. — Non, jeunes filles, — un service qu'on ne désire pas n'est pas un service — laissez-moi rester gisante où je suis tombée. Un tel écroulement est l'accueil qui convient à mes malheurs présents et passés, à ceux qui m'attendent encore. O dieux ! j'appelle là de mauvais alliés, mais toutefois il est séant d'invoquer les dieux quand nous sommes aux prises avec l'infortune. Pour commencer, j'ai envie de célébrer ce que fut mon bonheur ; mes malheurs inspireront ainsi plus de pitié[1].

J'étais reine et devins l'épouse d'un roi ; j'eus de lui des enfants, excellents entre tous ; car leur nombre serait un vain mérite, s'ils n'avaient été les meilleurs des Phrygiens. Nulle femme, troyenne, grecque ou barbare, ne pourrait se vanter d'en avoir enfanté de pareils. Ces fils, je les ai vus périr sous la lance des Grecs, et j'ai coupé mes cheveux sur leurs tombeaux. Et la souche de cette famille, Priam, ce n'est pas sur le récit d'autrui que j'ai pleuré sa mort ; je l'ai vu de mes propres yeux égorgé au foyer de l'autel domestique, à l'heure où tombait Troie. Et mes filles que j'avais élevées afin de les donner à des époux du plus haut rang, c'est pour d'autres que j'ai fait leur éducation ; on les a arrachées de mes bras. Je n'ai nul espoir

tions de Cassandre : Charybde μ 101 sqq. 235-260. Cyclope 106 sqq. Circé κ 233-243 (Euripide, comme Hésiode, *Théogonie* 1016, la localise dans la mer Tyrrhénienne). Naufrage ε 313 sqq. Les Lotophages ι 83-102. Les vaches du soleil μ 262 sqq. 394 sqq. Les enfers λ. — A la fin de sa tirade (444-461), Cassandre s'exprime en tétramètres trochaïques, un mètre qui sert à marquer la vivacité de l'émotion.

[1] Il est manifeste que l'analyse qu'Hécube fait elle-même de son procédé de rhétorique est déplacée. Dans ce morceau, Euripide se souvient des plaintes de Polyxène, *Hécube* 349 sqq.

γραῖαν πεσοῦσαν ; αἴρετ' εἰς ὀρθὸν δέμας.
ΕΚ. Ἐᾶτέ μ' — οὔτοι φίλα τὰ μὴ φίλ', ὦ κόραι —
κεῖσθαι πεσοῦσαν· πτωμάτων γὰρ ἄξια
πάσχω τε καὶ πέπονθα κἄτι πείσομαι.
Ὦ θεοί· κακοὺς μὲν ἀνακαλῶ τοὺς συμμάχους,
ὅμως δ' ἔχει τι σχῆμα κικλήσκειν θεούς,
ὅταν τις ἡμῶν δυστυχῆ λάβῃ τύχην.
Πρῶτον μὲν οὖν μοι τἀγάθ' ἐξᾷσαι φίλον·
τοῖς γὰρ κακοῖσι πλείον' οἶκτον ἐμβαλῶ.
Ἦμεν τύραννοι κεἰς τύρανν' ἐγημάμην,
κἀνταῦθ' ἀριστεύοντ' ἐγεινάμην τέκνα,
οὐκ ἀριθμὸν ἄλλως, ἀλλ' ὑπερτάτους Φρυγῶν·
οὓς Τρῳὰς οὐδ' Ἑλληνὶς οὐδὲ βάρβαρος
γυνὴ τεκοῦσα κομπάσειεν ἄν ποτε.
Κἀκεῖνά τ' εἶδον δορὶ πεσόνθ' Ἑλληνικῷ,
τρίχας τ' ἐτμήθην τάσδε πρὸς τύμβοις νεκρῶν,
καὶ τὸν φυτουργὸν Πρίαμον οὐκ ἄλλων πάρα
κλύουσ' ἔκλαυσα, τοῖσδε δ' εἶδον ὄμμασιν
αὐτὴ κατασφαγέντ' ἐφ' ἑρκείῳ πυρᾷ,
πόλιν θ' ἁλοῦσαν. Ἃς δ' ἔθρεψα παρθένους
ἐς ἀξίωμα νυμφίων ἐξαίρετον,
ἄλλοισι θρέψασ' ἐκ χερῶν ἀφῃρέθην.

Test. **466,467** sq. Chr. 1034, 533 sq., 1039 sq. || **472** sq. Apsines, p. 327 Hammer (IX 594 Walz) || **472-474** Chr. 535-537 || **474-483** (omisso v. 480 et addito *Androm.* 401 post 483) Apsines, p. 311 Hammer (IX 581 W) || **475,477** sq. Chr. 558,559, 2174 sq.

465 δέμας V : πάλιν P, cf. *Hippol.* 1445 || **466** οὔτοι PVΣ : οὔτι Chr. || **472** φίλον PVΣ Apsines : δέον Chr. || **473** τοῖς P : τοῖ V || **474** ἦμεν τύραννοι PV : ἤμην τύραννος Apsines, cf. ἤμην ἄνανδρος Chr. || τύρανν' V : τύρανν', suprascr. ος in ον corr., P || **475** ἐγεινάμην V Apsines Chr. : -όμην P || **476** ἀλλ' om. V || **477** οὓς Est. : οὐ PV Apsines, cf. ὧν 499 et ὅπως et οἷον Chr. || **479** καὶ ταῦτ' ἐπεῖδον Apsines || **480** τ' P : δ' V || τύμβον P || **482** ἤκουον, ἀλλὰ τοῖσδ' ἐπεῖδον ὄμμασιν Apsines || τοῖσδε δ' V : τοῖσδ' P || **483** ἑρκείῳ ex ἑρκίο corr. in P : ἑρκίῳ V, cf. ἐφερκίου διὸς cod. A Apsinis || **484** θ' ἁλοῦσαν V : θανοῦσαν P || **485** νυμφίων P : -ον V || **486** ἄλλοισι PV : Ἕλλησι Wil. || χειρῶν V.

qu'elles me revoient jamais, et moi-même je ne les reverrai plus. Enfin, pour mettre le comble à mes cruels malheurs, on fait de la vieille femme que je suis une esclave qui doit partir pour la Grèce. Les travaux les plus intolérables à mon âge sont la tâche que l'on m'imposera ; je devrai, servante à une porte, en garder les clefs, moi, la mère d'Hector, ou bien faire le pain ; la terre nue servira de couche au dos rugueux de celle qui dormait dans un lit de reine ; la guenille qu'est mon corps n'aura pour se couvrir que des lambeaux de vêtement, marques honteuses de ma déchéance. Ah malheureuse ! à cause du mariage d'une seule femme, que de maux j'ai soufferts et je souffrirai encore !

O mon enfant, ô Cassandre, toi qui partageais les extases des dieux, que dire de la catastrophe qui t'a fait renoncer à ta pureté virginale ! Et toi, malheureuse Polyxène, où es-tu ? Entre tant d'enfants issus de moi, pas un fils, pas une fille n'est ici pour m'assister dans l'infortune. Pourquoi me relevez-vous ? dans quelle espérance ? Guidez les pas que Troie jadis a vus si fiers, et qui aujourd'hui sont ceux d'une esclave. Menez-moi où j'aurai de la paille pour m'étendre et une pierre pour reposer ma tête ; c'est là qu'affaissée je veux me laisser mourir en me consumant dans les larmes. Parmi les favoris du sort, n'estimez personne heureux avant sa mort[1].

Hécube, qui a fait quelques pas conduite par les suivantes, se laisse tomber sur le sol comme au début du drame.

Le Chœur[2]. — *Chante Ilion, ô Muse ! que son nouveau destin inspire un chant funèbre à ta voix éplorée. Oui, je*

[1] C'est la maxime célèbre de Solon (Hérodote I 30 sqq.) dont les Athéniens ne se lassaient pas d'entendre varier l'expression. Cf. Eschyle, *Agamemnon* 928 sq. Sophocle, *Oed. Roi* 1528 sqq. Euripide, *Électre* 954 sqq. *Héraclides* 865 etc.

[2] Ce chœur, qui chante la prise de Troie, est à rapprocher de

Κοὔτ' ἐξ ἐκείνων ἐλπὶς ὡς ὀφθήσομαι,
αὐτή τ' ἐκείνας οὐκέτ' ὄψομαί ποτε.
Τὸ λοίσθιον δέ, θριγκὸς ἀθλίων κακῶν,
δούλη γυνὴ γραῦς Ἑλλάδ' εἰσαφίξομαι.
Ἃ δ' ἐστὶ γήρᾳ τῷδ' ἀσυμφορώτατα,
τούτοις με προσθήσουσιν, ἢ θυρῶν λάτριν
κλῇδας φυλάσσειν, τὴν τεκοῦσαν Ἕκτορα,
ἢ σιτοποιεῖν, κἀν πέδῳ κοίτας ἔχειν
ῥυσοῖσι νώτοις βασιλικῶν ἐκ δεμνίων,
τρυχηρὰ περὶ τρυχηρὸν εἱμένην χρόα
πέπλων λακίσματ', ἀδόκιμ' ὀλβίοις ἔχειν.
Οἲ 'γὼ τάλαινα, διὰ γάμον μιᾶς ἕνα
γυναικὸς οἵων ἔτυχον ὧν τε τεύξομαι.
Ὦ τέκνον, ὦ σύμβακχε Κασάνδρα θεοῖς,
οἵαις ἔλυσας συμφοραῖς ἅγνευμα σόν.
Σύ τ', ὦ τάλαινα, ποῦ ποτ' εἶ, Πολυξένη;
ὡς οὔτε μ' ἄρσην οὔτε θήλεια σπορὰ
πολλῶν γενομένων τὴν τάλαιναν ὠφελεῖ.
Τί δῆτά μ' ὀρθοῦτ'; ἐλπίδων ποίων ὕπο;
ἄγετε τὸν ἁβρὸν δήποτ' ἐν Τροίᾳ πόδα,
νῦν δ' ὄντα δοῦλον, στιβάδα πρὸς χαμαιπετῆ
πέτρινά τε κρήδεμν', ὡς πεσοῦσ' ἀποφθαρῶ
δακρύοις καταξανθεῖσα. Τῶν δ' εὐδαιμόνων
μηδένα νομίζετ' εὐτυχεῖν πρὶν ἂν θάνῃ.

ΧΟ. Ἀμφί μοι Ἴλιον, ὦ Str.
Μοῦσα, καινῶν ὕμνων
ἄεισον ἐν δακρύοις

Test. 495 ῥυσοῖσι Hesychius s. v.

489 θριγγὸς P ‖ **490** Ἑλλάδ' om. P ‖ **491** τῶδ' ἀσυμφορώτατα V : τῶδε συμ- P ‖ **493** κλῇιδας (ι erasum) P : κλείδας V ‖ φυλάττειν V ‖ **494** κἀν πέδω V : καὶ πέδω (ε scripsit *p*) P ‖ **496** τρυχηρὸν εἱμένην V : -λὸν -νη P ‖ **498** γάμον rec. : γάμων P et re vera V ‖ **500** σύμβακχε V : σὺ βάκχε P ‖ **506** ἁβρὸν V : αὖρον P ‖ **507** χαμαιπετῆ P : χαμερπτῆ V ‖ **513** ἄεισον ἐν PV : ᾆσον σὺν Seidler ἄρξον σὺν Wil., cf. 533 ; **ποίησόν** με ᾆσαι Σ.

veux entonner une ode pour Troie. Je dirai le long char aux quatre roues[1], *dont la funeste entrée a fait de moi, hélas! une captive de la Grèce, le cheval ébranlant de son fracas le ciel*[2], *brillant d'un harnais d'or et rempli de guerriers, qu'à nos portes avaient laissé les Achéens. Un cri jaillit, lancé par notre peuple, debout sur le rocher de la citadelle : « Allez! voici la fin de vos épreuves; faites monter ici cette idole de bois pour la consacrer à la vierge d'Ilion*[3], *à la noble fille de Zeus. » Qui des jeunes filles, qui des vieillards ne sortit point de sa maison? En chantant des refrains joyeux, on introduisit l'embûche fatale*[4].

Toute la nation des Phrygiens courut aux portes; l'on voulait contempler l'engin des Grecs, taillé dans les pins de la montagne pour la ruine de la Dardanie, le don offert à la vierge immortelle. L'entourant de cordages[5], *comme on tire la*

celui de l'*Hécube* 914-951 ; cf. Notice, p. 22. L'origine de la légende est la *Petite Iliade* (*Homeri opera* ed. Allen t. V, p. 107 et p. 136, fr. 22): Épeios construit le cheval de bois avec des pins du mont Ida, et Ulysse y fait entrer une élite de guerriers tandis que le reste de l'armée grecque se retire à Ténédos. Les Troyens, se croyant vainqueurs, introduisent le cheval dans la ville par une brèche faite à leurs murailles, cf. Virgile, *Énéide*, II 234. — Les mots ἀμφί μοι (souvent avec ἄναξ) sont une formule traditionnelle de début dans les hymnes. C'est ainsi que quatre des hymnes homériques (7, 19, 22, 33) commencent par ἀμφί, et il en est de même d'un nome de Terpandre ; P. L. G., fr. 2 Bergk, t. III, 4ᵉ éd.

[1] La comparaison du cheval de bois avec un char à quatre roues s'explique parce que ses pieds étaient en effet munis de roues qui permettaient de le déplacer. Elles y avaient été adaptées par les Troyens selon Virgile, *Énéide* II 235 (pedibusque rotarum | subiciunt lapsus), ou bien par son constructeur grec Épeios lui-même, ainsi que le dit Quintus de Smyrne XII 424 sq.

[2] Il s'agit du bruit que faisait le transport de l'énorme machine. Tyrrell pense à tort au fracas produit par le choc des armes des guerriers enfermés et compare Virgile, *Énéide* II 243 : atque utero sonitum quater arma dedere.

[3] Pallas, dont le temple était sur l'acropole d'Ilion.

[4] Virgile, Énéide II 238 : pueri circum innuptaeque puellae | sacra canunt funemque contingere gaudent.

[5] *Ibid.* 236 : et stuppea uincula collo | intendunt.

ᾠδὰν ἐπικήδειον·
νῦν γὰρ μέλος ἐς Τροίαν ἰαχήσω,
τετραβάμονος ὥς ὑπ' ἀπήνας
Ἀργείων ὀλόμαν τάλαινα δοριάλωτος,
ὅτ' ἔλιπον ἵππον οὐράνια
βρέμοντα χρυσεοφάλαρον ἔνο-
πλον ἐν πύλαις Ἀχαιοί.
Ἀνὰ δ' ἐβόασεν λεὼς
Τρῳάδος ἀπὸ πέτρας σταθείς·
« Ἴτ', ὦ πεπαυμένοι πόνων,
τόδ' ἱερὸν ἀνάγετε ξόανον
Ἰλιάδι Διογενεῖ κόρᾳ. »
Τίς οὐκ ἔβα νεανίδων,
τίς οὐ γεραιὸς ἐκ δόμων;
κεχαρμένοι δ' ἀοιδαῖς
δόλιον ἔσχον ἄταν.

Πᾶσα δὲ γέννα Φρυγῶν Ant.
πρὸς πύλας ὡρμάθη,
πεύκᾳ ἐν οὐρείᾳ
ξεστὸν λόχον Ἀργείων
καὶ Δαρδανίας ἄταν θέᾳ δώσων,
χάριν ἄζυγος ἀμβρότα πώλου.
Κλωστοῦ δ' ἀμφιβόλοις λίνοιο, ναὸς ὡσεὶ
σκάφος κελαινόν, εἰς ἕδρανα

Test. 514 ἐπικήδειον, 522 ἀνὰ δ' ἐβ. Hesychius s. v.

514 ἐπικήδειον Σ ad v. 511 Hesych. : ἐπιτήδειον PV || 516 ἰαχήσω V *p* : ἰσχήσω P || 517 ἀπήνης P || 518 ὀλόμαν Musgrave : -οίμαν PV || 519 ἔλιπον PΣ : ἔλειπον V || 522 ἐβόασ' ὁ λεώς Hesych. || λεὼς V : λεὼς ὁ P, cf. ὁ τρωικός Σ || 525 ἱερὸν V : ἱρὸν P || ἀνάγετε P : ἄγετε VΣ || ξόανον V : -άνων P || 534 λόχον V : -ων P || 537 χάριν rec. : καὶ χάριν PVΣ || ἀμβρότα πώλου VΣ : ἀμβρῶτα πόλου P ἀμβροτοπώλου Musgrave ; cf. Σ ὡς ἱππότα, ἵν' ᾖ ἀμβρότου πώλου. Cf. *Phoen.* 793 μώνυχα πώλων. *Revue des Études grecques* 1923, p. 53-55 || 538 λίνοιο Bothe : λίνοισι PV, cf. κλωστοῦ λίνου ἀμφιβόλοις Σ || ὡσεὶ Matthiae : ὡς εἰς V ὡς P.

carène d'un noir vaisseau, ils l'amenèrent jusqu'au séjour de la déesse Pallas, sur le roc où devait couler le sang des nôtres. Le travail joyeux finissait à peine, quand survint la nuit et son obscurité. Alors, au son des flûtes libyennes, retentirent les chants troyens. Les jeunes filles, dans l'air vibrant au son de leurs pas cadencés, lançaient des chants d'allégresse. Dans les maisons, l'illumination resplendissante de la fête fit s'éteindre la clarté sombre des feux qui bientôt s'endormirent[1].

Et moi, à ce moment, près de sa demeure, je célébrais la vierge des montagnes[2], *la fille de Zeus, en chantant dans les chœurs. Mais voici que, par toute la ville, arrive un cri de mort descendu de Pergame*[3]. *Les tendres enfants, aux robes des mères, attachent des mains transies d'épouvante. Arès sortait de son embûche; Pallas accomplissait son œuvre. Alors ce fut, autour des autels, l'égorgement des Phrygiens. Sur leurs lits, dans la solitude, les jeunes filles coupaient leurs cheveux*[4] *: couronne apportée aux jeunes preux qu'a nourris*

[1] Les Troyens célèbrent une fête de nuit, παννυχίς (cf. 1073), avec des chœurs de jeunes filles ; cf. *Héraclides* 782. La fin de la strophe n'a pas encore trouvé d'interprétation satisfaisante. La mienne est loin de prétendre à la certitude : παμφαὲς σέλας désignerait l'éclat des flambeaux de la παννυχίς, qui assombrit la flamme des foyers où le feu finit par s'endormir sous la cendre. Cf. Eschyle, *Agamemnon* 597. — Troie fut prise à minuit, pendant la pleine lune ; *Petite Iliade*, fr. 12 Allen. *Hécube* 914.

[2] C'est-à-dire Artémis ; cf. *Hécube* 936.

[3] Les paroles mêmes des Grecs sont citées, *Hécube* 929 sqq.

[4] Passage à mon sens mal compris. Murray l'explique comme il suit : *In cubilibus solitudo, maritis obtruncatis facta, effecit ut corona puellarum raperetur, iuvenes Graeciae paritura* (κουροτρόφον). Mais où voit-on les Grecs se glorifier des fils qu'ils ont eus de leurs captives ? J'entends ἐρημία καρατόμων νεανίδων, et je donne à καρατόμος un sens actif correspondant au sens passif qu'il a chez Sophocle, *Électre* 52 καρατόμοις χλιδαῖς στέψαντες « ornements coupés sur la tête, cheveux ». Au point de vue des Grecs, ces chevelures apparaissent comme une couronne de victoire, tandis qu'elles sont une offrande de deuil (πενθητήριον) pour la patrie troyenne.

λάινα δάπεδά τε φόνια πατρίδι Παλλάδος θέσαν θεᾶς.
Ἐπὶ δὲ πόνῳ καὶ χαρᾷ
νύχιον ἐπὶ κνέφας παρῆν,
Λίβυς τε λωτὸς ἐκτύπει
Φρύγιά τε μέλεα, παρθένοι δ'
ἀέριον ἀνὰ κρότον ποδῶν
βοάν τ' ἔμελπον εὔφρον'· ἐν
δόμοις δὲ παμφαὲς σέλας
πυρὸς μέλαιναν αἴγλαν
⏑ ⏑ ἔδωκεν ὕπνῳ.

Ep.
Ἐγὼ δὲ τὰν ὀρεστέραν
τότ' ἀμφὶ μέλαθρα παρθένον,
Διὸς κόραν [Ἄρτεμιν] ἐμελπόμαν
χοροῖσι· φοινία δ' ἀνὰ
πτόλιν βοὰ κατεῖχε Περ-
γάμων ἕδρας· βρέφη δὲ φίλι-
α περὶ πέπλους ἔβαλλε μα-
τρὶ χεῖρας ἐπτοημένας·
λόχου δ' ἐξέβαιν' Ἄρης,
κόρας ἔργα Παλλάδος.
Σφαγαὶ δ' ἀμφιβώμιοι
Φρυγῶν, ἔν τε δεμνίοις
καρατόμος ἐρημία
νεανίδων στέφανον ἔφερεν
Ἑλλάδι κουροτρόφῳ,

Test. **544** Λίβυς τε λωτός Hesychius s. v.

540 φόνια lemma Σ : φοίνια PV, cf. ἢ τὰ φοινιχθέντα Σ || πατρίδι P : ι πατ- VΣ || **542** ἐπὶ P : ἐν VΣ || **547** τ' del. Burges, sed fortasse ἀνὰ st tmesis cum ἔμελπον (zeugma) || ἐν P : ἐνὶ VΣ || **550** nondum sanatus, έδωκεν forsan legit Σ ; σβέσαν vel potius φλογὸς (μέλαιναν prolept.) κ. gr. suppleas || **554** Ἄρτεμιν delet Seidler || **558** ἔβαλλε corr. in V : βαλε PV || μρὶ P : μητρὶ V || **560** ἐξέβαινεν PV || **562** ἀμφιβώμιοι V : ἀμφὶ ώμοισι P || **564** καρατόμος P : καράτομος V || **566** κουροτρόφῳ P : -φον V.

la Grèce et, pour la patrie phrygienne, offrande de deuil.

Arrive une voiture à quatre roues, conduite par des soldats grecs et emmenant Andromaque avec Astyanax; sur la voiture se trouve, entre autres dépouilles phrygiennes, le gigantesque bouclier d'Hector.

Mélodrame.

La Coryphée. — Hécube, vois-tu venir Andromaque, transportée sur un char étranger? près d'elle, bercé sur son sein palpitant, apparaît l'aimable Astyanax, rejeton d'Hector. Où te conduit-on, malheureuse épouse, assise au haut de cette voiture à côté des armes d'airain d'Hector et d'autres dépouilles prises à la Phrygie, trophées dont le fils d'Achille ornera les temples de la Phthiotide, après son retour de Troie?

Andromaque. — *Les Grecs devenus nos maîtres m'emmènent.*

Hécube. — *Hélas!*

Andromaque. — *Pourquoi chantes-tu le péan plaintif...*

Hécube. — *Ah! ah!*

Andromaque. — *dû à mes souffrances...*

Hécube. — *O Zeus!*

Andromaque. — *et à mon malheur?*

Hécube. — *Mes enfants,*

Andromaque. — *nous l'étions jadis.*

Hécube. — *Perdu mon bonheur, perdu Ilion...*

Andromaque. — *Douleur!*

Hécube. — *et perdue ma noble postérité!*

Andromaque. — *Pleurons!*

Hécube. — *Oui, pleurons mon sort...*

Andromaque. — *cruel!*

Hécube. — *Lamentable fin...*

ΑΝ. Ὦ μῆτερ ἀνδρός, ὅς ποτ' Ἀργείων δορὶ
πλείστους διώλεσ', Ἕκτορος, τάδ' εἰσορᾷς;
ΕΚ. Ὁρῶ τὰ τῶν θεῶν, ὡς τὰ μὲν πυργοῦσ' ἄνω
τὰ μηδὲν ὄντα, τὰ δὲ δοκοῦντ' ἀπώλεσαν.
ΑΝ. Ἀγόμεθα λεία σὺν τέκνῳ, τὸ δ' εὐγενὲς
ἐς δοῦλον ἥκει, μεταβολὰς τοσάσδ' ἔχον.
ΕΚ, Τὸ τῆς ἀνάγκης δεινόν· ἄρτι κἀπ' ἐμοῦ
βέβηκ' ἀποσπασθεῖσα Κασάνδρα βίᾳ.
ΑΝ. Φεῦ φεῦ·
ἄλλος τις Αἴας, ὡς ἔοικε, δεύτερος
παιδὸς πέφηνε σῆς· νοσεῖς δὲ χἄτερα.
ΕΚ. Ὧν γ' οὔτε μέτρον οὔτ' ἀριθμός ἐστί μοι·
κακῷ κακὸν γὰρ εἰς ἅμιλλαν ἔρχεται.
ΑΝ. Τέθνηκέ σοι παῖς πρὸς τάφῳ Πολυξένη
σφαγεῖσ' Ἀχιλλέως, δῶρον ἀψύχῳ νεκρῷ.
ΕΚ. Οἲ 'γὼ τάλαινα. Τοῦτ' ἐκεῖν' ὅ μοι πάλαι
Ταλθύβιος αἴνιγμ' οὐ σαφῶς εἶπεν σαφές.
ΑΝ. Εἶδόν νιν αὐτή, κἀποβᾶσα τῶνδ' ὄχων
ἔκρυψα πέπλοις κἀπεκοψάμην νεκρόν.
ΕΚ. Αἰαῖ, τέκνον, σῶν ἀνοσίων προσφαγμάτων·
αἰαῖ μάλ' αὖθις, ὡς κακῶς διόλλυσαι.
ΑΝ. Ὄλωλεν ὡς ὄλωλεν, ἀλλ' ὅμως ἐμοῦ
ζώσης γ' ὄλωλεν εὐτυχεστέρῳ πότμῳ.
ΕΚ. Οὐ ταὐτόν, ὦ παῖ, τῷ βλέπειν τὸ κατθανεῖν·
τὸ μὲν γὰρ οὐδέν, τῷ δ' ἔνεισιν ἐλπίδες.

Test. 618 sq. 620 sq. 628 sq. Chr. 983, 41 sq. 716 sq. || 625 Σ ad v. 268 || 632 sq. Stob. *Flor.* 121, 2 (IV 53, 25a Hense).

610 ὅς ποτ' P : ὅπποτ' V || 613 τὰ PV : τὸ Elmsley || ἀπώλεσαν V: -σα P || 615 τοσάσδ' P : τοιάσδ' V || 620 ἐστί τις Chr. || 621 κακὸν V Chr. : -ῶν P || 624 τοῦτ' P : τοῦ V || ἐκεῖν' ὅ Fix : ἐκεῖνο PV || 626 αὐτὴ κἀποβᾶσα P: αὐτὴν ἀποβᾶσα V || 628 τέκνων... προσσφαγμάτων V || 632 τῷ P : τὸ V.

Andromaque. — O mère, tu n'enfantes pas là[1] un brillant raisonnement ! Écoute des paroles qui mettront un baume dans ton cœur. La non-existence, selon moi, est égale à la mort, et la mort vaut mieux qu'une vie de douleur. On ne souffre pas quand on n'a nul sentiment de ses maux[2], mais celui qui tombe de la bonne dans la mauvaise fortune a l'âme hantée par le regret de son bonheur passé. Pour ta fille morte, c'est comme si elle n'avait pas vu la lumière et elle ne sait rien de ses propres malheurs. Mais moi qui avais visé à la bonne renommée, je ne l'ai atteinte que pour manquer davantage le bonheur. Toutes les vertus que l'on a inventées pour la femme, je m'appliquais à les pratiquer dans la maison d'Hector. Et d'abord, il est des endroits où, qu'elle y provoque ou non le blâme, par sa seule présence, la femme s'attire le mauvais renom de ne pas savoir rester chez elle. Loin de les rechercher, je demeurais dans ma maison et, sous ses lambris, je ne laissais pas pénétrer les bavardages de bon ton chez les femmes[3] ; mon intelligence tirait de son fond honnête des enseignements qui suffisaient à me conduire. Ma langue était silencieuse et mon visage serein en présence de mon époux. Je connaissais les cas où il fallait le vaincre et ceux où il fallait lui céder la victoire.

Ainsi ma renommée est arrivée jusqu'au camp des Achéens et elle a causé ma perte. Dès que je fus captive, le fils d'Achille voulut me prendre pour compagne ; je serai esclave dans la maison des meurtriers des miens. Si je

[1] L'expression τίκτειν λόγον, « enfanter un discours », si bien amenée par le jeu de sens avec μήτηρ, est conforme au langage de l'époque ; cf. Euripide, *Suppliantes* 180. *Héraclès* 767. Platon, *Banquet* 210 C et D. L'auteur d'une thèse à discuter est dit πατὴρ τοῦ λόγου *Banquet* 177 D. *Phèdre* 257 B.

[2] Le texte de ce vers est généralement suspecté. Je crois que, dans la pensée, la négation οὐδέν porte aussi sur ἠσθημένος par un illogisme d'expression qui n'est pas rare dans les phrases négatives. Cf. *Andromaque* 706 sq., *Électre* 383, *Oreste* 393.

[3] Sur le danger des bavardages des femmes, cf. *Andromaque* 930 sqq.

ΑΝ. Ὦ μῆτερ, οὐ τεκοῦσα κάλλιστον λόγον,
ἄκουσον, ὥς σοι τέρψιν ἐμβαλῶ φρενί.
Τὸ μὴ γενέσθαι τῷ θανεῖν ἴσον λέγω,
τοῦ ζῆν δὲ λυπρῶς κρεῖσσόν ἐστι κατθανεῖν.
Ἀλγεῖ γὰρ οὐδὲν τῶν κακῶν ᾐσθημένος·
ὁ δ' εὐτυχήσας ἐς τὸ δυστυχὲς πεσὼν
ψυχὴν ἀλᾶται τῆς πάροιθ' εὐπραξίας.
Κείνη δ', ὁμοίως ὥσπερ οὐκ ἰδοῦσα φῶς,
τέθνηκε κοὐδὲν οἶδε τῶν αὑτῆς κακῶν.
Ἐγὼ δὲ τοξεύσασα τῆς εὐδοξίας
λαχοῦσα πλεῖον τῆς τύχης ἡμάρτανον.
Ἃ γὰρ γυναιξὶ σώφρον' ἔσθ' ηὑρημένα,
ταῦτ' ἐξεμόχθουν Ἕκτορος κατὰ στέγας.
Πρῶτον μέν, ἔνθα κἂν προσῇ κἂν μὴ προσῇ
ψόγος γυναιξίν, αὐτὸ τοῦτ' ἐφέλκεται
κακῶς ἀκούειν, ἥτις οὐκ ἔνδον μένει,
τούτου παρεῖσα πόθον ἔμιμνον ἐν δόμοις·
ἔσω τε μελάθρων κομψὰ θηλειῶν ἔπη
οὐκ εἰσεφρούμην, τὸν δὲ νοῦν διδάσκαλον
οἴκοθεν ἔχουσα χρηστὸν ἐξήρκουν ἐμοί.
Γλώσσης τε σιγὴν ὄμμα θ' ἥσυχον πόσει
παρεῖχον· ᾖδη δ' ἁμὲ χρῆν νικᾶν πόσιν,
κείνῳ τε νίκην ὧν ἐχρῆν παριέναι.
Καὶ τῶνδε κληδὼν ἐς στράτευμ' Ἀχαιϊκὸν
ἐλθοῦσ' ἀπώλεσέν μ'· ἐπεὶ γὰρ ᾑρέθην,
Ἀχιλλέως με παῖς ἐβουλήθη λαβεῖν
δάμαρτα· δουλεύσω δ' ἐν αὐθεντῶν δόμοις.

Test. **635** sq. Stob. *Flor.* 120, 1 (IV 52, 20 Hense) ‖ **636** Plutarch. *Mor.* p. 109 F ‖ **645** sq. **647-653**, **654-656** Chr. 538 sq. 541-547, 550-552,

634 om. P ‖ οὐ Musgrave : ὦ VΣ, comma post λόγον, non post τεκοῦσα, posui, cf. *Revue des Études grecques* 1923, p. 56 ‖ **635** ἐμβαλῶ P Stob. : ἐμβάλω V ‖ **641** ἐκείνη V ‖ ὥσπερ PΣ : ὡς V ‖ **644** πλέον λαχοῦσα Wil. ‖ **645** γυναικὶ Chr. ‖ εὑρημένα PV ‖ **651** τε om. V Chr. ‖ θηλειῶν δ' Chr. ‖ **655** ᾔδη Heath : ᾔδειν PVΣ ‖ χρὴ V

rejette de ma pensée le visage aimé d'Hector pour ouvrir mon cœur à l'époux d'aujourd'hui, je paraîtrai lâche au disparu ; si c'est l'autre que je repousse, je m'attirerai la haine de l'homme qui est mon maître. On dit pourtant qu'une seule nuit fait tomber l'aversion d'une femme pour la couche d'un homme. Honte et dégoût pour celle qui, infidèle à son premier mari, en prend un autre pour de nouvelles amours ! La cavale elle-même, séparée de sa compagne d'attelage, répugne à tirer sous le joug. Et cependant la brute n'a ni la parole ni l'usage de la raison[1] et elle est d'une nature inférieure.

En toi, cher Hector, j'avais l'époux qui me contentait ; raison, noblesse, richesse, courage, tout chez toi était grand. J'étais pure quand tu m'as emmenée de la maison paternelle et, le premier, tu es entré dans mon lit virginal. Maintenant, toi, tu n'es plus, et moi, un vaisseau me conduit en Grèce, captive destinée au joug de l'esclave. Ne sont-ils pas moindres que les miens, les maux qu'entraîne pour Polyxène la mort qui te fait pleurer ? J'ai perdu jusqu'au bien qui reste à tous les humains, l'espérance, et je ne m'abuse pas de la pensée d'avoir quelque joie dans l'avenir ; et cependant il est doux encore de se faire illusion.

La Coryphée. — Ton malheur est le mien ; en pleurant sur ton sort, tu m'apprends la grandeur de ma propre misère.

Hécube. — Moi-même, je ne suis pas encore allée à bord d'un navire, mais les peintures que j'ai vues et les récits qu'on m'a faits m'ont appris ce qui s'y passe[2]. Si les marins

[1] Ces vers rappellent les paroles du Thésée des *Suppliantes* 201 sqq., d'après lequel la raison (σύνεσις) et le langage sont les causes premières de la supériorité humaine. Euripide, comme Thucydide, affectionne le terme σύνεσις, qui manque chez Eschyle et chez Sophocle, et Aristophane, *Grenouilles* 893, lui fait adresser ses prières à cette déesse Raison.

[2] Si Hécube avait omis ce préambule, nul n'aurait songé à demander d'où elle connaît les détails du tableau maritime qui suit. Peut-être y a-t-il ici une allusion à quelque tableau de tempête d'un peintre contemporain. Cf. *Hippolyte* 1005.

Κεἰ μὲν παρώσασ' Ἕκτορος φίλον κάρα
πρὸς τὸν παρόντα πόσιν ἀναπτύξω φρένα,
κακὴ φανοῦμαι τῷ θανόντι· τόνδε δ' αὖ
στυγοῦσ' ἐμαυτῆς δεσπόταις μισήσομαι.
Καίτοι λέγουσιν ὡς μί' εὐφρόνη χαλᾷ
τὸ δυσμενὲς γυναικὸς εἰς ἀνδρὸς λέχος·
ἀπέπτυσ' αὐτὴν ἥτις ἄνδρα τὸν πάρος
καινοῖσι λέκτροις ἀποβαλοῦσ' ἄλλον φιλεῖ.
Ἀλλ' οὐδὲ πῶλος ἥτις ἂν διαζυγῇ
τῆς συντραφείσης, ῥᾳδίως ἕλκει ζυγόν.
Καίτοι τὸ θηριῶδες ἄφθογγόν τ' ἔφυ
ξυνέσει τ' ἄχρηστον τῇ φύσει τε λείπεται.
Σὲ δ', ὦ φίλ' Ἕκτορ, εἶχον ἄνδρ' ἀρκοῦντά μοι
ξυνέσει γένει πλούτῳ τε κἀνδρείᾳ μέγαν·
ἀκήρατον δέ μ' ἐκ πατρὸς λαβὼν δόμων
πρῶτος τὸ παρθένειον ἐζεύξω λέχος.
Καὶ νῦν ὄλωλας μὲν σύ, ναυσθλοῦμαι δ' ἐγὼ
πρὸς Ἑλλάδ' αἰχμάλωτος ἐς δοῦλον ζυγόν.
Ἆρ' οὐκ ἐλάσσω τῶν ἐμῶν ἔχει κακῶν
Πολυξένης ὄλεθρος, ἣν καταστένεις;
ἐμοὶ γὰρ οὐδ' ὃ πᾶσι λείπεται βροτοῖς
ξύνεστιν ἐλπίς, οὐδὲ κλέπτομαι φρένας
πράξειν τι κεδνόν· ἡδὺ δ' ἐστὶ καὶ δοκεῖν.

ΧΟ. Ἐς ταὐτὸν ἥκεις συμφορᾶς· θρηνοῦσα δὲ
τὸ σὸν διδάσκεις μ' ἔνθα πημάτων κυρῶ.

ΕΚ. Αὐτὴ μὲν οὔπω ναὸς εἰσέβην σκάφος,
γραφῇ δ' ἰδοῦσα καὶ κλύουσ' ἐπίσταμαι.
Ναύταις γὰρ ἢν μὲν μέτριος ᾖ χειμὼν φέρειν,

Tes.. 672 Cf. Aristides I p. 24, 1 || 675 sq. Chr. 553 sq. || 676 Suidas s. v. παρθένειος || 681-683, 686-696 Chr. 590-593, 622-632.

670 ἕλκει P : ἕλξει V || 674 καὶ ἀνδρεία P et vere etiam V || 675 δόμων P : -ον V || 679 sq. ἔχει et ὄλεθρος P : ἔχειν et ὄλεθρον V || 683 πράξειν PV : ἕξειν Chr., cf. Soph. *Ai.* 663 || 687 γραφῇ PΣ Chr. : -ὴν V.

n'ont à essuyer qu'une tempête modérée, ils s'emploient avec ardeur pour échapper aux périls ; l'un est au gouvernail, l'autre, à la voilure, un autre encore empêche le navire de faire eau. Mais, si la violence de la mer déchaînée dépasse toute mesure, ils cèdent à la destinée et s'abandonnent aux courants des flots. Moi de même, devant la multitude de mes misères, je reste muette et je me soumets sans parler, ne pouvant vaincre la vague de malheur soulevée par les dieux.

Allons, ma chère fille, laisse Hector à son destin. Tes larmes ne peuvent le sauver. Honore ton nouveau maître, et montre lui l'appât qu'est pour l'homme le charme de ton caractère. Par là, tu causeras une joie commune à tes amis, et tu pourras rendre à Troie l'immense service d'élever ce fils de mon fils, pour qu'un jour peut-être des fils issus de lui[1] rebâtissent Ilion et fasse renaître notre cité.

Mais voici un autre sujet d'entretien. Qu'y a-t-il encore, que je vois arriver ce valet des Grecs, porteur de nouvelles résolutions ?

Entre Talthybios avec des hommes d'armes.

Talthybios. — Femme d'Hector qui fut des Troyens le plus brave, ne me maudis pas ; c'est à regret que j'apporte un message au nom des Grecs et des Pélopides.

Andromaque. — Qu'y a-t-il ? Ton prélude annonce des malheurs[2] ?

Talthybios. — L'ordre veut que ton fils... Comment dire le reste ?

[1] La leçon ἐκ σοῦ est à rejeter. C'est du fils de son fils qu'Hécube espère que naîtront les restaurateurs d'Ilion. De même, *Andromaque* 1247, ce n'est pas à Andromaque, c'est à Molossos l'Éacide qu'on rattache la série des rois de Molossie. Cf. *Hécube*, 1139.

[2] Κακά, « malheurs », est le mot que, dans cette stichomythie, les interlocuteurs se renvoient six fois. Il faut donc rejeter au v. 718 la conjecture καλά. Au surplus, Andromaque songe ici à tout autre chose qu'à une bonne nouvelle.

προθυμίαν ἔχουσι σωθῆναι πόνων,
ὃ μὲν παρ' οἴαχ', ὃ δ' ἐπὶ λαίφεσιν βεβώς,
ὃ δ' ἄντλον εἴργων ναός· ἢν δ' ὑπερβάλῃ
πολὺς ταραχθεὶς πόντος, ἐνδόντες τύχῃ
παρεῖσαν αὑτοὺς κυμάτων δρομήμασιν.
Οὕτω δὲ κἀγὼ πόλλ' ἔχουσα πήματα
ἄφθογγός εἰμι καὶ παρεῖσ' ἐῶ στόμα·
νικᾷ γὰρ οὑκ θεῶν με δύστηνος κλύδων.
'Αλλ', ὦ φίλη παῖ, τὰς μὲν Ἕκτορος τύχας
ἔασον· οὐ μὴ δάκρυά νιν σώσῃ τὰ σά·
τίμα δὲ τὸν παρόντα δεσπότην σέθεν,
φίλον διδοῦσα δέλεαρ ἀνδρὶ σῶν τρόπων.
Κἂν δρᾷς τάδ', ἐς τὸ κοινὸν εὐφρανεῖς φίλους
καὶ παῖδα τόνδε παιδὸς ἐκθρέψειας ἂν
Τροίᾳ μέγιστον ὠφέλημ', ἵν' εἴ ποτε
ἐξ οὗ γενόμενοι παῖδες Ἴλιον πάλιν
κατοικίσειαν, καὶ πόλις γένοιτ' ἔτι.
'Αλλ', ἐκ λόγου γὰρ ἄλλος ἐκβαίνει λόγος,
τίν' αὖ δέδορκα τόνδ' 'Αχαιϊκὸν λάτριν
στείχοντα καινῶν ἄγγελον βουλευμάτων ;

ΤΑ. Φρυγῶν ἀρίστου πρίν ποθ' Ἕκτορος δάμαρ,
μή με στυγήσῃς· οὐχ ἑκὼν γὰρ ἀγγελῶ
Δαναῶν τε κοινὰ Πελοπιδῶν τ' ἀγγέλματα.

ΑΝ. Τί δ' ἔστιν ; ὥς μοι φροιμίων ἄρχῃ κακῶν.

ΤΑ. Ἔδοξε τόνδε παῖδα... πῶς εἴπω λόγον ;

Test. **706** sq. Chr. 635 sq. || **708** Eur. *Med.* 270. Cf. Chr. 1862 || **710, 712** sq. Chr. 640 sq. 642 sq.

691 νηός V || **692** sq. ἐνδόντες φορᾷ παρῆκαν Chr. || **698** μὴ... σώσῃ P : γὰρ... σώσει V || **701** φίλους P : -ος V || **703** τροία V : -ας P || **704** ἐξ οὗ P : ἐκ σοῦ V, cf. οἷ = αὐτῷ *Electr.* 924 || ἴλιον P : ὕστερον V || **708** καινῶν ex -ὸν corr. *p* || **709** μήποτε οὐχ ὁ Ταλθύβιος, ἀλλ' ἄλλος τις ταῦτα λέγει· καὶ γὰρ οὐ λάτριν, ἀλλ' ὀνομαστὶ Ταλθύβιον καλεῖν εἴωθ[illegible] Σ, perperam || ἀρίστου ex ἀριστϊ fecit *p* || **710** οὐχ V : οὐθ' P || **711** τε V : δὲ P || τ' om. P || **712** ἄρχη P : ἀρχὴ V.

Andromaque. — Veut-il qu'il n'ait pas le même maître que moi ?

Talthybios. — Nul Achéen jamais ne deviendra son maître.

Andromaque. — Laisse-t-on ici ce reste du sang troyen ?

Talthybios. — Je ne sais pas comment te dire ton malheur.

Andromaque. — J'approuve ta pudeur, sauf quand tu dis « malheur ».

Talthybios. — On va tuer ton fils ; sache ton grand malheur.

Andromaque. — Qu'entends-je ? Ah ! malheur pire que mon nouvel hymen !

Talthybios. — Ulysse l'a emporté près des Grecs en disant...

Andromaque. — O douleur ! sans mesure m'accablent les malheurs !

Talthybios. — de ne point nourrir le fils d'un père si grand[1],

Andromaque. — Qu'un tel avis l'emporte aussi pour ses enfants !

Talthybios. — et de jeter son corps du haut des tours de Troie. — Allons, laisse faire, c'est pour toi le parti le plus sage. Ne te serre pas contre l'enfant, supporte avec noblesse ton malheur ; impuissante comme tu l'es, ne t'imagine pas être forte ; tu n'as d'appui nulle part. Considère-le bien : ta patrie et ton époux n'existent plus, tu es au pouvoir d'autrui et nous sommes ici de force à lutter contre une seule femme. Dès lors, ne cherche pas la bataille, garde-toi de toute bassesse et de toute irritation ; je t'invite même à ne pas lancer d'imprécations contre les Achéens. Si tu tiens quelque propos qui excite la colère de l'armée, cet enfant n'aura pas de tombeau et n'obtiendra point de pitié. Si tu te tais et si tu t'accommodes de ton sort, tu ne laisse-

[1] Allusion à un vers, devenu proverbial, d'un poète cyclique :

ΑΝ. Μῶν οὐ τὸν αὐτὸν δεσπότην ἡμῖν ἔχειν ;
ΤΑ. Οὐδεὶς Ἀχαιῶν τοῦδε δεσπόσει ποτέ.
ΑΝ. Ἀλλ᾽ ἐνθάδ᾽ αὐτὸν λείψανον Φρυγῶν λιπεῖν ;
ΤΑ. Οὐκ οἶδ᾽ ὅπως σοι ῥᾳδίως εἴπω κακά.
ΑΝ. Ἐπῄνεσ᾽ αἰδῶ, πλὴν ἐὰν λέγῃς κακά.
ΤΑ. Κτενοῦσι σὸν παῖδ᾽, ὡς πύθῃ κακὸν μέγα.
ΑΝ. Οἴμοι, γάμων τόδ᾽ ὡς κλύω μεῖζον κακόν.
ΤΑ. Νικᾷ δ᾽ Ὀδυσσεὺς ἐν Πανέλλησιν λέγων...
ΑΝ. Αἰαῖ μάλ᾽, οὐ γὰρ μέτρια πάσχομεν κακά.
ΤΑ. λέξας ἀρίστου παῖδα μὴ τρέφειν πατρός,
ΑΝ. Τοιαῦτα νικήσειε τῶν αὑτοῦ πέρι.
ΤΑ. ῥῖψαι δὲ πύργων δεῖν σφε Τρωικῶν ἄπο.
Ἀλλ᾽ ὣς γενέσθω, καὶ σοφωτέρα φανῇ·
μήτ᾽ ἀντέχου τοῦδ᾽, εὐγενῶς δ᾽ ἄλγει κακοῖς,
μήτε σθένουσα μηδὲν ἰσχύειν δόκει·
ἔχεις γὰρ ἀλκὴν οὐδαμῇ. Σκοπεῖν δὲ χρή·
πόλις τ᾽ ὄλωλε καὶ πόσις, κρατῇ δὲ σύ,
ἡμεῖς τε πρὸς γυναῖκα μάρνασθαι μίαν
οἷοί τε. Τούτων οὕνεκ᾽ οὐ μάχης ἐρᾶν
οὐδ᾽ αἰσχρὸν οὐδὲν οὐδ᾽ ἐπίφθονόν σε δρᾶν,
οὔτ᾽ αὖ σ᾽ Ἀχαιοῖς βούλομαι ῥίπτειν ἀράς.
Εἰ γάρ τι λέξεις ὧν χολώσεται στρατός,
οὔτ᾽ ἂν ταφείη παῖς ὅδ᾽ οὔτ᾽ οἴκτου τύχοι.
Σιγῶσα δ᾽ εὖ τε τὰς τύχας κεκτημένη

714-717 et **720-723** puncta praef. V personarum notas *ν* || **716** αὐτὸν P : αὑτοῦ V, cf. Soph. *Oed. Col.* 78 || **718** *κακά* PV: *καλά p*, cf. *Revue des Études grecques* 1923, p. 57 || **719** κτενοῦσι V : κτείνουσι P || σὸν P : τὸν V || **720** γάμων PV : *κακῶν* Burges, fortasse recte, cf. *Hec.* 233, 1168 || **724** sq. nulla nota in V || τῶν P : τὸν V || **725** δεῖν Jacobs : δεῖ PV || **728** ἰσχύειν P : -σειν V || **731** τε P : δὲ V || **731** sq. ἡμῖν τε πῶς... οἷόν τε ; Nauck || **733** δρᾶν V : χρή P || **734** οὔτ᾽ PV : οὐδὲ Hartung || ἀχαιοῖς P : -ῶν V || **736** ταφοίη P || ὅδ᾽ οὔτ᾽ P : οὐδ᾽ V || οἴκτου τύχοι ex οἶκτος ἔχοι P fecit *p* : οἴκτου τύχῃ V.

ras pas sans sépulture le corps de ton fils, et toi-même tu trouveras chez les Achéens des sentiments plus bienveillants.

ANDROMAQUE[1]. — O mon fils bien aimé, mon unique trésor, tu vas mourir d'une main ennemie et quitter ta mère infortunée. C'est la noblesse de ton père qui te fait périr, après avoir été le salut de tant d'autres. La vertu de ton père ne t'a pas porté bonheur. O fatales amours, le jour où l'hyménée me fit entrer jadis dans le palais d'Hector, ce n'est pas pour donner une victime aux Grecs que je voulais enfanter un fils, mais pour en faire le roi de l'Asie aux riches moissons ! O mon enfant, tu pleures. As-tu le sentiment de ton malheur ? Pourquoi, les mains serrées, t'attaches-tu à mes vêtements, comme un oiseau blotti sous mon aile ? Hector ne viendra pas, armé de sa lance glorieuse, et sortant de terre pour t'apporter le salut ; il n'y a plus pour toi ni famille paternelle, ni puissance phrygienne. Dans un horrible saut, lancé d'en haut la nuque en avant, tu seras précipité sans pitié et, le corps brisé, tu rendras ton dernier souffle. O tendre enfant que ta mère aimait tant à caresser dans ses bras, ô suave odeur de ton corps[2] ! c'est donc en vain que dans les langes mon sein t'a nourri ; inutiles sont les peines et les tourments où je me suis épuisée. Maintenant, une dernière fois, donne un baiser à la mère qui t'enfanta, serre-toi contre elle ; enlace tes bras autour de mon cou et applique ta bouche sur la mienne.

O Grecs, inventeurs de supplices barbares[3], pourquoi

Νήπιος ὃς πατέρα κτείνων παῖδας καταλείπει. Aristote, *Rhétorique* I 15. Clément d'Alexandrie, *Stromata* VI p. 747 P. — On comprend qu'ici, de même que dans l'*Andromaque*, Euripide ait voulu ignorer la version de la *Petite Iliade* (fr. 19 Allen) qui attribuait à Néoptolème l'odieux du meurtre d'Astyanax.

[1] Comparez à ce morceau pathétique *Andromaque* 406 sqq. *Héraclès* 454 sqq., et surtout les adieux de Médée à ses enfants, *Médée* 1021 sqq.

[2] Cette notation si juste d'une impression maternelle est à rapprocher de *Médée* 1075.

[3] L'atrocité de leurs supplices caractérisait les barbares. Cf. Hérodote IX 79. Eschyle, *Euménides* 186 sqq.

τὸν τοῦδε νεκρὸν οὐκ ἄθαπτον ἂν λίποις
αὐτή τ' Ἀχαιῶν πρευμενεστέρων τύχοις.
ΑΝ. Ὦ φίλτατ', ὦ περισσὰ τιμηθεὶς τέκνον,
θανῇ πρὸς ἐχθρῶν μητέρ' ἀθλίαν λιπών,
ἣ τοῦ πατρὸς δέ σ' εὐγένει' ἀποκτενεῖ,
ἣ τοῖσιν ἄλλοις γίγνεται σωτηρία,
τὸ δ' ἐσθλὸν οὐκ ἐς καιρὸν ἦλθε σοὶ πατρός.
Ὦ λέκτρα τἀμὰ δυστυχῆ τε καὶ γάμοι,
οἷς ἦλθον ἐς μέλαθρον Ἕκτορός ποτε,
οὐ σφάγιον υἱὸν Δαναΐδαις τέξουσ' ἐμόν,
ἀλλ' ὡς τύραννον Ἀσιάδος πολυσπόρου.
Ὦ παῖ, δακρύεις; αἰσθάνῃ κακῶν σέθεν;
τί μου δέδραξαι χερσὶ κἀντέχῃ πέπλων,
νεοσσὸς ὡσεὶ πτέρυγας ἐσπίτνων ἐμάς;
οὐκ εἶσιν Ἕκτωρ κλεινὸν ἁρπάσας δόρυ
γῆς ἐξανελθὼν σοὶ φέρων σωτηρίαν,
οὐ συγγένεια πατρός, οὐκ ἰσχὺς Φρυγῶν·
λυγρὸν δὲ πήδημ' ἐς τράχηλον ὑψόθεν
πεσὼν ἀνοίκτως, πνεῦμ' ἀπορρήξεις σέθεν.
Ὦ νέον ὑπαγκάλισμα μητρὶ φίλτατον,
ὦ χρωτὸς ἡδὺ πνεῦμα· διὰ κενῆς ἄρα
ἐν σπαργάνοις σε μαστὸς ἐξέθρεψ' ὅδε,
μάτην δ' ἐμόχθουν καὶ κατεξάνθην πόνοις.
Νῦν, οὔποτ' αὖθις, μητέρ' ἀσπάζου σέθεν,
πρόσπιτνε τὴν τεκοῦσαν, ἀμφὶ δ' ὠλένας

Test. **741-744** Chr. 1514-1517 || **743** Euripid. fr. 58, 2 (ex *Alexandro*). Cf. Eur. *Med.* 14 || **747** sq. **752**, **753** sq. **758** sq. Chr. 77 sq. 1534, 153? sq. 1334 sq. || **760** Chr. 910, 1336, 1364. Cf. Eur. *Med.* 1030.

739 πρευμενεστέρων ex πλ- corr. *p* || **742** ἀποκτενεῖ P : ἀποκτένει Chr. ἀπώλεσεν V || **743** γίνεται PV || **747** οὐ σφάγιον υἱον Nauck : οὐχ ὡς σφάγιον PV οὐχὶ σφάγιον Chr. || **748** ἀσιάδος P : ἀσιάτιδος V || **751** ὡσσεὶ P : ὡς V || **752** κλεινὸν P : -ος V || **757** ὦ P : ὢν V || **759** σπαργάνοις σε P : -νοισι V || **760** μάτην PV : ἄλλως *Med.* || **761** οὔποτ' Est. : εἴποτ' PV, cf. *Hec.* 411 || **762** πρόσπιτνε V : -ιπτε P || ὠλένας P : -αις V.

voulez-vous la mort de cet enfant innocent ? Et toi, rejeton de Tyndare, non, tu n'es pas fille de Zeus, mais nombreux, je l'affirme, sont les pères de qui tu es issue ; c'est d'abord le Génie du mal, puis la Haine, et le Meurtre, et la Mort, et tous les monstres que nourrit la terre. Non, moi, jamais je n'aurai l'audace de te donner Zeus pour père, à toi, démon funeste à tant de barbares et de Grecs. Mort à toi ! c'est à tes beaux yeux que les plaines fameuses de la Phrygie doivent la hideur de leur dévastation.

Eh bien ! emmenez cet enfant, emportez-le, précipitez-le, s'il vous plaît de le précipiter ! Repaissez-vous de sa chair ! Les dieux veulent notre perte et je ne puis empêcher la mort de mon fils.

Elle livre Astyanax aux mains de Talthybios.

Cachez mon corps misérable et jetez-le sur un navire. C'est à un bel hymen que je marche, après avoir perdu mon enfant.

La voiture l'emmène.

La Coryphée. — O Troie infortunée, que de victimes a faites une seule femme et son odieux amour !

Mélodrame.

Talthybios. — Allons, mon enfant ! te voilà dégagé de la tendre étreinte de ta pauvre mère ; il faut marcher vers les créneaux qui couronnent les tours de tes aïeux. C'est là que l'arrêt veut que tu expires. Saisissez-le.

Des gardes emportent Astyanax.

Pour porter de tels ordres, il faudrait un héraut sans pitié, et plus ami de l'impudence[1] que ne l'admet mon sentiment.

[1] Cf. v. 718 où la pudeur empêchait Talthybios de parler.

ἕλισσ' ἐμοῖς νώτοισι καὶ στόμ' ἅρμοσον.
Ὦ βάρβαρ' ἐξευρόντες Ἕλληνες κακά,
τί τόνδε παῖδα κτείνετ' οὐδὲν αἴτιον ;
ὦ Τυνδάρειον ἔρνος, οὔποτ' εἶ Διός,
πολλῶν δὲ πατέρων φημί σ' ἐκπεφυκέναι,
Ἀλάστορος μὲν πρῶτον, εἶτα δὲ Φθόνου,
Φόνου τε Θανάτου θ' ὅσα τε γῆ τρέφει κακά.
Οὐ γάρ ποτ' αὐχῶ Ζῆνά γ' ἐκφῦσαί σ' ἐγώ,
πολλοῖσι κῆρα βαρβάροις Ἕλλησί τε.
Ὄλοιο· καλλίστων γὰρ ὀμμάτων ἄπο
αἰσχρῶς τὰ κλεινὰ πεδί' ἀπώλεσας Φρυγῶν.
⟨Ἀλλ'⟩ ἄγετε φέρετε ῥίπτετ', εἰ ῥίπτειν δοκεῖ·
δαίνυσθε τοῦδε σάρκας. Ἔκ τε γὰρ θεῶν
διολλύμεσθα παιδί τ' οὐ δυναίμεθ' ἂν
θάνατον ἀρῆξαι. Κρύπτετ' ἄθλιον δέμας
καὶ ῥίπτετ' ἐς ναῦς· ἐπὶ καλὸν γὰρ ἔρχομαι
ὑμέναιον, ἀπολέσασα τοὐμαυτῆς τέκνον.

ΧΟ. Τάλαινα Τροία, μυρίους ἀπώλεσας
μιᾶς γυναικὸς καὶ λέχους στυγνοῦ χάριν.

ΤΑ. Ἄγε παῖ, φίλιον πρόσπτυγμα μεθεὶς
μητρὸς μογερᾶς, βαῖνε πατρῴων
πύργων ἐπ' ἄκρας στεφάνας, ὅθι σοι
πνεῦμα μεθεῖναι ψῆφος ἐκράνθη.
Λαμβάνετ' αὐτόν. Τὰ δὲ τοιάδε χρὴ
κηρυκεύειν, ὅστις ἄνοικτος
καὶ ἀναιδείᾳ τῆς ἡμετέρας

Test. **764** Plutarch. *Mor.* p. 166 A. *Agesilas* 15 || **766-770** Chr. 333-337.

769 ὅσα τε V Chr : ὅσα P || **770** ζῆνά γ' P : ζῆνά σ' V || ἐκφύσαι σ' V : ἐκφῦναι (υ ex η facto) P, cf. ἐκ θεοῦ φῦναί σ' Chr. Ζηνὸς ἐκφῦναί σ' Reiske || **774** ⟨Ἀλλ'⟩ Herm. || **776** διολλύμεθα P || δυναίμεθ' ἂν V : -θα P || **779** ἀπολέσα P σα suprascr. *p* || **782** ΤΑ. Tyrwhitt : ΑΝ. PV || **783** om. V || **786** τοιάδε V : τοιαῦτα P || **788** ἀναιδεία V : -είας P || ἡμετέρας Tyrwhitt : ὑμ- PV.

Talthybios s'éloigne avec son escorte.

HÉCUBE. — O mon enfant, ô fils de mon pauvre fils, violence inique, on nous prend ta vie, à ta mère et à moi ! que devenir ? que puis-je, infortunée, faire pour toi ? Je t'offre ces coups dont je frappe ma tête et meurtris mon sein ; voilà tout mon pouvoir. Adieu, cité, adieu, enfant ! Qu'attendons-nous encore ? que nous manque-t-il, dans ce total écroulement, pour que notre ruine soit complète ?

Elle s'affaisse de nouveau sur le sol.

LE CHŒUR. — *Dans Salamine, la nourrice d'abeilles, roi Télamon[1], tu avais pour séjour, au milieu des flots, l'île inclinée vers les saintes collines où Athéna montra le premier rameau du glauque olivier, céleste couronne et parure d'Athènes la brillante[2] ; tu vins, oui, tu vins joindre ta valeur à celle du fils d'Alcmène, de l'archer qui voulait renverser Ilion, Ilion, notre chère patrie, au temps ancien où tu arrivas ici de la Grèce.*

Il amenait la fleur des fils de la Grèce, outré du déni des coursiers promis[3]. Dans le beau fleuve du Simoïs, il arrêta l'élan de ses rames, amarra sa poupe au rivage et prit dans sa main l'arc infaillible qui devait tuer Laomédon. Les blocs réguliers taillés par Phébus, dans un rouge ouragan de feu et de flamme, tombèrent en ruine et Troie fut conquise. Ainsi

[1] Parmi les compagnons d'Héraclès lors du premier sac de Troie Télamon est choisi pour amener l'éloge d'Athènes. Dans l'*Andromaque* 796, pièce écrite en l'honneur de la dynastie éacide de l'Épire, c'est l'ancêtre de celle-ci, Pélée, frère de Télamon, qui est mentionné à propos de la même expédition.

[2] Λιπαραί est l'épithète préférée pour leur ville par les Athéniens Cf. Aristophane, *Acharniens* 639. Elle leur rappelait le magnifique éloge de Pindare fr. 76, t. IV, p. 154 Puech.

[3] Laomédon, n'ayant point payé à Apollon et à Poseidon le salair

γνώμης μᾶλλον φίλος ἐστίν.
ΕΚ. Ὦ τέκνον, ὦ παῖ παιδὸς μογεροῦ,
συλώμεθα σὴν ψυχὴν ἀδίκως
μήτηρ κἀγώ. Τί πάθω; τί σ' ἐγώ,
δύσμορε, δράσω; τάδε σοι δίδομεν
πλήγματα κρατὸς στέρνων τε κόπους·
τῶνδε γὰρ ἄρχομεν. Οἲ 'γὼ πόλεως,
οἴμοι δὲ σέθεν· τί γὰρ οὐκ ἔχομεν,
τίνος ἐνδέομεν μὴ οὐ πανσυδίᾳ
χωρεῖν ὀλέθρου διὰ παντός;

ΧΟ. Μελισσοτρόφου Σαλαμῖνος ὦ βασιλεῦ Τελαμών, Str. 1
νάσου περικύμονος οἰκήσας ἕδραν
τᾶς ἐπικεκλιμένας ὄχθοις ἱεροῖς, ἵν' ἐλαίας
πρῶτον ἔδειξε κλάδον γλαυκᾶς Ἀθάνα,
οὐράνιον στέφανον λιπαραῖσί ⟨τε⟩ κόσμον Ἀθήναις,
ἔβας ἔβας τῷ τοξοφόρῳ συναρι-
στεύσων ἅμ' Ἀλκμήνας γόνῳ
Ἴλιον Ἴλιον ἐκπέρσων πόλιν
ἁμετέραν τὸ πάροιθ' ὅτ' ἔβας ἀφ' Ἑλλάδος·

ὅθ' Ἑλλάδος ἄγαγε πρῶτον ἄνθος ἀτυζόμενος Ant. 1
πώλων, Σιμόεντι δ' ἐπ' εὐρείτᾳ πλάταν
ἔσχασε ποντοπόρον καὶ ναύδετ' ἀνήψατο πρυμνᾶν
καὶ χερὸς εὐστοχίαν ἐξεῖλε ναῶν,
Λαομέδοντι φόνον· κανόνων δὲ τυκίσματα Φοίβου
⟨πυρὸς⟩ πυρὸς φοίνικι πνοᾷ καθελὼν

Test. **809** ἀτυζόμενος Hesychius s. v.

790 μογεροῦ P : μονογενοῦ V || **794** κόπους Seidler : κτύπους PV || **800** ἕδραν P : -ας V || **801** ἱεροῖς ἵν' VΣ : ἱεροῖσιν P || **802** κ.λάδον (ε eraso) γλαυκᾶς P || Ἀθάνα rec. : ἀθηνᾶ Σ ἀθάνας PV || **803** λιπαραῖς V || ⟨τε⟩ Seidler || **804** ἔβας alterum del. Musgrave, cf. 815 || τῷ om. P || **805** συναριστεύσων P : -εύων V || ἅμ' om. V || **807** πάροιθ' P : -θεν V || **810** δ' ἐπ' εὐρείτα P : δ (duabus litteris erasis) ευρειταο V || **811** πρύμναν V || **812** χειρὸς P || **814** τυκίσματα rec. : τεκ- P τυκτ- V || **815** ⟨πυρὸς⟩ Meineke, cf. 804 || πνοᾷ P : βοᾷ V.

deux fois et par deux assauts, la lance sanglante a détruit les murs de la Dardanie.

C'est donc en vain qu'avec des vases d'or, en marchant d'un pas alangui, ô fils de Laomédon[1], *tu vas, office splendide, remplir la coupe de Zeus. Ta terre natale est la proie du feu. Les rivages marins résonnent ; on dirait que, planant au-dessus de leur nid détruit, de grands oiseaux*[2] *crient. L'une pleure un époux, des autres leurs enfants, d'autres leurs vieilles mères. Les bains dont tu aimais la fraîcheur, tes gymnases, tes champs de course ne sont plus*[3]. *Mais toi, pour garder ta grâce, près du trône de Zeus, tu entretiens ton jeune visage dans une belle sérénité*[4], *cependant que l'empire de Priam succombe sous la lance des Grecs.*

Amour, Amour, qui visitas jadis la demeure de Dardanos, après avoir inspiré des passions dans le ciel même, à quel rang superbe alors tu fis monter Troie par des alliances qui l'unirent aux dieux! De Zeus et de sa honte, je ne veux plus rien dire[5]. *Mais aujourd'hui, l'Aurore aux ailes blanches, la*

convenu pour la construction des murs de Troie, dut exposer sa fille Hésione à un monstre marin. Héraclès la délivra contre la promesse d'obtenir de Laomédon les coursiers divins que Zeus avait donnés jadis à Tros après l'enlèvement de Ganymède. Laomédon n'ayant pas tenu parole, Héraclès vint saccager Troie. Homère E 641, Υ 145, Φ 446 sqq.

[1] Ganymède est fils de Laomédon d'après la *Petite Iliade*, fr. 6 Allen. Chez Homère Υ 232, il est fils de Tros et frère d'Ilos qui est le père de Laomédon.

[2] Le scoliaste note qu'il s'agit de l'alcyon. Cf. Homère IX 563. *Iph. Taur.* 1089 sqq.

[3] Ce sont là les souvenirs les plus chers pour un jeune grec. Ainsi Polynice, rentrant de l'exil, pleure en revoyant les gymnases de Thèbes et les eaux de Dircé ; *Phéniciennes* 366 sqq.

[4] L'immunité vis-à-vis des souffrances des hommes, que leur nature confère aux dieux, ne va pas sans une sorte d'insensibilité souveraine qui, pour Euripide, met entre eux et nous une distance cruelle. Cf. *Hippolyte* 1396, 1441. *Héraclès* 1115.

[5] Il s'agit de Ganymède à qui est consacrée la strophe précédente.

Τροίας ἐπόρθησε χθόνα,
δὶς δὲ δυοῖν πιτύλοιν τείχη † παρὰ †
Δαρδανίας φονία κατέλυσεν αἰχμά.

Μάταν ἄρ', ὦ χρυσέαις ἐν οἰνοχόαις ἁβρὰ βαίνων, Str. 2
Λαομεδόντιε παῖ,
Ζηνὸς ἔχεις κυλίκων πλήρωμα, καλλίσταν λατρείαν·
ἁ δέ σε γειναμένα [Τροία] πυρὶ δαίεται·
ἠιόνες δ' ἅλιαι
ἴαχον, οἰωνὸς οἷ-
ον τεκέων ὕπερ βοᾷ,
αἳ μὲν εὐνάτορας, αἳ δὲ παῖδας,
αἳ δὲ ματέρας γεραιάς.
Τὰ δὲ σὰ δροσόεντα λουτρὰ
γυμνασίων τε δρόμοι
βεβᾶσι· σὺ δὲ πρόσωπα νεα-
ρὰ χάρισι παρὰ Διὸς θρόνοις
καλλιγάλανα τρέφεις· Πριάμοιο δὲ γαῖαν
Ἑλλὰς ὤλεσ' αἰχμά.

Ἔρως Ἔρως, ὃς τὰ Δαρδάνεια μέλαθρά ποτ' ἦλθες Ant. 2
οὐρανίδαισι μέλων,
ὡς τότε μὲν μεγάλως Τροίαν ἐπύργωσας, θεοῖσιν
κῆδος ἀναψάμενος. Τὸ μὲν οὖν Διὸς
οὐκέτ' ὄνειδος ἐρῶ·
τὸ τᾶσδε λευκοπτέρου

Test. **820** ἁβρὰ βαίνων Hesychius s. v.

817 παρὰ P : περὶ V, τειχίσματα ex. gr. scribas || **819** δαρδάνας P || φονία rec. : φοινία PV || **820** μάτην V || **825** τροία delevit Musgrave || **826** κίονες ἅλιαι P || **829** ἴαχον V : ἴσχον P ἰαχοῦσ' Seidler || οἰωνὸς οἷον Herm. : οἷον οἰωνὸς PV, cf. 847 || τεκέων (Est.) ὕπερ trai. Bothe : ὑπὲρ τοκέων P ὑπὲρ τέκνων V || **830** sq. αἱ μὲν... αἱδὲ... αἱδὲ V : ἁ μὲν... ἅδὲ... αἱδὲ P, metrum claudicat, cf. 850 || **833** δροσόεντα V : προσ- P || **839** ὤλεσεν P || **840** τὰ V : παρὰ P || Δαρδάνεια Dindorf : -νια PV || **846** οὐκέτ' ὄνειδος V : ὄνειδος οὐκέτ' P || **847** τὸ τᾶσδε PV, cf. Σ τὸ δὲ φέγγος τῆς ἡμέρας, ὅ ἐστιν αὕτη ἡ ἡμέρα : τὸ τᾶς δὲ editiones.

clarté chère aux humains, a vu notre terre ruinée, elle a vu Pergame détruite. Et cependant, le père de ses enfants[1], *l'époux qu'elle a dans son lit nuptial, est fils de cette terre, un quadrige constellé d'or vint l'enlever. Ce fut pour sa patrie une grande espérance. Mais Troie n'a plus le charme qui séduisait les dieux.*

Entre Ménélas, avec une escorte.

Ménélas[2]. — Que ton éclat est beau, lumière du soleil, en ce jour où je vais ressaisir mon épouse, Hélène ! Car, après tant d'épreuves, me voici enfin, moi Ménélas, et l'armée grecque est avec moi. Ma venue à Troie n'a pas eu, autant qu'on le pense, une femme pour cause ; c'est à un homme que j'en voulais, à l'hôte perfide qui avait enlevé mon épouse de mon palais. Celui-là, grâce aux dieux, a subi sa peine, et avec lui son pays a succombé sous la lance des Grecs. Quant à la laconienne[3] — je n'aime pas de prononcer le nom de mon ancienne femme — je viens ici pour l'emmener. Car elle est là, dans le baraquement des captives, classée comme troyenne aussi bien que les autres. Les guerriers patients qui l'ont reconquise

Dans l'*Oreste* 1392, Euripide mentionne clairement en quoi consiste la honte de Zeus : Γανυμήδεος... Διὸς εὐνέτα.

[1] Tithon, frère de Priam, est déjà donné chez Homère Λ 1 comme l'époux de l'Aurore. La légende de son immortalité, qui ne l'empêche pas de vieillir de plus en plus, est racontée dans l'hymne homérique à Aphrodite, 218-238. Du mariage de Tithon et de l'Aurore était né Memnon, le plus beau des hommes (Homère δ 188, λ 522), dont l'*Éthiopide*, suite de l'*Iliade*, racontait les exploits et la mort. Hésiode, *Théogonie* 985, mentionne un autre fils nommé Émathion.

[2] Ménélas, qui vient s'expliquer devant le public comme un prologue, se présente et se nomme lui-même.

[3] Ce mot surprend quelque peu dans la bouche de Ménélas qui est lui-même laconien. Pour ne pas nommer Hélène, il la désigne naïvement par le nom que lui donnent ses ennemis. Cette boutade a fait suspecter à tort Ἑλένη aux vers 862 et 877. Il est évident que Ménélas ne se pique pas ici de logique.

ἁμέρας φίλας βροτοῖς
φέγγος ὁλοὸν εἶδε γαίας,
εἶδε Περγάμων ὄλεθρον,
τεκνοποιὸν ἔχουσα τᾶσδε
γᾶς πόσιν ἐν θαλάμοις,
ὃν ἀστέρων τέθριππος ἔλα-
βε χρύσεος ὄχος ἀναρπάσας,
ἐλπίδα γᾷ πατρίᾳ μεγάλαν· τὰ θεῶν δὲ
φίλτρα φροῦδα Τροίᾳ.

ΜΕΝΕΛΑΟΣ

Ὦ καλλιφεγγὲς ἡλίου σέλας τόδε,
ἐν ᾧ δάμαρτα τὴν ἐμὴν χειρώσομαι
Ἑλένην· ὁ γὰρ δὴ πολλὰ μοχθήσας ἐγὼ
Μενέλαός εἰμι καὶ στράτευμ' Ἀχαιϊκόν.
Ἦλθον δὲ Τροίαν οὐχ ὅσον δοκοῦσί με
γυναικὸς οὕνεκ', ἀλλ' ἐπ' ἄνδρ' ὃς ἐξ ἐμῶν
δόμων δάμαρτα ξεναπάτης ἐλῄσατο.
Κεῖνος μὲν οὖν δέδωκε σὺν θεοῖς δίκην
αὐτός τε καὶ γῆ δορὶ πεσοῦσ' Ἑλληνικῷ.
Ἥκω δὲ τὴν Λάκαιναν — οὐ γὰρ ἡδέως
ὄνομα δάμαρτος ἥ ποτ' ἦν ἐμὴ λέγω —
ἄξων· δόμοις γὰρ τοῖσδ' ἐν αἰχμαλωτικοῖς
κατηρίθμηται Τρῳάδων ἄλλων μέτα.
Οἵπερ γὰρ αὐτὴν ἐξεμόχθησαν δορί,

Test. **855** ἀστέρων τέθριππος Hesychius s. v. Bekker *An.* p. 455, 8. Suidas s. v. ἀστέρειος || **860** Chr. 2076. Cf. 1005, 1918 || **866** ἐλῄσατο Hesychius s. v

849 φίλας P : φίλιον V || **850** γαίας Bothe : γαῖαν PV, cf. Σ περιεῖδε τὸν ὁλοὸν τοῦτον ὄλεθρον τὸν κατὰ ταύτην τὴν γῆν ἐπηρμένον καὶ ⟨τὸν⟩ τῶν Περγάμων || **853** τᾶσδε P : τάδε V || **854** θαλάμοις V : -οισιν P || **857** πατρίᾳ P : πατρίδι V || **862** περισσὸν τὸ Μενέλαός εἰμι· αὔταρκες γὰρ τὸ δάμαρτα τὴν ἐμὴν χειρώσομαι Σ, perperam || **863** post hunc v. lacunam statuit Porson || **867** δέδωκε P : ἔδ- V || **869** λάκαιναν P : τάλαιναν V, cf. ad 704 || **873** ἐξεμόχθησαν P : -ευσαν V.

m'ont chargé de la tuer, à moins que, sans la tuer, je ne veuille la ramener au pays d'Argos. J'ai décidé de ne pas régler à Troie le sort d'Hélène et nos rameurs lui feront faire avec moi la traversée jusqu'en terre grecque ; là, je chargerai de la tuer ceux qui ont à venger des êtres chers morts devant Troie[1]. — Allons, serviteurs, pénétrez dans la maison ; amenez-la, en la traînant par sa chevelure scélérate[2]. Dès que viendra un vent favorable, nous la conduirons en Grèce.

Hécube s'est relevée lentement en écoutant Ménélas.

HÉCUBE. — O toi, support de la terre et qui sur la terre as ton siège, qui que tu sois, insoluble énigme, Zeus, loi inflexible de la nature ou intelligence des humains, je t'adore. Toujours, suivant sans bruit ton chemin, tu mènes selon la justice les affaires des mortels[3].

MÉNÉLAS. — Qu'entends-je? voilà une prière d'un genre tout nouveau !

HÉCUBE. — Je t'approuve, Ménélas, de tuer ton épouse. Mais, à sa vue, fuis ; crains que le désir d'elle ne te reprenne. Elle captive les regards des hommes ; elle ruine les cités, elle incendie les maisons : tant elle possède de charmes ! Moi, toi-même et ses autres victimes, nous la connaissons bien.

[1] Dans l'*Oreste* 59, Hélène arrivant à Argos craint d'être lapidée par ceux dont les enfants sont morts à Troie ; cf. *infra* 1039.

[2] Dans l'*Hélène* 116, c'est Ménélas lui-même qui traine ainsi Hélène. Se garder de la correction τὴν μιαιφονωτάτην. Il y a par endroits dans le langage de Ménélas une nuance d'étrangeté et de ridicule qu'il importe de conserver.

[3] Sur cette prière, voir Notice, p. 20. Les diverses dénominations données à l'Être suprême peuvent se rattacher à des systèmes philosophiques en vogue au temps d'Euripide. Le dieu qui porte la terre et a son siège sur elle est l'air, premier principe de Diogène d'Apollonie. La nécessité qui règne dans la nature rappelle sûrement la doctrine d'Héraclite, et enfin le terme même de νοῦς trahit l'influence d'Anaxagore.

κτανεῖν ἐμοί νιν ἔδοσαν, εἴτε μὴ κτανὼν
θέλοιμ' ἄγεσθαι πάλιν ἐς Ἀργείαν χθόνα.
Ἐμοὶ δ' ἔδοξε τὸν μὲν ἐν Τροίᾳ μόρον
Ἑλένης ἐᾶσαι, ναυπόρῳ δ' ἄγειν πλάτῃ
Ἑλληνίδ' ἐς γῆν κᾆτ' ἐκεῖ δοῦναι κτανεῖν,
ποινὰς ὅσοις τεθνᾶσ' ἐν Ἰλίῳ φίλοι.
Ἀλλ' εἶα χωρεῖτ' ἐς δόμους, ὀπάονες,
κομίζετ' αὐτὴν τῆς μιαιφονωτάτης
κόμης ἐπισπάσαντες· οὔριοι δ' ὅταν
πνοαὶ μόλωσι, πέμψομέν νιν Ἑλλάδα.

ΕΚ. Ὦ γῆς ὄχημα κἀπὶ γῆς ἔχων ἕδραν,
ὅστις ποτ' εἶ σύ, δυστόπαστος εἰδέναι,
Ζεύς, εἴτ' ἀνάγκη φύσεος εἴτε νοῦς βροτῶν,
προσηυξάμην σε· πάντα γὰρ δι' ἀψόφου
βαίνων κελεύθου κατὰ δίκην τὰ θνήτ' ἄγεις.

ΜΕ. Τί δ' ἔστιν; εὐχὰς ὡς ἐκαίνισας θεῶν.

ΕΚ. Αἰνῶ σε, Μενέλα', εἰ κτενεῖς δάμαρτα σήν.
Ὁρῶν δὲ τήνδε φεῦγε, μή σ' ἕλῃ πόθῳ.
Αἱρεῖ γὰρ ἀνδρῶν ὄμματ', ἐξαιρεῖ πόλεις,
πίμπρησι δ' οἴκους· ὧδ' ἔχει κηλήματα.
Ἐγώ νιν οἶδα καὶ σὺ χοἰ πεπονθότες.

Test. **884** γῆς ὄχημα cf. Hippocr. *De flat.* 3 (VI 94 L) ‖ **884-885** Clem. Alex. *Protr.* p. 21 P (II 25, 3 St.) ‖ **885** δυστόπαστος Hesychius s. v. ‖ **884-886** Sextus Emp. pp. 219, 1; 666, 5 ‖ **886** Satyros in Oxyrhynchus Papyri IX n. 1176 fr. 37, p. 141. Plutarch. *Mor.* 1026 C. Iustin. *De mon.* PG, VI p. 324 Migne ‖ **887** sq. Plutarch. *Mor.* 381 B, 1007 C. Synesius, *De regno* 19 D. Cf. Plotin. p. 440, Themistius XV p. 241, 10 Dindorf ‖ **891** Σ ad 906.

875 ἀργείαν P : -ων V ‖ **876** δ' V tab. : γ' P ‖ **879** ποινὰς P tab. : ποάς V ‖ ὅσοις Canter : ὅσοι P ὅσων V ωσων vel εοσων tab. ‖ τεθνᾶσιν PV : τεθν[ασ]εν tab. ‖ **885** εἰδέναι PV : εἰσιδεῖν Clem. Sextus ‖ **886** φύσεος Clem. Plut. : -ως PV Iustin. ‖ **887** προσηυξάμην P : προσευ- V ἐπευ- Sextus p. 219 ‖ **891** ὁρῶν PV : ὁρᾶν Stanley ‖ **893** πίμπρησι δ' V : -σι δι' P πίμπρησιν Dobree.

Hélène apparaît, traînée hors de la tente par des gardes de Ménélas. Elle est parée avec grand soin.

HÉLÈNE. — Ménélas, voilà un prélude bien fait pour m'effrayer : je me vois saisie par tes serviteurs et amenée de force devant cette maison. Certes, je me doute bien que je te suis odieuse, mais je veux cependant te faire une question : quels sont vos avis, aux Grecs et à toi, au sujet de ma vie ?

MÉNÉLAS. — On n'a pas épluché ton cas[1]. L'armée entière laisse à moi, l'offensé, le soin de te tuer.

HÉLÈNE. — M'est-il du moins permis de donner mes raisons pour prouver que ma mort serait une injustice ?

MÉNÉLAS. — Je viens pour te tuer, et non pour raisonner.

HÉCUBE. — Ecoute-la, Ménélas[2], s'il ne lui faut que cette satisfaction avant de mourir, et accorde-moi la parole pour lui répliquer. Tu ne sais rien des méfaits qu'elle a commis à Troie. En en dressant le compte, mon discours entraînera sa mort sans aucune rémission.

MÉNÉLAS. — Cette faveur est du temps perdu. Enfin, si elle veut parler, libre à elle. Mais c'est pour pouvoir t'entendre toi-même, qu'elle le sache bien, que je lui accorde ce droit, et nullement pour lui faire plaisir.

HÉLÈNE. — Peut-être, que mes raisons paraissent bonnes ou mauvaises, refuseras-tu de répondre à l'ennemie que tu vois en moi. Néanmoins, devinant quelles seraient tes accusations si tu entrais en discussion avec moi, je veux y répondre point par point.

[1] La question d'Hélène supposait que les Grecs avaient délibéré sur son sort. A quoi Ménélas riposte qu'on n'a pas fait tant de façons pour elle.

[2] Le scoliaste note ici une contradiction avec le v. 891. On peut répondre que la dureté de Ménélas a rassuré Hécube et qu'elle compte sur son éloquence pour achever de triompher.

ΕΛΕΝΗ

Μενέλαε, φροίμιον μὲν ἄξιον φόβου
τόδ' ἐστίν· ἐν γὰρ χερσὶ προσπόλων σέθεν
βίᾳ πρὸ τῶνδε δωμάτων ἐκπέμπομαι.
Ἀτὰρ σχεδὸν μὲν οἶδά σοι μισουμένη,
ὅμως δ' ἐρέσθαι βούλομαι· γνῶμαι τίνες
Ἕλλησι καὶ σοὶ τῆς ἐμῆς ψυχῆς πέρι;

ΜΕ. Οὐκ εἰς ἀκριβὲς ἦλθες, ἀλλ' ἅπας στρατὸς
κτανεῖν ἐμοί σ' ἔδωκεν, ὅνπερ ἠδίκεις.

ΕΛ. Ἔξεστιν οὖν πρὸς ταῦτ' ἀμείψασθαι λόγῳ,
ὡς οὐ δικαίως, ἢν θάνω, θανούμεθα;

ΜΕ. Οὐκ ἐς λόγους ἐλήλυθ', ἀλλά σε κτενῶν.

ΕΚ. Ἄκουσον αὐτῆς, μὴ θάνῃ τοῦδ' ἐνδεής,
Μενέλαε, καὶ δὸς τοὺς ἐναντίους λόγους
ἡμῖν κατ' αὐτῆς· τῶν γὰρ ἐν Τροίᾳ κακῶν
οὐδὲν κάτοισθα. Συντεθεὶς δ' ὁ πᾶς λόγος
κτενεῖ νιν οὕτως ὥστε μηδαμῶς φυγεῖν.

ΜΕ. Σχολῆς τὸ δῶρον· εἰ δὲ βούλεται λέγειν,
ἔξεστι. Τῶν σῶν δ' οὕνεχ', ὡς μάθῃ, λόγων
δώσω τόδ' αὐτῇ, τῆσδε δ' οὐ δώσω χάριν.

ΕΛ. Ἴσως με, κἂν εὖ κἂν κακῶς δόξω λέγειν,
οὐκ ἀνταμείψῃ πολεμίαν ἡγούμενος.
Ἐγὼ δ', ἅ σ' οἶμαι διὰ λόγων ἰόντ' ἐμοῦ
κατηγορήσειν, ἀντιθεῖσ' ἀμείψομαι.
[τοῖς σοῖσι τἀμὰ καὶ τὰ σ' αἰτιάματα.]

896 τόδ' V : ex τῖδ' corr. in P || ἐν V : πρὸς P || 898 μισουμένη P : στυγου- V || 900 σοὶ V : σὺ P || 901 ἦλθες PV : ἦλθεν legisse vid. Σ || ἀλλὰ πᾶς V || 905 κτενῶν Est. : κτενῶ V κτανών P || 910 μηδαμῶς P · -οῦ V || 914 με P : μὲν V || 916 λόγων PΣ : -ον V || 918 versum post Paley delevi ; eum non legisse vid. Σ ἅπερ σε οἶμαι διὰ λόγων ἰόντα κατηγορήσειν, ταῦτα ταῖς ἀντιθέσεσιν ἀνατρέψω. De hoc usu v. ἀντιτιθέναι, cf. *Heraclid.* 153. *Elect.* 1049. Plat. *Gorgias* 461 E ; τοῖς σοῖσι in τοῖς οὖσι *(factis)* mutat Wil.

D'abord, la première cause de nos malheurs, c'est cette femme qui lui a donné naissance en enfantant Pâris. Le second auteur de la ruine de Troie et de la mienne, c'est le vieux serviteur qui n'a pas tué le nouveau-né, figuré dans les affres d'un songe par un tison ardent, le futur Alexandre[1]. Écoute maintenant ce qui s'en est suivi. Alexandre est juge devant le groupe des trois déesses. Pallas lui offrait d'aller conquérir la Grèce à la tête d'une armée phrygienne. Héra promit à Pâris le royaume d'Asie et les confins de l'Europe, s'il jugeait en sa faveur[2]. Cypris, en vantant les merveilles de mon corps, promit de me donner à lui, si elle l'emportait sur les déesses dans le concours de beauté. Considère maintenant la conséquence qui résulte de là[3]. Cypris triomphant des déesses, mon hymen a eu pour la Grèce au moins l'avantage que voici : vous n'êtes pas sous la domination des barbares, et vous n'avez eu ni à prendre les armes, ni à accepter leur royauté[4]. Mais ce qui a fait le bonheur de la Grèce m'a perdue ; j'ai été vendue pour ma beauté et je me vois honnie pour ce qui devrait mériter à mon front une couronne.

Tu vas prétendre que je ne m'explique pas encore sur la question même : comment me suis-je échappée furtivement de ta maison ? C'est qu'il arriva en compagnie d'une déesse d'importance, le démon né de cette femme, que tu veuilles lui donner le nom d'Alexandre ou celui de Pâris. Et cet homme, ô époux indigne ! tu l'as laissé dans ta

[1] Ces détails étaient immédiatement intelligibles pour les auditeurs de l'*Alexandros*. Cf. Notice, p. 4.

[2] Sur ces offres des déesses, voir Notice, p. 18, n. 4. Le jugement de Pâris est un thème favori d'Euripide ; *Andromaque* 274 sqq. *Hécube* 644 sqq. *Hélène* 23, 357, 676. *Iph. Aul.* 180, 573, 1284 sqq.

[3] Les transitions banales, ici et v. 923, paraissent ainsi faites pour reposer Hélène et lui donner le temps d'inventer, au fur et à mesure qu'elle parle, les arguments de sa défense.

[4] Dans l'*Andromaque* 680 sqq., Ménélas, présentant lui-même l'apologie d'Hélène, argumente d'une façon qui offre quelque analogie avec celle-ci. — οὔτ' ἐς δόρυ rappelle la promesse de Pallas, οὐ τυραννίδι celle d'Héra.

Πρῶτον μὲν ἀρχὰς ἔτεκεν ἥδε τῶν κακῶν
Πάριν τεκοῦσα· δεύτερον δ' ἀπώλεσε
Τροίαν τε κἄμ' ὁ πρέσβυς οὐ κτανὼν βρέφος,
δαλοῦ πικρὸν μίμημ', Ἀλέξανδρόν ποτε
Ἐνθένδε τἀπίλοιπ' ἄκουσον ὡς ἔχει.
Ἔκρινε τρισσὸν ζεῦγος ὅδε τρισσῶν θεῶν·
καὶ Παλλάδος μὲν ἦν Ἀλεξάνδρῳ δόσις
Φρυξὶ στρατηγοῦνθ' Ἑλλάδ' ἐξανιστάναι,
Ἥρα δ' ὑπέσχετ' Ἀσιάδ' Εὐρώπης θ' ὅρους
τυραννίδ' ἕξειν, εἴ σφε κρίνειεν Πάρις·
Κύπρις δὲ τοὐμὸν εἶδος ἐκπαγλουμένη
δώσειν ὑπέσχετ', εἰ θεὰς ὑπερδράμοι
κάλλει. Τὸν ἐνθένδ' ὡς ἔχει σκέψαι λόγον·
νικᾷ Κύπρις θεάς, καὶ τοσόνδ' οὑμοὶ γάμοι
ὤνησαν Ἑλλάδ'· οὐ κρατεῖσθ' ἐκ βαρβάρων,
οὔτ' ἐς δόρυ σταθέντες, οὐ τυραννίδι.
Ἃ δ' εὐτύχησεν Ἑλλάς, ὠλόμην ἐγὼ
εὐμορφίᾳ πραθεῖσα, κὠνειδίζομαι
ἐξ ὧν ἐχρῆν με στέφανον ἐπὶ κάρᾳ λαβεῖν.
Οὔπω με φήσεις αὐτὰ τἀν ποσὶν λέγειν,
ὅπως ἀφώρμησ' ἐκ δόμων τῶν σῶν λάθρα.
Ἦλθ' οὐχὶ μικρὰν θεὸν ἔχων αὑτοῦ μέτα
ὁ τῆσδ' ἀλάστωρ, εἴτ' Ἀλέξανδρον θέλεις
ὀνόματι προσφωνεῖν νιν εἴτε καὶ Πάριν·
ὅν, ὦ κάκιστε, σοῖσιν ἐν δόμοις λιπὼν
Σπάρτης ἀπῆρας νηὶ Κρησίαν χθόνα.
Εἶεν.

Test. **919** sq. Schol. Eur. Phœn. 4 || **925-931** Tzetzes *Exeg. in Il.* p. 39 sq. || **937** Chr. 1118.

921 κἄμ' ὁ Burges : κἀμὲ PV || **923** ἐνθέδε V || **924** τρισσὸν V et (ὁ corr. *p*) P || τρισσῶν PV : τριῶν Wunder || **927** δ' P Tzetzes : θ' V || ἀσιάδ' P : ἀσίας V Tzetzes, cf. *Ion* 1356 || **928** om. Tzetzes || **930** δώσειν V : ex δώσεις corr. in P || ὑπερδράμοι Tzetzes : ὑπεκ- PV || **931** ἔχει V : -εις P || **932** θεάς P : θεά V || οἱμοὶ VΣ || **935** ἃ δ' ex ἄρ' corr. in P : ἄρ' V || ἐγὼ P : δ' ἐγὼ V || **940** θεὸν P : -ῶν V.

maison, en quittant Sparte pour voguer vers la Crète[1]. Eh bien ! ce n'est pas à toi, c'est à moi-même que j'adresse la question : à quoi donc ai-je pensé pour suivre un étranger, en abandonnant ma patrie et mon foyer ? Châtie la déesse, montre-toi plus fort que Zeus, qui tient sous son pouvoir les autres divinités et est l'esclave de celle-ci[2] ; mais, à moi, accorde le pardon. Maintenant, tu pourrais m'opposer cet argument spécieux : une fois Alexandre mort et descendu aux enfers, le mariage arrangé par les dieux n'existait plus, et j'aurais dû quitter la maison pour me rendre aux vaisseaux des Argiens. C'est bien ce que j'ai tenté[3]. J'en prends à témoin les gardiens des tours et les sentinelles des remparts ; ils m'ont souvent surprise suspendue par une corde aux créneaux et laissant glisser furtivement mon corps vers le sol. Mais le nouvel époux qui m'avait enlevée de force, Déiphobe[4], voulait me garder pour femme, malgré les Troyens. De quel droit donc, ô mon époux, pourrais-tu en bonne justice me faire périr, puisque c'est de force que s'est fait mon mariage, et que les conséquences qu'il a eues pour la Grèce, au lieu d'un prix de victoire, m'ont valu un cruel esclavage[5] ? Si tu veux l'emporter sur les dieux, ta prétention est insensée.

La Coryphée. — Reine, défends tes enfants et ta patrie, en détruisant l'effet de sa persuasion[6]. Car elle parle bien, tout en étant malfaisante, et c'est là un art terrible.

Hécube. — Je veux d'abord me faire l'alliée des déesses et montrer l'injustice de la cause qu'elle défend. Je ne puis croire qu'Héra et la vierge Pallas ont poussé la déraison

[1] Le détail provient des *Chants cypriens*. Cf. *Andromaque* 593.

[2] La puissance irrésistible d'Aphrodite est déjà reconnue chez Homère Ξ 199. Cf. Gorgias, *Hélène* 6 et 19.

[3] Il n'est point parlé ailleurs de tentatives de fuite d'Hélène. Chez Homère, δ 250 sqq., elle regrette son foyer et ne dénonce pas Ulysse entré à Troie comme espion ; *Hécube* 243.

[4] Sur Déiphobe, voir Notice, p. 5.

[5] J'interprète ce vers d'après 935-937. Les mots τὰ δ' οἴκοθεν κεῖν' rappellent ἃ δ' εὐτύχησεν Ἑλλάς.

[6] Πειθώ est un terme emprunté à la rhétorique de l'époque et,

Οὐ σ', ἀλλ' ἐμαυτὴν τοὐπὶ τῷδ' ἐρήσομαι·
τί δὴ φρονοῦσά γ' ἐκ δόμων ἅμ' ἑσπόμην
ξένῳ, προδοῦσα πατρίδα καὶ δόμους ἐμούς;
τὴν θεὸν κόλαζε καὶ Διὸς κρείσσων γενοῦ,
ὃς τῶν μὲν ἄλλων δαιμόνων ἔχει κράτος,
κείνης δὲ δοῦλός ἐστι· συγγνώμη δ' ἐμοί.
Ἔνθεν δ' ἔχοις ἂν εἰς ἔμ' εὐπρεπῆ λόγον·
ἐπεὶ θανὼν γῆς ἦλθ' Ἀλέξανδρος μυχούς,
χρῆν μ', ἡνίκ' οὐκ ἦν θεοπόνητά μου λέχη,
λιποῦσαν οἴκους ναῦς ἐπ' Ἀργείων μολεῖν.
Ἔσπευδον αὐτὸ τοῦτο· μάρτυρες δέ μοι
πύργων πυλωροὶ κἀπὸ τειχέων σκοποί,
οἳ πολλάκις μ' ἐφηῦρον ἐξ ἐπάλξεων
πλεκταῖσιν ἐς γῆν σῶμα κλέπτουσαν τόδε.
Βίᾳ δ' ὁ καινός μ' οὗτος ἁρπάσας πόσις
Δηίφοβος ἄλοχον εἶχεν ἀκόντων Φρυγῶν.
Πῶς οὖν ἔτ' ἂν θνῄσκοιμ' ἂν ἐνδίκως, πόσι,
πρὸς σοῦ δικαίως, ἣν ὁ μὲν βίᾳ γαμεῖ,
τὰ δ' οἴκοθεν κεῖν' ἀντὶ νικητηρίων
πικρῶς ἐδούλευσ'; εἰ δὲ τῶν θεῶν κρατεῖν
βούλῃ, τὸ χρῄζειν ἀμαθές ἐστί σοι τόδε.

ΧΟ. Βασίλει', ἄμυνον σοῖς τέκνοισι καὶ πάτρᾳ
πειθὼ διαφθείρουσα τῆσδ', ἐπεὶ λέγει
καλῶς κακοῦργος οὖσα· δεινὸν οὖν τόδε.

ΕΚ. Ταῖς θεαῖσι πρῶτα σύμμαχος γενήσομαι
καὶ τήνδε δείξω μὴ λέγουσαν ἔνδικα.
Ἐγὼ γὰρ Ἥραν παρθένον τε Παλλάδα

Test. **959** sq. Schol. Lycophr. 168 || **969,971** Aristot. *Rhet.* III 17, p. 1418 b 21.

946 φρονοῦσά γ' P : φρονοῦσ' V φρονήσασ' Nauck || **957** ἐφεῦρον PV || **961** πόσι V : πόσει P || **962** δικαίως ⟨θ'⟩ Pearson || **965** σοι V : om. P σου Dobree || **966** πάτρα P : -αν V || **969** τοῖς θεοῖς Aristot. || **970** ἔνδικα P : ἐνδίκως V.

jusqu'à conclure un marché par lequel l'une[1] vendait Argos aux barbares, et l'autre, Pallas, faisait d'Athènes une ville asservie aux Phrygiens. C'est par badinage et par coquetterie qu'elles sont venues faire sur l'Ida leur concours de beauté. Pour quelle raison une déesse comme Héra aurait-elle conçu un si vif désir d'être la plus belle ? Serait-ce pour trouver un époux préférable à Zeus ? Et Athéna, était-elle en quête d'un mari parmi les dieux, elle qui a voulu obtenir de son père de rester vierge[2], tant elle répugne à l'hymen ? N'essaie pas, en prêtant la déraison à des déesses, de pallier ton propre vice ; tu n'en feras pas accroire aux sages.

Quant à Cypris, tu nous fais bien rire en disant qu'elle est arrivée avec mon fils dans le palais de Ménélas. Comme si, en restant tranquillement dans le ciel, elle n'aurait pas pu te transporter à Ilion, avec toute la ville d'Amyclées[3] ! Mon fils était d'une rare beauté et c'est ton propre esprit qui, à sa vue, est devenu Cypris. Les folies impudiques sont toujours Aphrodite aux yeux des humains, et le nom de la déesse commence à bon droit comme le mot aphrosyné[4]. Donc, en voyant mon fils dans son costume barbare et tout d'or éclatant[5], tu sentis ton âme s'affoler. En Argos[6], tu n'avais qu'un médiocre train de vie ; en abandonnant Sparte pour la cité phrygienne où coule un fleuve d'or, tu espérais pouvoir répandre à flots les prodi-

joint à κακοῦργος, il rappelle la célèbre définition que donnait Gorgias de la rhétorique : πειθοῦς δημιουργός; Platon, *Gorgias* 453 A. Cf. Gorgias, *Hélène* 13. *Hécube* 816.

[1] Héra est la patronne d'Argos. Cf. Notice, p. 18, n. 4.

[2] Je ne sache pas que ce détail se rencontre ailleurs.

[3] Amyclées, dans la vallée de l'Eurotas, à une lieue au sud de Sparte, est une ville prédorienne où Aphrodite était particulièrement honorée. Cf. Pausanias III 18, 8. 19, 4.

[4] Aphrosyné, c'est-à-dire Déraison. Aristote, citant le vers dans sa *Rhétorique* II 23, appelle ce genre d'argument τόπος ἀπὸ τοῦ ὀνόματος et compare notamment Sophocle fr. 597 : αὕτη (*scil.* Σιδηρώ)... ὡς κεχρημένη σαφῶς σιδήρῳ καὶ φοροῦσα τοὔνομα.

[5] Même idée exprimée en termes voisins, *Iph. Aul.* 73 sq.

[6] Argos désigne ici le Péloponèse. — Cf. *Andromaque* 169.

οὐκ ἐς τοσοῦτον ἀμαθίας ἐλθεῖν δοκῶ,
ὥσθ' ἣ μὲν Ἄργος βαρβάροις ἀπημπόλα,
Παλλὰς δ' Ἀθήνας Φρυξὶ δουλεύειν ποτέ,
αἳ παιδιαῖσι καὶ χλιδῇ μορφῆς πέρι
ἦλθον πρὸς Ἴδην. Τοῦ γὰρ οὕνεκ' ἂν θεὰ
Ἥρα τοσοῦτον ἔσχ' ἔρωτα καλλονῆς;
πότερον ἀμείνον' ὡς λάβῃ Διὸς πόσιν,
ἢ γάμον Ἀθάνα θεῶν τινος θηρωμένη,
ἣ παρθενείαν πατρὸς ἐξῃτήσατο
φεύγουσα λέκτρα; μὴ ἀμαθεῖς ποίει θεὰς
τὸ σὸν κακὸν κοσμοῦσα· μὴ ⟨οὐ⟩ πείσῃς σοφούς.
Κύπριν δ' ἔλεξας — ταῦτα γὰρ γέλως πολύς —
ἐλθεῖν ἐμῷ ξὺν παιδὶ Μενέλεω δόμους.
Οὐκ ἂν μένουσ' ἂν ἥσυχός γ' ἐν οὐρανῷ
αὐταῖς Ἀμύκλαις ⟨σ'⟩ ἤγαγεν πρὸς Ἴλιον;
Ἦν οὑμὸς υἱὸς κάλλος ἐκπρεπέστατος,
ὁ σὸς δ' ἰδών νιν νοῦς ἐποιήθη Κύπρις·
τὰ μῶρα γὰρ πάντ' ἐστὶν Ἀφροδίτη βροτοῖς,
καὶ τοὔνομ' ὀρθῶς ἀφροσύνης ἄρχει θεᾶς.
Ὃν εἰσιδοῦσα βαρβάροις ἐσθήμασι
χρυσῷ τε λαμπρὸν ἐξεμαργώθης φρένας.
Ἐν μὲν γὰρ Ἄργει μίκρ' ἔχουσ' ἀνεστρέφου,
Σπάρτης δ' ἀπαλλαχθεῖσα τὴν Φρυγῶν πόλιν
χρυσῷ ῥέουσαν ἤλπισας κατακλύσειν
δαπάναισιν· οὐδ' ἦν ἱκανά σοι τὰ Μενέλεω
μέλαθρα ταῖς σαῖς ἐγκαθυβρίζειν τρυφαῖς.

Test. **977** Bekker *An.* p. 101, 14 || **989** Cramer *An. Ox.* I p. 37, 27. *Etym. Gud.* p. 97, 4 et 31. Schol. Hesiod. Theog. 196. Cf. Lydus, *De mens.* IV p. 116, 11 (Wuensch). Virg. *Aen.* IX 185 || **990** Aristot. *Rhet.* II 23, p. 1400 b 23. *Etym. Gud.* 97, 46 et 55. Cf. Cramer *An. Par.* I p. 294, 11. Cornutus c. 24 p. 45, 6 (Lang).

974 ἀθήνας V : εὐθύνας P || **975** παιδιαῖσι P : -αῖς V || **976** πρὸς P : ἐπ' V || **979** Ἀθάνα Seidler : ἀθηνᾶ P -ᾶ V || θηρωμένη V : πειρ- P || **982** ⟨οὐ⟩ Seidler || **986** ⟨σ'⟩ Reiske || **991** εἰσιδοῦσα P : ἰδοῦσα V.

galités. Le palais de Ménélas ne suffisait pas à tes besoins de luxe insolent.

Voyons ! c'est de force[1], dis-tu, que mon fils t'a emmenée. Quelqu'un, à Sparte, s'en est-il aperçu ? As-tu poussé un cri de détresse ? Pourtant, Castor, ardent de jeunesse, se trouvait là, avec son frère jumeau ; ils n'étaient pas encore parmi les astres. Tu arrives donc à Troie, les Argiens suivent ta trace, et c'est la lutte des lances meurtrières. Alors, à chaque nouvelle d'un succès de Ménélas, tu faisais son éloge, afin de tourmenter mon fils en montrant la grandeur du rival qui lui disputait ton amour. Au contraire, la chance favorisait-elle les Troyens, Ménélas n'était rien pour toi. Ainsi, ne regardant que la fortune, tu t'arrangeais pour être toujours de son parti, sans nul souci de la vertu.

Et puis, tu viens nous parler de cordes où tu attachais ton corps pour t'évader des remparts, et tu prétends que tu restais ici contre ton gré. Où donc t'a-t-on surprise en train de suspendre un lacet ou d'aiguiser un poignard, comme l'aurait fait une femme de cœur, regrettant son premier mari ? Et cependant, que de fois ne t'ai-je pas fait ces remontrances : « Pars, ma fille. Mon fils fera un autre mariage et je t'aiderai à gagner furtivement les vaisseaux des Achéens. Mets fin à la guerre entre les Grecs et nous. » Mais ce langage te paraissait amer. Il fallait le palais d'Alexandre à ton orgueil effréné et tu voulais recevoir les adorations des barbares ; c'était pour toi la grande affaire[2]. Et après cela, tu soignes tes atours, tu sors, et tu oses regarder le même ciel que ton époux ! ah ! front répugnant ! C'est humiliée, vêtue de haillons, tremblante d'effroi, la tête rasée à la scythe, que tu devais venir ici,

[1] Hélène entendait par βίᾳ la force d'Aphrodite. Hécube raisonne en sophiste, comme s'il s'agissait d'un rapt de Pâris.

[2] Ce trait final paraît faible. Avec la correction μέγαρα, j'entendrais : Tu avais ton sanctuaire, une cour où les barbares se prosternaient devant toi. Cf. Euripide, *Électre* 314 sqq.

Εἶεν· βίᾳ γὰρ παῖδα φῄς ⟨σ'⟩ ἄγειν ἐμόν·
τίς Σπαρτιατῶν ᾔσθετ', ἢ ποίαν βοὴν
ἀνωλόλυξας, Κάστορος νεανίου
τοῦ συζύγου τ' ἔτ' ὄντος, οὐ κατ' ἄστρα πω;
Ἐπεὶ δὲ Τροίαν ἦλθες Ἀργεῖοί τέ σου
κατ' ἴχνος, ἦν δὲ δοριπετὴς ἀγωνία,
εἰ μὲν τὰ τοῦδε κρείσσον' ἀγγέλλοιτό σοι,
Μενέλαον ᾔνεις, παῖς ὅπως λυποῖτ' ἐμὸς
ἔχων ἔρωτος ἀνταγωνιστὴν μέγαν·
εἰ δ' εὐτυχοῖεν Τρῶες, οὐδὲν ἦν ὅδε.
Ἐς τὴν τύχην δ' ὁρῶσα τοῦτ' ἤσκεις ὅπως
ἕποι' ἅμ' αὐτῇ, τῇ ἀρετῇ δ' οὐκ ἤθελες.
Κἄπειτα πλεκταῖς σῶμα σὸν κλέπτειν λέγεις
πύργων καθιεῖσ', ὡς μένουσ' ἀκουσίως.
Ποῦ δῆτ' ἐλήφθης ἢ βρόχους ἀρτωμένη
ἢ φάσγανον θήγουσ', ἃ γενναία γυνὴ
δράσειεν ἂν ποθοῦσα τὸν πάρος πόσιν;
Καίτοι γ' ἐνουθέτουν σε πολλὰ πολλάκις·
« Ὦ θύγατερ, ἔξελθ'· οἱ δ' ἐμοὶ παῖδες γάμους
ἄλλους γαμοῦσι, σὲ δ' ἐπὶ ναῦς Ἀχαϊκὰς
πέμψω συνεκκλέψασα· καὶ παῦσον μάχης
Ἕλληνας ἡμᾶς τ' ». Ἀλλὰ σοὶ τόδ' ἦν πικρόν.
Ἐν τοῖς Ἀλεξάνδρου γὰρ ὕβριζες δόμοις
καὶ προσκυνεῖσθαι βαρβάρων ὕπ' ἤθελες·
μεγάλα γὰρ ἦν σοι. Κἀπὶ τοῖσδε σὸν δέμας
ἐξῆλθες ἀσκήσασα κἄβλεψας πόσει
τὸν αὐτὸν αἰθέρ', ὦ κατάπτυστον κάρα·
ἣν χρῆν ταπεινὴν ἐν πέπλων ἐρειπίοις
φρίκῃ τρέμουσαν, κρᾶτ' ἀπεσκυθισμένην
ἐλθεῖν, τὸ σῶφρον τῆς ἀναιδείας πλέον

Test. **1003** ἀγωνία, **1012** ἀρτωμένη (?), **1024** κατάπτυστον Hesychius s. v.

998 ⟨σ'⟩ rec. || **1001** τ' om. V || **1012** ποῦ P : ποῖ V || **1014** τὸν P : τὸ V || **1018** πέμψω rec. : -πω PV || **1022** μεγάλα PV suspectum, an μέγαρα?

et la modestie te convient mieux que l'impudence après ton passé criminel.

Ménélas, voici à quoi aboutit mon discours : couronne la Grèce de gloire, en tuant cette femme comme ton honneur le réclame, et établis pour toutes les autres cette règle que la mort punit celle qui trahit son époux.

La Coryphée. — Ménélas, sois digne de tes ancêtres et de ta maison ; châtie ton épouse, et évite d'encourir de la part de la Grèce le reproche de mollesse, après t'être montré si brave devant les ennemis.

Ménélas. — Je suis d'accord avec toi sur ce point qu'elle a de son plein gré quitté ma maison pour le lit d'un étranger ; Cypris n'est mise en cause que par jactance. — Va trouver ceux qui doivent te lapider ; expie en un instant les longues souffrances des Achéens ; meurs et apprends à ne pas me déshonorer.

Hélène se jette à ses pieds.

Hélène. — Je suis à tes genoux ; cesse de m'imputer un mal qui vient des dieux. Ne me tue pas, pardonne.

Hécube. — Ne trahis pas tes alliés qu'elle a tués ; c'est pour eux et pour leurs enfants que je t'implore.

Ménélas. — Tais-toi, vieille ! je n'ai pour elle aucun égard.

J'ordonne à mes suivants de la conduire à bord du navire où elle fera la traversée.

On emmène Hélène.

Hécube. — Que ce navire soit un autre que le tien !

Ménélas. — Pourquoi ? A-t-elle un poids plus lourd qu'auparavant ?

Hécube. — Un amant a toujours un reste de tendresse.

Ménélas. — Cela dépend des sentiments de l'être aimé[1].

[1] *Prout* (cf. *Médée* 331) *vertitur amati animus.* En donnant le vers à Hécube avec les manuscrits et en écrivant ἔσται γ' au v. 1053, je préférerais le sens : afin que la pensée (cf. v. 988. *Hélène* 122) de

ἔχουσαν ἐπὶ τοῖς πρόσθεν ἡμαρτημένοις.
Μενέλα', ἵν' εἰδῇς οἷ τελευτήσω λόγον,
στεφάνωσον Ἑλλάδ' ἀξίως τήνδε κτανὼν
σαυτοῦ, νόμον δὲ τόνδε ταῖς ἄλλαισι θὲς
γυναιξί, θνῄσκειν ἥτις ἂν προδῷ πόσιν.

ΧΟ. Μενέλαε, προγόνων τ' ἀξίως δόμων τε σῶν
τεῖσαι δάμαρτα, κἀφελοῦ πρὸς Ἑλλάδος
ψόγον τὸ θῆλύ τ', εὐγενὴς ἐχθροῖς φανείς.

ΜΕ. Ἐμοὶ σὺ συμπέπτωκας ἐς ταὐτὸν λόγου,
ἑκουσίως τήνδ' ἐκ δόμων ἐλθεῖν ἐμῶν
ξένας ἐς εὐνάς, χἠ Κύπρις κόμπου χάριν
λόγοις ἐνεῖται. Βαῖνε λευστήρων πέλας
πόνους τ' Ἀχαιῶν ἀπόδος ἐν μικρῷ μακροὺς
θανοῦσ', ἵν' εἰδῇς μὴ καταισχύνειν ἐμέ.

ΕΛ. Μή, πρός σε γονάτων, τὴν νόσον τὴν τῶν θεῶν
προσθεὶς ἐμοὶ κτάνῃς με, συγγίγνωσκε δέ.

ΕΚ. Μηδ' οὓς ἀπέκτειν' ἥδε συμμάχους προδῷς·
ἐγὼ πρὸ κείνων καὶ τέκνων σε λίσσομαι.

ΜΕ. Παῦσαι, γεραιά· τῆσδε δ' οὐκ ἐφρόντισα.
Λέγω δὲ προσπόλοισι πρὸς πρύμνας νεῶν
τήνδ' ἐκκομίζειν, ἔνθα ναυστολήσεται.

ΕΚ. Μή νυν νεὼς σοὶ ταὐτὸν ἐσβήτω σκάφος.

ΜΕ. Τί δ' ἔστι; μεῖζον βρῖθος ἢ πάρος γ' ἔχει;

ΕΚ. Οὐκ ἔστ' ἐραστὴς ὅστις οὐκ ἀεὶ φιλεῖ.

ΜΕ. Ὅπως ἂν ἐκβῇ τῶν ἐρωμένων ὁ νοῦς.
Ἔσται δ' ἃ βούλῃ· ναῦν γὰρ οὐκ ἐσβήσεται
ἐς ἥνπερ ἡμεῖς· καὶ γὰρ οὐ κακῶς λέγεις.

Test. **1051** Aristot. *Rhet.* II 21, p. 1394 b 16. *Eth. Eud.* p. 1235 b 21.

1033 τ' ἀξίως Seidler : ἀξίως τε P ἀξίως V || **1034** τῖσαι PV || **1035** ψόγον om. P || **1040** τ' V : δ' P || **1050** πάρος γ' P : πάροιθ' V || **1051** οὐκ ἔστ' PV : οὐδεὶς Aristot. || **1052** ΜΕ. rec. : Hecubae continuant et ΜΕ. 1053 praef. PV, fortasse recte, cf. adnotat. gall. || **1053** δ' ἃ P : τάδ' ἃ V.

Mais il sera fait selon ton désir ; elle ne montera pas sur le même navire que moi ; ton conseil n'est pas mauvais. Arrivée au pays d'Argos, la misérable aura la mort misérable qu'elle mérite, et elle imposera ainsi à toutes les femmes de garder leur vertu. Ce n'est pas chose facile ; cependant son supplice frappera de terreur leur engeance impudique, fussent-elles plus méchantes encore.

Ménélas s'éloigne avec son escorte. Hécube reste de nouveau abîmée dans sa douleur.

Le Chœur. — *Ainsi donc, le temple d'Ilion et son autel aux odeurs parfumées, tu les a livrés aux Grecs, Zeus, et avec eux la flamme des crêpes sacrées, et la fumée de la myrrhe qui montait vers le ciel, et la sainte Pergame, et l'Ida*[1]*, l'Ida avec ses vallons garnis de lierre et ses torrents d'eau glacée, et la cime que frappent la première les rayons du soleil levant, divin séjour qui resplendit dans la clarté.*

C'en est fait pour toi des sacrifices, des chœurs et de leurs concerts de louanges ; dans les ténèbres, pour les dieux, plus de fêtes de nuit ; plus de statues sculptées dans le bois et dans l'or ; plus de gâteaux sacrés, ces lunes phrygiennes[2] *que l'on offrait toujours douze à la fois. Puis-je, puis-je croire qu'au ciel, sur ton trône, Seigneur, tu prends souci de ces malheurs, et des lueurs que jette encore l'incendie dont les flammes ont détruit ma cité ?*

l'être aimé soit absente (ἐκβῇ = μὴ ἐσβῇ 1049, 1053). Mais alors il conviendrait encore de placer 1052 avant 1051 et je ne trouve pas d'exemple d'un pareil génitif avec νοῦς.

[1] Zeus, dans l'*Iliade*, séjourne souvent sur le pic Gargaros de l'Ida où il possède un autel ; Θ 47, Ξ 352. Il y a ici une allusion à des phénomènes de lumière que les anciens avaient observés sur l'Ida. Cf. Lucrèce V 663 : Idaeis fama est e montibus altis | dispersos ignis orienti lumine cerni, | inde coire globum quasi in unum et conficere orbem. Diodore 17, 7, 5. Pomponius Mela I, 18, 94.

[2] Il s'agit d'une sorte de gâteaux ainsi nommés à cause de leur forme et dont il est souvent fait mention ; Pollux VI 76. Athénée

Ἐλθοῦσα δ' Ἄργος ὥσπερ ἀξία κακῶς
κακὴ θανεῖται καὶ γυναιξὶ σωφρονεῖν
πάσαισι θήσει. Ῥᾴδιον μὲν οὔ τόδε·
ὅμως δ' ὁ τῆσδ' ὄλεθρος ἐς φόβον βαλεῖ
τὸ μῶρον αὐτῶν, κἂν ἔτ' ὦσ' ἐχθίονες.

ΧΟ. Οὕτω δὴ τὸν ἐν Ἰλίῳ Str. 1
ναὸν καὶ θυόεντα βω-
μὸν προύδωκας Ἀχαιοῖς,
ὦ Ζεῦ, καὶ πελάνων φλόγα
σμύρνης αἰθερίας τε κα-
πνὸν καὶ Πέργαμον ἱρὰν
Ἰδαῖά τ' Ἰδαῖα κισσοφόρα νάπη
χιόνι κατάρυτα ποταμίᾳ
τέρμονά τε πρωτόβολον ἁλίῳ
τὰν καταλαμπομέναν ζαθέαν θεράπναν.

Φροῦδαί σοι θυσίαι χορῶν τ' Ant. 1
εὔφημοι κέλαδοι κατ' ὄρ-
φναν τε παννυχίδες θεῶν,
χρυσέων τε ξοάνων τύποι
Φρυγῶν τε ζάθεοι σελᾶ-
ναι συνδώδεκα πλήθει.
Μέλει μέλει μοι τάδ' εἰ φρονεῖς, ἄναξ,
οὐράνιον ἕδρανον ἐπιβεβώς,
αἰθέρα τ' ἐ⟨μᾶς⟩ πόλεος ὀλομένας,
ἃν πυρὸς αἰθομένα κατέλυσεν ὁρμά.

Test. **1063** πελάνων cf. *Etym. Magn.* p. 659, 24 || **1079** αἰθέρα Hesychius s. v. Cf. *Etym. Magn.* p. 33, 9.

1058 τῆσδ' P : τῆς V || **1059** ἐχθίονες PV : αἰσχίονες Herm., cf. ad *Heraclem* 293, ἀκόλαστοι πάνυ Σ || **1065** ἱρὰν Heath : ἱερὰν PV || **1066** κισσοφόρα V : κισση- P || **1067** κατάρυτα Seidler : -ρρυτα PV || **1069** ἁλίῳ PV : ἕῳ Wil., cf. 1079 || **1070** ζαθέαν PVΣ : ζάθεον Wil., cf. 1075 || θεράπναν VΣ : -παιναν P || **1073** παννυχίδες θεῶν om. P || **1076** σὺν δώδεκα PV || **1078** ἕδρανον V : ἕδραν P || ἐπιβεβώς Seidler : -βηκώς PV || **1079** τ' ἐμᾶς Herm. : τε PV, cf. 1069 || πόλεος Seidler : -ως PV.

Toi qui m'étais si cher, ô mon époux, ton âme erre dans la détresse du mort resté sans tombe et sans ablutions. Et moi, sur les vagues, de l'élan de ses ailes, un navire va m'emmener vers la plaine d'Argos où les chevaux pâturent et où s'élèvent vers le ciel les murs de pierre bâtis par les Cyclopes. Une multitude d'enfants en pleurs s'attachent aux portes et gémissent. La jeune fille crie[1] *: « Mère, hélas, me voilà seule! les Grecs m'emmènent loin de tes yeux; un vaisseau noir, fendant les ondes de ses rames, me conduira vers la divine Salamine, ou vers le sommet dominant deux mers*[2]*, la région de l'Isthme où se trouvent les portes du séjour de Pélops. »*

Ah! quand la galère de Ménélas traversera la mer Égée, puisse, deux fois brandi[3]*, s'abattre sur le pont le feu étincelant de la foudre sacrée, à l'heure où mes yeux pleureront mon exil d'Ilion, ma patrie, et le sort d'esclave qui m'attend en Grèce, à cette même heure où des miroirs d'or, ces objets charmants pour les jeunes vierges, seront dans les mains de la fille de Zeus*[4]*! Puisse-t-il ne jamais revoir la Laconie,*

XI 489 D, etc. Euripide parlait encore de ces σελῆναι dans son *Érechthée*, fr. 350. Leur mention est ici particulièrement à sa place parce que la Lune, *Men*, était la grande déesse phrygienne. Le scoliaste se demande s'il y avait en tout douze gâteaux pour l'année, ou bien si l'on en offrait douze chaque mois. — Il convient de remarquer, à la fin de cette antistrophe, le sens donné à αἰθήρ, « embrasement », avec un rapprochement étymologique (αἴθεσθαι) emprunté sans doute à Anaxagore. Cf. Aristote, *De caelo*, p. 270 B 24. Simplicius 119, 2.

[1] J'ai changé le second βοᾷ des manuscrits en κόρα. Ainsi disparaît l'étrangeté qui plaçait un long discours dans la bouche de la multitude d'enfants, et s'explique le féminin singulier μόναν au v. 1092. Au vers correspondant de l'antistrophe, on trouve le mot κόρα (1109) et l'on sait qu'Euripide aime ces symétries.

[2] Sans doute l'Acrocorinthe; *bimaris Corinthi* Horace, *Od.* I 7, 2.

[3] Euripide a la vision du zigzag rapide de l'éclair. Πλάταν désigne le navire en train de naviguer; la correction πλατᾶν, « au milieu des rames », introduit dans l'image une fausse précision.

[4] Cf. *Hécube* 925. Dans l'*Oreste* 1112, Hélène a ramené de Troie des serviteurs qui gardent ses miroirs et ses parfums.

ὯΩ φίλος, ὦ πόσι μοι, Str. 2
σὺ μὲν φθίμενος ἀλαίνεις
ἄθαπτος ἄνυδρος, ἐμὲ δὲ πόντιον σκάφος
ἀίσσον πτεροῖσι πορεύσει
ἱππόβοτον Ἄργος, ἵνα τείχεα
λάινα Κυκλώπι' οὐράνια νέμονται.
Τέκνων δὲ πλῆθος ἐν πύλαις
δάκρυσι κατάορα στένει·
βοᾷ κόρα·
« Μᾶτερ, ὤμοι, μόναν δή μ' Ἀχαιοὶ κομί-
ζουσι σέθεν ἀπ' ὀμμάτων
κυανέαν ἐπὶ ναῦν
εἰναλίαισι πλάταις
ἢ Σαλαμῖν' ἱερὰν
ἢ δίπορον κορυφὰν
Ἴσθμιον, ἔνθα πύλας
Πέλοπος ἔχουσιν ἕδραι. »

Εἴθ' ἀκάτου Μενέλα Ant. 2
μέσον πέλαγος ἰούσας,
δίπαλτον ἱερὸν ἀνὰ μέσον πλάταν πέσοι
Αἰγαίου κεραυνοφαὲς πῦρ,
Ἰλιόθεν ὅτε με πολυδάκρυ⟨ο⟩ν
Ἑλλάδι λάτρευμα γᾶθεν ἐξορίζει,
χρύσεα δ' ἔνοπτρα, παρθένων
χάριτας, ἔχουσα τυγχάνει
Διὸς κόρα·

Test. **1085** Cf. Hesychius s. v. ἀνύδρονος.

1081 ΕΚ. praef. PV || **1082** φθίμενος rec. : φθιμένοις PVΣ || **1088** κυκλώπια P : -εια V || **1089** τέκνων V : -ον P || **1091** βοᾷ κόρα scripsi : βοᾶ βοᾶ PV, cf. *Revue des Études grecques* 1923, p. 59 || **1092** ὤμοι V : ἐμοὶ P || **1095** εἰναλίαισι rec. : ἐναλ- V ἐν ἀλ- P || **1100** εἴθ' Est. : ἔνθ' PVΣ || μενέλα V : -λαε P || **1102** δίπαλτον V : δίπλατον P || πλάταν PVΣ : πλατᾶν Seidler || **1104** αἰγαίου PVΣ vix sanum : Αἰγαῖον Reiske διπλᾶν (sc. πλατᾶν 1102) Wil qui ἄισσον 1086 scribit || **1105** πολυδάκρυ⟨ο⟩ν Headlam, cf. 1087.

ni le foyer de ses ancêtres, ni la ville de Pitané[1]*, ni les portes d'airain*[2] *de la déesse, car il a repris l'épouse qui fut l'opprobre de la noble Grèce et la calamité des bords du Simoïs.*

Arrive Talthybios avec ses hommes d'armes qui portent le cadavre d'Astyanax et le bouclier d'Hector.

Mélodrame.

La Coryphée. — Hélas ! coup sur coup se succèdent pour le pays les infortunes. Regardez, épouses désolées des guerriers troyens ; voici Astyanax qu'un jet cruel a lancé comme un disque du haut des tours ; ses meurtriers danaens apportent son cadavre.

Parlé.

Talthybios. — Hécube, un seul vaisseau, ses rameurs à leurs bancs, attend encore ici ; avec le restant du butin échu au fils d'Achille, il va naviguer vers les côtes de Phthiotide. Néoptolème lui-même a déjà pris la mer, à la funeste nouvelle que Pélée s'est vu chasser de son pays par Acastos[3], le fils de Pélias. C'est pourquoi, au plus tôt, sans s'accorder de délai, il est parti, et avec lui Andromaque ; elle m'a fait verser bien des larmes lorsqu'elle quittait cette terre, pleurant sa patrie et disant adieu au tombeau d'Hector. Elle a demandé à Néoptolème la faveur d'une sépulture pour ce mort qui a rendu l'âme au pied des rem-

[1] Pitané est le nom d'un des bourgs dont se composait Sparte.

[2] Ici, Χαλκόπυλον est un substantif (cf. Δίπυλον) et désigne le temple d'Athéna Χαλκίοικος à Sparte.

[3] Acastos est le fils de Pélias, roi d'Iolcos, en l'honneur de qui il avait organisé des jeux funèbres fameux. D'après le scoliaste, ce sont les deux fils d'Acastos qui chassent Pélée à l'époque où les Grecs reviennent de Troie. Pélée va à la rencontre de son petit-fils, est jeté à Cos par une tempête et y meurt. C'était là peut-être la légende traitée par Sophocle dans sa tragédie de *Pélée*. Cf. *Peleus, pauper et exul,* Horace, *Art poétique* 96. Le sujet avait été en

μηδὲ γαῖάν ποτ' ἔλθοι Λάκαιναν πατρῷ-
όν τε θάλαμον ἑστίας,
μηδὲ πόλιν Πιτάνας
Χαλκόπυλόν τε θεᾶς,
δύσγαμον αἶσχος ἑλὼν
Ἑλλάδι τᾷ μεγάλᾳ
καὶ Σιμοεντιάσιν
μέλεα πάθεα ῥοαῖσιν.

Ἰὼ ἰώ,
καιναὶ καινῶν μεταβάλλουσαι
χθονὶ συντυχίαι. Λεύσσετε Τρώων
τόνδ' Ἀστυάνακτ' ἄλοχοι μέλεαι
νεκρόν, ὃν πύργων δίσκημα πικρὸν
Δαναοὶ κτείναντες ἔχουσιν.

ΤΑ. Ἑκάβη, νεὼς μὲν πίτυλος εἷς λελειμμένος
λάφυρα τἀπίλοιπ' Ἀχιλλείου τόκου
μέλλει πρὸς ἀκτὰς ναυστολεῖν Φθιώτιδας·
αὐτὸς δ' ἀνῆκται Νεοπτόλεμος, καινάς τινας
Πηλέως ἀκούσας συμφοράς, ὥς νιν χθονὸς
Ἄκαστος ἐκβέβληκεν, ὁ Πελίου γόνος.
Οὗ θᾶσσον οὕνεκ' ἢ χάριν μονῆς ἔχων,
φροῦδος, μετ' αὐτοῦ τ' Ἀνδρομάχη, πολλῶν ἐμοὶ
δακρύων ἀγωγός, ἡνίκ' ἐξώρμα χθονός,
πάτραν τ' ἀναστένουσα καὶ τὸν Ἕκτορος
τύμβον προσεννέπουσα. Καί σφ' ᾐτήσατο
θάψαι νεκρὸν τόνδ', ὃς πεσὼν ἐκ τειχέων
ψυχὴν ἀφῆκεν Ἕκτορος τοῦ σοῦ γόνος,

1113 θεᾶς Σ, ut vid. : θεᾶς θάλαμον PV. Interpolationem nondum novit Σ : τινὲς θεᾶς μέλαθρον· ἢ προσυπακουστέον αὐτὸ ἔξωθεν || **1116** Σιμοεντιάσιν Herm. : -τίσιν P -τίσι V || **1117** ῥοαῖσιν Musgrave : προῇσιν P τρωῇσιν V, cf. ἀντὶ τοῦ τρῶσιν Σ || **1118** καιναὶ rec. : καινὰ PVΣ καίν' ἐκ Dobree, cf. *Or.* 1503 || καινῶν V : καὶ νῶν P || **1122** κτείναντες V : -οντες P || **1130** τ' P : δ' V || **1131** ἐξώρμα V : ἐξορμᾶ P || **1132** τ' V : om. P || **1134** νεκρὸν τόνδ' ex -ῶν τῶνδ' corr. *p*.

parts, le fils de ton Hector ; et la terreur des Achéens, le bouclier au dos d'airain dont son père se couvrait le flanc, on ne le transportera pas au foyer de Pélée, ni dans la chambre où, nouvelle épousée, la mère de ce mort, Andromaque, en aurait le douloureux spectacle. Au lieu de planches de cèdre[1] et de revêtements de pierre, c'est ce bouclier que ton fils aura pour tombeau. On doit remettre son corps dans tes bras pour que tu l'ornes de voiles et de couronnes, autant que tu en as le moyen en ta fortune présente. Car la mère est partie, et la hâte du maître ne lui a pas permis de donner elle-même la sépulture à l'enfant.

Nous autres, quand tu auras fait la toilette du mort et que nous l'aurons recouvert de la terre du tombeau, nous lèverons l'ancre. Remplis donc ta mission au plus vite. Il y a d'ailleurs une peine que je t'ai épargnée. En traversant ici près les eaux du Scamandre, j'y ai baigné le corps et lavé ses blessures. Je vais maintenant creuser le sol pour lui ouvrir une tombe. Bientôt ainsi, si nous faisons marcher ensemble ta tâche et la mienne, notre navire pourra voguer vers la patrie.

Talthybios et ses gardes s'éloignent.

Hécube. — Posez sur le sol le bouclier d'Hector. Ah ! que ses contours sont aujourd'hui un spectacle triste et sans charme pour mes yeux ! O Grecs, si orgueilleux de vos faits d'armes, vous devez l'être moins de votre sagesse, après avoir accompli ce meurtre inouï ! Qu'aviez-vous à craindre de cet enfant ? qu'il ne relève un jour Troie de ses ruines ? Il faut donc compter pour rien votre ancienne valeur. Quoi ! ni les exploits d'Hector dans les combats ni des milliers d'autres bras ne pouvaient empêcher notre

quelque sorte indiqué à la tragédie par les paroles d'Achille chez Homère, Ω 488, λ 495-503.

[1] Le bois de cèdre passait pour incorruptible. Théophraste, *Hist. plant.* III 12, 3. Pline, *Nat. hist.* XIII 53. De là son emploi pour les cercueils, *Alceste* 365. *Oreste* 1053.

φόβον τ' Ἀχαιῶν, χαλκόνωτον ἀσπίδα
τήνδ', ἣν πατὴρ τοῦδ' ἀμφὶ πλεύρ' ἐβάλλετο,
μή νιν πορεῦσαι Πηλέως ἐφ' ἑστίαν,
μηδ' ἐς τὸν αὐτὸν θάλαμον, οὗ νυμφεύσεται
μήτηρ νεκροῦ τοῦδ' Ἀνδρομάχη, λύπας ὁρᾶν,
ἀλλ' ἀντὶ κέδρου περιβόλων τε λαΐνων
ἐν τῇδε θάψαι παῖδα· σὰς δ' ἐς ὠλένας
δοῦναι, πέπλοισιν ὡς περιστείλῃς νεκρὸν
στεφάνοις θ', ὅση σοι δύναμις, ὡς ἔχει τὰ σά·
ἐπεὶ βέβηκε, καὶ τὸ δεσπότου τάχος
ἀφείλετ' αὐτὴν παῖδα μὴ δοῦναι τάφῳ.
Ἡμεῖς μὲν οὖν, ὅταν σὺ κοσμήσῃς νέκυν,
γῆν τῷδ' ἐπαμπισχόντες ἀροῦμεν δόρυ·
σὺ δ' ὡς τάχιστα πρᾶσσε τἀπεσταλμένα.
Ἑνὸς μὲν οὖν μόχθου σ' ἀπαλλάξας ἔχω·
Σκαμανδρίους γὰρ τάσδε διαπερῶν ῥοὰς
ἔλουσα νεκρὸν κἀπένιψα τραύματα.
Ἀλλ' εἶμ' ὀρυκτὸν τῷδ' ἀναρρήξων τάφον,
ὡς σύντομ' ἡμῖν τἀπ' ἐμοῦ τε κἀπὸ σοῦ
ἐς ἓν ξυνελθόντ' οἴκαδ' ὁρμήσῃ πλάτην.

ΕΚ. Θέσθ' ἀμφίτορνον ἀσπίδ' Ἕκτορος πέδῳ,
λυπρὸν θέαμα κοὐ φίλον λεύσσειν ἐμοί.
Ὦ μείζον' ὄγκον δορὸς ἔχοντες ἢ φρενῶν,
τί τόνδ', Ἀχαιοί, παῖδα δείσαντες φόνον
καινὸν διειργάσασθε; μὴ Τροίαν ποτὲ
πεσοῦσαν ὀρθώσειεν; οὐδὲν ἦτ' ἄρα,
ὅθ' Ἕκτορος μὲν εὐτυχοῦντος ἐς δόρυ
διωλλύμεσθα μυρίας τ' ἄλλης χερός,
πόλεως δ' ἁλούσης καὶ Φρυγῶν ἐφθαρμένων

1137 πλεύρ' V : τήνδ' sic P ‖ **1141** τ' ἐλαΐνων V ‖ **1142** δ' ἐς *p* : δέ σ' V σ' ἐς P ‖ **1145** τὸ P : τὸ τοῦ V ‖ **1148** τῶδ' V *p* : τόδ' P ‖ ἐπαπίσχοντες (μ infra scr. *p*) P : ἀμπισχόντες V ‖ ἀροῦμεν Burges : αἱροῦμεν PV ‖ **1150** ἀπαλλάξας ΡΣ : ἀντ- V ‖ **1155** ὁρμήσει V : -ίσῃ P ‖ **1163** διολλύμεσθα V ‖ μυρίας P : -ίους V.

perte, et maintenant que notre ville est prise et que les Phrygiens sont anéantis, vous en venez à redouter un petit enfant ! Je désapprouve une crainte qui s'émeut sans le contrôle de la raison.

Enfant chéri, combien pour toi la mort a frappé sans pitié ! Si tu étais tombé pour la patrie, après avoir joui de la jeunesse, de l'hymen et de la royauté qui nous égale aux dieux, tu aurais été heureux, s'il y a là quelque bonheur. Maintenant, ces biens que tu as vus et connus, tu ne vis point, cher enfant, pour savoir leur valeur[1], et tu n'as pu en faire aucun usage quand tu les avais dans ta maison. Ah ! tête infortunée, avec quelle cruauté les murs élevés par Loxias pour tes ancêtres ont rasé ces boucles que ta mère se plaisait à arranger sur ton front[2] et à couvrir de baisers ! Ah ! le miroitement du sang qui sourd de ce crâne fracassé, je ne veux pas en dire l'horreur ! O mains où j'aimais tant à retrouver la ressemblance paternelle, vous gisez devant moi, disloquées et inertes ! Bouche chérie qui as lancé tant de jactances enfantines, c'est fini ! tu mentais quand, te jetant sur mon lit[3], tu t'écriais : « Mère, oui, je couperai pour toi une longue tresse de mes cheveux bouclés, je conduirai à ta tombe le cortège de mes camarades et je t'adresserai de tendres compliments. » Et ce n'est pas toi qui me pleures, c'est moi, ton aïeule, restée sans patrie et sans enfant, qui ensevelis ton jeune et pauvre corps. Ah ! caresses sans nombre, tendres soins, sommeils où je te contemplais, tout cela est perdu pour moi. Que pourra bien inscrire un poète sur

[1] Pas plus que mes devanciers, je ne m'explique clairement ces vers et ne trouve rien d'acceptable parmi les corrections. Le contexte me paraît imposer le sens de « vie » pour ψυχῇ que je rattache à οἶσθα. M. P. Mazon propose d'entendre : « Ton âme, à toi, (la ψυχή est ce qui reste vivant chez le mort) ne se souvient pas de les avoir vus et connus » (comme c'est le cas de ceux qui ont eu une longue et heureuse vie).

[2] C'est la coiffure appelée κῆπος, « jardin », sans doute propre aux enfants aristocratiques du temps ; cf. scoliaste. Suidas *s. v.*

[3] Cf. *Héraclès* 108 n.

βρέφος τοσόνδ' ἐδείσατ'; οὐκ αἰνῶ φόβον
ὅστις φοβεῖται μὴ διεξελθὼν λόγῳ.
Ὦ φίλταθ', ὥς σοι θάνατος ἦλθε δυστυχής.
Εἰ μὲν γὰρ ἔθανες πρὸ πόλεως, ἥβης τυχὼν
γάμων τε καὶ τῆς ἰσοθέου τυραννίδος,
μακάριος ἦσθ' ἄν, εἴ τι τῶνδε μακάριον.
Νῦν αὔτ' ἰδὼν μὲν γνούς τε, σῇ ψυχῇ, τέκνον,
οὐκ οἶσθ', ἐχρήσω δ' οὐδὲν ἐν δόμοις ἔχων.
Δύστηνε, κρατὸς ὥς σ' ἔκειρεν ἀθλίως
τείχη πατρῷα, Λοξίου πυργώματα,
ὃν πόλλ' ἐκήπευσ' ἡ τεκοῦσα βόστρυχον
φιλήμασίν τ' ἔδωκεν, ἔνθεν ἐκγελᾷ
ὀστέων ῥαγέντων φόνος, ἵν' αἰσχρὰ μὴ λέγω.
Ὦ χεῖρες, ὡς εἰκοὺς μὲν ἡδείας πατρὸς
κέκτησθ', ἐν ἄρθροις δ' ἔκλυτοι πρόκεισθέ μοι.
Ὦ πολλὰ κόμπους ἐκβαλὸν φίλον στόμα,
ὄλωλας, ἐψεύσω μ', ὅτ' ἐσπίπτων λέχος,
« Ὦ μῆτερ, ηὔδας, ἦ πολύν σοι βοστρύχων
πλόκαμον κεροῦμαι, πρὸς τάφον θ' ὁμηλίκων
κώμους ἀπάξω, φίλα διδοὺς προσφθέγματα ».
Σὺ δ' οὐκ ἔμ', ἀλλ' ἐγὼ σὲ τὸν νεώτερον,
γραῦς ἄπολις ἄτεκνος, ἄθλιον θάπτω νεκρόν.
Οἴμοι, τὰ πόλλ' ἀσπάσμαθ' αἵ τ' ἐμαὶ τροφαὶ
ὕπνοι τ' ἐκεῖνοι φροῦδά μοι. Τί καί ποτε
γράψειεν ἄν σε μουσοποιὸς ἐν τάφῳ;

Test. **1169** Cf. Plat. *Respub.* VIII p. 568 B || **1173-1177** Athenaeus II p. 66 B || **1173-1180** Cf. Apsines p. 323, 2 Hammer (IX 591 W) || **1175** sq. Cf. Choricius Gaz. p. 183 || **1176** sq. Eustath. *ad. Il.* p. 757, 46 || **1177** αἰσχρά Hesychius s. v.

1171 νῦν PV : νῦν δ' Reiske || **1171** sq. varie tentati, sed nondum certo enucleati ; fortasse lacuna unius versus post 1171 || **1173** ὥς σ' P : ὃς V || **1174** τείχη V : τύχη P || **1178** εἰκοῦς PVΣ || **1179** μοι om. V || **1180** ἐκβαλὸν V : -ὼν P || φίλον P : -ιον V || **1181** λέχος V : πέπλους P, cf. *Revue des Études grecques*, 1923, p. 59-61 || **1183** θ' V . δ' P || **1187** ἀσπάμαθ' V.

ton tombeau : « Ici gît un enfant que les Grecs ont tué parce qu'ils le craignaient ? » Honte pour la Grèce qu'une telle inscription ! Enfin, si tu n'as pas recueilli l'héritage de ton père, tu auras du moins pour tombeau son écu au dos d'airain.

O toi qui protégeais le bras nerveux d'Hector, tu as perdu ton valeureux gardien ! Qu'il est doux de voir dans ton anneau la forme laissée par ce bras et, sur la belle courbure de ton orbe, la marque de la sueur que si souvent, dans les fatigues du combat, Hector laissait couler de son front, en appuyant contre toi son menton ! Allons, prenez de quoi orner le pauvre mort dans le peu que nous avons.

Quelques femmes entrent dans la tente.

Le sort ne nous met pas en situation de le faire brillamment ; mais tu recevras les objets que j'ai le moyen d'offrir.

Insensé le mortel qui, croyant son bonheur assuré, s'y complaît. Car, avec ses caprices, la fortune ressemble à un homme fantasque : elle saute tantôt d'un côté, tantôt de l'autre, et jamais le même homme ne garde sa faveur.

Les femmes reviennent avec des ornements funèbres.

La Coryphée. — Voici, dans les mains de ces femmes, des dépouilles phrygiennes qu'elles apportent pour en parer le mort.

Hécube. — Cher enfant, tu n'as pas remporté une victoire sur tes compagnons dans les courses hippiques ou au tir de l'arc — ce sont jeux qu'en Phrygie on tient en honneur sans s'y adonner jusqu'à l'excès —, et pourtant la mère de ton père attache sur toi ces ornements, restes des biens qui t'appartenaient. Maintenant, la maudite Hélène te les a ravis et elle a de plus mis fin à ta vie et ruiné toute ta maison.

Τὸν παῖδα τόνδ' ἔκτειναν Ἀργεῖοί ποτε
δείσαντες; αἰσχρὸν τοὐπίγραμμά γ' Ἑλλάδι.
Ἀλλ' οὖν πατρῴων οὐ λαχὼν ἕξεις ὅμως
ἐν ᾗ ταφήσῃ χαλκόνωτον ἰτέαν.
Ὦ καλλίπηχυν Ἕκτορος βραχίονα
σῴζουσ', ἄριστον φύλακ' ἀπώλεσας σέθεν.
Ὡς ἡδὺς ἐν πόρπακι σὸς κεῖται τύπος
ἴτυός τ' ἐν εὐτόρνοισι περιδρόμοις ἱδρώς,
ὃν ἐκ μετώπου πολλάκις πόνους ἔχων
ἔσταζεν Ἕκτωρ προστιθεὶς γενειάδι.
Φέρετε, κομίζετ' ἀθλίῳ κόσμον νεκρῷ
ἐκ τῶν παρόντων· οὐ γὰρ ἐς κάλλος τύχας
δαίμων δίδωσιν· ὧν δ' ἔχω, λήψῃ τάδε.
Θνητῶν δὲ μῶρος ὅστις εὖ πράσσειν δοκῶν
βέβαια χαίρει· τοῖς τρόποις γὰρ αἱ τύχαι,
ἔμπληκτος ὡς ἄνθρωπος, ἄλλοτ' ἄλλοσε
πηδῶσι, κοὐδεὶς αὐτὸς εὐτυχεῖ ποτε.

ΧΟ. Καὶ μὴν πρὸ χειρῶν αἵδε σοι σκυλευμάτων
Φρυγίων φέρουσι κόσμον ἐξάπτειν νεκρῷ.

ΕΚ. Ὦ τέκνον, οὐχ ἵπποισι νικήσαντά σε
οὐδ' ἥλικας τόξοισιν, οὓς Φρύγες νόμους
τιμῶσιν, οὐκ ἐς πλησμονὰς θηρώμενοι,
μήτηρ πατρός σοι προστίθησ' ἀγάλματα
τῶν σῶν ποτ' ὄντων· νῦν δέ σ' ἡ θεοστυγὴς
ἀφείλεθ' Ἑλένη, πρὸς δὲ καὶ ψυχὴν σέθεν
ἔκτεινε καὶ πάντ' οἶκον ἐξαπώλεσεν.

ΧΟ. Ἒ ἔ, φρενῶν
ἔθιγες ἔθιγες· ὦ μέγας ἐμοί ποτ' ὢν
ἀνάκτωρ πόλεως.

1191 τοὐπίγραμμα γ' V, γ' inseruit *v* ut vid. : τοὐπίγραμμ' ἐν P, sed ἐν ins. *p* || **1196** σὸς PV : σῷ Dobree || **1199** ἔσταζεν P : -ξεν VΣ || **1206** αὑτὸς Valckenaer : αὐτὸς PV, cf. fr. 196. *Phoen.* 86 || **1208** ἐξάπειν V.

LE CHŒUR. — *Hélas! ces mots me touchent, me touchent jusqu'au cœur. Ah! le puissant monarque que j'attendais en toi!*

HÉCUBE. — La parure que tu devais porter le jour de ton hymen avec la plus noble princesse d'Asie, toute la splendeur des habits phrygiens, j'en revêts maintenant ton corps.

Et toi, arme jadis triomphante et mère d'innombrables trophées, cher bouclier d'Hector, reçois cette couronne; car, sans que tu sois mort, c'est mourir que de suivre ce mort dans la tombe. Bien plus que les armes du subtil et méchant Ulysse, tu mérites d'être honoré.

LE CHŒUR. — *Hélas! hélas! cruel tourment! la terre, cher enfant, va te recevoir. Que ta plainte, ô mère,*

HÉCUBE. — *Hélas!*

LE CHŒUR. — *chante l'hymne des morts.*

HÉCUBE. — *O douleur!*

LE CHŒUR. — *Oui, douleur! affreux sont tes malheurs!*

HÉCUBE. — Je vais moi-même, avec des bandelettes, panser tes plaies : triste médecin qui ne l'est que de nom et qui ne guérit point. Ton père se chargera du reste chez les morts.

LE CHŒUR. — *Frappe, frappe ta tête; comme la rame, que ta main se lève et s'abatte. Hélas! hélas!*

HÉCUBE. — O chères femmes...

LE CHŒUR. — *Hécube, parle à tes fidèles amies; que veut dire ton cri?*

HÉCUBE. — En vérité, les dieux n'ont jamais voulu que mes tourments et Troie leur était odieuse entre toutes les villes; c'est en vain que nous leurs offrions des héca-

ΕΚ. Ἃ δ' ἐν γάμοις ἐχρῆν σε προσθέσθαι χροῒ
Ἀσιατίδων γήμαντα τὴν ὑπερτάτην,
Φρύγια πέπλων ἀγάλματ' ἐξάπτω χροός.
Σύ τ', ὦ ποτ' οὖσα καλλίνικε μυρίων
μῆτερ τροπαίων, Ἕκτορος φίλον σάκος,
στεφανοῦ· θανῇ γὰρ οὐ θανοῦσα σὺν νεκρῷ·
ἐπεὶ σὲ πολλῷ μᾶλλον ἢ τὰ τοῦ σοφοῦ
κακοῦ τ' Ὀδυσσέως ἄξιον τιμᾶν ὅπλα.
ΧΟ. Αἰαῖ αἰαῖ,
πικρὸν ὄδυρμα γαῖά σ', ὦ
τέκνον, δέξεται.
Στέναζε, μᾶτερ, ΕΚ. Αἰαῖ.
ΧΟ. νεκρῶν ἴακχον. ΕΚ. Οἴμοι [μοι].
ΧΟ. Οἴμοι δῆτα σῶν ἀλάστων κακῶν.
ΕΚ. Τελαμῶσιν ἕλκη τὰ μὲν ἐγώ σ' ἰάσομαι,
τλήμων ἰατρός, ὄνομ' ἔχουσα, τἆργα δ' οὔ·
τὰ δ' ἐν νεκροῖσι φροντιεῖ πατὴρ σέθεν.
ΧΟ. Ἄρασσ' ἄρασσε [χειρὶ] κρᾶτα
πιτύλους διδοῦσα χειρός·
ἰώ μοί μοι.
ΕΚ. Ὦ φίλταται γυναῖκες...
ΧΟ. Ἑκάβη, σὰς ἔνεπε· τίνα θροεῖς αὐδάν;
ΕΚ. Οὐκ ἦν ἄρ' ἐν θεοῖσι πλὴν οὑμοὶ πόνοι
Τροία τε πόλεων ἔκκριτον μισουμένη,
μάτην δ' ἐβουθυτοῦμεν. Εἰ δ' ἡμᾶς θεὸς

Test. 1226 sq. 1234 Chr. 1518, 1383.

1218 γάμοις ἐχρῆν PV : γάμοισι χρῆν Prinz || **1220** om. V || **1229** στέναζε P : -ξον V || **1230** ΧΟ. et ΕΚ. rec. : om. PV || νεκρῶν rec. : -ὸν PVΣ || μοι del. Herm. || **1232** ΕΚ. om. V || ἰήσομαι V || **1234** φροντιεῖ Chr. : -ίσει PV || **1235** χειρὶ del. Bothe || **1236** χειρός PV : -ρί Wil. || **1238** sq. ΕΚ. et ΧΟ. om. V || ἔνεπε Seidler : ἔννεπε PV || **1242** εἰ δ' ἡμᾶς PV, cf. Σ εἰ δὲ ὡς ἔτυχεν ἐπορθήθημεν : εἰ δὲ μὴ Est. et ita plerique, perperam.

tombes. Cependant, si la divinité nous avait abîmés dans le sein de la terre en refermant le sol sur nous[1], nous serions d'obscurs disparus et nous ne pourrions pas être célébrés par les Muses, en fournissant des chants aux hommes à venir.

Allez, déposez ce corps dans sa triste tombe. Il possède la parure qui est due aux trépassés. A mon avis, les morts se soucient peu de la richesse des offrandes qu'ils reçoivent; il n'y a là qu'une vaine gloriole des vivants.

Des soldats emportent le bouclier avec le cadavre.

Mélodrame.

La Coryphée. — Hélas ! ta malheureuse mère a vu s'effondrer avec toi le magnifique espoir de sa vie. On exaltait la félicité qui t'avait fait naître d'une noble race, et une mort affreuse t'a fait périr.

Des soldats agitent des torches dans le lointain.

Que vois-je ! quelles mains, sur les hauteurs d'Ilion, promènent des torches enflammées ? Un malheur nouveau menace Troie.

Entre Talthybios, suivi de plusieurs officiers

Parlé.

Talthybios. — J'ordonne aux capitaines chargés d'incendier la cité de Priam de ne plus garder inactive la flamme dans leurs mains ; il faut mettre le feu à la ville d'Ilion et n'y laisser que des ruines, afin que nous puissions commencer, le cœur content, notre voyage de retour.

[1] La correction spécieuse εἰ δὲ μὴ θεός « si la divinité n'avait pas ruiné Troie » introduit une idée au fond illogique : les Troyens victorieux auraient pu être chantés comme le sont les Grecs. Hécube

ἔστρεψε τἄνω περιβαλὼν κάτω χθονός,
ἀφανεῖς ἂν ὄντες οὐκ ἂν ὑμνήθημεν ἂν
μούσαις ἀοιδὰς δόντες ὑστέρων βροτῶν.
Χωρεῖτε, θάπτετ' ἀθλίῳ τύμβῳ νεκρόν·
ἔχει γὰρ οἷα δεῖ γε νερτέρων στέφη.
Δοκῶ δὲ τοῖς θανοῦσι διαφέρειν βραχύ,
εἰ πλουσίων τις τεύξεται κτερισμάτων·
κενὸν δὲ γαύρωμ' ἐστὶ τῶν ζώντων τόδε.

ΧΟ. Ἰὼ ἰώ·
μελέα μάτηρ, ἣ τὰς μεγάλας
ἐλπίδας ἐπὶ σοὶ κατέκναψε βίου.
Μέγα δ' ὀλβισθεὶς ὡς ἐκ πατέρων
ἀγαθῶν ἐγένου,
δεινῷ θανάτῳ διόλωλας.
Ἔα ἔα·
τίνας Ἰλιάσιν ταῖσδ' ἐν κορυφαῖς
λεύσσω φλογέας δαλοῖσι χέρας
διερέσσοντας; μέλλει Τροίᾳ
καινόν τι κακὸν προσέσεσθαι.

ΤΑ. Αὐδῶ λοχαγοῖς, οἳ τέταχθ' ἐμπιμπράναι
Πριάμου τόδ' ἄστυ, μηκέτ' ἀργοῦσαν φλόγα
ἐν χειρὶ σῴζειν, ἀλλὰ πῦρ ἐνιέναι,
ὡς ἂν κατασκάψαντες Ἰλίου πόλιν
στελλώμεθ' οἴκαδ' ἄσμενοι Τροίας ἄπο.

Test. **1246**, **1248-1250** Chr. 1447, 1450-1452 ‖ **1258** διερέσσοντας Hesychius s. v.

1243 ἔστρεψε τἄνω P : ἀφανεῖς ἂν ὄντες V e v. sequenti ‖ **1245** ὑστέρων rec. : ὑστέραν P ἀοιδοῖς V ὑστέραις Wil. ὑστέροις Musurus ‖ **1247** δεῖ P Chr. : δὴ V ‖ **1250** καινὸν δὲ γαῦρον μ' primitus P ut vid. : corr. *p* ‖ τόδε PV : τάδε Chr. ‖ **1251** μάτηρ V : μᾶτερ P μήτηρ Dindorf ‖ **1252** ἐπὶ PV : ἐν Porson ‖ κατέκναψε Porson : -γναψε PV -καμψε Burges, cf. Schol. Arist. Plut. 166 ‖ **1256** ΧΟ. V : ΕΚ. P ‖ τίνας rec. : τίνας τίνας PV ‖ ταῖσδ' P : παῖσδ' V ‖ **1258** μέλλει P : μέλει V ‖ **1260** τέταχθ' ἐμπιμπράναι Dindorf : τέταχθεν (-θε P) πιμπράναι PV ‖ **1262** χειρὶ P : χερσὶ V.

Quant à vous, filles de Troie — car mon discours doit formuler deux ordres à la fois —, dès que les chefs de l'armée feront éclater le son de la trompette, rendez-vous près des vaisseaux grecs ; ce sera le signal du départ.

Et toi, vieille Hécube, toi, la plus malheureuse des femmes, suis ces hommes. Ils viennent te chercher de la part d'Ulysse, de qui le sort te fait l'esclave loin de ta patrie.

Hécube. — O douleur ! voici bien maintenant le comble et le terme de tous mes malheurs : je quitte ma patrie, ma ville est livrée aux flammes. Allons, marche, pauvre vieille ; fais un effort pour saluer une dernière fois ta malheureuse cité. — O Troie qui respirais l'orgueil au milieu des barbares, tu vas perdre bientôt ton nom glorieux. On t'incendie, et l'on nous emmène en esclavage. O dieux ! mais à quoi bon invoquer les dieux ? Dans le passé déjà, ils n'ont pas entendu mes appels. Eh bien ! courons vers le bûcher ; ma gloire est de mourir ici dans l'embrasement de ma patrie.

Elle marche vers le fond de la scène.

Talthybios. — Une fureur démoniaque t'emporte, infortunée, après tant de malheurs. — Emmenez-la ; ne la ménagez pas. Il faut la remettre aux mains d'Ulysse et conduire à ce chef sa part.

Des soldats retiennent Hécube de force.

Hécube. — *Hélas ! trois fois hélas ! Fils de Cronos, seigneur de la Phrygie, père de notre race, l'indigne sort que l'on inflige au sang de Dardanos, le vois-tu ?*

veut dire que les dieux, dans leur haine, auraient pu engloutir Troie sans qu'elle laissât ni trace ni souvenir, et la priver ainsi de la gloire d'être chantée. Euripide aime ce genre d'hypothèses singulières. *Héraclès* 662 n. *Électre* 1041 sq.

Ὑμεῖς δ', ἵν' αὑτὸς λόγος ἔχῃ μορφὰς δύο,
χωρεῖτε, Τρώων παῖδες, ὀρθίαν ὅταν
σάλπιγγος ἠχὼ δῶσιν ἀρχηγοὶ στρατοῦ,
πρὸς ναῦς Ἀχαιῶν, ὡς ἀποστέλλησθε γῆς.
Σύ τ', ὦ γεραιά, δυστυχεστάτη γύναι,
ἕπου. Μεθήκουσίν σ' Ὀδυσσέως πάρα
οἵδ', ᾧ σε δούλην κλῆρος ἐκπέμπει πάτρας.

ΕΚ. Οἲ 'γὼ τάλαινα· τοῦτο δὴ τὸ λοίσθιον
καὶ τέρμα πάντων τῶν ἐμῶν ἤδη κακῶν·
ἔξειμι πατρίδος, πόλις ὑφάπτεται πυρί.
Ἀλλ', ὦ γεραιὲ πούς, ἐπίσπευσον μόλις,
ὡς ἀσπάσωμαι τὴν ταλαίπωρον πόλιν.
Ὦ μεγάλα δή ποτ' ἀμπνέουσ' ἐν βαρβάροις
Τροία, τὸ κλεινὸν ὄνομ' ἀφαιρήσῃ τάχα.
Πιμπρᾶσί σ', ἡμᾶς δ' ἐξάγουσ' ἤδη χθονὸς
δούλας. Ἰὼ θεοί. Καὶ τί τοὺς θεοὺς καλῶ;
καὶ πρὶν γὰρ οὐκ ἤκουσαν ἀνακαλούμενοι.
Φέρ' ἐς πυρὰν δράμωμεν· ὡς κάλλιστά μοι
σὺν τῇδε πατρίδι κατθανεῖν πυρουμένῃ.

ΤΑ. Ἐνθουσιᾷς, δύστηνε, τοῖς σαυτῆς κακοῖς.
Ἀλλ' ἄγετε, μὴ φείδεσθ'· Ὀδυσσέως δὲ χρὴ
ἐς χεῖρα δοῦναι τήνδε καὶ πέμπειν γέρας.

ΕΚ. Ὀττοτοτοτοτοῖ.
Κρόνιε, πρύτανι Φρύγιε, γενέτα
πάτερ, ἀνάξια τᾶς Δαρδάνου
γονᾶς τάδ' οἷα πάσχομεν δέδορκας;

Test. **1268,1277** sq. Chr. 1755, 1704 sq.

1265 ἔχῃ V : ἔχει suprascr. οι P ‖ **1267** ἠχὼ PV, cf. *Hippol.* 791 Soph. *Electr.* 109 : ἠχὴν Pierson, cf. σάλπιγγος ἠχῇ Chr. ‖ **1271** πάτρας P : χθονός V ‖ **1273** τῶν ἐμῶν ἤδη Musgrave : ἤδη τῶν ἐμῶν PV ἦλθε τῶν ἐμῶν Nauck ‖ **1277** ἐμπνέουσα Chr. ‖ **1279** πίμπρασί σ' V : πιμπρασι δ' (σι δ' scr. *p*) P ‖ δ' V : erasum in P ‖ **1284** ΤΑ. V : ΧΟ. P ‖ σαυτῆς P : αὑτοῖς V ‖ **1289** ἀνάξια P : ἄξια V ‖ τῆς P : τᾶσδε V ‖ δαρδάνου V : -ίου P.

LE CHŒUR. — *Il le voit, mais notre grande cité a disparu du nombre des cités! Il n'y a plus de Troie.*

HÉCUBE. — *Hélas! trois fois hélas! Ilion n'est qu'une clarté; le feu embrase les toits de Pergame, et la ville, et la crête des remparts. Comme une fumée qui s'envole au ciel, notre patrie disparaît dans le désastre de la guerre. L'incendie furieux et les lances ennemies ravagent les palais.*

Hécube se jette à terre et frappe le sol de ses mains [1].

HÉCUBE. — *O terre qui as nourri mes enfants!*

LE CHŒUR. — *Hélas!*

HÉCUBE. — *O mes enfants, écoutez, entendez l'appel d'une mère.*

LE CHŒUR. — *Ta lamentation funèbre les invoque au delà de la mort.*

HÉCUBE. — *Oui, j'approche du sol mes membres flétris, et de mes deux mains je frappe la terre.*

Le Chœur imite le geste d'Hécube.

LE CHŒUR. — *A mon tour, mettant le genou à terre, j'évoque des enfers mon malheureux époux.*

HÉCUBE. — *On nous emmène, on nous emporte...*

LE CHŒUR. — *Douloureux, ô douloureux est ton cri!*

HÉCUBE. — *vers le toit où nous attend l'esclavage...*

LE CHŒUR. — *loin de ma patrie.*

HÉCUBE. — *Hélas! Priam, Priam, ô toi qui, après ta mort, n'as ni tombeau ni ami, tu ne vois pas mon misérable sort.*

[1] S'agenouiller et battre le sol de ses deux mains est le geste rituel qui est usité pour appeler l'esprit des morts du sein de la terre. Ainsi fait la mère de Méléagre, Althaia, dans l'*Iliade* IX 568-570, pour évoquer les dieux infernaux. Cf. Euripide, *Électre* 678.

ΧΟ. Δέδορκεν, ἁ δὲ μεγαλόπολις
ἄπολις ὄλωλεν οὐδ' ἔτ' ἔστι Τροία.
ΕΚ. Ὀττοτοτοτοτοῖ.
Λέλαμπεν Ἴλιος Περ-
γάμων τε πυρὶ καταίθεται τέραμνα
καὶ πόλις ἄκρα τε τειχέων.
ΧΟ. Πτέρυγι δὲ καπνὸς ὥς τις οὐ-
ρανίᾳ πεσοῦσα δορὶ καταφθίνει γᾶ.
Μαλερὰ μέλαθρα πυρὶ κατάδρομα
δαΐῳ τε λόγχᾳ.

ΕΚ. Ἰὼ γᾶ τρόφιμε τῶν ἐμῶν τέκνων. Str.
ΧΟ. Ἒ ἔ.
ΕΚ. Ὦ τέκνα, κλύετε, μάθετε ματρὸς αὐδάν.
ΧΟ. Ἰαλέμῳ τοὺς θανόντας ἀπύεις.
ΕΚ. Γεραιά τ' ἐς πέδον τιθεῖσα μέλε' ⟨ἐμ⟩ὰ
καὶ χερσὶ γαῖαν κτυποῦσα δισσαῖς.
ΧΟ. Διάδοχά σοι γόνυ τίθημι γαίᾳ
τοὺς ἐμοὺς καλοῦσα νέρθεν
ἀθλίους ἀκοίτας.
ΕΚ. Ἀγόμεθα, φερόμεθ'... ΧΟ. Ἄλγος ἄλγος βοᾷς.
ΕΚ. δούλειον ὑπὸ μέλαθρον... ΧΟ. ἐκ πάτρας γ' ἐμᾶς.
ΕΚ. Ἰώ.
Πρίαμε Πρίαμε, σὺ μὲν ὀλόμενος
ἄταφος ἄφιλος
ἄτας ἐμᾶς ἄιστος εἶ.

1292 οὐδ' ἔτ' rec. : οὐδέ τ' PV || 1296 τε om. P || 1303 post ἒ ἔ add. μέλαθρα τῶ πυρὶ καταδέδρακεν V, e glossa v. 1300 adscripta || μητρὸς V || 1305 ΕΚ. om. P || τ' PV : γ' Seidler || μέλε' ἐμὰ Herm. : μέλεα PV, cf. 1320 αἰθέρα || 1306 κτυποῦσα Σ : κρύπτουσα V -σι P || 1307 ΧΟ. om. P || διάδοχά rec. : -ον PVΣ || 1312 ἰώ P : ἰὼ ἰώ V, cf. 1327 || 1315-1332 notas personarum om. PV nisi 1318 ΧΟ. P, 1325 ΕΚ. PV, 1329 ΤΑ. PV: restituerunt Seidler et Kirchhoff.

Le Chœur. — *Noir est le voile qu'a mis sur ses yeux, par un meurtre impie, une mort pieuse.*

Toutes se relèvent et se tournent vers la ville en flammes.

Hécube. — *O temples des dieux, ô ville chérie!*

Le Chœur. — *Hélas!*

Hécube. — *vous périssez par la flamme et par la pointe de la lance.*

Le Chœur. — *Bientôt, dans ma chère patrie, vous serez des ruines sans nom.*

Hécube. — *Telle devant le ciel une fumée ailée, la cendre me cachera la place où ,ut mon palais.*

Le Chœur. — *Jusqu'au nom du pays disparaîtra. Partout, c'est la ruine; c'en est fait de Troie l'infortunée.*

La citadelle de Troie s'écroule.

Hécube. — *Comprenez-vous, entendez-vous?*

Le Chœur. — *C'est le fracas de Pergame qui tombe.*

Hécube. — *L'ébranlement par toute la cité...*

Le Chœur. — *s'étend comme une onde.*

Appel de trompettes.

Hécube. — *Allons, membres tremblants, mettez-vous en marche. C'est le cruel voyage qui commence mes jours de servitude.*

Le Chœur. — *Ah! malheureuse cité! Allons, dirigeons nos pas vers les vaisseaux grecs.*

ΧΟ. Μέλας γὰρ ὄσσε κατεκάλυψε
θάνατος ὅσιος ἀνοσίαις σφαγαῖσιν.

ΕΚ. Ἰὼ θεῶν μέλαθρα καὶ πόλις φίλα, Ant.
ΧΟ. Ἒ ἕ.
ΕΚ. τὰν φόνιον ἔχετε φλόγα δορός τε λόγχαν.
ΧΟ. Τάχ' ἐς φίλαν γᾶν πεσεῖσθ' ἀνώνυμοι.
ΕΚ. Κόνις δ' ἴσα καπνῷ πτέρυγι πρὸς αἰθέρα
ἄιστον οἴκων ἐμῶν με θήσει.
ΧΟ. Ὄνομα δὲ γᾶς ἀφανὲς εἶσιν· ἄλλᾳ δ'
ἄλλο φροῦδον, οὐδ' ἔτ' ἔστιν
ἁ τάλαινα Τροία.
ΕΚ. Ἐμάθετ', ἐκλύετε; ΧΟ. Περγάμων ⟨γε⟩ κτύπον.
ΕΚ. Ἔνοσις ἅπασαν ἔνοσις... ΧΟ. ἐπικλύσει πόλιν.
Ἰώ·
τρομερὰ τρομερὰ μέλεα, φέρετ' ἐ-
μὸν ἴχνος· ἴτ' ἐπὶ [τάλαιναν]
δούλειον ἁμέραν βίου.
ΧΟ. Ἰὼ τάλαινα πόλις· ὅμως δὲ
πρόφερε πόδα σὸν ἐπὶ πλάτας Ἀχαιῶν.

Test. **1317** Chr. 1597.

1315 κατεκάλυψε Est. : καταχαλύψει PV || **1316** ὅσιος P et fortasse Σ : ὅσιον V || ἀνοσίοις Dindorf, probabiliter || σφαγαῖσιν V : -αῖς P || **1319** γᾶν V : γὰρ P || **1321** μεθήσει V et Σ unus || **1323** οὐδ' ἔτ' rec. : οὐδέ τ' PV || **1325** ⟨γε⟩ Seidler : ⟨ὁ⟩ Wil. || κτύπον V : -ων P -ος Wil. || **1326** ἐπικλύζει Burges || **1328** τρομερὰ bis P : semel V || **1329** τάλαιναν del. Herm. || subscriptum τέλος τρωάδων P : τέλος εὐριπίδου τρωάδων V.

IPHIGÉNIE EN TAURIDE

Texte établi et traduit

PAR

H. GREGOIRE

SIGLES

L = cod. Laurentianus XXXII, 2, XIVe siècle.
Lc = corrections antérieures à P (cf. tome III, p. I).
l = corrections postérieures à P (cf. tome III, p. II).
P = cod. Palatinus 287, XIVe siècle.
p = corrections faites dans P (cf. tome III, p. II).
lp = accord de *l* et de *p*.
Π = papyrus du IIIe siècle av. J.-C. (280-240), *The Hibeh Papyri*, I, p. 108-113.
rec. = corrections laissées anonymes (cf. tome III, p. III).

NOTICE

Iphigénie et Hélène. Parmi les vingt pièces conservées qui sont comme les *filles immortelles* d'Euripide, il y a au moins deux jumelles. L'*Iphigénie en Tauride* offre tant de ressemblances avec l'*Hélène* que l'on peut faire, de l'une de ces tragédies, un résumé qui convienne parfaitement à l'autre : « Une princesse grecque, appartenant à l'illustre maison des Atrides, est retenue malgré elle, loin de la terre hellénique, par un roi barbare qui fait égorger tous les étrangers abordant ses domaines. Le chagrin de l'infortunée est au comble lorsqu'elle acquiert la certitude que l'homme qu'elle aime le plus a péri. Soudain cet homme est devant elle... Après une touchante reconnaissance, tous deux examinent les chances d'une commune évasion. La femme, qui se montre la plus ingénieuse, imagine une ruse qui réussit à merveille : le Barbare, joué par la Grecque, consent et concourt de bonne grâce à l'exécution de ce plan. Affectant le plus grand zèle pour les intérêts du monarque, et prétextant certains rites qui ne peuvent être célébrés qu'en mer, la princesse s'éloigne avec son complice et une escorte fournie par le roi lui-même. Les deux Hellènes sont aidés par des compatriotes, qui les attendaient, cachés dans une anfractuosité de la côte. Les gens du roi découvrent enfin la trahison ; l'un d'eux court avertir son maître, qui ordonne la poursuite à outrance des fugitifs. Mais une divinité paraît, qui commande au roi de se résigner, et de respecter la puissance du destin et la volonté des dieux[1] ».

[1] Patin, *Études sur les Tragiques grecs*, *Euripide*, t. II, p. 75 : « De l'*Ion* d'Euripide, le chef-d'œuvre de... la tragédie romanesque, je passerai à son *Hélène*, à son *Iphigénie en Tauride*... que rapproche, sinon l'égalité du mérite, du moins l'identité presque absolue de la composition ». Cf. F. Schrœder, *De iteratis apud tragicos graecos*

Une si parfaite similitude ne saurait évidemment être accidentelle. Nous étudierons tout à l'heure ce problème littéraire. Mais il nous faut d'abord, on le comprendra suivre l'évolution de l'un et l'autre mythe jusqu'au moment où Euripide s'en empare[1]. Nous observerons que la ressemblance de nos tragédies était, pour ainsi dire, prédestinée certaines de leurs analogies remontant aux origines des deux mythes.

Iphigénie héroïne et déesse.

Dans les deux cas, nous avons affaire à une héroïne qui est en même temps une déesse ; dans les deux cas, la contradiction qui existait entre le culte et la légende a été corrigée au moyen d'un expédient ; et cet expédient est la variante même qui aboutira au drame d'Euripide.

L'héroïne : le sacrifice d'Aulis.

On connaît la controverse classique sur les héros, mortels divinisés, ou divinités « dégradées ». Bien qu'Hélène soit au centre de l'épopée homérique, la plupart des mythologistes modernes estiment que la *déesse* Hélène est antérieure à l'*héroïne* de l'*Iliade* et de l'*Odyssée*. Quant à Iphigénie il ne peut y avoir le moindre doute. Son culte nous le verrons bientôt, doit être fort ancien et ne saurait en aucune façon dériver de l'épopée. Car Iphigénie ne figure, ni dans l'*Iliade*, ni dans l'*Odyssée*. Iphigénie et le sacrifice d'Aulis apparaissent pour la première fois dans

(p. 88), qui a donné, le premier, une analyse commune des deux drames. Nous l'avons imitée en la précisant. « Femina a barbaro rege exteris infesto procul a patria inuita retinetur, quae cum iam de salute desperet, propinquum amicissimum obiisse suspicata, hic subito comparet : atque postquam paulisper quomodo perniciem effugerent, deliberauerunt, rege callide decepto, fuga salutem petunt a sociis in spelunca orae abditis adiuti. Denique cum fuga nuntiata rex eos iam persecuturus sit, comparet deus, qui a rege postulat, ut deorum uoluntatem secutus hostes persequi desistat. »

[1] Dans ce parallèle, nous ne citons pas, en général, les textes qui concernent Hélène : nous renvoyons pour cela à la *Notice* de l'*Hélène*. Quant à la légende d'Iphigénie, notre tâche a été facilitée par l'excellent article *Iphigeneia* du Pauly-Wissowa, dû à M. Kjellberg (IX, 2588-2622). Cf. aussi S. Reinach, *Rev. Et. Gr.* XXVIII, 14.

les *Kypria*, poème du cycle qui fut composé vers le début du septième siècle[1]. Certes, les épopées cycliques ont pu recueillir de très vieilles légendes dont « Homère » n'avait point voulu. Mais le *motif* même du sacrifice d'Iphigénie le classe assez nettement dans la catégorie des anecdotes *étiologiques* qu'on trouve, presque partout, associées aux grands faits de l'époque légendaire. Il rappelle ces sacrifices humains de consécration, réellement pratiqués, plus souvent encore imaginés, par les sauvages de tous les temps et de tous les lieux, pour la stabilité d'une bâtisse ou d'une barque, ou le succès d'une expédition. Au début d'une campagne dangereuse ou d'une construction hardie, le chef ou l'architecte voue ou immole sa fille, emmure sa femme. C'est le thème d'innombrables contes populaires. Aujourd'hui encore, dans les Balkans, le peuple narre des légendes analogues à propos de tous les édifices imposants : pont, église ou citadelle[2]. L'histoire du sacrifice d'Iphigénie, cette fille d'Agamemnon qu'Homère ne connaissait point[3], appartient au *folk-lore* local, aux traditions d'Aulis. La flotte des Achéens était partie de là, telle était l'opinion constante et générale, confirmée par l'épopée. Or, les remous changeants de l'Euripe — une des merveilles naturelles du monde antique — perpétuaient le souvenir

[1] On peut dire que le fragm. 100 du *Catalogue* d'Hésiode, composé vers la même époque, suppose l'histoire du sacrifice.

[2] Sur les *sacrifices de consécration*, cf. J. Grimm, *Deutsche Mythologie*, 4te *A.*, II p. 956-958, III p. 330 [la légende serbe de *l'emmurée de Scutari* est dans Vuk, 2, 5 : trad. française, *Le Flambeau*, III (1920), 2, p. 264-272]; et A Loisy, *Essai historique sur le Sacrifice*, Paris, Nourry, 1920, p. 366 : « Dans les îles Salomon l'on tue un homme pour l'inauguration d'un nouveau canot, et l'on attache la tête à la proue. A Florida, il fallait pareillement une tête pour l'inauguration de la maison du chef... Aux îles Fidji comme à Florida on enterrait des hommes vivants sous les poteaux de la maison du roi... Un canot nouveau était mis à la mer en roulant sur des hommes vivants qu'il écrasait... » etc., etc.

[3] Schol. de l'*Iliade* I (IX) 144 : οὐκ οἶδε τὴν παρὰ τοῖς νεωτέροις σφαγὴν Ἰφιγενείας, et les vers 145 et 287. L'une des filles d'Agamemnon s'appelle Iphianassa, mais le poète des *Kypria* lui-même admettait qu'elle était distincte d'Iphigénie.

des souffles capricieux qui avaient d'abord retenu au mouillage cet armement formidable. Seul, le sacrifice d'une fille vierge du roi des vaisseaux avait pu apaiser les vents et *consacrer les navires*[1]. Pour une cérémonie magique de cette espèce, il n'était pas indifférent sans doute que la victime eût un nom significatif. D'après le chant populaire serbe qui raconte la fondation des murs de Scutari — longtemps empêchée par la « Vila » — pour assurer la solidité d'une citadelle, le moyen le plus efficace était d'y emmurer un garçon et une fille nommés Stoïan et Stoïa (du verbe slave qui correspond à *stare*). Iphigénie (ἶφι γένοιτο) immolée « pour les nefs », devait donner à l'expédition la force et la victoire[2].

La déesse Iphigénie.

Mais ce nom prophétique d'Iphigénie les gens d'Aulis n'eurent pas à l'inventer[3]. Ils l'empruntèrent purement et simplement à un vieux culte dès lors (VIIIe siècle) en décadence. Iphigénie, nous l'avons dit, fut primitivement adorée comme une déesse, au moins en quelques lieux de la Grèce. Cela résulte de textes formels. A Hermione[4], elle nous apparaît comme une hypostase d'Artémis : c'est-à-dire qu'Artémis invoquée sous l'épithète d'Ἰφιγένεια avait un sanctuaire dans le voisinage immédiat du temple de Dionysos Melanaigis. A Aegira, sur la côte d'Achaïe, il y avait, dans le temple d'Artémis, une antique idole d'Iphigénie[5]. Pausanias en conclut, et sans doute il a tout à fait raison, que le temple avait appartenu primitivement à Iphigénie[6]. Mais l'Attique possède le plus intéressant et le plus caractéristique de ces cultes[7].

[1] L'expression est d'Eschyle dans l'*Agamemnon* (v. 219) : καὶ προτέλεια ναῶν.

[2] Μοῖρα λαπάξει πρὸς τὸ βίαιον, prédit Calchas dans l'*Agamemnon* (v. 128).

[3] Pas plus que le folk-lore serbe, celui de Stoïan.

[4] Pausanias, II, 35, 1, et Hesychius, s. v. Ἰφιγένεια ἡ Ἄρτεμις.

[5] Pausanias, VII, 26, 5.

[6] Cf. Wilamowitz, *Hermes*, XVIII, p. 257.

[7] A Mégare, Pausanias (I, 43, 1) mentionne un ἡρῷον et le tombea

Les cultes attiques : Halai et Braurôn.

Euripide, précisément dans notre tragédie (v. 1450 sqq.), nous parle d'un temple d'Artémis Tauropolos qu'Oreste est invité à fonder à Halai, aux confins extrêmes le l'Attique, au voisinage des rochers de Carystos (Eubée) pour y ériger la statue de l'Artémis taurique. Il s'agit du lème d'Ἁλαὶ Ἀραφηνίδες, dont le second nom survit dans a *Rafina* actuelle. Le rituel de ce temple comporte une érémonie dont nous ne nous risquerons pas à rechercher a signification primitive, mais où Euripide voyait certainement la survivance atténuée d'un sacrifice humain. Euripide poursuit (v. 1462) textuellement : « Et toi, Iphigénie, près des saintes collines de Braurôn, il te faut être la porte-clefs de cette déesse ; oui, c'est là que tu seras, défunte, nise en terre, et là qu'on te vouera en offrande les beaux issus des vêtements que laisseront chez elles les femmes nortes en couches ». Euripide distingue-t-il dans ce passage ameux deux cultes, deux temples : Artémis Tauropolos à Halai Araphènides, avec son vieux *xoanon,* et ses simulacres le sacrifices humains ; un peu plus au Sud, à Braurôn, le anctuaire d'Artémis Brauronienne, dans l'enceinte duquel se rouvait un tombeau d'Iphigénie, « prêtresse de cette déesse », à qui on offrait des *ex-voto* au nom des accouchées ?

Ou bien ces cultes, ces temples n'en font-ils qu'un, le *dème* l'Ἁλαί comprenant tout ou partie du territoire de l'antique Braurôn (aujourd'hui *Vraôna*), et les deux termes géographiques étant synonymes, surtout en poésie ? Là-dessus, es érudits se sont depuis longtemps partagés en deux camps, les uns *confondant,* les autres *distinguant.* L'argument le plus fort des *chorizontes,* si j'ose dire, est le texte le Strabon[1], qui, énumérant les localités de la côte orientale de l'Attique, mentionne, et Braurôn avec l'Artémis

l'Iphigénie, consacrés par Agamemnon. Mais ce dernier texte est ort peu décisif. L'ἡρῷον d'Iphigénie pourrait avoir été suggéré par a légende même du sacrifice.

[1] IX, 399.

Braurônienne, et Halai Araphènides, ὅπου τὸ τῆς Ταυροπόλου. La raison favorite de ceux qui confondent est que dans les histoires tardives, et surtout dans les histoires forgées qui parlent de l'enlèvement par les Perses de la statue de Braurôn[1], cette image est formellement identifiée avec le *xoanon* apporté de Tauride en Attique par Oreste[2]. Mais il faut se méfier en cette affaire des textes postérieurs à l'*Iphigénie en Tauride*. Euripide, en rapprochant comme il l'a fait, les cultes d'Artémis et d'Iphigénie, le rituel de la Tauropolos, Braurôn et Halai, dans les vers de l'épilogue, a précisément opéré une sorte de synthèse, préparé la confusion ou la fusion. Nous sommes frappés du fait qu'officiellement et anciennement, Artémis Brauronia, celle qui était vénérée sur l'Acropole avec le rite si caractéristique des offrandes de vêtements féminins, ne portait point l'épithète de Tauropolos ou de Ταυρική. C'est seulement par des textes d'assez basse époque et pour une succursale macédonienne que les deux cultes se trouvent complètement confondus[3]. Nous inclinons donc à embrasser le parti des *chorizontes*. Le culte d'Iphigénie n'est primitivement attesté que pour le sanctuaire de Braurôn, où Iphigénie était associée à Artémis à peu près comme dans le temple d'Aegira. Comme à Aegira, le culte d'Iphigénie, à Braurôn est, d'ailleurs, en voie de disparition. Euripide nous dit bien que les *ex-voto* des femmes en couches s'adressent à elle ; mais déjà, dans le succursale athénienne d'Artémis Braurônia sur l'Acropole, ces *ex-voto* sont attribués à la grande déesse panhellénique[4], non à l'obscur *démon* dont on montrait le tombeau à Braurôn même.

[1] Cf. C. Robert, *Archaeologische Märchen* (Philologische Untersuchungen, t. X), p. 144 sqq. Cette histoire d'enlèvement a pu être inventée au profit du temple de Laodicée qui prétendait comme beaucoup d'autres, à l'époque hellénistique et romaine, posséder la vieille statue taurique.

[2] Pausanias I, 23, 7 ; I, 33, 1 ; III, 16, 7 ; VIII, 46, 3.

[3] Anthol. Palat., VII, 705 : Antipatros de Thessalonique, pour Amphipolis.

[4] IG, II, 2, n°s 751 sqq.

Quel était le caractère primitif de la déesse Iphigénie, et pourquoi a-t-elle ainsi cédé la place à Artémis, ou, suivant la légende recueillie par Hésiode et Stésichore, à Artémis-Hécate ?

C'est évidemment la similitude de ses attributions avec certaines fonctions d'Artémis qui a précipité le syncrétisme. Le nom même d'*Iphigeneia* (cf. Καλλιγένεια : « née dans la force » ou « qui fait naître « dans la force ») prouve qu'il s'agit d'une déesse de la fécondité. Puissance chthonienne, à la fois favorable et redoutable, elle rendait les enfants vigoureux et — comme Artémis — faisait parfois périr les femmes en couches ; et sans doute l'offrande des vêtements de celles-ci avait-elle pour but de doter de santé et de force les enfants nés au prix de la vie de leurs mères. A l'origine sans doute, ces enfants devaient lui être voués, par une sorte de rachat. A l'époque historique, ces dédicaces d'enfants ne sont attestées que pour Artémis. A Braurôn notamment, comme aussi à Athènes, existait le rite très curieux de l'ἄρκτευσις ou ἀρκτεία. Tous les cinq ans, quand revenait la fête des *Brauronies*, on menait les fillettes, ou plutôt certaines fillettes, revêtues d'une robe couleur de safran (κροκωτός), à la déesse, et on les consacrait pour un lustre à Artémis, sous le nom d'*ourses* (ἄρκτος)[1]. Lorsque la légende du sacrifice d'Iphigénie, fille d'Agamemnon, fut universellement répandue et acceptée, on s'efforça de mettre ce rite et ce culte de l'Iphigénie attique en quelque rapport avec la version la plus courante. On raconta qu'Iphigénie était en réalité une Athénienne, fille d'Hélène et de Thésée ; qu'elle avait été *donnée* ensuite par Hélène à Clytemnestre ; qu'Agamemnon l'aurait sacrifiée à Braurôn, non à Aulis ; et qu'Artémis lui aurait substitué, non une biche, mais une ourse[2].

[1] Cf. Aristophane, *Lysistrata* 645, Harpocr., Hesych., Suidas s. v. ἄρκτος, ἀρκτεία, ἀρκτεῦσαι, δεκατεύειν, Pollux V, 81, Bekker, *Anecd.* I, p. 206 et 234.

[2] Schol. Aristoph. *Lysistrata*, l. l., et cf. Kjellberg, col. 2599.

Je n'ignore pas que les modernes historiens des religions antiques font grand état de tous ces contes au profit des théories totémiques et de celle du « dieu sacrifié ». Je suis loin de contester l'intérêt ou la valeur de ces profondes exégèses. Mais je crois que le tombeau d'Iphigénie qu'on montrait à Braurôn ne témoigne pas nécessairement en faveur de telles conceptions. La « mort » d'Iphigénie est la conséquence naturelle de la disparition de son culte, de la fusion de sa personnalité avec celle d'Artémis. Son histoire n'est pas sans analogie avec celle d'Hippolyte, « démon » de l'entourage d'Aphrodite.

Ceux qui ont inventé le *sacrifice* d'Iphigénie, ceux qui, du même coup, ont fait d'elle la fille d'Agamemnon, ce sont les riverains de l'Euripe, qui introduisirent le thème populaire, banal, du sacrifice de consécration dans l'histoire du départ de la grande flotte achéenne. Ils ont rattaché à la geste troyenne cette Iphigénie au nom si opportun, dont on montrait le tombeau non loin de là, et peut-être en divers lieux. A cette déesse virginale, déchue au rang d'héroïne, dont on ne savait plus rien, ils firent la plus touchante des légendes.

Les Kypria : Iphigénie en Tauride.

C'est à cette légende locale d'Aulis que le poète des *Kypria* a emprunté, mais en le modifiant déjà, le mythe d'Iphigénie. Toutefois, la nouvelle épopée romanesque ne pouvait se contenter de la donnée naïve et brutale qui fait le fond de toutes les légendes analogues. Il lui fallait chercher à motiver d'une manière plus morale l'acte d'Agamemnon : « Lorsque, pour la seconde fois, la flotte fut assemblée à Aulis, Agamemnon tua un cerf à la chasse et se vanta de surpasser en adresse Artémis elle-même. Irritée, la déesse empêcha le départ en suscitant des vents contraires. Lorsque Calchas eut révélé le courroux de la déesse et exigé qu'on immolât Iphigénie à Artémis, on l'alla chercher sous prétexte de l'unir à Achille... »

Tel est le récit de Proclus en sa Chrestomathie. Et cette

tradition est suivie par Sophocle, qui, fidèle à sa coutume, se tient de très près au cycle épique. Mais comme on voit bien que nous n'avons ici qu'une interprétation quelconque de la donnée primitive : le sacrifice humain de consécration indispensable à la réussite d'une grande entreprise ! La version que les *Kypria* donnent de la faute d'Agamemnon n'a pas été acceptée de tous les poètes. Eschyle attribue le courroux d'Artémis au « festin des aigles » qui dévorèrent une hase pleine. Euripide, dans notre tragédie, préfère au motif des *Kypria* un autre motif, plus populaire : celui du vœu imprudent dont l'auteur est pris au mot par une divinité malicieuse [1].

Quant au sacrifice, voici, toujours d'après le résumé de Proclus, comment le racontaient les *Kypria*. « Comme on s'apprêtait à sacrifier Iphigénie, Artémis la ravit, la transporta au pays des Tauriens, et la rendit immortelle ; au lieu de la vierge, elle mit sur l'autel une biche [2] ». C'est déjà ce compromis dont nous avons dit plus haut qu'il avait pour but de concilier les traditions relatives au sacrifice, et l'existence d'une déesse Iphigénie. A une certaine époque, les Hellènes aimaient à imaginer ces héros dont l'épopée narrait la vie terrestre, et la mort, mais dont le culte attestait la survie, comme soustraits au monde connu, et poursuivant leur existence dans des contrées lointaines, plus ou moins désertes et nébuleuses. Hélène, dans l'*Odyssée*, se voit promettre, avec Ménélas, l'immortalité dont jouit naturellement la déesse Hélène, adorée à Sparte. Hésiode et Stésichore font davantage. Ils sauvent la réputation de l'héroïne, fort compromise du fait de la légende épique, mais que les prêtres de la déesse devaient tendre à disculper. Ils recourent au procédé de l'εἴδωλον et à l'histoire du séjour d'Hélène en Egypte pour expliquer sa dispari-

[1] Vers 20.

[2] Homeri Opera ed. Allen, t. V, p. 104 : "Αρτεμις δὲ αὐτὴν ἐξαρπάσασα εἰς Ταύρους μετακομίζει καὶ ἀθάνατον ποιεῖ· ἔλαφον δὲ ἀντὶ τῆς κόρης παρίστησι τῷ βωμῷ.

tion de Sparte et son apparition à Troie. Homère déjà, semble-t-il, la transférait avec Ménélas dans l'île des Bienheureux; d'autres la font vivre auprès d'Achille, dans l'*île Blanche*, en face des bouches de l'Histros. Achille, disait-on encore, s'exerçait à la course sur une presqu'île à l'embouchure du Borysthène; et l'on vient de retrouver, dans les mêmes parages, un autel de lui sur la langue de terre appelée jadis Ἑκάτης ἄλσος[1].

De même, les fidèles de la déesse Iphigénie ne pouvaient admettre qu'elle eût été réellement sacrifiée à Aulis. Les prêtres et les poètes imaginèrent donc, pour rendre compte, et du sacrifice, et de l'immortalité, que la vierge n'avait point péri aux bords de l'Euripe, mais qu'elle avait seulement disparu, reléguée dans un pays étranger : l'auteur des *Kypria* transporta Iphigénie « redevenue » immortelle » dans la « mer Inhospitalière », non loin de Leucé et de la Course d'Achille, sur un rivage que les colons milésiens commençaient timidement à reconnaître, et vers lequel l'attention et la curiosité des Grecs étaient alors fortement attirées : en Tauride, dans la Crimée d'aujourd'hui. Telle est du moins la version des *Kypria* : Hésiode et Stésichore se contentaient de la métamorphose d'Iphigénie en Hécate[2].

Iphigénie « retrouvée » en Tauride. La Vierge Scythe.

La relégation dans un pays lointain, au delà de l' « horizon géographique » du moment, ce n'était donc qu'un procédé primitif d'apothéose. Mais, le jour vint où les Grecs, pénétrant plus avant dans des contrées qui perdaient peu à peu leur mystère, voulurent y retrouver ces divins exilés que l'imagination de leurs pères y avaient bannis. Ici, il nous faut reprendre une fois de plus le parallèle entre la légende d'Iphigénie et celle d'Hélène. Hérodote (ou déjà Hécatée) voyageant en Egypte, y recherche la trace du passage

[1] Latyschev, *Inscr. Orae Sept. Ponti,* IV, n° 63.
[2] Hésiode, fragm. 100 Rzach³. Stésichore, fragm. 38 Bergk.

d'Hélène, et s'amuse à identifier, contre toute vraisemblance d'ailleurs, la déesse Hélène avec une Aphrodite « étrangère » ou phénicienne. Il découvre de même Iphigénie chez les Tauriens (IV, 103) : « Les Tauriens immolent à leur déesse, appelée la Vierge, les naufragés et en général tous les Grecs qui abordent chez eux ; et ils s'y prennent de la manière que voici. Après les avoir consacrés, ils les frappent à la tête d'un coup de massue. D'après certaines relations, ils jetteraient ensuite les corps dans un précipice (car le temple s'élève sur une hauteur escarpée) et ficheraient les têtes sur des pieux... Les autres disent de même en ce qui concerne les têtes : mais, d'après ceux-ci, les corps seraient enterrés, et non jetés dans un précipice. Et la divinité (ajoute Hérodote) à laquelle les Tauriens offrent ces sacrifices, ils disent eux-mêmes que c'est Iphigénie, la fille d'Agamemnon : τὴν δὲ δαίμονα ταύτην, τῇ θύουσι, λέγουσι αὐτοὶ Ταῦροι Ἰφιγένειαν τὴν Ἀγαμέμνονος εἶναι. » Il est absolument gratuit de supposer[1] que les navigateurs milésiens avaient fait cette identification dès le temps où Iphigénie était encore une déesse panhellénique, et tout à fait téméraire de conclure de cette hypothèse qu'elle était une divinité d'Asie mineure. Les choses se sont passées autrement. L'identification n'a pas précédé, ou déterminé la naissance de la légende que nous trouvons dans les *Kypria* ; c'est, au contraire, le texte des *Kypria* qui a suggéré aux voyageurs et aux colons grecs du Pont-Euxin (le récit d'Hérodote vient, en partie du moins, des habitants d'Olbia) l'idée d'identifier Iphigénie avec la Παρθένος. Cette identification, d'ailleurs, n'a jamais été prise beaucoup plus au sérieux que celle d'Hélène avec l'Aphrodite étrangère[2]. Tandis que le culte d'Achille est

[1] Wilamowitz, *Hermes* XVIII, p. 251 : « Diese Wendung der Sage konnte nur entstehen, seitdem die hellenischen Schiffer die ungastlichen Taurer und ihre Göttin kennen gelernt hatten ».

[2] Suggérée par l'*Odyssée* et par Stésichore aux gens de Naucratis et aux logographes.

resté florissant sur la côte du Pont Euxin jusqu'à la fin de l'antiquité, les Grecs de ces régions n'ont point vénéré Iphigénie, et, en dépit d'Hérodote, c'est à Artémis[1], non à la fille d'Agamemnon, qu'ils ont assimilé la Vierge barbare de la Chersonèse[2].

D'ailleurs, l'histoire merveilleuse de l'enlèvement d'Iphigénie n'a pas été plus généralement acceptée que le roman fantastique du fantôme d'Hélène. De ces deux fables, Hérodote, on l'a souvent remarqué, donne une version rationaliste d'où le merveilleux proprement dit est éliminé[3]. Depuis Stésichore jusqu'à Euripide, tous les poètes — et même un apologiste d'Hélène comme le rhéteur Gorgias — ont cru qu'Hélène avait passé à Troie le temps du siège. Depuis les *Kypria* jusqu'au dernier quart du ve siècle, tous les poètes qui ont parlé d'Iphigénie ont ignoré la substitution de la biche, et par conséquent la Tauride[4].

Euripide est le premier des tragiques — et le seul — qui ait mis à la scène une Hélène innocente, réfugiée en Egypte pendant la guerre troyenne. Fut-il aussi le premier à dramatiser la fable d'Iphigénie reléguée en Tauride, — connue depuis les *Kypria*, depuis trois siècles — en la combinant avec une fiction nouvelle, celle d'Iphigénie rapportant en terre athénienne, avec l'aide d'Oreste, la statue d'Artémis Taurique? A-t-il inventé cette *suite attique* du mythe d'Iphigénie?

Le retour de Tauride. Euripide et les légendes d'Halae-Braurôn.

Qu'Euripide ait imaginé ce *nostos* d'Iphigénie et d'Oreste, c'est *a priori* assez invraisemblable, à cause des cultes d'Ἁλαὶ Ἀραφη-

[1] E. H. Minns, *Scythians and Greeks*, Cambridge, 1913, p. 544.

[2] Les Doriens qui fondèrent, sans doute au début du IVe siècle, la *ville* de *Chersonèse* (auj. Sévastopol), adoptèrent le culte de la Παρθένος, qui ne porte point d'autre nom dans leurs inscriptions.

[3] Il ignore de parti pris l'εἴδωλον d'Hélène et ne se prononce nullement sur les circonstances du transfert d'Iphigénie en Tauride.

[4] Notamment Pindare, *Pythiques* XI, 22 et Eschyle dans l'*Agamemnon*.

νίδες et de Braurôn. Puisqu'à Halae, l'on trouvait le culte et la statue de culte d'une Artémis Tauropolos, nom qui signifie « celle qui fait s'ébattre les bœufs », mais qui se prêtait à l'étymologie géographique (= Ταυρική), puisque dans son sanctuaire se célébrait un rite qui paraissait la survivance d'un sacrifice humain ; puisque, non loin de là, chez l'Artémis Brauronienne, on montrait le tombeau d'Iphigénie, il était bien naturel que les prêtres de ces temples, et les habitants de la région avec eux, affirmassent pour mettre d'accord toutes les légendes, qu'Iphigénie sacrifiée en Grèce, ravie en Tauride, devenue prêtresse d'Artémis, était revenue mourir en Attique ; et que la statue de la Tauropole avait été rapportée, par elle et par Oreste, de la sauvage Tauride. Certains critiques préfèrent laisser à Euripide, guidé par Hérodote, le mérite de toutes ces combinaisons et l'honneur de cette étymologie à laquelle il paraît vraiment tenir beaucoup (v. 84, 1455). Mais c'est faire peu de cas de l'ingéniosité et du patriotisme local des Brauroniens. N'oublions pas, comme le fait très justement remarquer Wecklein, qu'Oreste est donné par Euripide, sans doute d'accord avec la tradition, comme le fondateur du temple. Il semble bien en résulter que la légende de *translation* existait avant Euripide. La tradition orale, l'ἱερὸς λόγος des temples de Braurôn et d'Halae ont dû lui fournir la donnée essentielle de son drame.

Le Chrysès de Sophocle. Cette probabilité deviendrait une certitude absolue s'il s'était permis d'affirmer que Sophocle, moins novateur qu'Euripide, avait traité cette même légende dans son *Chrysès;* nul ne croira en effet qu'Euripide eût emprunté à Sophocle cette forme de la légende, si elle n'avait eu aucune racine dans le pays. Or, la date du *Chrysès* paraît antérieure à celle de l'Iphigénie (414, voyez p. 106).

En effet, le vers 1340 des *Oiseaux* d'Aristophane contient (d'après le scholiaste) une allusion à la pièce de Sophocle.

Le sujet du *Chrysès* est connu. Le drame perdu se

« restitue » au moyen des fragments du *Chrysès* de Pacuvius et de deux fables d'Hygin[1]. Cette restitution, dans le détail, est fort loin d'être assurée. Mais la marche générale de l'intrigue était celle-ci. Thoas poursuivait Oreste et Iphigénie fuyant avec la statue d Artémis. Les fugitifs abordaient dans l'île de Sminthe (Ténédos? Chrysè à l'est de Lemnos?), où résidait Chrysès, prêtre d'Apollon, avec sa fille Chryséis et son petit-fils Chrysès II. Ce dernier était, sans le savoir, fils d'Agamemnon, qui, jadis, n'avait pas respecté sa captive; le jeune homme passait pour fils d'Apollon. Thoas réclamait l'extradition des réfugiés, et le jeune Chrysès y consentait. Il allait causer la mort de son frère et de sa sœur, lorsque sa mère Chryséis (ou son grand-père Chrysès) lui révélait son origine. Il s'ensuivait une « reconnaissance » entre Chrysès II et Oreste, qui s'unissaient pour tuer Thoas. Et la statue d'Artémis prenait le chemin de Mycènes.

M. A. C. Pearson[2] estime, d'après le *ton* de deux fragments, sur cinq qui nous sont parvenus (n°s 728, 729), que le *Chrysès* était un drame satyrique. Cette conjecture nous paraît infiniment vraisemblable : les drames satyriques avaient souvent pour sujet la poursuite d'un héros par un tyran barbare, féroce et grotesque. Il serait très naturel qu'une légende récente, mal autorisée, un peu suspecte, eût été utilisée pour la première fois indirectement et dans un drame burlesque.

La belle scène du combat de générosité entre Oreste et Pylade, qu'a traitée Pacuvius[3], se trouvait-elle déjà

[1] Ribbeck, *Tragicorum Romanorum Fragmenta,* 3e éd., p. 143 sqq. Hygin, fab. 120 et 121. La fable 120 raconte d'abord l'*Iphigénie en Tauride*, puis ajoute : Iphigenia... signo sublato cum fratre Oreste et Pylade in nauem ascendit uentoque secundo ad insulam Zminthen ad Chrysen sacerdotem Apollinis delati sunt... La fab. 121 commence par l'histoire de Chrysès et de Chryséis d'après l'Iliade.

[2] A.-C. Pearson, *The Fragments of Sophocles*, Cambridge, University Press, 1917, t. II, p. 327.

[3] Dans son *Dulorestes* ou dans son *Chryses*. L'*Alètès* de Sophocle suppose aussi l'existence de la fable taurique.

dans le *Chrysès* de Sophocle ? Dans ce cas, Euripide devait beaucoup à son rival. Mais il est impossible de trancher la question, car Pacuvius a pu ajouter à sa pièce imitée de Sophocle, des scènes empruntées à Euripide ou même à des tragiques grecs plus récents.

Il demeure, on le voit, à peu près certain, dans le cas de l'*Iphigénie en Tauride* comme dans celui de l'*Ion*, que la source d'Euripide est une légende locale de l'Attique, et que Sophocle, avant lui, l'avait déjà touchée[1].

Innovations d'Euripide. Si même Euripide a emprunté à la tradition des temples attiques et au *Chrysès* de Sophocle, la fable du retour d'Iphigénie avec Oreste et la statue d'Artémis et probablement le personnage de Thoas ; et si, pour ce qui est des mœurs des Tauriens, il a tiré grand parti d'Hérodote, on distingue encore assez nettement, dans notre tragédie, ce qui est de son invention.

C'est d'abord l'adaptation de cet épisode à l'antique fable d'Oreste poursuivi par les Erinyes. Tout le début du quatrième ἐπεισόδιον est consacré à cette histoire. Euripide a beaucoup travaillé cette partie de son drame où il a cherché, on le sent, à rendre plausible et intéressante pour les Athéniens son innovation, en la rattachant à des coutumes attiques et notamment à la fête des *Choes :* il a essayé, aussi, de rendre dramatiquement excusable une digression au moins singulière. Pylade, en la blâmant d'avance comme inopportune à un moment où l'on ne devrait penser qu'à l'action, formule une critique

[1] Cela serait généralement admis, sans l'autorité de M. de Wilamowitz qui, champion de l'originalité d'Euripide, soutient que Pacuvius s'inspire d'une tragédie du IVe siècle, et que les fables d'Hygin sont sans rapport avec le *Chryses* de Sophocle. Pearson répond fort justement (p. 328) : « Not only did Pacuvius adapt Sophocles elsewhere, but no other play than the Chryses is known which could have served as the model of the Pacuvian tragedy ». Je vois avec plaisir que M. Th. Zielinski (cf. *Phil. Wochenschrift*, 1923, p. 349-350) se rallie aussi à la thèse de la priorité de Sophocle.

qu'Euripide réfute aussitôt par la bouche d'Iphigénie. Celle-ci affirme, assez impérieusement, qu'elle a bien le droit de s'informer d'abord des destinées d'Electre et d'Oreste, les deux êtres qui sont ce qu'elle a de plus cher au monde[1]. Ainsi est introduit, après un bref dialogue sur Electre et la *présentation de Pylade*, le long récit où Oreste expose comment une partie seulement des Erinyes acceptèrent la sentence de l'Aréopage, les autres continuant la poursuite : ce qui obligea le malheureux à entreprendre — sur le conseil d'Apollon — un travail supplémentaire, l'enlèvement de la statue d'Artémis.

Il est évident aussi que la ruse d'Iphigénie, le tour joué au Barbare, avec ses diverses péripéties, ne pouvaient guère figurer, du moins en action, dans le *Chrysès* de Sophocle, ni dans la tradition orale. Toute cette partie du drame (1016-1420, fin du quatrième ἐπεισόδιον) est donc, à coup sûr de l'invention d'Euripide.

De même, les deux reconnaissances, avec l'artifice de la lettre, lui appartiennent en propre : nous allons le voir par le témoignage d'Aristote. De même encore, très certainement, le rêve d'Iphigénie, dans le prologue, et le magnifique récit du Bouvier[2]. On voudrait aussi lui faire honneur de la lutte sublime entre Oreste et Pylade. Si même la première idée en revient à Sophocle, il faut reconnaître que la scène un peu mélodramatique dont parle Cicéron étai[t] construite bien différemment de la scène correspondante d'Euripide[3].

L'Hélène, seconde édition de l'Iphigénie en Tauride.

Justifions à présent la date qu'avec la majorité des critiques, nous avons choisie pour l'*Iphigénie*. Nous partons du fait remarquable de sa similitude

[1] Vers 914, d'après l'admirable correction de M. Vitelli.

[2] V. les notes des pages 116, 124.

[3] Cf. Ribbeck, l. l. ; Cic. *Lael.* 24; *de Finibus* V, 22, 63 : Qui clamores uulgi atque imperitorum excitantur in theatris, cum illa dicuntur: « Ego sum Orestes », contraque ab altero : « immo enim-

avec l'*Hélène*. La ressemblance générale des deux plans sur laquelle nous avons insisté dès le début de la présente Notice, est encore accusée par une foule de détails. Hélène qui, comme Iphigénie, récite le prologue, excite d'abord la curiosité des spectateurs par une explication du phénomène très discuté des crues du Nil, exactement comme Iphigénie débute par une description des marées de l'Euripe. Le premier morceau lyrique de l'*Iphigénie* est un θρῆνος dialogué entre Hélène et le chœur, sur la mort de Ménélas: la *parodos* de l'*Iphigénie* est un θρῆνος dialogué entre l'héroïne et le chœur sur la mort d'Oreste. L'entretien de Teucros et d'Hélène sur les destinées des Achéens et spécialement des Atrides (78-142) rappelle la conversation d'Iphigénie et d'Oreste sur le même sujet (492-575). Le duo de reconnaissance de l'Hélène (625-697) est parallèle à celui de l'*Iphigénie* (822-866). La « stichomythie du complot » (*Iphigénie*, 1020-1051), ce dialogue entre le frère et la sœur qui annonce et prépare la ruse, est tout à fait comparable à la *distichomythie* entre Ménélas et Hélène (1030-1084) qui a le même but. Le troisième *stasimon* de l'Iphigénie est presque sans lien avec l'action. Le chœur, qui attend anxieusement des nouvelles de la réussite du complot, entonne un péan en l'honneur d'Apollon, et s'attarde à conter, avec des détails charmants, l'ἱερὸς λόγος du temple de Delphes (v. 1234 sqq). Pareillement dans l'*Hélène*, un véritable ἐμβόλιμον est consacré au mythe de Déméter et de Coré ; et, comme dans l'*Iphigénie*, ce gracieux intermède lyrique vient distraire, ou, si l'on veut, exciter encore l'attention des spectateurs à l'instant le plus pathétique du drame (v. 1301 sqq).

Comment expliquer tant de ressemblances ? Je ne vois pour cela qu'un moyen. Euripide a dû reprendre, très consciemment, dans l'une de ces deux pièces, — en cherchant, bien entendu, à les varier — des motifs qui avaient

uero ego sum, inquam, Orestes ». Cum autem etiam exitus ab utroque datur conturbato errantique regi « Ambos ergo una neca, precamur » quotiens hoc agitur, ecquando nisi admirationibus maximis ?

eu du succès dans l'autre tragédie. Et cela est vrai autant du motif central, de l'intrigue elle-même, que des détails accessoires. L'Hélène étant de 412, il s'agit pour dater approximativement l'*Iphigénie* de décider si c'est dans l'*Hélène*, ou dans l'*Iphigénie*, que ces motifs se présentent pour la première fois.

Or, nous savons assez précisément que l'intrigue de l'*Hélène* est, dans une large mesure, indépendante de la tradition mythique. L'un des principaux personnages, le roi Théoclymène [1], barbare et méchant, a été substitué au sage Protée ; et la ruse de l'évasion est absolument inconnue de la légende, avant Euripide.

Pour l'*Iphigénie*, admettons même qu'Euripide ait imaginé le personnage de Thoas (nous avons vu qu'il le doit probablement à Sophocle)[2], comme il a sûrement imaginé la mystification dont ce barbare est victime ; il reste qu'il avait trouvé dans Hérodote une circonstance essentielle, sans laquelle aurait pu exister, sans doute, une banale histoire de translation de statue, mais non pas une tragédie. Cette circonstance, c'est la férocité des Tauriens immolant à leur déesse tous les étrangers qui abordent chez eux. Or, dans l'*Hélène*, ce même motif est adventice. Non seulement il est étranger au texte d'Hérodote, principale source d'Euripide ; mais encore il est absolument contradictoire avec les données de la légende, puisque Protée, dans Hérodote, a le beau rôle vis-à-vis du Troyen Pâris comme du Grec Ménélas.

Il est donc certain que ce thème, lequel, en dernière analyse, détermine surtout la similitude des deux tragédies, a été *transporté* de la légende d'Iphigénie dans celle d'Hé-

[1] Il est vraisemblable que ce personnage a été inventé par Euripide. Tout récemment, cependant, M. de Wilamowitz — dans l'étude d'ensemble sur la tragédie grecque qui termine le tome IV des *Griechische Tragödien* — a exprimé l'idée que les noms de Théoclymène et de Théonoé, « gênants au point de vue métrique », auraient été empruntés par Euripide à une source en prose.

[2] Cf. l'excellent article *Thoas* du *Roscher* (Immisch).

lène, et très probable que l'intrigue de l'*Iphigénie* a été bâtie avant celle de l'Hélène et a servi de modèle à celle-ci.

Autour de cet argument capital on peut en grouper d'autres, peut-être un peu plus subjectifs. Il s'agit de la manière plus ou moins simple, plus ou moins recherchée dont les motifs communs aux deux pièces ont été traités dans chacune. « S'il apparaissait, dit Ewald Bruhn, que ces motifs sont mis en œuvre dans l'une des deux pièces plus naturellement, et plus artificiellement dans l'autre, ne pourrions-nous en conclure que le plat le plus fortement assaisonné est celui que le poète a servi pour la seconde fois à son public ? » Et Bruhn donne ces exemples : « Thoas est un barbare altéré de sang et d'ailleurs borné, qui n'a de cesse que les victimes soient égorgées (1153), qui veut faire précipiter ou empaler les fugitifs (1429), qui, d'autre part, se laisse berner — sans se douter de rien — par la rusée Grecque, et qui est assez ridicule pour supposer qu'elle a pour lui des sentiments d'affection (1213). Chez Théoclymène, ces mêmes traits se retrouvent, plus accentués et même exagérés ; sans y être contraint par une obligation religieuse, il tue tous les Hellènes dont le pied foule sa terre ; et il se reproche encore d'être trop doux ! (*Hélène* 1172). Lorsqu'il apprend que Ménélas et Hélène se sont sauvés, il veut assassiner sa sœur qui ne l'a pas averti, et le chœur ne le retient qu'avec peine (1621). D'autre part, le tour qu'on lui joue est bien pire que dans l'*Iphigénie* : dans l'*Hélène*, le roi, crédule comme tous les barbares, est en outre aveuglé par sa passion pour sa belle captive. Théoclymène va jusqu'à fournir, à l'homme qui lui enlève sa femme, un navire et des provisions. Dans les deux pièces, les mystificateurs usent largement de l'ironie dramatique ; ils donnent à leurs discours une forme telle, qu'à côté du sens destiné à l'interlocuteur ces discours expriment des arrière-pensées, des réflexions à l'intention du public. Ce procédé est employé dans les deux pièces, mais plus simplement dans l'*Iphigénie* (1205, 1212, 1221,

1230) avec plus de raffinement et de « charge » dans l'*Hélène* (1291 sqq., 1405 sqq.) ». Et, comme W. v. Christ, Bruhn conclut que « l'*Hélène* n'est qu'une seconde édition de l'Iphigénie ».

C'est aussi notre avis, mais nous concédons aux partisans de l'opinion contraire[1] que cette argumentation n'est pas sans réplique, puisqu'il n'est pas vrai, d'une vérité absolue, qu'une rédaction « simple » soit toujours antérieure à une version « compliquée » d'un même sujet. Le travail de l'écrivain suit fréquemment une marche inverse[2]. C'est pourquoi nous « mettons plutôt l'accent » sur des observations décisives comme celle qui a été faite plus haut, et à laquelle nous ramène encore l'étude du caractère de Théoclymène. La cruauté de ce tueur de Grecs n'est nullement motivée, elle est tout à fait invraisemblable, elle ne peut s'expliquer que par une imitation servile d'un modèle qui est Thoas. De même, si Théoclymène est une simple copie de Thoas, l'étrange personnage de Théonoé offre une réminiscence incontestable du rôle d'Iphigénie. Qu'on relise les vers 865-870 de l'*Hélène* :

ΘΕ. Ἡγοῦ σύ μοι φέρουσα λαμπτήρων σέλας
θείου δέ, σεμνὸν θεσμόν, αἰθέρος μυχὸν
ὡς πνεῦμα καθαρὸν οὐρανοῦ δεξώμεθα,
σὺ δ' αὖ κέλευθον, εἴ τις ἔβλαψεν ποδὶ
στείβων ἀνοσίῳ δὸς καθαρσίῳ φλογί,
κροῦσον δὲ πεύκην, ἵνα διεξέλθω, πάρος κτλ.

« Théonoé. — Précède-moi, portant l'éclat des torches ; fais, rite auguste, monter le soufre au haut des cieux, pour que nous respirions un air exempt de miasme. Si d'un pied criminel le chemin fut souillé, toi, portes-y le feu qui purifie, et devant moi secoue la torche à mon passage. »

De ces paroles mêmes, on peut inférer une imposante

[1] Cf. Tycho v. Wilamowitz, *Die dram. Technik des Sophokles*, p. 265.

[2] J'ai cité E. Bruhn d'après la 4e éd., *neue Bearbeitung*, d'*Iphigenie auf Tauris*, erklärt von F. G. Schöne und H. Köchly, Berlin, Weidmann, 1894, p. 11 sqq.

mise en scène. La porte du palais de Protée s'ouvre, et la prophétesse paraît en grand apparat, entourée de suivantes et de prêtres qui brûlent du soufre et agitent des torches. Il faut voir l'embarras des commentateurs devant ce rite intempestif de purification ; embarras d'autant plus grand que le rôle tout entier de Théonoé est à vrai dire superflu. Patin, qui n'a point de préjugé contre l'*Hélène*, l'observe très bien : « La prêtresse se rend, ou plutôt paraît se rendre, car le poète fait entendre qu'elle était arrivée toute résolue, et avait d'avance pris parti pour le malheur et la justice contre l'emportement passionné de son frère. Ce personnage de Théonoé ne manque pas de noblesse ; mais on ne peut se dissimuler que son intervention, qui se borne à effrayer quelques moments Hélène et Ménélas, pour les laisser agir ensuite en liberté, est à peu près inutile et non moins épisodique que ne nous a paru l'être tout à l'heure celle de Teucer[1] ».

Théonoé doit en somme[2] son existence à Iphigénie ; et si elle paraît en scène avec son cortège de brûleurs de soufre et de lampadophores, c'est parce que l'acteur chargé du rôle d'Iphigénie avait naguère impressionné le théâtre par une cérémonie semblable, mais amplement motivée, celle-là, puisque la souillure d'Oreste et de Pylade est le prétexte même de la sortie de la déesse et le ressort de l'intrigue à partir du vers 1152 :

τούσδ' ἄρ' ἐκβαίνοντας ἤδη δωμάτων ὁρῶ ξένους
καὶ θεᾶς κόσμους νεογνούς τ' ἄρνας ὡς φόνῳ φόνον
μυσαρὸν ἐκνίψω, σέλας τε λαμπάδων τά τ' ἄλλ' ὅσα
προὐθέμην ἐγὼ ξένοισι καὶ θεᾷ καθάρσια (v. 1222 sqq.).

On comprend que ce tableau ait grandement édifié le public athénien. C'était une vraie scène de drame religieux, avec exaltation de la vénérable statue d'Artémis portée par sa prêtresse. Des paroles rituelles étaient prononcées, qui

[1] Patin, *l. l.* p. 84.
[2] Sur ce personnage et sur ses rapports avec l' Εἰδοθέη homérique, cf. la Notice de l'Hélène.

rappelaient la fameuse πρόρρησις des Grands Mystères, et le théâtre était rempli de l'odeur des torches sacrées. Euripide a répété dans l'*Hélène*, sans prendre la peine de le motiver, cet émouvant spectacle, réclamé peut-être par ses acteurs favoris autant que par son public.

Date probable de l'Iphigénie : 414.

On a quelquefois pensé que l'*Iphigénie* fut jouée en 412, avec l'*Hélène* et l'*Andromède*. Il faut rejeter cette idée : car le public n'aurait pas supporté, dans une même trilogie, deux pièces aussi exactement pareilles. Elle n'a pas davantage été représentée en 413, avec l'*Electre* parce que (*Électre*, 1271) les Dioscures, dans cette pièce, ignorent la fable nouvelle des Erinyes partagées en deux équipes. Il faut donc remonter au moins à 414, date infiniment probable parce que l'année 415 est occupée par la trilogie des *Troyennes*, et que des considérations diverses nous empêchent de songer aux années antérieures[1]. Le Chrysès de Sophocle est de 416 ou de 415, Le grand succès d'Iphigénie en 414, aura amené Euripide à reproduire certains motifs de cette pièce ; la variante stésichoréenne et hérodotique de l'histoire d'Hélène se prêtait à ce dessein. L'année suivante (413), à la fin de l'*Electre*, Euripide fait entendre qu'il travaille à la « nouvelle Hélène » ; et celle-ci est jouée en 412.

Succès de l'Iphigénie : le témoignage d'Aristote.

La comparaison des détails et des observations touchant les mythes nous a fait admettre que l'*Iphigénie,* non l'*Hélène,* fut la pièce à succès qu'en raison de ce succès même, Euripide se sentit tenté de reproduire. Nous aurions pu l'affirmer *a priori*, tant la supériorité de l'*Iphigénie* est évidente. Nous n'avons pas

[1] Cf. p. 121, n. 3. Sur la chronologie relative, fondée sur la métrique, cf. la Notice du *Rhésos* (t. *VI*). En tous cas, je ne pense pas qu'on puisse, pour l'*Iphigénie*, remonter à l'année 422 comme le voudrait Klotz, *Untersuchungen zu Euripides Ion* (1917), dont les raisons me paraissent bien faibles.

de témoignage direct, officiel, sur l'accueil qui fut fait aux deux pièces. Qu'Aristophane se soit moqué de la καινὴ Ἑλένη ne prouve évidemment point que la pièce ait échoué ; mais le fait est que l'*Hélène* est tombée dans l'oubli, et qu'elle n'a eu aucune influence sur le développement ultérieur de la légende. L'*Iphigénie*, en revanche, est de toutes les tragédies mentionnées dans la *Poétique*, une de celles qu'Aristote cite le plus fréquemment.

Au chapitre XI (1452 b), Aristote distingue les reconnaissances *doubles* des reconnaissances *simples* : « Parfois, il suffit que l'un des deux personnages soit reconnu par l'autre : c'est lorsque l'identité de l'autre est évidente. Mais parfois, il importe que la reconnaissance soit mutuelle. Ainsi, Iphigénie est reconnue par Oreste grâce à l'envoi de la lettre ; pour celui-ci une seconde reconnaissance était nécessaire. » Au chapitre XIV (1453 b), l'auteur de la *Poétique* estime qu'un des plus puissants ressorts tragiques est une reconnaissance intervenant juste à temps pour empêcher un crime[1]. « Le meilleur procédé est celui-là : ainsi, dans le *Cresphonte*, Mérope s'apprête à immoler son fils, mais elle le reconnaît. De même, dans l'*Iphigénie*, la sœur reconnaît le frère ; dans l'*Hellé*, le fils reconnaît sa mère, alors qu'il est sur le point de la livrer... » Au chapitre XVI se trouve la fameuse classification des modes de reconnaissance, par ordre ascendant de valeur : 1° reconnaissances au moyen de signes congénitaux ou acquis ; 2° reconnaissances « inventées » par le poète ; 3° reconnaissances amenées par une réminiscence soudaine ; 4° reconnaissances « par raisonnement », enfin, 5° reconnaissances « naturelles », résultant des circonstances mêmes et conformes à toutes les vraisemblances (δι' εἰκότων). On peut penser ce qu'on veut de cette classification assez peu rigoureuse ; mais il

[1] Les autres partis consistent à faire reculer au dernier moment celui qui a conçu un dessein criminel (« ce qui n'est point dramatique ») ; ou de lui faire accomplir son acte dans l'ignorance, la « reconnaissance » intervenant après.

ne faut pas aller jusqu'à soutenir qu'Aristote se contredit en ce qui concerne l'*Iphigénie*. Examinons les textes (1454 b).

Aristote est très sévère pour les reconnaissances qui se font au moyen de signes. « Celles qui sont « imaginées par le poète » ne valent guère mieux à son avis : elles manquent d'art (**ἄτεχνοι**). C'est ainsi qu' « Oreste, dans l'*Iphigénie*, est reconnu[1] pour être Oreste (car Iphigénie, elle, est reconnue à cause de sa lettre) ; lui-même dit ce que le poète, et non le mythe, lui fait dire. C'est pourquoi ces sortes de reconnaissances sont bien près de tomber dans le défaut critiqué. Il (Oreste) pouvait, en effet, tout aussi bien porter certains indices[2] personnels qui le feraient reconnaître). » Aristote n'oublie et ne confond rien, comme on l'a trop légèrement prétendu ; il distingue, ici comme au chapitre XIV, deux reconnaissances dans l'*Iphigénie* : celle de la sœur par le frère (v. 780), celle du frère par la sœur (788 — 812). Cette dernière ne lui paraît pas du premier ordre, et la critique est parfaitement juste.

Oreste se fait reconnaître au moyen de signes ; la seule différence, qui est minime au jugement d'Aristote, c'est qu'il ne les porte point sur lui. Euripide, qui se préparait à critiquer (dans l'*Electre*) la reconnaissance des *Choéphores*, n'a pas fait produire par Oreste les tissus ourdis par Iphigénie ; Oreste se contente de les décrire d'après un récit d'Electre. Le progrès est en effet peu sensible sur les **ἀναγνωρίσεις διὰ σημείων**, et il est très vrai que les souvenirs d'Oreste, imaginés pour les besoins de la cause, n'ont point été fournis au poète « par le mythe ». — A la reconnaissance d'Oreste par Iphigénie dans Euripide, Aristote a raison de préférer la reconnaissance de Polyidos : « Quatrième groupe : [les reconnaissances

[1] La correction de ἀνεγνώρισεν en ἀνεγνωρίσθη est nécessaire, mais suffisante, pour rendre le passage absolument clair. Il faut lire οἷον ⟨ὁ⟩ Ὀρέστης ἐν τῇ Ἰφιγενείᾳ ἀνεγνωρίσθη ὅτι Ὀρέστης· ἐκείνη μὲν γὰρ διὰ τῆς ἐπιστολῆς, ἐκεῖνος δὲ αὐτὸς λέγει ἃ βούλεται ὁ ποιητής κτλ. Cf. 1452^b οἷον ἡ μὲν Ἰφιγένεια τῷ Ὀρέστῃ ἀνεγνωρίσθη ἐκ τῆς πέμψεως τῆς ἐπιστολῆς κτλ...

[2] Ἐξῆν γὰρ ἂν γὰρ ἔνια καὶ ἐνεγκεῖν.

amenées par le raisonnement. Exemple : celle des *Choéphores*... Et celle du sophiste Polyidos dans l'*Iphigénie :* il est naturel, en effet, qu'Oreste fasse réflexion que sa sœur a été sacrifiée, et que lui aussi va l'être... »

En revanche, la reconnaissance d'Iphigénie par le procédé de la lettre est louée sans aucune réserve par Aristote; il l'assimile pour la perfection à celle de l'*Œdipe-Roi*: « Car il est naturel qu'Iphigénie désire envoyer une lettre ». Πασῶν δὲ βελτίστη ἀναγνώρισις ἡ ἐξ αὐτῶν τῶν πραγμάτων, τῆς ἐκπλήξεως γιγνομένης δι' εἰκότων· οἷον τὸ ἐν τῷ Σοφοκλέους Οἰδίποδι καὶ τῇ Ἰφιγενείᾳ· εἰκὸς γὰρ βούλεσθαι ἐπιθεῖναι γράμματα...

Enfin, au chapitre XVIII (1455[b]), voulant tracer le plan d'une tragédie idéale, Aristote choisit précisément l'*Iphigénie*. Le passage est trop connu pour que nous le transcrivions[1]. Il se termine ainsi : Ὁ δὲ ἀδελφὸς... ἐλθὼν καὶ ληφθεὶς θύεσθαι μέλλων ἀνεγνώρισεν, εἴθ' ὡς Εὐριπίδης, εἴθ' ὡς Πολύειδος ἐποίησεν, κατὰ τὸ εἰκὸς εἰπών, ὅτι οὐκ ἄρα μόνον τὴν ἀδελφὴν ἀλλὰ καὶ αὐτὸν ἔδει τυθῆναι, καὶ ἐντεῦθεν ἡ σωτηρία[2]. «Et le frère de la prêtresse, étant arrivé auprès de sa sœur, est pris. Sur le point d'être sacrifié, il reconnaît (sa sœur), soit comme Euripide l'a représenté, soit selon Polyidos, qui fait dire à ce frère, avec vraisemblance : « Ce n'est donc pas seulement ma sœur, c'est moi aussi qui devais être immolé! »

Polyidos; influence d'Euripide sur la légende et sur l'art.

On voit assez par ces jugements d'Aristote que l'antiquité a considéré l'*Iphigénie* comme un chef-d'œuvre classique. L'imitation d'Euripide par Euripide, dans l'Hélène, et d'Euripide par ce Polyidos

[1] Remarquons seulement qu'en disant que l'oracle d'Apollon (le second, celui qui envoya Oreste en Tauride) est ἔξω τοῦ μύθου, Aristote proteste d'avance contre l'opinion de ceux qui attribuent à Euripide l'invention de *toute* la fable du voyage et du *nostos* d'Oreste.

[2] Il est douteux que la phrase οἷον ἐν τῷ Ὀρέστῃ ἡ μανία δι' ἧς ἐλήφθη καὶ ἡ σωτηρία διὰ τῆς καθάρσεως s'applique encore à notre drame.

dont nous savons ce que nous en dit Aristote[1], et rien de plus, confirme cette opinion. L'influence profonde du drame d'Iphigénie sur la légende, sur le culte même, et sur l'art, achève d'attester un triomphe que sûrement avaient enregistré les didascalies.

« Des adorateurs crédules de la Tauropolos et d'autres Artémis rattachèrent leurs légendes sacrées à la fable que le plus sceptique des poètes avait popularisée[2] ». Pausanias nous dit[3] : « Les Cappadociens et les habitants du Pont prétendent posséder la statue; la même prétention est celle des Lydiens pour leur temple d'Artémis Anaïtis... Quant à la statue de Braurôn, elle fut transportée à Suse, et ensuite Séleucus la donna aux gens de Laodicée qui l'ont jusqu'à ce jour... », et, à propos d'Artémis Orthia, à Sparte : « On affirme que cette vieille idole (ξόανον) est celle qu'Oreste et Iphigénie, jadis, ravirent à la Tauride; d'après les Lacédémoniens, l'image aurait été rapportée dans leur ville, qui faisait partie des Etats d'Oreste ». C. Robert[4] a démontré[5] que la plupart de ces légendes sont tardives et fabriquées avec le texte d'Euripide. Je pense que ce texte, mal compris, n'a pas été sans influence sur la légende attique elle-même; et que les confusions signalées de la Tauropole avec la Brauronienne viennent surtout du rapprochement des deux cultes dans le discours d'Athéna.

Quant aux nombreuses représentations d'épisodes de notre tragédie que l'on trouve sur les sarcophages, les vases et les peintures campaniennes, et qui forment une

[1] On a voulu trouver dans un passage des *Tristes* d'Ovide (IV, 4) un souvenir de l'ἀναγνώρισις de Polyidos :

Et iam constiterat stricto mucrone sacerdos,
cinxerat et Graias barbara uitta comas,
cum *uice sermonis* fratrem cognouit et illi
pro nece complexus Iphigenia dedit.

[2] D'après Ewald Bruhn, *l. l.*, p. 25.

[3] III, 16, 8. Voyez la liste des lieux de culte dans l'article de Kjellberg.

[4] *Archäologische Märchen* (op. cit.), p. 144.

[5] D'une manière éclatante, à mon avis, pour Artémis Orthia.

illustration presque complète de l'*Iphigénie*, nous n'avons pu en signaler que quelques-unes dans les notes, et la place nous manque pour les analyser ici. Nous renvoyons donc à l'*Iconographie d'Iphigénie en Tauride*, publiée par M. H. Philippart dans la *Revue belge de Philologie et d'Histoire* (janvier-mars 1925).

L'une au moins de ces représentations remonte à une œuvre fameuse de la peinture antique. Une frise d'Herculanum, deux fresques de Pompéi, un sarcophage de Weimar reproduisent, selon une conjecture assez vraisemblable de C. Robert, le tableau du maître Timomachos, cité par Pline (XXXIV, 136) et que décrit peut-être l'*Anthologie*, dans cette épigramme (*Anth. Plan.* IV, 128) :

Μαίνεται Ἰφιγένεια· πάλιν δέ μιν εἶδος Ὀρέστου
 εἰς γλυκερὴν ἀνάγει μνῆστιν ὁμαιμοσύνης·
τῆς δὲ χολωομένης καὶ ἀδελφεὸν εἰσοραούσης
 οἴκτῳ καὶ μανίῃ βλέμμα συνεξάγεται.

« Iphigénie est en proie à la fureur ; mais la vue d'Oreste lui rappelle le doux souvenir de son frère. Irritée, la sœur regarde le frère : son œil exprime à la fois la pitié et la fureur ». C'est précisément cette expression du regard d'Iphigénie que ne rendent point, que ne pouvaient rendre les copies ; mais la disposition des personnages répond assez bien à la description de l'épigramme. Et si Timomachos a voulu et su peindre « la fureur et la pitié » dans un seul regard, le grand artiste s'est montré digne du grand poète ; il a compris — ce que n'ont pas toujours fait les modernes — le poignant monologue de la Vierge tendre et cruelle, attique et barbare : Ὦ καρδία τάλαινα... Car, une fois de plus, Euripide a trouvé, dans les contradictions mêmes de la légende, les contrastes qui donnent la vie.

ARGUMENT

Oreste, s'étant rendu, conformément à un oracle, chez les Taures de la Scythie, y arriva avec Pylade : il projetait d'enlever la statue d'Artémis vénérée chez ce peuple. Mais s'étant avancé à quelque distance de son navire, et pris d'un accès de folie, il fut capturé par les indigènes, ainsi que son ami, et emmené, suivant l'usage des Taures, pour être immolé dans le temple d'Artémis. Car ils égorgeaient les étrangers qui débarquaient chez eux...

La scène du drame est chez les Taures de la Scythie ; le chœur se compose de femmes grecques, servantes d'Iphigénie. Iphigénie récite le prologue.

ΥΠΟΘΕΣΙΣ

Ὀρέστης κατὰ χρησμὸν ἐλθὼν εἰς Ταύρους τῆς Σκυθίας, μετὰ Πυλάδου παραγενηθεὶς τὸ παρ' αὐτοῖς τιμώμενον τῆς Ἀρτέμιδος ξόανον ὑφελέσθαι προῃρεῖτο. Προελθὼν δ' ἀπὸ τῆς νεὼς καὶ μανείς, ὑπὸ τῶν ἐντοπίων ἅμα τῷ φίλῳ συλληφθεὶς ἀνήχθη κατὰ τὸν παρ' αὐτοῖς ἐθισμόν, ὅπως τοῦ τῆς Ἀρτέμιδος ἱεροῦ σφάγιον γένωνται. Τοὺς γὰρ καταπλεύσαντας ξένους ἀπέσφαττον...

Ἡ μὲν σκηνὴ τοῦ δράματος ὑπόκειται ἐν Ταύροις τῆς Σκυθίας· ὁ δὲ χορὸς συνέστηκεν ἐξ Ἑλληνίδων γυναικῶν, θεραπαινίδων τῆς Ἰφιγενείας· προλογίζει δὲ ἡ Ἰφιγένεια.

1 ἐλθὼν erasum in L || 2 παραγενόμενος *l*, sed sex ultimae litt. in ras. : παρακινηθεὶς P, unde conicitur παραγενηθεὶς primitus fuisse in L || 4 μανείς Wil. : φανείς L || post ἀπέσφαττον spatium uac. in L (et in P) || ἐντοπίων P et primitus L, ut uidetur : ἐγχωρίων L sed γχω in ras.

PERSONNAGES

Iphigénie.

Oreste.

Pylade.

Le Chœur.

Un Bouvier.

Thoas.

Un Messager.

Athéna.

ΤΑ ΤΟΥ ΔΡΑΜΑΤΟΣ ΠΡΟΣΩΠΑ

ΙΦΙΓΕΝΕΙΑ
ΟΡΕΣΤΗΣ
ΠΥΛΑΔΗΣ
ΧΟΡΟΣ
ΒΟΥΚΟΛΟΣ
ΘΟΑ
ΑΓΓΕΛΟΣ
ΑΘΗΝΑ

IPHIGÉNIE EN TAURIDE

La scène représente le temple d'Artémis, à la frise duquel sont cloués des crânes et autres trophées humains. Devant le temple, un autel, rouge de sang.

IPHIGÉNIE. — Pélops, fils de Tantale, étant venu à Pise avec ses prompts coursiers, y épousa la fille d'Œnomaos[1], qui mit au monde Atrée; Atrée eut deux fils, Ménélas, Agamemnon — mon père. Car, née d'Agamemnon et de la Tyndaride, je suis Iphigénie. Auprès de la mer bleue que l'Euripe, agité de souffles incessants, fait souvent refluer, en de changeants remous[2], mon père m'immola, ou bien crut m'immoler, sur l'autel d'Artémis — Hélène en était cause — dans les fameux vallons de la terre d'Aulis. Le roi Agamemnon avait, en ces parages, assemblé l'armement hellène aux mille nefs, voulant aux Achéens conquérir la couronne du triomphe, et, pour satisfaire Ménélas, venger le déshonneur du rapt de son Hélène. Des vents funestes retenant au port la flotte, il fit interroger les victimes ardentes. Et Calchas répondit : « Agamemnon, jamais tu ne verras tes nefs quitter la rade, à moins d'immoler en offrande sur l'autel d'Artémis, ta fille Iphigénie. En effet, tu vouas naguère à la déesse porte-flambeau

[1] Ce début a les défauts reprochés par Aristophane (cf. *Grenouilles*, v. 1232) et par les critiques de tous les siècles aux prologues-monologues d'Euripide. Toutefois, l'allusion aux cavales de Pélops et à la conquête d'Hippodamie est loin d'être un détail oiseux ou de pur ornement : car Euripide se réservait d'user d'un épisode peu connu de la lutte de Pélops contre Œnomaos pour parfaire sa reconnaissance (v. 823 sqq.)

[2] « Les courants de l'Euripe ont beaucoup tracassé les anciens. La légende veut qu'Aristote se soit noyé de chagrin de ne pouvoir les expliquer », dit M. Bouasse, *Houles, Rides, Seiches et Marées*

ΙΦΙΓΕΝΕΙΑ Η ΕΝ ΤΑΥΡΟΙΣ

ΙΦΙΓΕΝΕΙΑ

Πέλοψ ὁ Ταντάλειος ἐς Πῖσαν μολὼν
θοαῖσιν ἵπποις Οἰνομάου γαμεῖ κόρην,
ἐξ ἧς Ἀτρεὺς ἔβλαστεν· Ἀτρέως δὲ παῖς
Μενέλαος Ἀγαμέμνων τε· τοῦ δ' ἔφυν ἐγώ,
τῆς Τυνδαρείας θυγατρὸς Ἰφιγένεια παῖς,
ἣν ἀμφὶ δίναις ἃς θάμ' Εὔριπος πυκναῖς
αὔραις ἑλίσσων κυανέαν ἅλα στρέφει,
ἔσφαξεν Ἑλένης οὕνεχ', ὡς δοκεῖ, πατὴρ
Ἀρτέμιδι κλειναῖς ἐν πτυχαῖσιν Αὐλίδος.
Ἐνταῦθα γὰρ δὴ χιλίων ναῶν στόλον
Ἑλληνικὸν συνήγαγ' Ἀγαμέμνων ἄναξ,
τὸν καλλίνικον στέφανον Ἰλίου θέλων
λαβεῖν Ἀχαιοῖς, τούς θ' ὑβρισθέντας γάμους
Ἑλένης μετελθεῖν, Μενέλεῳ χάριν φέρων.
Δεινῆς τ' ἀπλοίας πνευμάτων τ' οὐ τυγχάνων,
ἐς ἔμπυρ' ἦλθε, καὶ λέγει Κάλχας τάδε·
« Ὦ τῆσδ' ἀνάσσων Ἑλλάδος στρατηγίας,
Ἀγάμεμνον, οὐ μὴ ναῦς ἀφορμίσῃ χθονός,
πρὶν ἂν κόρην σὴν Ἰφιγένειαν Ἄρτεμις
λάβῃ σφαγεῖσαν· ὅ τι γὰρ ἐνιαυτὸς τέκοι

Testimonia **1** Aristoph. *Ranae* 1232 (et v. 2, cf. *Schol.*). Plutarch. Mor. 837e. Schol. Tzetz. Epist. ap. Cramer *Anecd. gr.* III p. 360 || **1-4** Schol. Aristoph. *Acharn.* 47.

1 πῖσαν cod. Aristoph. : πῖσσαν L || **3** δὲ παῖς L : δ' ἄπο Badham || **8** ἔσφαξεν rec. : ἔσφαξ' L || **13** Ἀχαιοῖς Lenting : ἀχαιοὺς L || **14** ἑλένης *p* : λένη L || **15** τ' οὐ τυγχάνων L : τε τυγχάνων Witzschel || **18** ἀφορμίσῃ L : ἀφορμίσῃς Kirchhoff || **20** λάβῃ Schaefer : λάβοι L.

le plus beau produit de l'année. Or, ton épouse Clytemnestre, justement, t'avait en ton palais mis au jour une fille. Artémis la réclame »... Calchas m'attribuait ainsi, pour mon malheur, le prix de la beauté. Le perfide Odysseus sut me prendre à ma mère ; sous couleur d'épouser Achille, j'arrivai dans la terre d'Aulis ; et là, pauvre victime, soulevée par-dessus l'autel, j'allais périr frappée du glaive ; mais Artémis m'enleva, laissant aux Achéens une biche en échange. Et, par l'éther brillant, elle me transporta dans ce pays des Taures où, depuis lors, j'habite. Ici, un roi barbare règne sur des barbares. C'est Thoas, dont le pied, plus léger que l'oiseau, lui a valu ce nom, digne de sa vitesse. Aussi, docile aux lois d'un culte auquel se plaît la déesse Artémis, mais qui n'a rien de beau que ce seul nom de culte (au surplus, je me tais, redoutant ma maîtresse), esclave d'un usage qui avant moi, déjà, existait en ces lieux, j'immole tous les Grecs qui débarquent ici. Du moins c'est moi qui les consacre ; car, à d'autres il appartient de les égorger en secret, au fond de ce palais, séjour de la déesse[1]. Mais j'ai eu cette nuit d'étranges visions. Je viens les dire au jour : peut-être est-ce un remède ? En songe, il m'a semblé que loin, bien loin d'ici, j'habitais en Argos et que je reposais dans ma chambre

Paris, Delagrave, 1924. On trouvera dans ce livre (p. 167-169) l'explication scientifique aujourd'hui admise. Il faut distinguer les *courants réglés*, provenant des marées de l'Égée, qui, au voisinage des syzygies, déterminent dans le chenal de l'Euripe deux *flux* et deux *reflux* par jour lunaire. Mais lorsque les marées sont insignifiantes (à l'époque des quadratures, du 7e au 13e, et du 21e au 27e jour lunaire), se produisent les courants *déréglés*, dus aux balancements ou *seiches* du « canal d'Atalanti », au nord du chenal de Chalcis. Il peut alors y avoir, par jour, jusqu'à vingt-huit « renversements » du courant, et l'heure de ces changements brusques est imprévisible. Cf. aussi A. Philippson, *Das Mittelmeergebiet*, 1922, p. 55.

[1] Vers 35 sqq. La phrase est longue, embarrassée, et la construction irrégulière. Cela ne prouve pas qu'il y ait ici aucune interpolation. Iphigénie éprouve une gêne bien naturelle à rendre compte de son ministère sanglant. Elle devait aux spectateurs ces explications qui la font paraître pure de sang humain. La coutume est antérieure à sa venue et elle se borne à *consacrer* les victimes.

κάλλιστον ηὔξω φωσφόρῳ θύσειν θεᾷ.
Παῖδ' οὖν ἐν οἴκοις σὴ Κλυταιμνήστρα δάμαρ
τίκτει (τὸ καλλιστεῖον εἰς ἔμ' ἀναφέρων)
ἣν χρή σε θῦσαι. » Καί μ' Ὀδυσσέως τέχναι
μητρὸς παρείλοντ' ἐπὶ γάμοις Ἀχιλλέως.
Ἐλθοῦσα δ' Αὐλίδ' ἡ τάλαιν', ὑπὲρ πυρᾶς
μεταρσία ληφθεῖσ' ἐκαινόμην ξίφει·
ἀλλ' ἐξέκλεψεν ἔλαφον ἀντιδοῦσά μου
Ἄρτεμις Ἀχαιοῖς, διὰ δὲ λαμπρὸν αἰθέρα
πέμψασά μ' ἐς τήνδ' ᾤκισεν Ταύρων χθόνα,
οὗ γῆς ἀνάσσει βαρβάροισι βάρβαρος
Θόας, ὃς ὠκὺν πόδα τιθεὶς ἴσον πτεροῖς
ἐς τοὔνομ' ἦλθε τόδε ποδωκείας χάριν.
Ναοῖσι δ' ἐν τοῖσδ' ἱερέαν τίθησί με,
ὅθεν νόμοισι τοῖσιν ἥδεται θεὰ
Ἄρτεμις ἑορτῆς, τοὔνομ' ἧς καλὸν μόνον —
τὰ δ' ἄλλα σιγῶ, τὴν θεὸν φοβουμένη —
θύω γὰρ ὄντος τοῦ νόμου καὶ πρὶν πόλει,
ὃς ἂν κατέλθῃ τήνδε γῆν Ἕλλην ἀνήρ·
κατάρχομαι μέν, σφάγια δ' ἄλλοισιν μέλει
ἄρρητ' ἔσωθεν τῶνδ' ἀνακτόρων θεᾶς.
Ἃ καινὰ δ' ἥκει νὺξ φέρουσα φάσματα,
λέξω πρὸς αἰθέρ', εἴ τι δὴ τόδ' ἔστ' ἄκος.
Ἔδοξ' ἐν ὕπνῳ τῆσδ' ἀπαλλαχθεῖσα γῆς
οἰκεῖν ἐν Ἄργει, παρθενῶσι δ' ἐν μέσοις
εὕδειν, χθονὸς δὲ νῶτα σεισθῆναι σάλῳ,

Test. **31-33** Cf. Aristoph. *Lemn.* fr. 2 : ἐνταῦθα δ'ἐτυράννευεν Ὑψιπύλης πατὴρ | Θόας βραδύτατος ὢν ἐν ἀνθρώποις δραμεῖν. || **44** Cf. Schol. Aeschyl. *Pers.* 179 (Dähnhardt, p. 64).

21 ηὔξω rec. : εὔξω L || **22** κλυταιμνήστρα ut semper L : fort. scrib. -μήστρα || **24** τέχναι Lenting : τέχναις L || **30** ᾤκισεν *l* : ᾤκισε L || **34** ἱερέαν rec. : ἱέρειαν L || **35-41** a multis edd. spurii habentur : cf. adn. || **35** τοῖσιν *lp* : τοῖσιδ' L || **44** ἔδοξ' ἐν P : ἔδοξεν L || **45** παρθενῶσι δ' ἐν μέσοις Markland : παρθένοισι δ'ἐν μέσαις L.

de vierge. Or, la terre trembla, et je m'enfuis hors du palais. Je vis alors s'écrouler le couronnement des murs, le toit, du faîte des piliers, s'abattre sur le sol. Or, donc, un seul pilier du palais paternel, à ce qu'il me parut, était resté debout. Du chapiteau, soudain, poussent des cheveux blonds, cependant qu'une voix humaine s'en échappe. Moi, faisant mon office aux étrangers fatal, j'aspergeais ce pilier ainsi qu'une victime consacrée à la mort. Et je pleurais. Ce songe, je l'interprète ainsi : Oreste, Oreste est mort! Car c'est bien lui sur qui j'ai accompli ce rite. Les soutiens d'un palais, ce sont les enfants mâles; et c'en est fait de ceux qu'atteint mon eau lustrale. Je ne puis appliquer mon rêve à d'autres proches : Strophios n'avait pas de fils à cette époque où les Grecs me perdirent[1].

Allons, je vais au moins, présente, au frère absent, offrir ce que je puis, la libation des morts. Mes femmes m'aideront, ces Grecques, que le roi m'a données pour servantes. Mais pour quelle raison n'ont-elles point paru encore? En attendant, rentrons dans ce palais où j'habite, et qui est le temple d'Artémis.

Elle rentre dans le temple. Oreste et Pylade paraissent à droite.

ORESTE. — Prends garde! N'y a-t-il personne sur la route?

PYLADE. — Je cherche, et je promène en tous sens mes regards.

[1] Le songe d'Iphigénie a été imaginé par Euripide pour amener la scène des libations et le thrène; il y a ici une imitation des motifs célèbres de *l'Orestie*. En même temps, le monologue se trouve justifié par la coutume, attestée d'ailleurs, de raconter « au jour » ses rêves afin de s'en purifier. Le scholiaste de l'Électre nous dit (v. 424) : τοῖς γὰρ παλαιοῖς ἔθος ἦν ἀποτροπιαζομένους τῷ ἡλίῳ διηγεῖσθαι τὰ ὀνείρατα. C'est probablement pour les besoins de la cause, mais à coup sûr par analogie avec des règles analogues de l'oniromancie, que le poète invente la maxime (elle a passé dans les traités d'exégèse

φεύγειν δὲ κἄξω στᾶσα θριγκὸν εἰσιδεῖν
δόμων πίτνοντα, πᾶν δ' ἐρείψιμον στέγος
βεβλημένον πρὸς οὖδας ἐξ ἄκρων σταθμῶν.
Μόνος δ' ἐλείφθη στῦλος, ὡς ἔδοξέ μοι,
δόμων πατρῴων, ἐκ δ' ἐπικράνων κόμας
ξανθὰς καθεῖναι, φθέγμα δ' ἀνθρώπου λαβεῖν,
κἀγὼ τέχνην τήνδ' ἣν ἔχω ξενοκτόνον
τιμῶσ' ὕδραινον αὐτὸν ὡς θανούμενον,
κλαίουσα. Τοὔναρ δ' ὧδε συμβάλλω τόδε·
τέθνηκ' Ὀρέστης, οὗ κατηρξάμην ἐγώ.
Στῦλοι γὰρ οἴκων εἰσὶ παῖδες ἄρσενες·
θνῄσκουσι δ' οὓς ἂν χέρνιβες βάλωσ' ἐμαί.
Οὐδ' αὖ συνάψαι τοὔναρ ἐς φίλους ἔχω·
Στροφίῳ γὰρ οὐκ ἦν παῖς, ὅτ' ὠλλύμην ἐγώ.
Νῦν οὖν ἀδελφῷ βούλομαι δοῦναι χοὰς
παροῦσ' ἀπόντι — ταῦτα γὰρ δυναίμεθ' ἂν —
σὺν προσπόλοισιν, ἃς ἔδωχ' ἡμῖν ἄναξ
Ἑλληνίδας γυναῖκας. Ἀλλ' ἐξ αἰτίας
οὔπω τίνος πάρεισιν ; Εἶμ' εἴσω δόμων
ἐν οἷσι ναίω τῶνδ' ἀνακτόρων θεᾶς.

ΟΡΕΣΤΗΣ

Ὅρα, φυλάσσου μή τις ἐν στίβῳ βροτῶν.

ΠΥΛΑΔΗΣ

Ὁρῶ, σκοποῦμαι δ' ὄμμα πανταχῇ στρέφων.

Test. 57 Artemid. II,10, p. 94 (ed. Reiff, I p. 149) Stob. *Flor.* 77, 3 (IV, 24, 36 Hense). Menandr. *Monostich.* 713. Suidas I, 2, p. 639 Bernh.

50 ἐλείφθη Victorius : ἐλήφθη L || 52 καθεῖναι Brodeau : καθεῖμαι L || 54 ὕδραινον L : ὑδραίνειν Musgrave || 57 στῦλος Men. || εἰσὶ παῖδες L : παῖδές εἰσιν Artem. Stob. Menand. || 58 οὓς ἂν χέρνιβες βάλωσ' ἐμαί Scaliger : ὡς ἂν χέρνιβες βάλωσί με L || 62 παροῦσ' ἀπόντι Canter : παροῦσα παντί L || 65 τίνος rec. : τινὸς L || εἶμ' Herm. : εἴς μ' L || 68 πανταχῆ Monk : πανταχοῦ L.

Oreste. — Pylade, crois-tu voir le temple d'Artémis qui est depuis Argos le but de ce voyage ?

Pylade. — Oreste, je le crois : tu dois le croire aussi.

Oreste. — Et cet autel, de sang hellénique arrosé ?

Pylade. — Sans doute, car le faîte en est jaune[1] de sang.

Oreste. — Et vois-tu les trophées humains sous les corniches ?

Pylade. — Oui, je vois des débris d'étrangers immolés[2]. Mais il faut avec soin reconnaître les lieux.

Oreste. — O Phoibos, dans quel piège encore m'as-tu mené par l'oracle rendu lorsque, vengeur d'un père, j'eus fait périr ma mère ? Alors, les Erinyes se relayaient pour me poursuivre et me chasser de partout ; et, lassé de courses innombrables, je fus te demander comment je pourrais voir finir et cette fuite éperdue, et les peines que j'endurais en parcourant la Grèce entière[3] ! Tu me dis de gagner ce pays de Tauride où ta sœur Artémis possède des autels, d'y prendre la statue qui, dit-on, dans ce temple, tomba du ciel jadis... Tu me dis de la prendre, ou par chance, ou par ruse ; et ce péril couru, de rapporter l'image en terre athénienne — sans ajouter, d'ailleurs, ce qu'elle deviendrait ! « Cela fait, m'as-tu dit, tu trouveras enfin quelque repos. » Or donc, pour t'obéir, j'arrive en pays inconnu et inhospitalier... Mais, je te le demande à toi, Pylade, à toi

des songes) « qu'un pilier symbolise un fils de la maison ». L'image est d'ailleurs poétique et des métaphores semblables sont courantes. La réflexion sur Strophios est indispensable pour que le nom de Pylade n'apprenne rien à Iphigénie.

[1] L'épithète ξανθός (« jaune » ou « blond ») est donnée au sang dans Pausanias, IV, 3, 5 : ξανθὸν ὕδωρ, οὐδέν τε ἀποδέον τὴν χρόαν αἵματος...

[2] L'idée de ces trophées humains a été naturellement inspirée à Euripide par le passage d'Hérodote sur les sacrifices humains des Tauriens (IV, 103), dont le début est traduit dans la notice.

[3] Les expressions de ce vers préparent l'étymologie qui sera donnée plus loin du nom de *Tauropolos* (cf. Notice).

ΟΡ. Πυλάδη, δοκεῖ σοι μέλαθρα ταῦτ' εἶναι θεᾶς
ἔνθ' Ἀργόθεν ναῦν ποντίαν ἐστείλαμεν ;
ΠΥ. Ἔμοιγ', Ὀρέστα· σοὶ δὲ συνδοκεῖν χρεών.
ΟΡ. Καὶ βωμός, Ἕλλην οὗ καταστάζει φόνος ;
ΠΥ. Ἐξ αἱμάτων γοῦν ξάνθ' ἔχει θριγκώματα.
ΟΡ. Θριγκοῖς δ' ὑπ' αὐτοῖς σκῦλ' ὁρᾷς ἠρτημένα ;
ΠΥ. Τῶν κατθανόντων γ' ἀκροθίνια ξένων.
Ἀλλ' ἐγκυκλοῦντ' ὀφθαλμὸν εὖ σκοπεῖν χρεών.
ΟΡ. Ὦ Φοῖβε, ποῖ μ' αὖ τήνδ' ἐς ἄρκυν ἤγαγες
χρήσας, ἐπειδὴ πατρὸς αἷμ' ἐτισάμην,
μητέρα κατακτάς, διαδοχαῖς δ' Ἐρινύων
ἠλαυνόμεσθα φυγάδες, ἔξεδροι χθονός,
δρόμους τε πολλοὺς ἐξέπλησα καμπίμους.
Ἐλθὼν δέ σ' ἠρώτησα πῶς τροχηλάτου
μανίας ἂν ἔλθοιμ' ἐς τέλος πόνων τ' ἐμῶν
οὓς ἐξεμόχθουν περιπολῶν καθ' Ἑλλάδα.
Σὺ δ' εἶπας ἐλθεῖν Ταυρικῆς μ' ὅρους χθονός,
ἔνθ' Ἄρτεμίς σοι σύγγονος βωμοὺς ἔχει,
λαβεῖν τ' ἄγαλμα θεᾶς, ὅ φασιν ἐνθάδε
ἐς τούσδε ναοὺς οὐρανοῦ πεσεῖν ἄπο·
λαβόντα δ' ἢ τέχναισιν ἢ τύχῃ τινί,
κίνδυνον ἐκπλήσαντ' Ἀθηναίων χθονὶ
δοῦναι· τὸ δ' ἐνθένδ' οὐδὲν ἐρρήθη πέρα·
καὶ ταῦτα δράσαντ' ἀμπνοὰς ἕξειν πόνων.
Ἥκω δὲ πεισθεὶς σοῖς λόγοισιν ἐνθάδε
ἄγνωστον ἐς γῆν, ἄξενον. Σὲ δ' ἱστορῶ,
Πυλάδη, σὺ γάρ μοι τοῦδε συλλήπτωρ πόνου,
τί δρῶμεν ; Ἀμφίβληστρα γὰρ τοίχων ὁρᾷς

Test. **69** Cf. Malal. V p. 136, 14 (ed. Bonn).

73 θριγκώματα Ruhnken : τριχώματα L (debebat aut uolebat τριγχώματα) ‖ **76** Pyl. continuat Reiske : Op. praef. L ‖ **86** σοι Kirchhoff : σὺ L ‖ ἔχει L : ἔχοι rec. ‖ **94** ἄξενον rec. : ἄξεινον L.

qui voulus avec moi tenter cette aventure, qu'allons-nous faire? Tu le vois bien, ces murailles sont hautes! Devons-nous monter jusqu'à ce temple? Oui, mais, si nous voulons reconnaître des lieux qui nous sont étrangers, ils nous faudra sans doute rompre avec un levier les serrures d'airain... Or, si l'on nous surprend en train d'ouvrir les portes et de forcer l'entrée, nous mourrons[1]! Plutôt fuir vers la nef qui nous a portés en ces parages!

Pylade. — Fuir? Comment y songer? Ce n'est pas notre usage! Ne blâmons pas non plus l'oracle d'Apollon. Ecartons-nous du temple, cachons-nous dans un antre, battu par les flots noirs, loin de notre navire, de peur qu'un indigène, en voyant celui-ci, ne le signale au roi, et que nous soyons pris... Mais quand brillera l'œil de la nuit ténébreuse, il faudra bien oser, et par tous les moyens ravir au temple la statue en bois poli. — Vois donc si par un vide entre deux des triglyphes, on pourrait se glisser[2]: les braves, en effet, n'ont pas peur du danger : ce ne sont que les lâches qu'on voit se dérober en toute occasion!

Oreste. — Nous n'avons point, par mer, fait cette longue route, pour repartir, sitôt que nous touchons au but. Mais tu as bien raison, je suivrai ton conseil. Cherchons une cachette qui soit un abri sûr. Il ne sera pas dit que ce fut par ma faute, si l'oracle du dieu ne s'est pas

[1] Passage difficile, qu'on a corrigé de bien des façons. Nous n'avons admis que la très légère correction de Hermann (μὴ pour ἢ au vers 99) : « Comment apprendrons-nous, *si* nous ne rompons point avec un levier les serrures d'airain, des choses dont nous ne savons rien ? » Oreste indique ainsi, très clairement la difficulté d'une reconnaissance préliminaire, absolument indispensable au succès de l'entreprise : ce qui justifie sa conclusion découragée, et la retraite immédiate qu'il propose.

[2] Texte bien connu des archéologues, depuis que Winckelmann (*Werke* I, p. 372) en a déduit qu'à l'époque la plus ancienne, la métope (μετόπη, de ὀπή, « intervalle vide ») était non une planche ou une plaque de marbre, mais un espace libre, un vide entre les poutres du toit, dont les extrémités ont donné naissance aux triglyphes. Les monuments n'ont jamais confirmé cette hypothèse, qui repose entièrement sur notre passage.

ὑψηλά· πότερα δωμάτων προσαμβάσεις
ἐκβησόμεσθα ; πῶς ἂν οὖν μάθοιμεν ἂν
μὴ χαλκότευκτα κλῇθρα λύσαντες μοχλοῖς,
ὧν οὐδὲν ἴσμεν ; Ἢν δ' ἀνοίγοντες πύλας
ληφθῶμεν ἐσβάσεις τε μηχανώμενοι,
θανούμεθ'. Ἀλλὰ πρὶν θανεῖν, νεὼς ἔπι
φεύγωμεν, ᾗπερ δεῦρ' ἐναυστολήσαμεν.

ΠΥ. Φεύγειν μὲν οὐκ ἀνεκτὸν οὐδ' εἰώθαμεν·
τὸν τοῦ θεοῦ δὲ χρησμὸν οὐ κακιστέον.
Ναοῦ δ' ἀπαλλαχθέντε κρύψωμεν δέμας
κατ' ἄντρ' ἃ πόντος νοτίδι διακλύζει μέλας,
νεὼς ἄπωθεν, μή τις εἰσιδὼν σκάφος
βασιλεῦσιν εἴπῃ κᾆτα ληφθῶμεν βίᾳ.
Ὅταν δὲ νυκτὸς ὄμμα λυγαίας μόλῃ,
τολμητέον τοι ξεστὸν ἐκ ναοῦ λαβεῖν
ἄγαλμα πάσας προσφέροντε μηχανάς.
Ὅρα δέ γ' εἴσω τριγλύφων ὅποι κενὸν
δέμας καθεῖναι· τοὺς πόνους γὰρ ἁγαθοὶ
τολμῶσι, δειλοὶ δ' εἰσὶν οὐδὲν οὐδαμοῦ.

ΟΡ. Οὔτοι μακρὸν μὲν ἤλθομεν κώπῃ πόρον,
ἐκ τερμάτων δὲ νόστον ἀροῦμεν πάλιν.
Ἀλλ' εὖ γὰρ εἶπας, πειστέον· χωρεῖν χρεὼν
ὅποι χθονὸς κρύψαντε λήσομεν δέμας.
Οὐ γὰρ τὸ τοῦδέ γ' αἴτιον γενήσεται

Test. **103** Cf. Malal. V p. 136, 16 (ed. Bonn). || **114-15** Stob. *Ecl.* 3, 29, 6 (p. 628 H.).

97 προσαμβάσεις Barnes : πρὸς ἀμβάσεις L || **98** ἐκβησόμεσθα in ras. L (ἐκ et σο) || ἂν (sic cum circumfl.) particula prior inserta in L, add. supra lineam in P || **99** μὴ Herm. : ἢ L || Omnis locus 97-100 coniecturis uexatus. Sic fere rescribunt edd. : κλιμάκων προσαμβάσεις (Kayser), λάθοιμεν ἂν (Sallier), ὧδ' οὐδὸν ἔσιμεν Badham); sed cf. adn. || **105** δὲ L : τε Kirchhoff || **106** ἀπαλλαχθέντε *l* : ἀπαλλαχθέντες L || **114** ἀγαθοί *p* : ἀγαθοί L || **115** οὐδὲν *l* : οὐθέν L || **116-7** Markland Pyl. continuare mauult || **118** χωρεῖν χρεών Scaliger : χώρει νεκρῶν L || **120** τοῦδέ γ' Weil : τοῦ θεοῦ γ' L.

accompli. Osons : pour se soustraire au devoir, un jeune homme ne peut valablement invoquer nul obstacle !

Ils s'éloignent. Le Chœur composé de jeunes esclaves grecques fait son entrée dans l'*orchestra*.

LE CHŒUR. — *Silence, ô vous voisins des écueils rapprochés de la mer Inhospitalière*[1] *!*

O fille de Léto, Dictynna-des-Montagnes[2]*, vers ton palais, vers les faîtes dorés du temple aux belles colonnades, j'accours pieusement, moi la chaste suivante de la sainte prêtresse, moi qui laissai les tours et les murs de l'Hellade, nourricière de beaux coursiers, et l'Europe aux beaux arbres*[3]*, et le séjour du palais paternel.*

Me voici. Quelle est donc la nouvelle, et quel est le souci qui t'ont fait m'appeler vers ce temple, ô fille de celui qui partit assiéger les murailles de Troie, avec l'armement glorieux aux mille nefs, aux dix mille guerriers, ô rejeton des illustres Atrides?

Iphigénie paraît vêtue de deuil, escortée de serviteurs du temple qui portent des vases à libations.

IPHIGÉNIE. — *O mes femmes, voyez, je suis comme abîmée en de tristes lamentations, en des chants que*

[1] Les deux rochers qui se joignent sont les Symplégades ou Roches Cyanées, jadis mobiles, qui se rapprochaient pour écraser les vaisseaux (Pind. Pyth. IV, 209); le passage des Argonautes les fixa pour toujours. La Symplégade d'Europe existe encore, l'asiatique a disparu. Euripide se figure la Crimée très proche de l'embouchure du Bosphore ; il semble confondre, au moins par instants, le Bosphore de Thrace et le Bosphore Cimmérien.

[2] Dictynna, déesse crétoise, est identifiée par Euripide avec Artémis Chasseresse, à cause de son nom où il trouvait le mot δίκτυον. « filet » ; cf. *Hippolyte*, 1130.

[3] Littéralement, « l'Europe aux jardins de beaux arbres ». Ces beaux arbres sont surtout l'olivier et la vigne, indices de la civilisation. Le pays des Scythes est boisé (cf. v. 219), mais ne porte que des forêts sauvages.

πεσεῖν ἄχρηστον θέσφατον· τολμητέον·
μόχθος γὰρ οὐδεὶς τοῖς νέοις σκῆψιν φέρει.

ΧΟΡΟΣ

Εὐφαμεῖτ', ὦ
πόντου δισσὰς συγχωρούσας
πέτρας Ἀξείνου ναίοντες.

Ὦ παῖ τᾶς Λατοῦς,
Δίκτυνν' οὐρεία,
πρὸς σὰν αὐλάν, εὐστύλων
ναῶν χρυσήρεις θριγκούς,
πόδα παρθένιον ὅσιον ὁσίας
κληδούχου δούλα πέμπω,
Ἑλλάδος εὐίππου πύργους
καὶ τείχη, χόρτων τ' εὐδένδρων
ἐξαλλάξασ' Εὐρώπαν,
πατρῴων οἴκων ἕδρας.

Ἔμολον· τί νέον ; τίνα φροντίδ' ἔχεις ;
τί με πρὸς ναοὺς ἄγαγες ἄγαγες,
ὦ παῖ τοῦ τᾶς Τροίας πύργους
ἐλθόντος κλεινᾷ σὺν κώπᾳ
χιλιοναύτᾳ μυριοτευχεῖ,
⟨τέκος⟩ Ἀτρειδᾶν τῶν κλεινῶν ;

ΙΦ. Ἰὼ δμωαί,
δυσθρηνήτοις ὡς θρήνοις
ἔγκειμαι, τᾶς οὐκ εὐμούσου

123 XO. Tyrwhitt : Iphig. nota in L || εὐφαμεῖτ' *l* : εὐφαμεῖτε L || **125** Ἀξείνου Markland : εὐξείνου L || **132** τᾶς εὐίππου L (τᾶς del. *p*) || **137** XO praef. L || **138** ἄγαγες ἄγαγες suprascr. L : ἄγες ἄγες in textu L || **141** χιλιοναύτᾳ rec. : χιλιοναύτα L || μυριοτευχεῖ Barnes ⟨τέκος⟩ addidi : μυριοτεύχοις L (monstrum ut censeo per haplographiam ortum e confusis τευχεῖ et τέκος) || **143** ἰὼ Herm. : ὦ L.

réprouvent les Muses, en des plaintes sans lyre[1]*, hélas, en des gémissements funèbres! Tant sont grands les malheurs qui m'accablent! Car je pleure la mort de mon frère. Telle est la vision que j'ai eue en mon rêve, dans la nuit dont s'enfuient lcs ténèbres. Je succombe et j'expire! La maison paternelle n'est plus! O malheur! car ma race a péri! Hélas! hélas! sur les peines d'Argos! O destin, ô destin qui me prends mon seul frère, et l'envoie dans l'Hadès... C'est pour lui que je vais répandre ces offrandes, répandre sur la terre le cratère des morts, et le lait qui jaillit des génisses des monts, les rouges libations bachiques, et le travail des fauves abeilles, consolations que la coutume réserve aux morts*[2]*... Mais remets dans mes mains la coupe d'or, la libation d'Hadès*[3]*.*

O toi qui es sous terre, rejet d'Agamemnon, je t'adresse ceci comme offrande à un mort. Accepte donc, car sur ta tombe, je ne pourrai porter ma chevelures blonde[4]*, je ne pourrai porter mes pleurs. Car, je fus reléguée bien loin de ta patrie et de la mienne, où je passe, ô malheureuse, pour être morte égorgée...*

LE CHŒUR. — *J'entonnerai des chants pour répondre*[5] *à tes*

[1] Expression qui revient souvent. La lyre accompagne les chants d'allégresse, et particulièrement le péan d'Apollon. Elle ne convient pas au thrène des funérailles.

[2] Les libations destinées aux morts comprennent, chez Homère, un mélange de lait et de miel (le μελίκρητον). le vin et l'eau (*Odyssée*, X, 518). Eschyle, dans les *Perses*, 607 sqq., parle de laît, de miel, d'eau, de vin, d'huile, et de couronnes de fleurs.

[3] On peut inférer de ce passage qu'Iphigénie est accompagnée de serviteurs, distincts des choreutes, qui portent les différentes libations : le cratère d'or qui contient l'eau et les vases plus petits où sont le lait, le miel et le vin (d'après Koechly).

[4] L'offrande de la chevelure ou tout au moins d'une boucle ou d'une tresse, est le rite funéraire le plus caractéristique. On sait le rôle de cette offrande dans l'intrigue des Choéphores.

[5] Ἀντιψάλμους. Il ne faut pas tirer de cette expression la conclu-

μολπᾶς [βοᾶν] ἀλύροις ἐλέγοις,
ἒ ἒ, ἐν κηδείοις οἴκτοις,
οἷαι μοι συμβαίνουσ' ἆται,
σύγγονον ἁμὸν κατακλαιομένᾳ
ζωᾶς, οἵαν ⟨οἵαν⟩ ἰδόμαν
ὄψιν ὀνείρων
νυκτός, τᾶς ἐξῆλθ' ὄρφνα.
Ὀλόμαν ὀλόμαν·
οὐκ εἴσ' οἶκοι πατρῷοι·
οἴμοι ⟨μοι⟩ φροῦδος γέννα.
Φεῦ φεῦ τῶν Ἄργει μόχθων.
Ἰὼ ἰὼ δαίμων, ὃς τὸν
μοῦνόν με κασίγνητον συλᾷς
Ἅιδᾳ πέμψας, ᾧ τάσδε χοὰς
μέλλω κρατῆρά τε τὸν φθιμένων
ὑδραίνειν γαίας ἐν νώτοις,
πηγάς τ' οὐρείων ἐκ μόσχων
Βάκχου τ' οἰνηρὰς λοιβὰς
ξουθᾶν τε πόνημα μελισσᾶν,
ἃ νεκροῖς θελκτήρια κεῖται.
Ἀλλ' ἔνδος μοι πάγχρυσον
τεῦχος καὶ λοιβὰν Ἅιδα.
Ὦ κατὰ γαίας Ἀγαμεμνόνιον
θάλος, ὡς φθιμένῳ τάδε σοι πέμπω,
δέξαι δ'· οὐ γὰρ πρὸς τύμβον σοι
ξανθὰν χαίταν, οὐ δάκρυ' οἴσω.
Τηλόσε γὰρ δὴ σᾶς ἀπενάσθην

146 βοᾶν L : secl. Elmsley || 147 ἒ, ἒ, ἐν L : αἰαῖ αἰαῖ Murray | 148 οἷαι Badham : αἳ L || 150 ⟨οἵαν⟩ Herm. (Bothe ὀνείρων delet) || ἰδόμαν *l* : εἰδόμαν L || 152 ὠλόμαν ὠλόμαν L || 154 ⟨μοι⟩ Herm. || 156-7 ἰὼ ἰὼ δαίμων ὃς τὸν μοῦνόν με Heath : ἰὼ δαῖμον ὃς τὸν μόνον με L || 159 ὧ τάσδε L || 166 κεῖται primitus L : κεῖτ' L correctus || 169 Ἅιδα rec. : ἀΐδα L || 170 ἀγαμεμνόνειον L || 172 πρὸς τύμβον Heath : πάρος τύμβου L || 175 τηλόθι ut uidetur Π.

chants. Je répondrai à ma maîtresse par le barbare écho d'hymnes asiatiques... Je chanterai le cantique des morts, que fait vibrer Hadès — bien distinct des péans[1]*... Hélas! hélas! ô palais des Atrides, la lumière du sceptre s'éteint, et l'éclat du palais paternel, et le pouvoir des heureux rois d'Argos. Car voici que fondent sur eux les assauts répétés du malheur, pour le détournement des cavales ailées*[2]*... Voici que le soleil a changé sa carrière, déplacé l'œil sacré du jour*[3]*...*

Bref, coup sur coup, pour l'agneau d'or, ce fut meurtre après meurtre, et douleur sur douleur. Dès lors, pour la rançon des Tantalides que l'on tua jadis, la maison est frappée. Le Destin met un zèle atroce à s'acharner contre toi.

sion que la construction de ce chant alterné de la scène et de l'orchestre soit antistrophique.

[1] Les choreutes sont des Grecques, mais la mode des lamentations funèbres était d'origine barbare. Les rhythmes, la mélodie, les cris qui marquaient ces lamentations gardaient la trace de cette origine: cf. le passage classique des *Choéphores* (411). Le nom même de plusieurs chants de deuil est emprunté, semble-t-il, aux langues de l'Asie. L'opposition entre le thrène et le péan est pour ainsi dire de style.

[2] Le texte de tout ce passage est incertain. On a cru souvent qu'il était défiguré par des lacunes considérables. Il n'est pas nécessaire d'admettre des altérations aussi graves. Les cavales ailées sont celles du Soleil; comme dans le chœur de l'*Électre* (v. note 3) c'est ce « détournement », non la mort de Myrtilos (cf. *Oreste*, 995), qui est ici l'origine des malheurs de la maison.

[3] La signification primitive de ce changement de la course du soleil est probablement celle d'un signe accordé par Zeus à Atrée pour confirmer la légitimité de ce prince, lorsque la possession de l'Agneau d'or, marque de la souveraineté, lui fut contestée par Thyeste. Voilà pourquoi les jeunes filles de la maison d'Atrée pouvaient représenter cet épisode sur leurs toiles (cf. plus loin, vers 816). Mais on le mettait aussi en rapport avec l'adultère de Thyeste. Euripide affectionnait cette légende; au moment où il composait ce thrène, il avait sans doute déjà écrit, pour l'*Electre*, le chœur où elle est racontée tout au long (*Electre*, 698 sqq.) : cf. la note de M. Parmentier. Il y a, entre les deux morceaux, des coïncidences littérales.

πατρίδος καὶ ἐμᾶς, ἔνθα δοκήμασι
κεῖμαι σφαχθεῖσ' ἁ τλάμων.

ΧΟ. Ἀντιψάλμους ᾠδὰς ὕμνων τ'
Ἀσιητᾶν σοι βάρβαρον ἀχὰν
δεσποίνᾳ γ' ἐξαυδάσω,
τὰν ἐν θρήνοισιν μοῦσαν,
νέκυσι μελομέναν τὰν ἐν μολπαῖς
Ἅιδας ὑμνεῖ δίχα παιάνων.
Οἴμοι, τῶν Ἀτρειδᾶν οἴκων
ἔρρει φῶς σκήπτρων, οἴμοι,
πατρῴων οἴκων ἀκτίς,
καὶ τῶν εὐόλβων Ἄργει
βασιλέων ἀρχά,
μόχθος δ' ἐκ μόχθων ᾄσσει
δινευούσαις ἵπποις πταναῖς·
ἀλλάξας δ' ἐξ ἕδρας ⟨ἤλασεν⟩
ἱερᾶς ὄμμ' αὐγᾶς
Ἅλιος. Ἄλλαις δ' ἄλλα προσέβα
χρυσέας ἀρνὸς μελάθροις ὀδύνα,
φόνος ἐπὶ φόνῳ, ἄχεά τ' ἄχεσιν·
ἔνθεν τῶν πρόσθεν δμαθέντων
Τανταλιδᾶν ἐκβαίνει ποινά γ'
εἰς οἴκους· σπεύδει δ' ἀσπούδαστ'
ἐπὶ σοὶ δαίμων.

176 καὶ ἐμᾶς rec. : κἐμᾶς L || δοκήμασι Porson : δοκίμα L || 177 σφαχθεῖσ' ἁ Markland : σφαχθεῖσα L || 179 ὕμνων τ' Ἀσιητᾶν Bothe : ὕμνον τ' Ἀσιήταν L et Π || 180 ἀχὰν Nauck : ἰαχὰν L || 181 δεσποίνᾳ γ' rec. : δέσποινά γ' L || 182 θρήνοισιν L : θρήνοις Π || 184 νέκυσι primitus L : νέκυσιν L corr. || μελομέναν Markland : μέλεον L || 186 ΙΦ praef. L : deleuit Herm. || 188-9 ἀκτίς, καὶ scripsi : τίν' ἐκ inuitis numeris et absurde L || 191 μοχθων δε εγ μ dubie Π || 191 ᾄσσει rec. : ἀΐσσει L || 192 ἵπποις primitus L : ἵπποισιν L^c || 193 ἐξ ἕδρας Seidler : ἐξέδρασ' L || 193-4 ⟨ἤλασεν⟩ suppleui (cf. ἀλλάξας, ἅλιος, ἄλλοις, ἄλλα) || 194 ἱερᾶς Markland : ἱερὸν L || 195 ἄλλαις Seidler : ἄλλοις L || 196 ἄχεά ⟨τ'⟩ ἄχεσιν Barnes.

IPHIGÉNIE. — *Malheureux fut mon sort, et depuis l'origine, dès la ceinture de ma mère; oui, depuis cette nuit funeste.. Dès l'origine, les Parques, déesses de la naissance, ont durement serré la trame de ma pauvre jeunesse... Première fleur éclose au palais de ma mère, la pauvre fille de Léda ne m'avait donc enfantée et nourrie que pour être immolée par l'égarement paternel, que pour tomber, en victime vouée, dans un sacrifice sans joie!...*

Sur un char on m'a menée vers la sablonneuse Aulis, en fiancée, hélas! — ô tristes fiançailles — du fils de la Néréide. Hélas! et maintenant j'habite ce séjour entouré des sauvages forêts de la mer Inhospitalière[1], *sans époux, sans enfants,* 208 *sans patrie, sans amis, exilée par mes noces du pays des Hellènes*[2]*!*

Au lieu de chanter Héra l'Argienne, au lieu de dessiner sur la toile sonore, avec ma navette, en couleurs chatoyantes, l'image de Pallas d'Athènes et des Titans, hélas! ici, j'écris avec du sang les malheurs, sinistres à chanter, d'étrangers gémissant de lamentables plaintes, versant de pitoyables pleurs.

Mais ce n'est pas à eux que je pense aujourd'hui... Je

[1] V. 218. Ce passage est l'un de ceux où la forme primitive de nom de la mer Noire, Ἄξενος (ou Ἄξεινος) πόντος s'est conservée. En général, par antiphrase, Ἄξεινος a été changé en Εὔξεινος; et les copistes ont même introduit, contre toute vraisemblance, la forme *euphémique* dans plusieurs endroits de la pièce. On sait aujourd'hui que Ἄξεινος est à l'origine une simple transcription du mot iranien qui signifie κυανοῦς, noir ou bleu-sombre (aχshaêna). Cf. Boisacq, *Revue belge de Philologie et d'Histoire*, III (1924), p. 315 sqq.

[2] Le vers 208, comme le proposait déjà Scaliger, doit se placer après le vers 220. Il y a *hiatus* entre θεαὶ du v. 207 et ἃ du v. 208. De plus, les mots ἃ μναστευθεῖσ' ἐξ Ἑλλάνων ne signifient pas, comme on l'a cru : « moi qui fus demandée en mariage par les Hellènes » mais bien « moi que ma demande en mariage a fait sortir du pays des Hellènes ». En effet, le voyage entrepris par Iphigénie pour rejoindre son fiancé ne s'est terminé qu'ue Tauride.

ΙΦ. Ἐξ ἀρχᾶς μοι δυσδαίμων
δαίμων τᾶς ματρὸς ζώνας
καὶ νυκτὸς κείνας· ἐξ ἀρχᾶς
λόχιαι στερρὰν παιδείαν
Μοῖραι ξυντείνουσιν θεαί,
τὰν πρωτόγονον θάλος ἐν θαλάμοις
Λήδας ἁ τλάμων κούρα
σφάγιον πατρῴᾳ λώβᾳ
καὶ θῦμ' οὐκ εὐγάθητον
ἔτεκεν ἔτρεφεν εὐκταίαν·
ἱππείοις δ' ἐν δίφροισιν
ψαμάθων Αὐλίδος ἐπέβασαν
νύμφαν, οἴμοι, δύσνυμφον
τῷ τᾶς Νηρέως κούρας, αἰαῖ.
Νῦν δ' Ἀξείνου πόντου ξείνα
δυσχόρτους οἴκους ναίω,
ἄγαμος ἄτεκνος, ἄπολις ἄφιλος,
ἁ μναστευθεῖσ' ἐξ Ἑλλάνων, 208
οὐ τὰν Ἄργει μέλπουσ' Ἥραν
οὐδ' ἱστοῖς ἐν καλλιφθόγγοις
κερκίδι Παλλάδος Ἀτθίδος εἰκὼ
⟨καὶ⟩ Τιτάνων ποικίλλουσ', ἀλλ'
αἱμόρραντον δυσφόρμιγγα
ξείνων αἱμάσσουσ' ἄταν [βωμούς],
οἰκτράν τ' αἰαζόντων αὐδάν,
οἰκτρόν τ' ἐκβαλλόντων δάκρυον.

203 ⟨Ἰφ.⟩ Bothe || ἐξ ἀρχᾶς rec. : ἐξαρχᾶς corr. in L, ἐξορχᾶς L || 204 personae nota erasa in L) || 206 λόχιαι Herm. : λοχείαν L || 207 ξυντείνουσιν rec. : συντείνουσι L || V. 208 post 220 traiecit Scaliger || 209 τὰν Elmsley : ἂν L || θάλος P : θάλλος L || 213 uarie mutatur : lectio ualde dubia || 214 ἱππείοις ⟨δ'⟩ Monk : ἱππείοισιν L || 216 νύμφαν Scaliger : νύμφαιον L || 217 Post κούρας quattuor lit. erasae in L || Post 220 Scaliger traiecit u. 208 ; cf. adn. || 224 ⟨καὶ⟩ add. Tyrwhitt || 226 βωμοὺς seclusit Matthiae || 227-8 αὐδὰν οἰκτρόν τ' Tyrwhitt : οὐδ' ἄνοικτρόν τ' L.

pleure mon frère qui mourut dans Argos, et que j'avais laissé enfant à la mamelle, jeune encore, tendre encore, dans les bras de ma mère, Oreste, souverain d'Argos!

La Coryphée. — Mais voici, de la côte marine, à présent, que nous vient un bouvier, apportant des nouvelles.

Un bouvier entre par la droite.

Le Bouvier. — Fille d'Agamemnon, enfant de Clytemnestre, apprends donc de ma bouche un message nouveau.

Iphigénie. — Qu'y a-t-il ? et pourquoi vient-on troubler ma plainte ?

Le Bouvier. — Sauvés avec leur nef des sombres Symplégades, deux jeunes gens sont arrivés dans ce pays, sacrifice agréable et victimes propices pour Artémis, notre déesse. Et hâte-toi de préparer l'eau sainte et l'appareil votif.

Iphigénie. — D'où sont-ils ? Et comment s'appelle leur pays ?

Le Bouvier. — Ils sont Grecs. Je ne sais que cela, rien de plus.

Iphigénie. — Tu ne peux m'indiquer le nom de ces deux hommes ?

Le Bouvier. — L'un d'eux, par son ami, était nommé Pylade[1].

Iphigénie. — Et comment s'appelait l'autre, son compagnon ?

Le Bouvier. — Nul ne sait; nous n'avons pas entendu son nom.

Iphigénie. — Comment les avez-vous rejoints et capturés?

[1] Ce nom, grâce à la précaution prise par le poète (vers 59-60), ne pouvait rien dire à Iphigénie. D'autre part, grâce à cette indication, les spectateurs savaient qu'il s'agissait bien des deux amis, et prenaient un intérêt d'autant plus vif au récit du messager. Il fallait que, dans un morceau aussi travaillé, rien ne fût perdu pour le public.

Καὶ νῦν κείνων μέν μοι λάθα,
τὸν δ' Ἄργει δμαθέντα κλαίω
σύγγονον, ὃν ἔλιπον ἐπιμαστίδιον
ἔτι βρέφος, ἔτι νέον, ἔτι θάλος
ἐν χερσὶν ματρὸς πρὸς στέρνοις τ'
Ἄργει σκηπτοῦχον Ὀρέσταν.

ΧΟ. Καὶ μὴν ὅδ' ἀκτὰς ἐκλιπὼν θαλασσίους
βουφορβὸς ἥκει, σημανῶν τί σοι νέον.

ΒΟΥΚΟΛΟΣ

Ἀγαμέμνονός τε καὶ Κλυταιμνήστρας τέκνον,
ἄκουε καινῶν ἐξ ἐμοῦ κηρυγμάτων.

ΙΦ. Τί δ' ἔστι τοῦ παρόντος ἐκπλῆσσον λόγου ;

ΒΟΥ. Ἥκουσιν ἐς γῆν, κυανέαν Συμπληγάδα
πλάτῃ φυγόντες, δίπτυχοι νεανίαι,
θεᾷ φίλον πρόσφαγμα καὶ θυτήριον
Ἀρτέμιδι. Χέρνιβας δὲ καὶ κατάργματα
οὐκ ἂν φθάνοις ἂν εὐτρεπῆ ποιουμένη.

ΙΦ. Ποδαποί ; τίνος γῆς ὄνομ' ἔχουσιν οἱ ξένοι ;

ΒΟΥ. Ἕλληνες· ἓν τοῦτ' οἶδα κοὐ περαιτέρω.

ΙΦ. Οὐδ' ὄνομ' ἀκούσας οἶσθα τῶν ξένων φράσαι ;

ΒΟΥ. Πυλάδης ἐκλῄζεθ' ἅτερος πρὸς θατέρου.

ΙΦ. Τοῦ ξυζύγου δὲ τοῦ ξένου τί τοὔνομ' ἦν ;

ΒΟΥ. Οὐδεὶς τόδ' οἶδεν· οὐ γὰρ εἰσηκούσαμεν.

ΙΦ. Πῶς δ' εἴδετ' αὐτοὺς κἀντυχόντες εἵλετε ;

ΒΟΥ. Ἄκραις ἐπὶ ῥηγμῖσιν ἀξένου πόρου.

Test. 253 Plutarch. *Mor.* p. 602[a].

230 δμαθέντα κλαίω L : δμαθέντ' ἀγκλαίω Weil || 234 χερσὶ et στέρνοισι L || 237 σημανῶν rec. : σημαίνων L || 238 τε Reiske : παῖ L || 241 κυανέαν συμπληγάδα L : κυανέας Συμπληγάδας Bentley || 246 ὄνομα L et Π : σχῆμα Monk, fort. recte. || 248-56 lineolae in L || 252 πῶς L : ποῦ Musgrave || κἀντυχόντες Π et Reiske : καὶ τυχόντες L || ἄκραις Plut. · ἀκταῖς L || ἀξένου L : εὐξείνου πόντου Plut., εὐξε[Π.

LE BOUVIER. — Tout au bord de la mer funeste au étrangers...

IPHIGÉNIE. — Mais qu'ont donc de commun les bouvier et la mer[1] ?

LE BOUVIER. — Nous y étions allés pour y baigner no bœufs.

IPHIGÉNIE. — C'est bien ! Raconte-moi comment vou réussîtes à vous en rendre maîtres, et par quel strata gème. C'est ce qui m'intéresse. Ils se sont fait attendre ces Grecs : voilà longtemps que l'autel d'Artémis ne s'étai plus rougi du sang de cette race.

LE BOUVIER. — Nous faisions donc entrer nos sylvestre troupeaux dans la mer qui débouche entre les Symplé gades. Or, là-bas est un roc, où la houle a creusé un excavation, une grotte profonde : et les pêcheurs d pourpre[2] y trouvent un abri. Un bouvier, l'un des nôtres y vit deux jeunes gens ; puis, revenant vers nous sur l pointe des pieds, il nous dit : « Regardez : ce sont de dieux, bien sûr, qu'on voit assis là-bas ». Et l'un d nous, alors, homme pieux, leva les mains, priant ainsi :

« O fils de Leucothée-la-marine, Sauveur des nefs ô monseigneur Palémon, sois propice ! Ou peut-être est ce vous qui siégez sur ces bords, Dioscures, ou vous beaux enfants de Nérée, qui enfanta le chœur illustr des cinquante Néréides ». — Sur quoi, un autre, u libertin, qui devait son audace à son impiété, rit d cette oraison, et soutint que c'étaient des marins naufra gés qui, dans cette caverne, s'étaient blottis, par peu des lois de ce pays, sachant que l'on égorge ici le

[1] Il eût été plus naturel que l'auteur du récit fût un de ces pêcheur de pourpre dont il est parlé au vers 263. Mais Euripide voulai préparer l'épisode pittoresque du massacre des troupeaux — souve nir des fureurs d'Ajax — et le tableau final de la mer teinte de san (cf. Ovide, *Metam.*, XI, 352). La question d'Iphigénie et la répons du bouvier réfutent d'avance une critique facile.

[2] Pollux (I, 47) décrit la pêche de la pourpre. On laissait descendr dans les endroits rocheux des lignes de fond garnies de nasses

ΙΦ. Καὶ τίς θαλάσσης βουκόλοις κοινωνία ;
ΒΟΥ. Βοῦς ἤλθομεν νίψοντες ἐναλίᾳ δρόσῳ.
ΙΦ. Ἐκεῖσε δὴ 'πάνελθε, πῶς νιν εἵλετε
τρόπῳ θ' ὁποίῳ· τοῦτο γὰρ μαθεῖν θέλω.
Χρόνιοι γὰρ ἥκουσ', οὐδέπω βωμὸς θεᾶς
Ἑλληνικαῖσιν ἐξεφοινίχθη ῥοαῖς.
ΒΟΥ. Ἐπεὶ τὸν ἐσρέοντα διὰ Συμπληγάδων
βοῦς ὑλοφορβοὺς πόντον εἰσεβάλλομεν,
ἦν τις διαρρὼξ κυμάτων πολλῷ σάλῳ
κοιλωπὸς ἀγμός, πορφυρευτικαὶ στέγαι.
Ἐνταῦθα δισσοὺς εἶδέ τις νεανίας
βουφορβὸς ἡμῶν, κἀπεχώρησεν πάλιν
ἄκροισι δακτύλοισι πορθμεύων ἴχνος,
ἔλεξε δ'· « Οὐχ ὁρᾶτε ; δαίμονές τινες
θάσσουσιν οἵδε ». Θεοσεβὴς δ' ἡμῶν τις ὢν
ἀνέσχε χεῖρα καὶ προσηύξατ' εἰσιδών·
« Ὦ ποντίας παῖ Λευκοθέας, νεῶν φύλαξ,
δέσποτα Παλαῖμον, ἵλεως ἡμῖν γενοῦ,
εἴτ' οὖν ἐπ' ἀκταῖς θάσσετον Διοσκόρω,
ἢ Νηρέως ἀγάλμαθ', ὃς τὸν εὐγενῆ
ἔτικτε πεντήκοντα Νηρῄδων χορόν ».
Ἄλλος δέ τις μάταιος, ἀνομίᾳ θρασύς,
ἐγέλασεν εὐχαῖς, ναυτίλους δ' ἐφθαρμένους
θάσσειν φάραγγ' ἔφασκε τοῦ νόμου φόβῳ,
κλύοντας ὡς θύοιμεν ἐνθάδε ξένους.
Ἔδοξε δ' ἡμῶν εὖ λέγειν τοῖς πλείοσι,
θηρᾶν τε τῇ θεῷ σφάγια τἀπιχώρια.

256 πῶς L : ποῦ Badham || 258-9 uarie tentati, nil mutandum ; οὐδέπω non absolute intellegendum est, nec dicit poeta, Iphigeniam Graecas hostias nondum vel nunquam sacrificasse : cf. ad. v. 347 || 258 ἥκουσ' rec. : ἥκουσιν L || 260 ἐκρέοντα Elmsley || 265 κἀπεχώρησεν L : κἀνεχώρησεν Blomfield || 268 ὢν in mg cod. L a correctore additum (habet P).

étrangers. La plupart d'entre nous approuvèrent son dire[1]. Nous résolûmes donc de traquer et de prendre pour l'autel d'Artémis ces victimes humaines, que la loi du pays veut qu'on lui sacrifie. Là-dessus, l'un des deux étrangers abandonne la caverne, se lève, et, secouant la tête pousse un gémissement, tandis que ses mains tremblent. Agité des Furies, il crie comme un chasseur : « Pylade, la vois-tu, celle-ci ? Et cette autre ? Ne vois-tu pas comment elle veut me tuer, la vipère d'Hadès, qui s'arme contre moi de terribles serpents ? Et celle dont les voiles soufflent flammes et meurtre, et qui, à tire-d'ailes, vient vers moi, apportant entre ses bras ma mère — tout un bloc de rocher, pour le jeter sur moi. Elle va m'écraser, malheur ! Où m'enfuirai-je ? » Nous le voyions changer sans cesse d'attitude[2] [suivant les visions qu'annonçaient ses discours. Comme il se rapprochait de nous, il remarqua les beuglements des bœufs, les aboiements des chiens] et jura que ces cris étaient ceux des Furies, lesquelles imitaient la voix des animaux. Nous donc, pelotonnés silencieusement, nous attendions la mort. Lui, tirant son épée, bondit, comme un lion, au milieu des génisses qu'il frappe aux flancs, poussant son glaive entre leurs côtes, s'imaginant combattre ainsi les Erinyes. Aussi, bientôt la mer parut teinte de sang... Or donc, chacun de nous, sitôt qu'il aperçut le carnage et le sac de nos troupeaux, s'arma, et souffla dans des conques, pour appeler à l'aide tous les gens d'alentour : nous ne nous jugions point, nous bouviers, assez forts pour engager la lutte contre des jeunes gens au corps bien

[1] Les gens simples croyaient aisément voir des dieux : les Lycaoniens prennent encore l'apôtre Barnabé pour Zeus, et Paul pour Hermès « parce qu'il portait la parole » (*Actes des apôtres*, XIV, 11). Au reste la scène ressemble à celle des *Bacchantes* (712). « L'esprit fort (dit Weil), qui ne veut pas croire à une théophanie finit par avoir raison ».

[2] Texte douteux. On corrige le plus souvent, au v. 292, ταὐτὰ en ταῦτα, ce qui donne ce sens : « mais l'on ne pouvait voir ces figures... », c'est-à-dire que les visions d'Oreste ne correspondaient à

Κἀν τῷδε πέτραν ἅτερος λιπὼν ξένοιν
ἔστη κάρα τε διετίναξ' ἄνω κάτω
κἀπεστέναξεν ὠλένας τρέμων ἄκρας,
μανίαις ἀλαίνων, καὶ βοᾷ κυναγὸς ὥς·
« Πυλάδη, δέδορκας τήνδε ; Τήνδε δ' οὐχ ὁρᾷς
Ἅιδου δράκαιναν, ὥς με βούλεται κτανεῖν
δειναῖς ἐχίδναις εἰς ἔμ' ἐστομωμένη ;
Ἡ δ' ἐκ χιτώνων πῦρ πνέουσα καὶ φόνον
πτεροῖς ἐρέσσει, μητέρ' ἀγκάλαις ἐμὴν
ἔχουσα, πέτρινον ὄχθον, ὡς ἐπεμβάλῃ.
Οἴμοι κτενεῖ με· ποῖ φύγω ; » Παρῆν δ' ὁρᾶν
οὐ ταὐτὰ μορφῆς σχήματ' ἀλλ' ἠλλάσσετο,
. . . .
φθογγάς τε μόσχων καὶ κυνῶν ὑλάγματα,
ἃ 'φασκ' Ἐρινῦς ἱέναι μιμήματα.
Ἡμεῖς δὲ συσταλέντες, ὡς θανούμενοι
σιγῇ καθήμεθ'· ὁ δὲ χερὶ σπάσας ξίφος,
μόσχους ὀρούσας ἐς μέσας λέων ὅπως,
παίει σιδήρῳ λαγόνας ἐς πλευρὰς ἱείς,
δοκῶν Ἐρινῦς θεὰς ἀμύνεσθαι τάδε,
ὡς αἱματηρὸν πέλαγος ἐξανθεῖν ἁλός.
Κἀν τῷδε πᾶς τις, ὡς ὁρᾷ βουφόρβια
πίπτοντα καὶ πορθούμεν', ἐξωπλίζετο,
κόχλους τε φυσῶν συλλέγων τ' ἐγχωρίους·
πρὸς εὐτραφεῖς γὰρ καὶ νεανίας ξένους
φαύλους μάχεσθαι βουκόλους ἡγούμεθα.

Test. 289-90 (μητέρ' ἔχουσα) Plutarch. *Mor.* 1123b || 291 (οἴμοι... φύγω) Pseudo-Longin 15, *Subl.* (Hammer, p. 132).

281 ξένοιν Brodeau : ξένην L || 283 κἀπεστέναξεν L : κἀνεστέναξεν Monk || 291 κτενεῖ *p* : κτείνει L || 292 ταὐτὰ L : ταῦτα Markland || Lacunam post 292 statuit Bruhn; cf. adn. || 294 ἃ 'φασκ' Badham : ἃς φᾶσ' L || 295 θανούμενοι (suprascr. μβ super αν in L) || 296 χερὶ σπάσας Pierson : περισπάσας L || 298 πλευράς L : πλευράς ⟨θ'⟩ Reiske || 300 ὡς L : ὥσθ' Markland.

exercé. En peu de temps, nous étions foule. Or, l'étranger, l'accès passé, s'affaisse à terre; de sa barbe, l'écume dégouttait. Sitôt que nous le vîmes tomber, fort à propos, chacun ne pensa plus qu'à lancer et frapper. Alors, son compagnon se mit à essuyer la bave du malade, à lui donner des soins, et à le protéger, le couvrant d'un manteau au solide tissu, attentif à parer les coups qui l'assaillaient, bref, prodiguant son dévouement à son ami. Celui-ci, reprenant ses sens, d'un bond se lève, et voit la vague hostile accourir contre lui. Il voit la catastrophe imminente, et gémit; nous autres, sans répit, nous leur lancions des pierres et nous les harcelions de toutes parts. Alors retentit cet appel qui nous fit tous frémir : « Pylade, nous mourrons; mais essayons au moins de tomber avec gloire. Dégaine, et suis-moi donc ! »

A l'aspect des deux glaives nus, on lâcha pied. Les vallons et les bois s'emplirent de fuyards[1]. Mais, si les uns fuyaient, de nouveaux agresseurs faisaient pleuvoir les pierres; et, ceux ci repoussés, ceux qui tantôt cédaient revenaient à la charge. O miracle! Tandis que des milliers de mains lançaient des projectiles, aucun ne réussit même à toucher les victimes de la déesse. On les eut à grand'peine, et non de haute lutte. Cernés de toute parts, ils laissèrent

aucune réalité. La réflexion serait par trop naïve; et la vérité de la leçon ταύτά nous paraît garantie par ἠλλάσσετο qui suit. Le bouvier veut dire qu'Oreste prend des attitudes diverses, suivant qu'il se croit menacé par l'un ou l'autre des périls qui se succèdent dans les visions de son délire; mais si l'on comprend ainsi le vers 292, il faut, avec Bruhn, admettre ensuite une lacune (cf. notre traduction). Les éditeurs qui lisent ταῦτα, et n'admettent pas de lacune, doivent traduire ἠλλάσσετο « il confondait »; ce sens n'est pas attesté et entraîne au moins une nouvelle correction assez grave, au vers 293 : μυκήματα pour μιμήματα: « il confondait les beuglements et les aboiements avec les hurlements que, dit-on, (ἅ φασ') poussent les Furies ». De toutes manières le début du v. 294 est altéré.

[1] Ce récit paraît imité de celui qu'Euripide avait placé dans sa *Mélanippe* Δεσμῶτις (cf. le nouveau fragment dans v. Arnim, *Supplementum Euripideum*, p. 29 sqq. et surtout 31).

Πολλοὶ δ' ἐπληρώθημεν οὐ μακρῷ χρόνῳ.
Πίπτει δὲ μανίας πίτυλον ὁ ξένος μεθεὶς
στάζων ἀφρῷ γένειον· ὡς δ' ἐσείδομεν
προὔργου πεσόντα, πᾶς ἀνὴρ ἔσχεν πόνον
βάλλων ἀράσσων· ἅτερος δὲ τοῖν ξένοιν
ἀφρόν τ' ἀπέψη σώματός τ' ἐτημέλει
πέπλων τε προυκάλυπτεν εὐπήνους ὑφάς,
καραδοκῶν μὲν τἀπιόντα τραύματα,
φίλον δὲ θεραπείαισιν ἄνδρ' εὐεργετῶν.
Ἔμφρων δ' ἀνᾴξας ὁ ξένος πεσήματος
ἔγνω κλύδωνα πολεμίων προσκείμενον
καὶ τὴν παροῦσαν συμφορὰν αὐτοῖν πέλας,
ᾤμωξέ θ'· ἡμεῖς δ' οὐκ ἀνίεμεν πέτρους
βάλλοντες, ἄλλος ἄλλοθεν προσκείμενοι.
Οὗ δὴ τὸ δεινὸν παρακέλευσμ' ἠκούσαμεν·
« Πυλάδη, θανούμεθ', ἀλλ' ὅπως θανούμεθα
κάλλισθ'· ἕπου μοι, φάσγανον σπάσας χερί ».
Ὡς δ' εἴδομεν δίπαλτα πολεμίων ξίφη,
φυγῇ λεπαίας ἐξεπίμπλαμεν νάπας.
Ἀλλ' εἰ φύγοι τις, ἅτεροι προσκείμενοι
ἔβαλλον αὐτούς· εἰ δὲ τούσδ' ὠσαίατο,
αὖθις τὸ νῦν ὑπεῖκον ἤρασσον πέτροις.
Ἀλλ' ἦν ἄπιστον· μυρίων γὰρ ἐκ χερῶν
οὐδεὶς τὰ τῆς θεοῦ θύματ' ηὐτύχει βαλών.
Μόλις δέ νιν τόλμῃ μὲν οὐ χειρούμεθα,

Test. **311-312** Lucian. *Amores*, 450 (Jacobitz, II, p. 233) || **311** ἀπέψα· ἀπέμασσεν Hesychius I p. 239.

306 οὐ μακρῷ Nauck : (ἐν μακρῷ L ἐν μικρῷ *l*) || **311** ἀπέψη Elmsley : ἀπέψα L et Lucianus || **312** πέπλων L : πέπλου Luc. || εὐπήνους L : εὐπήκτους *p* et codd. aliquot Luciani, εὐπήκτοις ὑφαῖς codd. alii Luciani, et Musurus || **315** ἀνᾴξας rec. : ἀναΐξας L || **316** ἔγνω Scaliger: ἔγνωκε L || **317** « αὐτοῖν in αὐτοῖς mutare uoluisse uidetur *l* » Wecklein || **318** πέτρους suprascr. οι L || **327** αὖτις *l* (αὖ in ras.) : οὖτις P et L ut uidetur || ἤρασσον L : ἤρασσεν Musurus, fort. recte || **329** ηὐτύχει rec. : εὐτύχει L.

glisser de leurs mains leurs épées sous la grêle des pierres. Ils tombèrent enfin à genoux, épuisés, et nous les conduisîmes au roi de ce pays. Le roi, les ayant vus, ordonna, sur-le-champ, qu'ils te fussent menés, afin d'être aspergés d'eau lustrale, et d'emplir la cuve de leur sang. Souhaite avoir toujours, ô Vierge, à immoler de pareils étrangers. Sur de telles victimes, tu feras expier ton meurtre par la Grèce, qui paiera la rançon de son crime d'Aulis !

La Coryphée. — Ah ! l'étrange aventure ! Qui peut être cet homme en proie à la folie, et qui nous est venu du pays grec en cette mer hostile aux hôtes ?

Iphigénie. — Il suffit. Va plutôt chercher ces jeunes gens, et je m'occuperai de célébrer les rites.

Le bouvier sort.

O mon cœur, pauvre cœur ! Toujours, jusqu'à présent, tu fus clément et pitoyable aux étrangers !

Je pensais en pleurant aux hommes de ma race, quand des naufragés grecs se trouvaient dans mes mains[1]. Mais mon rêve, aujourd'hui, m'a fait l'âme cruelle. Je crois qu'Oreste est mort. Parce que je le crois, vous, qui que vous soyez, me trouverez hostile. Amies, je le vois bien, le proverbe a raison. Quiconque est malheureux soi-même est sans pitié pour de plus malheureux ! Ah, pourquoi donc jamais un vent soufflé par Zeus, une embarcation ne vinrent-ils, passant entre les Symplégades, apporter jusqu'ici Ménélas et cette Hélène qui m'a perdue ? Je me serais vengée sur eux ! Je leur eusse, en ces lieux, fait trouver leur Aulis, pour les punir de la journée où, me

[1] Iphigénie, innocente du sang humain que fait verser la barbare coutume des Tauriens (vers 40 et suivants), ne doit pas elle-même paraître insensible à l'atrocité de ce rite : elle consacrait en pleurant les victimes grecques. Il s'agit d'écarter du personnage tout soupçon de μιαρόν, tout trait odieux. Mais il ne faut pas davantage qu'Oreste et Pylade la trouvent dans une dispositiou trop indulgente à ses compa-

κύκλῳ δὲ περιβαλόντες ἐξεκλέψαμεν
πέτροισι χειρῶν φάσγαν', ἐς δὲ γῆν γόνυ
καμάτῳ καθεῖσαν. Πρὸς δ' ἄνακτα τῆσδε γῆς
κομίζομέν νιν. Ὁ δ' ἐσιδὼν ὅσον τάχος
ἐς χέρνιβάς τε καὶ σφαγεῖ' ἔπεμπέ σοι.
Εὔχου δὲ τοιάδ', ὦ νεᾶνί, σοι ξένων
σφάγια παρεῖναι· κἂν ἀναλίσκῃς ξένους
τοιούσδε, τὸν σὸν Ἑλλὰς ἀποτίσει φόνον
δίκας τίνουσα τῆς ἐν Αὐλίδι σφαγῆς.

ΧΟ. Θαυμάστ' ἔλεξας τὸν μανένθ' ὅστις ποτὲ
Ἕλληνος ἐκ γῆς πόντον ἦλθεν ἄξενον.

ΙΦ. Εἶεν. Σὺ μὲν κόμιζε τοὺς ξένους μολών·
τὰ δ' ἐνθάδ' ἡμεῖς ὅσια φροντιούμεθα.
Ὦ καρδία τάλαινα, πρὶν μὲν ἐς ξένους
γαληνὸς ἦσθα καὶ φιλοικτίρμων ἀεί,
ἐς θοὐμόφυλον ἀναμετρουμένη δάκρυ,
Ἕλληνας ἄνδρας ἡνίκ' ἐς χέρας λάβοις.
Νῦν δ' ἐξ ὀνείρων οἷσιν ἠγριώμεθα,
δοκοῦσ' Ὀρέστην μηκέθ' ἥλιον βλέπειν,
δύσνουν με λήψεσθ' οἵτινές ποθ' ἥκετε.
Καὶ τοῦτ' ἄρ' ἦν ἀληθές, ᾐσθόμην, φίλαι,
οἱ δυστυχεῖς γὰρ τοῖσι δυστυχεστέροις
αὐτοὶ κακῶς πράξαντες οὐ φρονοῦσιν εὖ.
Ἀλλ' οὔτε πνεῦμα Διόθεν ἦλθε πώποτε,
οὐ πορθμίς, ἥτις διὰ πέτρας Συμπληγάδας
Ἑλένην ἀπήγαγ' ἐνθάδ', ἥ μ' ἀπώλεσε,
Μενέλεών θ', ἵν' αὐτοὺς ἀντετιμωρησάμην,
τὴν ἐνθάδ' Αὖλιν ἀντιθεῖσα τῆς ἐκεῖ,

331 περιβαλόντες Reiske : περιβάλλοντες L ‖ 335 ἐς Valckenaer : τε L ‖ σφαγεῖ' Musgrave : σφάγι' L ‖ 340 μανένθ' Kaehler : φανένθ' L ‖ 343 ὅσια Reiske : οἷα L, φροντιοῦμεν οἷα χρή uolebat Badham ‖ 346 ἐς θοὐμόφυλον rec. : εἰς τὸ ὁμόφυλον L ‖ 351 ᾐσθόμην L. Dindorf : ἠχθόμην L ‖ 352 τοῖσι δυστυχεστέροις Wecklein : τοῖσιν εὐτυχεστέροις L ‖ 357 Μενέλεων rec. : Μενέλαον L.

traitant ainsi qu'une génisse, les Argiens m'égorgèrent, mon propre père étant mon sacrificateur ! Hélas (car j'ai gardé vivant ce souvenir) que de fois j'ai tendu mes mains vers le menton, les genoux de mon père, et m'y suis attachée ! Et je disais : « O père, ô père ! quelle horrible union tu m'apprêtes ! Tandis que tu m'égorges, ma mère et ses Argiennes, en ce même moment, chantent mon hyménée, et le palais entier est plein du bruit des flûtes : et je péris par toi ! Il était donc Hadès, et non fils de Pélée, l'Achille que tu m'as proposé pour époux ! Et sur ce char tu m'as, vers des noces sanglantes, attirée, ô perfide ! » Sous des voiles légers ma face était cachée ; je n'ai point, dans mes bras, pris mon frère (il est mort maintenant), et ma sœur, je n'osai l'embrasser — par pudeur, car j'allais au foyer de Pélée ! Et j'avais, pour plus tard, gardé bien des baisers : car ne devais-je pas bientôt revoir Argos ? Oreste, ô malheureux, si vraiment tu es mort, quelle félicité tu perdis avec le sceptre envié d'un père !

Je n'admets point les subtilités d'Artémis ! Comment ! Si un mortel touche du sang, ou même une accouchée, ou un cadavre, elle interdit qu'il accède aux autels, et le tient pour souillé ; et elle prend plaisir aux sacrifices humains ! Non, je ne puis penser que l'épouse de Zeus, Lètô, ait mis au jour un monstre aussi absurde ! Je ne crois pas non plus aux festins que Tantale, dit-on, offrit aux dieux, ni que

triotes ; le tragique de la situation en souffrirait. Ce monologue fixe la « psychologie » de la vierge avec une délicatesse adroite et une vraisemblance parfaite. M. Murray a cru pouvoir interpréter ce passage comme excluant jusqu'à la réalité de sacrifices antérieurs ; je crois qu'il s'est laissé influencer par l'Iphigénie de Gœthe... Ἡνίκ' ἐς χέρας λάβοις ne peut ici se rapporter qu'au passé. Mais la dureté même d'Iphigénie, sa rancune contre les auteurs de ses infortunes, n'ont d'autre source que la tendresse de ses sentiments à l'égard de sa famille. Ce qu'elle ne peut pardonner à ceux qui l'ont trompée, c'est de l'avoir éloignée d'Oreste. Et le monologue finit sur une protestation bien euripidéenne, contre l'horreur d'un rite qu'en vraie fille de la Grèce, elle condamne sans pouvoir en rendre responsable une Déesse hellénique.

οὗ μ' ὥστε μόσχον Δαναΐδαι χειρούμενοι
ἔσφαζον, ἱερεὺς δ' ἦν ὁ γεννήσας πατήρ.
Οἴμοι· κακῶν γὰρ τῶν τότ' οὐκ ἀμνημονῶ,
ὅσας γενείου χεῖρας ἐξηκόντισα
γονάτων τε τοῦ τεκόντος ἐξαρτωμένη,
λέγουσα τοιάδ'· « Ὦ πάτερ, νυμφεύομαι
νυμφεύματ' αἰσχρὰ πρὸς σέθεν· μήτηρ δ' ἐμὲ
σέθεν κατακτείνοντος Ἀργεῖαί τε νῦν
ὑμνοῦσιν ὑμεναίοισιν, αὐλεῖται δὲ πᾶν
μέλαθρον· ἡμεῖς δ' ὀλλύμεσθα πρὸς σέθεν.
Ἅιδης Ἀχιλλεὺς ἦν ἄρ', οὐχ ὁ Πηλέως,
ὅν μοι προσείσας πόσιν, ἐν ἁρμάτων ὄχοις
ἐς αἱματηρὸν γάμον ἐπόρθμευσας δόλῳ. »
Ἐγὼ δὲ λεπτῶν ὄμμα διὰ καλυμμάτων
ἔχουσ', ἀδελφόν τ' οὐκ ἀνειλόμην χεροῖν,
ὃς νῦν ὄλωλεν, οὐ κασιγνήτῃ στόμα
συνῆψ' ὑπ' αἰδοῦς, ὡς ἰοῦσ' ἐς Πηλέως
μέλαθρα· πολλὰ δ' ἀπεθέμην ἀσπάσματα
ἐσαῦθις, ὡς ἥξουσ' ἐς Ἄργος αὖ πάλιν.
Ὦ τλῆμον, εἰ τέθνηκας, ἐξ οἵων καλῶν
ἔρρεις, Ὀρέστα, καὶ πατρὸς ζηλωμάτων.
Τὰ τῆς θεοῦ δὲ μέμφομαι σοφίσματα,
ἥτις βροτῶν μὲν ἤν τις ἅψηται φόνου,
ἢ καὶ λοχείας ἢ νεκροῦ θίγῃ χεροῖν,
βωμῶν ἀπείργει, μυσαρὸν ὡς ἡγουμένη,
αὐτὴ δὲ θυσίαις ἥδεται βροτοκτόνοις.
Οὐκ ἔσθ' ὅπως ἔτεκεν ἂν ἡ Διὸς δάμαρ
Λητὼ τοσαύτην ἀμαθίαν. Ἐγὼ μὲν οὖν

359 οὗ Pierson : οἱ L || 361 τότ' Musurus : τοὔδ' L || 365 ἐμὲ Reiske : ἐμή L || 366 νῦν Heath : νιν L || 370 προσείσας Bothe : προσεῖπας L || 373 τ' οὐκ ἀνειλόμην Herm. : τοῦτον εἰλόμην L || 374 κασιγνήτῃ L suprascr. ω || 377 ἐσαῦθις rec. : εἰσαῦτις L || 378 καλῶν Reiske : κακῶν L || 384 αὐτὴ Portus : αὔτη L || 385 ἔτεκεν ἂν L : ἔτικτεν Porson : ἂν ἔτεκεν Hartung.

ces dieux aient pu se régaler des chairs de son fils, mais je crois que les gens du pays, sanguinaires eux-mêmes, de leurs instincts cruels ont doté leur déesse : car je n'admettrai point qu'aucun dieu soit méchant !

Le Chœur[1]. — *Sombre, sombre est l'azur des flots, à la rencontre des deux mers, par où le taon d'Argos s'est envolé dans la mer Inhospitalière, chassant Io de la terre d'Europe vers la terre d'Asie*[2]*... Quels sont donc ces mortels venus de l'Eurotas aux belles ondes, aux verdoyants roseaux, ou des flots sacrés de Dircé, que l'on vit aborder notre terre farouche où, en l'honneur de la Fille de Zeus, le sang humain rougit les autels et les temples aux belles colonnades ?*

Au double battement des rames de sapin, s'ils ont fait voler sur la vague le char marin dont la toile se gonfle, est-ce qu'ils désiraient, par cet effort, accroître[3] *la fortune de leur maison ? Ah ! l'espérance insatiable — hélas ! pour le malheur des hommes ! — est chère au cœur de ceux qui voguent sur les flots, et vont chercher de pesantes richesses en naviguant vers les pays barbares. Tous poursuivent la*

[1] « D'où viennent-ils, ces Grecs, en ce dangereux séjour, du Péloponnèse ou de Thèbes ? (str. 1) Ce sont sans doute de hardis navigateurs que l'espoir du gain attira dans nos parages ? (ant. 1) Comment, bravant mille dangers, ont-ils fait ce long voyage ? (str. 2) ? Puisqu'ils ont pu arriver jusqu'ici, on peut souhaiter, comme ma maîtresse, que la funeste Hélène vienne un jour en ce pays recevoir son châtiment, ou, comme nous-mêmes, qu'un héros grec mette fin à notre servitude ! Puissé-je, au moins en rêve, revoir ma patrie ! (ant. 2). Ces lieux communs sont développés avec beaucoup de grâce.

[2] Io a donné son nom au « détroit de la vache » : Eschyle, *Prométhée*, 732 : ἔσται δὲ θνητοῖς εἰσαεὶ λόγος μέγας | τῆς σῆς πορείας, Βόσπορος δ' ἐπώνυμος κεκλήσεται (il s'agit du Bosphore cimmérien).

[3] Cum uoce ἅμιλλα saepius ita epitheta copulantur, ut ipsa pro nominibus valeant, ἅμιλλα autem augendae notioni verbali inserviat : *Med.* 557 εἰς ἅμιλλαν πολύτεκνον σπουδὴν ἔχων = εἰς πολυτεκνίαν σπουδὴν ἔχων σὺν ἁμίλλῃ. (J. Schmidt, *De epithetis compp. in trag. Graec. usurp.* 28).

τὰ Ταντάλου θεοῖσιν ἑστιάματα
ἄπιστα κρίνω, παιδὸς ἡσθῆναι βορᾷ,
τοὺς δ' ἐνθάδ', αὐτοὺς ὄντας ἀνθρωποκτόνους,
ἐς τὴν θεὸν τὸ φαῦλον ἀναφέρειν δοκῶ·
οὐδένα γὰρ οἶμαι δαιμόνων εἶναι κακόν.

ΧΟ. Κυάνεαι κυάνεαι σύνοδοι θαλάσσας, Str.
ἵν' οἶστρος ὁ ποτώμενος Ἀργόθεν
ἄξενον ἐπ' οἶδμα διεπέρασε ⟨τὰν βοῦν⟩
Ἀσιήτιδα γαῖαν
Εὐρώπας διαμείψας.
Τίνες ποτ' ἄρα τὸν εὔυδρον δονακόχλοον
λιπόντες Εὐρώταν
ἢ ῥεύματα σεμνὰ Δίρκας
ἔβασαν ἔβασαν ἄμικτον αἶαν, ἔνθα κούρᾳ
Δίᾳ τέγγει
βωμοὺς καὶ περικίονας
ναοὺς αἷμα βρότειον;

Ἦ ῥοθίοις εἰλατίναις δικρότοισι κώπαις Ant.
ἔπλευσαν ἐπὶ πόντια κύματα
νάιον ὄχημα λινοπόροισιν αὔραις,
φιλόπλουτον ἅμιλλαν
αὔξοντες μελάθροισιν;
Φίλα γὰρ ἐλπὶς ἐπί τε πήμασιν βροτῶν
ἄπληστος ἀνθρώποις,

390 τὴν Markland : τὸν L || **393** ἵν' Herm. : ἣν L || **394** ποτώμενος *l* πετόμενος L : || **395** ἄξενον Markland : εὔξενον *l* : εὔξεινον L || **395** διεπέρασε ⟨τὰν βοῦν⟩ Wecklein : διεπέρασεν L ⟨ποτε⟩ *l* : ⟨Ἰώ⟩ Kirchhoff : ⟨πόρτιν⟩ Bergk || **399** δονακόχλοον Elmsley : δονακόχλοα L sed α in ras. || **403** sq. κούρᾳ Δίᾳ τέγγει Elmsley : κούρα διατέγγει L || **405** sq. περικίονας ναούς Elmsley : περὶ κίονας ναοῦ L || **407** εἰλατίναις... κώπαις Seidler : ἐλατίνοις (εἰ *l*) κώπαις L : εἰλατίνας... κώπας Wecklein fortasse recte || **414** ἐλπὶς ἐπί τε scripsi : ἐλπὶς γένετ' ἐπί L || πήμασιν P : — σι L.

même illusion. Mais l'industrie des uns n'atteint pas la fortune, tandis que le bonheur vient sans effort aux autres...

Comment ont-ils franchi les écueils qui se joignent, et côtoyé les bords des Phinéïdes[1], *où le flot ne s'endort jamais, toujours courant parmi les remous d'Amphitrite, où les cinquante filles de Nérée déroulent en chantant leurs danses circulaires? Ou bien, les vents soufflant à pleines voiles, le gouvernail immobile sifflant en poupe, au gré des brises du Notos, ou sous l'haleine du Zéphyre, ont-ils atteint la terre aux oiseaux innombrables, le Blanc-Rivage, le beau stade d'Achille*[2], *dans la mer Inhospitalière ?*

Puisse un jour — c'est le vœu que forme ma maîtresse — Hélène, fille de Léda, nous arriver d'Ilion : une sanglante rosée auréolant sa chevelure, elle mourrait égorgée, de la main de notre maîtresse, frappée en justes représailles. Mais

[1] Les bords des Phinéïdes. Il s'agit de la côte thrace de Salmydessos où régnait le roi Phinée, époux de Cléopâtre, fille d'Oreithyia l'Athénienne, que Borée avait jadis ravie. Cette côte s'étendait depuis le Bosphore jusqu'au promontoire de Thynias : parages dangereux d'après Eschyle, *Prométhée*, 726; cf. Strabon 319 : ἔρημος αἰγιαλὸς ἀλίμενος κτλ. C'est pourquoi ces rivages sont qualifiés δ' ἀΰπνους : ils sont sans cesse battus par les flots. Le chœur se demande si le navire a dû péniblement côtoyer la Thrace ou si, poussé par un bon vent du Sud-Ouest, il a pu cingler directement vers la Scythie.

[2] Sur l'île de Leucé et le stade d'Achille, cf. Notice. Leucé, « l'Ile blanche », aujourd'hui connue sous le nom néo-grec de Phidonisi [⟨'Ο⟩φειδονήσι⟨ον⟩, l'Ile aux serpents], est à l'embouchure du Danube. C'est là que la légende posthomérique a relégué le héros, et il n'a cessé d'y être vénéré jusqu'à la fin de l'antiquité (cf. l'épithète de Λευκῆς μεδέων dans Latyschev, *Inscr. antiq. Or. sept. Ponti Euxini* I, 172). Les innombrables oiseaux de mer qui, suivant la légende, prenaient soin du sanctuaire d'Achille, sont mentionnés par Arrien, *Peripl.* 21. Quant au δρόμος Ἀχιλλέως, on le localisait plus loin, dans la presqu'île de Tendra *(Tendrovskaïa Kosa)*, au sud de l'embouchure de l'Hypanis (Boug) et du Borysthène (Dniepr). Mais Euripide, comme Arrien, identifie les deux « îles ».

ὄλβου βάρος οἳ φέρονται
πλάνητες ἐπ' οἶδμα πόλεις τε βαρβάρους περῶντες
κοινᾷ δόξᾳ·
γνώμα δ' οἷς μὲν ἄκαιρος ὄλβου, τοῖς δ' ἐς μέσον ἥκει.

Πῶς πέτρας τὰς συνδρομάδας, Str.
πῶς Φινεϊδᾶν ἀύπνους
ἀκτὰς ἐπέρασαν
παρ' ἅλιον αἰγιαλὸν ἐπ' Ἀμφιτρίτας
ῥοθίῳ δραμόντες,
ὅπου πεντήκοντα κορᾶν
Νηρῄδων ⟨ποσσὶ⟩ χοροὶ
μέλπουσιν ἐγκυκλίοις;
⟨Ἦ⟩ πλησιστίοισι πνοαῖς,
συριζόντων κατὰ πρύμναν
εὐναίων πηδαλίων
αὔραισιν νοτίαις
ἢ πνεύμασι Ζεφύρου,
τὰν πολυόρνιθον ἐπ' αἶαν,
Λευκὰν ἀκτάν, Ἀχιλῆος
δρόμους καλλισταδίους,
ἄξεινον κατὰ πόντον;

Εἴθ' εὐχαῖσιν δεσποσύνοις Ant.
Λήδας Ἑλένα φίλα παῖς
ἐλθοῦσα τύχοι τὰν

417 τε *l* in rasura || 418 κοινᾷ δόξᾳ rec. : κοιναὶ δόξαι L, ε super οι scripsit *l*, ut sit κεναί || 421 πέτρας τὰς συνδρομάδας Musgrave : τὰς συνδρομάδας πέτρας L || 422 Φινεϊδᾶν Rauchenstein : φινηΐδας L || 425 παρ' ἅλιον Seidler : παράλιον L || 428 Νηρῄδων rec. : νηρηΐδων L || ⟨ποσσὶ⟩ post Herm. scripsi || 429 ἐγκυκλίοις L : ἐγκύκλιοι Heath || 430 ⟨ἦ⟩ Bergk : καὶ ante πλησιστίοισι add. *l* || 432 εὐναίων suspectum || 433 αὔραισιν νοτίαις Nauck : αὔραις νοτίαις L : (αὔραις ⟨ἐν⟩ νοτίαις *l*) || 435 πολιόρνιθον L || 436 Ἀχιλῆος rec. : Ἀχιλλῆος L || 438 ἄξεινον P : εὔξεινον L (εὔ *l*) || 439 δεσποσύνοις Markland : δεσποσύνας L.

le grand bonheur que j'attends, serait de voir, du pays hellénique, venir quelque navigateur qui mît fin aux douleurs de mon triste esclavage ! Si je pouvais, au moins en rêve, revoir la maison, la cité de mes pères, et goûter le plaisir des songes enchanteurs, félicité permise à tous[1] !

Entrent en scène le bouvier et des gardiens armés escortant Oreste et Pylade enchaînés.

Mélodrame.

La Coryphée. — Mais voici, les poignets bien serrés[2], que s'avancent ces deux hommes qui vont, en nouvelles victimes, apaiser la déesse. O mes amies, silence ! Les prémices des Grecs sont aux portes du temple. Ce bouvier n'a point fait un message menteur. Maîtresse, si vraiment te plaisent les offrandes que ce peuple te fait, daigne les agréer, bien que nos lois, les déclarant impies, les interdisent aux Hellènes[3] !

Iphigénie. — Il suffit. — Je dois d'abord veiller à ce que tout soit en ordre dans le service d'Artémis. Otez les

[1] Κοινὰν χάριν ὄλβου (v. 455), ce dernier mot étant une correction pour l'inintelligible ὄλβα. Littéralement ; « grâce commune du bonheur », c'est-à-dire bonheur accordé à tous. Le bonheur que l'on goûte en rêve, comme l'espérance, comme l'illusion ou l'ambition (cf. vers 418, κοινᾷ δόξᾳ) sont des biens « communs » dans l'idée des Grecs. « Qu'y a-t-il de plus commun ? dit Thalès dans Plutarque. L'espérance » (*Conviv.* 9) : τί κοινότατον ; ἐλπίς. Et Pindare (*Néméennes*, I 32) : κοιναὶ γὰρ ἔρχοντ' ἐλπίδες πολυπόνων ἀνδρῶν (d'après Wilamowitz sur le v. 418).

[2] Cette scène se trouve illustrée sur plusieurs sarcophages. Oreste et Pylade, les mains liées derrière le dos, sont amenés devant Iphigénie par un Scythe en bonnet phrygien portant des anaxyrides asiatiques. Iphigénie les contemple, les mains croisées elle se tient à côté de la statue d'Artémis. Derrière la statue une branche de pin sur laquelle est plantée une tête humaine. (Philippart *l. l.*, n°s 38, 48.)

[3] Le vers 466 est déclaré incompréhensible, et l'on retranche souvent les mots Ἕλλησι διδούς. La vérité est que οὐχ a une *double fonction* dans cette phrase qui équivaut à celle-ci : θυσίας ἃς ὁ παρ' ἡμῖν νόμος οὐχ ὁσίας ἀναφαίνει, (οὐ) διδοὺς ⟨αὐτὰς⟩ Ἕλλησιν, « sacrifices que nos lois déclarent impies, ne les permettant pas aux Hellènes. »

Τρῳάδα λιποῦσα πόλιν, ἵν' ἀμφὶ χαίτᾳ
δρόσον αἱματηρὰν
ἑλιχθεῖσα λαιμοτόμῳ
δεσποίνας χειρὶ θάνοι
ποινὰς δοῦσ' ἀντιπάλους.
Ἁδίσταν δ' ἂν ἀγγελίαν
δεξαίμεσθ', Ἑλλάδος ἐκ γᾶς
πλωτήρων εἴ τις ἔβα,
δουλείας ἐμέθεν
δειλαίας παυσίπονος·
κἂν γὰρ ὀνείρασι συμβαίην
δόμοις πόλει τε πατρῴᾳ,
τερπνῶν ὕπνων ἀπόλαυ-
σιν, κοινὰν χάριν ὄλβου.

Ἀλλ' οἵδε χέρας δεσμοῖς δίδυμοι
συνερεισθέντες χωροῦσι, νέον
πρόσφαγμα θεᾶς· σιγᾶτε, φίλαι.
Τὰ γὰρ Ἑλλήνων ἀκροθίνια δὴ
ναοῖσι πέλας τάδε βαίνει·
οὐδ' ἀγγελίας ψευδεῖς ἔλακεν
βουφορβὸς ἀνήρ.
Ὦ πότνι', εἴ σοι τάδ' ἀρεσκόντως
πόλις ἥδε τελεῖ, δέξαι θυσίας,
ἃς ὁ παρ' ἡμῖν νόμος οὐχ ὁσίας
Ἕλλησι διδοὺς ἀναφαίνει.

442 Τρῳάδα rec. : Τρωϊάδα L || 444 ἑλιχθεῖσα : εἱλιχθεῖσα L || 445 χειρὶ rec. : χερὶ L || θάνοι Seidler : θάνη L || 447 ἁδίσταν δ' ἂν ἀγγελίαν Teuffel : ἥδιστ' ἂν τήνδ' ἀγγελίαν L || 448 δεξαίμεσθ' *l* : δεξαίμεθ' L || 452 κἂν γὰρ Herwerden : καὶ γὰρ *l*, γὰρ L || ceterum cum stropha non congruit, inde ὀνείροισι συνείην Fritzsche || 454 ὕπνων Herm. : ὕμνων L || ἀπολαύειν ex ἀπόλαυσιν fecit *l* || 455 ὄλβου Koechly : ὄλβῳ *l* : ὄλβα L || 456-66 Seidler Coryphaeo dedit : ΙΦ v. 456, ΧΟ. v. 463 praef. L || δίδυμοι Markland : διδύμοις L || 466 Ἕλλησι διδοὺς plerisque suspectum, sed cf. adn.

fers des mains des étrangers : étant à la déesse, il ne faut plus qu'ils soient captifs. — Vous, dans le temple entrez pour apprêter ce que l'usage exige en telle circonstance.

Les gardiens obéissent; les serviteurs qui ont assisté Iphigénie en ses libations rentrent dans le sanctuaire.

Hélas ! quelle est la mère qui vous a mis au jour ? Et votre père ? Et votre sœur, si vous en avez une, ah ! quels beaux jeunes gens elle va perdre en vous ! Qui peut prévoir au juste les destins d'un mortel ? Toujours, la volonté des dieux prend des voies ténébreuses, et personne ne sait le malheur qui l'attend : car le sort le dérobe à notre connaissance. Dites, d'où venez-vous, malheureux étrangers ? Arrivés en ces lieux après un long voyage, à un exil sans fin vous êtes condamnés, loin de votre foyer, dans le sein de la terre !

Oreste. — Pourquoi gémir ainsi, qui que tu sois, ô femme ? A nos maux imminents, pourquoi faut-il encore ajouter l'importunité de cette plainte ? Je trouve peu sensé celui qui va mourir et qui croit adoucir, désespérant du sort, l'horreur du coup fatal par des gémissements[1]. En agissant ainsi, il double son malheur : on raille sa sottise, et il meurt tout de même. Laissons faire au destin, et cesse de nous plaindre. Car nous savons de reste ce que sont dans votre pays les sacrifices !

Iphigénie. — Qui de vous deux, ici, est appelé Pylade ? C'est là ce que je veux apprendre tout d'abord.

[1] Je n'ai pas traduit le vers 486. Ceux qui le conservent doivent corriger οὐχ en οὐδ', et changer par surcroît au v. 484, θανεῖν en κτενεῖν. Ce qui donne : « Je ne trouve point sage celui qui, se disposant à *tuer*, veut atténuer par la pitié l'horreur de la mort, ni celui qui, désespérant du salut, pleure sur sa mort imminente... » L'amertume de ce reproche brutal n'est pas dans le ton du passage ni dans l'esprit du caractère ; ce serait une sorte de fausse note. Avec Markland nous préférons croire que le v. 486 s'est introduit dans le texte, de la marge, où il avait été noté comme passage parallèle.

ΙΦ. Εἶεν·
τὰ τῆς θεοῦ μὲν πρῶτον ὡς καλῶς ἔχῃ
φροντιστέον μοι. Μέθετε τῶν ξένων χέρας,
ὡς ὄντες ἱεροὶ μηκέτ' ὦσι δέσμιοι.
Ναοῦ δ' ἔσω στείχοντες εὐτρεπίζετε
ἃ χρὴ 'πὶ τοῖς παροῦσι καὶ νομίζεται.
Φεῦ·
Τίς ἆρα μήτηρ ἡ τεκοῦσ' ὑμᾶς ποτε
πατήρ τ'; Ἀδελφή τ', εἰ γεγῶσα τυγχάνει,
οἵων στερεῖσα διπτύχων νεανιῶν
ἀνάδελφος ἔσται. Τὰς τύχας τίς οἶδ' ὅτῳ
τοιαίδ' ἔσονται; Πάντα γὰρ τὰ τῶν θεῶν
ἐς ἀφανὲς ἕρπει, κοὐδὲν οἶδ' οὐδεὶς κακόν·
ἡ γὰρ τύχη παρήγαγ' ἐς τὸ δυσμαθές.
Πόθεν ποθ' ἥκετ', ὦ ταλαίπωροι ξένοι;
Ὡς διὰ μακροῦ μὲν τήνδ' ἐπλεύσατε χθόνα,
μακρὰν δ' ἀπ' οἴκων χθονὸς ἔσεσθ' ἀεὶ κάτω.

ΟΡ. Τί ταῦτ' ὀδύρῃ, κἀπὶ τοῖς μέλλουσι νὼ
κακοῖσι λυπεῖς, ἥτις εἶ ποτ', ὦ γύναι;
Οὔτοι νομίζω σοφόν, ὃς ἂν μέλλων θανεῖν
οἴκτῳ τὸ δεῖμα τοὐλέθρου νικᾶν θέλῃ,
[οὐχ ὅστις Ἅιδην ἐγγὺς ὄντ' οἰκτίζεται,]
σωτηρίας ἄνελπις· ὡς δύ' ἐξ ἑνὸς
κακὼ συνάπτει, μωρίαν τ' ὀφλισκάνει
θνῄσκει θ' ὁμοίως· τὴν τύχην δ' ἐᾶν χρεών.
Ἡμᾶς δὲ μὴ θρήνει σύ· τὰς γὰρ ἐνθάδε
θυσίας ἐπιστάμεσθα καὶ γιγνώσκομεν.

ΙΦ. Πότερος ἄρ' ὑμῶν ἐνθάδ' ὠνομασμένος

Test. 484-5 Stob. *Ecl.* 3, 8, 6 (p. 341 Hense).

470 ναοῦ Valckenaer : ναούς L || 474 στερεῖσα Scaliger : στερηθεῖσα L || Post 477 lacunam statuit Bruhn, sed iniuria || 482 νὼ Porson : νῷν L || 484 θανεῖν L : κτενεῖν Seidler, sed cf. adn. || 486 deleuerunt Reiske et Markland || 487 ἄνελπις Brodeau : ἂν ἐλπὶς L || 491 γινώσκομεν.

Oreste. — Celui-ci, s'il te fait plaisir de le savoir.

495 Iphigénie. — De quelle cité grecque est-il donc citoyen ?

Oreste. — Quel avantage as-tu, femme, à savoir cela ?

Iphigénie. — Êtes-vous frères, issus tous deux d'un même sein ?

Oreste. — Frères par l'amitié, oui ; mais non par le sang.

Iphigénie. — Et toi, quel est le nom dont t'a nommé ton père ?

500 Oreste. — Mon véritable nom serait *Infortuné.*

Iphigénie. — Ceci regarde ton destin ; je veux ton nom !

Oreste. — On ne raillera point la mort d'un anonyme.

Iphigénie. — Pourquoi me caches-tu cela ? Serait-ce orgueil ?

Oreste. — Est-ce moi, ou mon nom, que tu veux immoler ?

505 Iphigénie. — Et tu ne diras pas non plus quelle est ta ville ?

Oreste. — Qu'y pourrai-je gagner, puisque je vais mourir ?

Iphigénie. — Mais qui peut t'empêcher de me faire une grâce ?

Oreste. — Je suis fier d'être issu de la fameuse Argos.

Iphigénie. — Par les dieux, c'est donc vrai, tu serais né là-bas !

510 Oreste. — Oui, je viens de Mycènes, autrefois florissante...

Iphigénie. — L'exil, ou quel destin, t'a fait quitter ta ville ?

512 Oreste. — Une sorte d'exil, volontaire et forcé.

515 Iphigénie. — Et pourtant, quel bonheur que tu viennes d'Argos !

516 Oreste. — Non pas pour moi, bien sûr ! Pour toi, c'est ton affaire !

513 Iphigénie. — Peux-tu me dire un point que j'aimerais savoir ?

514 Oreste. — Ce sera peu de chose, à côté de mes maux.

517 Iphigénie. — Tu connais Troie, peut-être ? On en parle en tous lieux.

Πυλάδης κέκληται; τόδε μαθεῖν πρῶτον θέλω.
ΟΡ. Ὅδ', εἴ τι δή σοι τοῦτ' ἐν ἡδονῇ μαθεῖν.
ΙΦ. Ποίας πολίτης πατρίδος Ἕλληνος γεγώς;
ΟΡ. Τί δ' ἂν μαθοῦσα τόδε πλέον λάβοις, γύναι;
ΙΦ. Πότερον ἀδελφὼ μητρός ἐστον ἐκ μιᾶς;
ΟΡ. Φιλότητί γ'· ἐσμὲν δ' οὐ κασιγνήτω, γύναι.
ΙΦ. Σοὶ δ' ὄνομα ποῖον ἔθεθ' ὁ γεννήσας πατήρ;
ΟΡ. Τὸ μὲν δίκαιον Δυστυχὴς καλοίμεθ' ἄν.
ΙΦ. Οὐ τοῦτ' ἐρωτῶ· τοῦτο μὲν δὸς τῇ τύχῃ.
ΟΡ. Ἀνώνυμοι θανόντες οὐ γελῴμεθ' ἄν.
ΙΦ. Τί δὲ φθονεῖς τοῦτ'; ἦ φρονεῖς οὕτω μέγα;
ΟΡ. Τὸ σῶμα θύσεις τοὐμόν, οὐχὶ τοὔνομα.
ΙΦ. Οὐδ' ἂν πόλιν φράσειας ἥτις ἐστί σοι;
ΟΡ. Ζητεῖς γὰρ οὐδὲν κέρδος, ὡς θανουμένῳ.
ΙΦ. Χάριν δὲ δοῦναι τήνδε κωλύει τί σε;
ΟΡ. Τὸ κλεινὸν Ἄργος πατρίδ' ἐμὴν ἐπεύχομαι.
ΙΦ. Πρὸς θεῶν ἀληθῶς, ὦ ξέν', εἶ κεῖθεν γεγώς;
ΟΡ. Ἐκ τῶν Μυκηνῶν, αἵ ποτ' ἦσαν ὄλβιαι.
ΙΦ. Φυγὰς ⟨δ'⟩ ἀπῆρας πατρίδος, ἢ ποίᾳ τύχῃ;
ΟΡ. Φεύγω τρόπον γε δή τιν' οὐχ ἑκὼν ἑκών. 512
ΙΦ. Καὶ μὴν ποθεινός γ' ἦλθες ἐξ Ἄργους μολών. 515
ΟΡ. Οὔκουν ἐμαυτῷ γ'· εἰ δὲ σοί, σὺ τοῦθ' ὅρα. 516
ΙΦ. Ἆρ' ἄν τί μοι φράσειας ὧν ἐγὼ θέλω; 513
ΟΡ. Ὡς ἐν παρέργῳ τῆς ἐμῆς δυσπραξίας. 514
ΙΦ. Τροίαν ἴσως οἶσθ', ἧς ἁπανταχοῦ λόγος. 517

494 ὅδ' εἴ τι *l*. ὅδ' ἔστι L || Inde a 496 lineolae praefixae in L || 498 γύναι L : γένει Koechly || 500 Δυστυχής Barthold : δυστυχεῖς L || 502 et 504 permutat Barthold || 502 γελῴμεθ' Aem. Portus : γελώμεθ' L || 507 τί σε L : σέ τί; Monk || 510 ⟨γ'⟩ Monk || 511 ⟨δ'⟩ Scaliger || 513-4 post 516 traiecit Badham. || 516 τοῦθ' ὅρα Jacobs : τοῦτ' ἔρα L.

Oreste. — Je ne l'aurais pas dû connaître, même en songe !

Iphigénie. — On dit qu'elle n'est plus, que le fer l'a détruite...

Oreste. — Oui, oui, c'est bien ainsi. L'on ne t'a point trompée !

Iphigénie. — Et qu'Hélène est rentrée auprès de Ménélas ?

Oreste. — Elle est rentrée, pour le malheur de l'un des miens...

Iphigénie. — Où est-elle ? Envers moi aussi, elle a des dettes.

Oreste. — A Sparte, où elle vit auprès de son époux.

Iphigénie. — Monstre haï des Grecs, et non point de moi seule !

Oreste. — J'eus à souffrir aussi, de ces amours d'Hélène !

Iphigénie. — Et le retour des Grecs eut lieu, comme on l'annonce ?

Oreste. — Ah ! combien, d'un seul mot, tu demandes de choses !

Iphigénie. — C'est que je les voudrais apprendre avant ta mort.

Oreste. — Si tel est ton plaisir, parle, je répondrai.

Iphigénie. — Certain Calchas, devin, revint-il d'Ilion ?

Oreste. — Il est mort, à ce qu'on racontait dans Mycènes.

Iphigénie. — Quel bonheur, ô déesse ! Et le fils de Laërte ?

Oreste. — Il n'est pas revenu, mais il vit, paraît-il...

Iphigénie. — Qu'il périsse, et jamais ne revoie sa patrie !

Oreste. — Oh ! ne l'accable pas : sa maison souffre assez.

Iphigénie. — Et le fils de Thétis la Néréide vit ?

Oreste. — Mort ! Son hymen d'Aulis ne lui a point servi !

Iphigénie. — Hymen fallacieux ! ses victimes le savent !

Oreste. — Qui es-tu, pour si bien t'informer de la Grèce ?

Iphigénie. — Je suis de ce pays : enfant, j'y fus ravie.

ΟΡ. Ὡς μήποτ' ὤφελόν γε μηδ' ἰδεῖν ὄναρ.
ΙΦ. Φασίν νιν οὐκέτ' οὖσαν οἴχεσθαι δορί.
ΟΡ. Ἔστιν γὰρ οὕτως οὐδ' ἄκραντ' ἠκούσατε.
ΙΦ. Ἑλένη δ' ἀφῖκται δῶμα Μενέλεω πάλιν;
ΟΡ. Ἥκει, κακῶς γ' ἐλθοῦσα τῶν ἐμῶν τινι.
ΙΦ. Καὶ ποῦ 'στι; κἀμοὶ γάρ τι προυφείλει κακόν.
ΟΡ. Σπάρτῃ ξυνοικεῖ τῷ πάρος ξυνευνέτῃ.
ΙΦ. Ὦ μῖσος εἰς Ἕλληνας, οὐκ ἐμοὶ μόνῃ.
ΟΡ. Ἀπέλαυσα κἀγὼ δή τι τῶν κείνης γάμων.
ΙΦ. Νόστος δ' Ἀχαιῶν ἐγένεθ', ὡς κηρύσσεται;
ΟΡ. Ὡς πάνθ' ἅπαξ με συλλαβοῦσ' ἀνιστορεῖς.
ΙΦ. Πρὶν γὰρ θανεῖν σε, τοῦδ' ἐπαυρέσθαι θέλω.
ΟΡ. Ἔλεγχ', ἐπειδὴ τοῦδ' ἐρᾷς· λέξω δ' ἐγώ.
ΙΦ. Κάλχας τις ἦλθε μάντις ἐκ Τροίας πάλιν;
ΟΡ. Ὄλωλεν, ὡς γ' ἦν ἐν Μυκηναίοις λόγος.
ΙΦ. Ὦ πότνι', ὡς εὖ. Τί γὰρ ὁ Λαέρτου γόνος;
ΟΡ. Οὔπω νενόστηκ' οἶκον, ἔστι δ', ὡς λόγος.
ΙΦ. Ὄλοιτο, νόστου μήποτ' ἐς πάτραν τυχών.
ΟΡ. Μηδὲν κατεύχου· πάντα τἀκείνου νοσεῖ.
ΙΦ. Θέτιδος δ' ὁ τῆς Νηρῇδος ἔστι παῖς ἔτι;
ΟΡ. Οὐκ ἔστιν· ἄλλως λέκτρ' ἔγημ' ἐν Αὐλίδι.
ΙΦ. Δόλια γάρ, ὡς ἴσασιν οἱ πεπονθότες.
ΟΡ. Τίς εἶ ποθ'; ὡς εὖ πυνθάνῃ τἀφ' Ἑλλάδος.
ΙΦ. Ἐκεῖθέν εἰμι· παῖς ἔτ' οὖσ' ἀπωλόμην.

Test. 535 Diphil., *Synoris* fr. I, 9.

521 δῶμα L addubitatum, λέκτρα Weil, λῦμα Bruhn : nil mutandum. || 529 τοῦδ' L : τοῦτ' Paley || 533 ὡς εὖ. Τί Musgrave : ἔστι L || 537 δ' ὁ L : δὲ Elmsley || 538 ἄλλως δὲ *l* : ἄλλως ut uidetur L || ἔγημ' Markland : ἔγημεν L || 539 ἴσασιν Nauck : φασιν L : γε φασιν *l* L || 541 ἀπωλόμην L : ἀπωχόμην Badham.

Oreste. — C'est à bon droit qu'alors, femme, tu veux savoir...

Iphigénie. — Et lui, le chef d'armée qu'on disait fortuné...

Oreste. — Qui? Celui que je sais fut bien loin d'être heureux.

Iphigénie. — Le roi Agamemnon, qu'on nommait fils d'Atrée!

Oreste. — J'ignore... Laisse donc, ô femme, ce sujet...

Iphigénie. — Ah, parle, au nom des dieux, et fais-moi ce plaisir...

Oreste. — Le malheureux est mort, entraînant dans sa perte...

Iphigénie. — Il est mort? Par quel accident? Malheur à moi!

Oreste. — Pourquoi gémir ainsi? Etait-il ton parent?

Iphigénie. — C'est son bonheur passé qui me fait soupirer.

Opeste. — Il fut, terrible fin! tué par une femme.

Iphigénie. — Pleurons la meurtrière et pleurons la victime!

Oreste. — Ah! tais-toi maintenant, ne m'interroge plus.

Iphigénie. — Encore un mot. Vit-elle, la femme du pauvre homme?

Oreste. — Elle est morte. Son propre fils l'a fait périr.

Iphigénie. — O malheureux foyer! Mais, ô grands dieux, pourquoi?

Oreste. — Il voulait la punir du meurtre de son père.

Iphigénie. — Horreur! Il fit bien d'exercer cette juste vengeance!

Oreste. — Mais, si juste qu'il soit, les dieux sont durs pour lui!

Iphigénie. — Agamemnon n'a-t-il pas laissé d'autre enfant?

Oreste. — Oui, il laisse une fille unique : c'est Electre.

Iphigénie. — Hé quoi? Ne dit-on rien d'une fille immolée?

Oreste. — Rien, sinon qu'elle est morte et ne voit plus le jour.

Iphigénie. — La pauvre enfant! Et pauvre père... qui l'a tuée!

ΟΡ. Ὀρθῶς ποθεῖς ἄρ' εἰδέναι τἀκεῖ, γύναι.
ΙΦ. Τί δ' ὁ στρατηγός, ὃν λέγουσ' εὐδαιμονεῖν;
ΟΡ. Τίς; οὐ γὰρ ὅν γ' ἐγᾦδα τῶν εὐδαιμόνων.
ΙΦ. Ἀτρέως ἐλέγετο δή τις Ἀγαμέμνων ἄναξ.
ΟΡ. Οὐκ οἶδ'· ἄπελθε τοῦ λόγου τούτου, γύναι.
ΙΦ. Μὴ πρὸς θεῶν, ἀλλ' εἴφ', ἵν' εὐφρανθῶ, ξένε.
ΟΡ. Τέθνηχ' ὁ τλήμων, πρὸς δ' ἀπώλεσέν τινα.
ΙΦ. Τέθνηκε; ποίᾳ συμφορᾷ; τάλαιν' ἐγώ.
ΟΡ. Τί δ' ἐστέναξας τοῦτο; μῶν προσῆκέ σοι;
ΙΦ. Τὸν ὄλβον αὐτοῦ τὸν πάροιθ' ἀναστένω.
ΟΡ. Δεινῶς γὰρ ἐκ γυναικὸς οἴχεται σφαγείς.
ΙΦ. Ὦ πανδάκρυτος ἡ κτανοῦσα χὠ θανών.
ΟΡ. Παῦσαί νυν ἤδη μηδ' ἐρωτήσῃς πέρα.
ΙΦ. Τοσόνδε γ', εἰ ζῇ τοῦ ταλαιπώρου δάμαρ.
ΟΡ. Οὐκ ἔστι· παῖς νιν ὃν ἔτεχ', οὗτος ὤλεσεν.
ΙΦ. Ὦ συνταραχθεὶς οἶκος; ὡς τί δὴ θέλων;
ΟΡ. Πατρὸς θανόντος τήνδε τιμωρούμενος.
ΙΦ. Φεῦ·
ὡς εὖ κακὸν δίκαιον εἰσεπράξατο.
ΟΡ. Ἀλλ' οὐ τὰ πρὸς θεῶν εὐτυχεῖ δίκαιος ὤν.
ΙΦ. Λείπει δ' ἐν οἴκοις ἄλλον Ἀγαμέμνων γόνον;
ΟΡ. Λέλοιπεν Ἠλέκτραν γε παρθένον μίαν.
ΙΦ. Τί δέ; σφαγείσης θυγατρὸς ἔστι τις λόγος;
ΟΡ. Οὐδείς γε, πλὴν θανοῦσαν οὐχ ὁρᾶν φάος.
ΙΦ. Τάλαιν' ἐκείνη χὠ κτανὼν αὐτὴν πατήρ.
ΟΡ. Κακῆς γυναικὸς χάριν ἄχαριν ἀπώλετο.
ΙΦ. Ὁ τοῦ θανόντος δ' ἔστι παῖς Ἄργει πατρός;

553 θανὼν L sed θ in ras. : κτανὼν P et primitus L; cf. Soph., *Philoct.*, 336 || 554 ἐρωτήσης : ἐρωτήσεις L || 558 suspectus propter τήνδε, coniecturae multae (τῷδε, τῇδε, αἷμα, alia).

Oreste. — Pour une femme atroce, hélas ! elle a péri.

Iphigénie. — Le fils du père mort habite-t-il Argos ?

Oreste. — Il vit, en vagabond, nulle part, et partout !

Iphigénie. — Songes trompeurs, adieu : vous étiez donc néant !

Oreste. — Les dieux, même passant pour les plus véridiques, ne disent pas plus vrai que les songes volages : le désordre est bien grand dans les choses divines comme aux choses humaines. Mais sa seule tristesse, c'est d'avoir écouté, lui qui n'était pas fou, les conseils des devins, et de s'être perdu — car il est bien perdu aux yeux de ceux qui savent[1]...

La Coryphée. — Hélas ! hélas ! et nous ? Où donc sont nos parents ? Vivent-ils, sont-ils morts ? Qui pourrait nous le dire ?

Iphigénie. — Ecoutez : il me vient à présent une idée, qui peut vous être utile, étrangers, comme à moi. C'est par l'accord de tous, en effet, qu'on arrive le plus certainement à d'heureux résultats. Voudrais-tu, si je te donnais la vie, te rendre en la cité d'Argos, et remettre là-bas à des parents à moi une certaine lettre qu'un captif écrivit pour moi ? Il eut pitié de moi, lui, sachant bien que ce qui le tuait, ce n'était pas mon bras, c'était la loi, c'était qu'Artémis agréât de pareils sacrifices ! Mais je n'avais personne ici qui fût d'Argos, et pût y retourner pour y donner ma lettre à l'un des miens, s'il recevait sa liberté.

[1] C'est le passage le plus discuté de la tragédie. Après avoir été égaré par d'aventureux exégètes, nous sommes revenus au sens naturel, aussi simple que satisfaisant. Les deux premières phrases de la réponse d'Oreste sont une réflexion sur la vanité des oracles. A partir des mots Ἓν δὲ λυπεῖται, il est de nouveau question d'Oreste. Ὀρέστης sous-entendu est le sujet de λυπεῖται et des deux ὄλωλε. Oreste peut dire de lui-même, à la troisième personne, « qu'il est perdu », puisqu'au v. 568 il a déjà fait allusion à sa misère En répétant le mot ὄλωλε, il pense naturellement à sa situation *présente*. C'est de l'*ironie tragique*. Évidemment, ces derniers mots *devraient* inquiéter Iphigénie. Seulement, à tout prendre, le vers 568 était déjà fort alarmant pour elle ; et elle n'a pas insisté, satisfaite de savoir qu'Oreste vit.

ΟΡ. Ἔστ', ἄθλιός γε, κοὐδαμοῦ καὶ πανταχοῦ.
ΙΦ. Ψευδεῖς ὄνειροι, χαίρετ'· οὐδὲν ἦτ' ἄρα.
ΟΡ. Οὐδ' οἱ σοφοί γε δαίμονες κεκλημένοι
πτηνῶν ὀνείρων εἰσὶν ἀψευδέστεροι·
πολὺς ταραγμὸς ἔν τε τοῖς θείοις ἔνι
κἀν τοῖς βροτείοις. Ἓν δὲ λυπεῖται μόνον,
ὅτ' οὐκ ἄφρων ὢν μάντεων πεισθεὶς λόγοις
ὄλωλεν — ὡς ὄλωλε τοῖσιν εἰδόσιν.
ΧΟ. Φεῦ φεῦ· τί δ' ἡμεῖς οἵ τ' ἐμοὶ γεννήτορες;
ἆρ' εἰσίν; ἆρ' οὐκ εἰσί; τίς φράσειεν ἄν;
ΙΦ. Ἀκούσατ'· ἐς γὰρ δή τιν' ἥκομεν λόγον,
ὑμῖν τ' ὄνησιν, ὦ ξένοι, σπεύδουσ' ἅμα
κἀμοί. Τὸ δ' εὖ μάλιστά γ' οὕτω γίγνεται,
εἰ πᾶσι ταὐτὸν πρᾶγμ' ἀρεσκόντως ἔχει.
Θέλοις ἄν, εἰ σώσαιμί σ', ἀγγεῖλαί τί μοι
πρὸς Ἄργος ἐλθὼν τοῖς ἐμοῖς ἐκεῖ φίλοις,
δέλτον τ' ἐνεγκεῖν, ἥν τις οἰκτείρας ἐμὲ
ἔγραψεν αἰχμάλωτος, οὐχὶ τὴν ἐμὴν
φονέα νομίζων χεῖρα, τοῦ νόμου δ' ὕπο
θνῄσκειν σφε, τῆς θεοῦ τάδε δίκαι' ἡγουμένης;
Οὐδένα γὰρ εἶχον ὅστις Ἀργόθεν μολὼν
ἐς Ἄργος αὖθις τὰς ἐμὰς ἐπιστολὰς
πέμψειε σωθεὶς τῶν ἐμῶν φίλων τινί.
Σὺ δ', εἶ γάρ, ὡς ἔοικας, οὔτε δυσγενὴς

Test. 569 Plutarch. *Mor.* 75e. Clem. Alex. *Protrept.*, p. 73, 16 Stählin.

570 ⟨ΟΡ⟩ Heath : Iph. continuat L || οὐδ' Herm. : οὔθ' L || 572 lineola praef. in L || θείοις Barnes : θεοῖς L || 574 ὅτ' L : ὅς Wecklein || 578 ἥκομεν L : ἱκόμην Musgrave || 579 σπεύδουσ' Musgrave : σπουδῆς L, αις supra ης scripto manu recentissima || 580 τόδ' εὖ L || γ' οὕτω L : τοῦτο Nauck || 582 θέλοις ἂν rec. : θέλεις ἂν L || 587 σφε Markland : γε L, τὰ Π || τάδε Pierson : ταῦτα L || 588 'Αργόθεν Musgrave : ἀγγεῖλαι L || 589 αὖτις L || 590 τινί suprascr. L : τινός in textu L || 591 δυσγενὴς L, quo spreto Murray hic lectionem corruptam cod. P selegit (δυσμενής).

Or toi, tu es de race, à ce qu'il me paraît, et tu connais Mycènes, et ceux à qui je pense[1]. Sauve ta vie; ta récompense sera belle : pour une lettre, un bien léger fardeau, c'est le salut ! Et ton ami, puisque notre cité l'exige, qu'il demeure, et soit seul offert à la déesse.

Oreste. — Tu as fort bien parlé, sauf en un point, ô femme ! La mort de celui-ci me pèserait trop lourd. De la nef du malheur je suis le capitaine : lui n'est qu'un passager qui partage mes peines. Il serait donc injuste à moi, pour te complaire, de perdre un misérable et d'échapper moi-même à la fatalité. Mais voici mon conseil. Donne donc cette lettre à mon ami, pour qu'il la remette en Argos, au gré de tes désirs. Et je me livre au bras qui voudra me frapper, car il est révoltant de se sauver soi-même, en jetant ses amis dans la calamité. Or, celui-ci pour moi est un ami : sa vie m'est chère au même point que ma propre existence.

Iphigénie. — Noble cœur, tout en toi dit ta haute origine, et tu es bien vraiment l'ami de tes amis. Puisse te ressembler le frère qui me reste ! Car, sachez-le, ô étrangers, j'ai, moi aussi, un frère — quoique, hélas il soit loin de ma vue. Pourtant, si tu le veux, je choisirai cet homme, pour porter mon message, et toi, tu périras, puisque, aussi bien, tu as un tel goût pour la mort !

Oreste. — Qui me sacrifiera ? Qui aura ce courage ?...

Iphigénie. — Moi : la divinité m'a donné cette tâche.

[1] L'épisode de la lettre est approuvé par Aristote, qui trouve « très vraisemblable qu'Iphigénie ait désiré écrire » à ses parents. Pourquoi, cependant, si Iphigénie a réellement le pouvoir de sauver de la mort des prisonniers grecs, n'a-t-elle pas *depuis longtemps* usé de ce moyen pour envoyer chez elle des nouvelles ? La correction certaine d'ἀγγεῖλαι en Ἀργόθεν, au vers 588, donne à cette question une réponse satisfaisante. Elle n'avait reçu encore la visite d'aucun Argien. On comprend qu'Iphigénie n'ait voulu qu'à coup sûr exempter du sacrifice une victime sacrée ; or le monde grec paraissait aux Hellènes plus vaste qu'à nous, et les contemporains de la guerre du Péloponnèse appréciaient mieux que nous la difficulté des communications entre les diverses cités.

καὶ τὰς Μυκήνας οἶσθα χοῦς κἀγὼ θέλω,
σώθητι καὶ σὺ μισθὸν οὐκ αἰσχρὸν λαβὼν
κούφων ἕκατι γραμμάτων σωτηρίαν.
Οὗτος δ', ἐπείπερ πόλις ἀναγκάζει τάδε,
θεᾷ γενέσθω θῦμα χωρισθεὶς σέθεν.

ΟΡ. Καλῶς ἔλεξας τἄλλα πλὴν ἕν, ὦ ξένη·
τὸ γὰρ σφαγῆναι τόνδε μοι βάρος μέγα.
Ὁ ναυστολῶν γάρ εἰμ' ἐγὼ τὰς συμφοράς·
οὗτος δὲ συμπλεῖ τῶν ἐμῶν μόχθων χάριν.
Οὔκουν δίκαιον ἐπ' ὀλέθρῳ τῷ τοῦδ' ἐμὲ
χάριν τίθεσθαι καὐτὸν ἐκδῦναι κακῶν.
Ἀλλ' ὣς γενέσθω· τῷδε μὲν δέλτον δίδου,
πέμψει γὰρ Ἄργος, ὥστε σοι καλῶς ἔχειν·
ἡμᾶς δ' ὁ χρῄζων κτεινέτω. Τὰ τῶν φίλων
αἴσχιστον ὅστις καταβαλὼν ἐς ξυμφορὰς
αὐτὸς σέσωσται. Τυγχάνει δ' ὅδ' ὢν φίλος,
ὃν οὐδὲν ἧσσον ἢ 'μὲ φῶς ὁρᾶν θέλω.

ΙΦ. Ὦ λῆμ' ἄριστον, ὡς ἀπ' εὐγενοῦς τινος
ῥίζης πέφυκας τοῖς φίλοις τ' ὀρθῶς φίλος.
Τοιοῦτος εἴη τῶν ἐμῶν ὁμοσπόρων
ὅσπερ λέλειπται. Καὶ γὰρ οὐδ' ἐγώ, ξένοι,
ἀνάδελφός εἰμι, πλὴν ὅσ' οὐχ ὁρῶσά νιν.
Ἐπεὶ δὲ βούλῃ ταῦτα, τόνδε πέμψομεν
δέλτον φέροντα, σὺ δὲ θανεῖ· πολλὴ δέ τις
προθυμία σε τοῦδ' ἔχουσα τυγχάνει.

ΟΡ. Θύσει δὲ τίς με καὶ τὰ δεινὰ τλήσεται;

ΙΦ. Ἐγώ· θεᾶς γὰρ τήνδε προστροπὴν ἔχω.

Test. 598 9 Lucian. *Amores*, 451 (Jacobitz, II, p. 233). || 603-5 τῷδε Lucian. *Amores*, 451 (Jacobitz, II, p. 234).

592 θέλω L : φιλῶ Musgrave fortasse recte || 598 τόνδε μοι L : τόνδ' ἐμοί Luc. || 599 εἰμ' *l* : εἶμ' L || 604 πέμψει L : πέμψω Luc. || 607 σέσωται Wecklein || 610 ὀρθὸς L ως super ος scr. *l* || 618 τήνδε Π et Bothe : τῆσδε L.

Oreste. — Peu enviable, ô jeune fille, et bien lugubre!

Iphigénie. — C'est mon fatal destin, et je dois obéir!

Oreste. — Toi, femme, de l'épée, tu frapperais des hommes?

Iphigénie. — Non, mais j'aspergerai tes cheveux d'eau lustrale.

Oreste. — Et qui m'égorgera? Puis-je le demander?

Iphigénie. — Ceux qui s'en chargeront sont dans ce sanctuaire.

Oreste. — Et quelle tombe alors recevra mon cadavre?

Iphigénie. — Le feu sacré, brûlant dans l'abîme rocheux[1]...

Oreste. — Si les mains de ma sœur pouvaient m'ensevelir!

Iphigénie. — Inutiles souhaits, ô Grec, qui que tu sois! Elle habite bien loin de ces terres barbares. Mais, puisque, toi aussi, tu es d'Argos, au moins tu recevras de moi ce que je puis donner. Je veux abondamment parer ta sépulture, sur ton corps tout brûlant, j'épandrai l'huile blonde, je verserai, sur ton bûcher, le suc extrait des fleurs par le travail de l'abeille au corps fauve. Mais je m'en vais chercher ma lettre dans le temple. Sache-le bien, je ne suis pas ton ennemie. (*Aux serviteurs.*) Gardez-les, serviteurs, mais sans les mettre aux fers.

Ah! peut-être quelqu'un de mes parents d'Argos, celui-là que, de tous, j'aime le mieux, de moi va, contre tout espoir, recevoir un message! Ma lettre, en lui disant que la morte est vivante, va lui causer le plus assuré des bonheurs!

Iphigénie rentre dans le temple.

Le Chœur. — *Je pleure sur toi, victime vouée à la rosée sanglante de l'eau lustrale...*

[1] Il faut citer ici le texte fameux de Diodore (XX, 14) : « Il y avait chez les Carthaginois une statue de Kronos, statue d'airain, qui tendait les mains, inclinées vers la terre, et présentant les paumes ; de sorte que les enfants qu'on mettait dans les mains roulaient

ΟΡ. Ἄζηλά γ', ὦ νεᾶνι, κοὐκ εὐδαίμονα.
ΙΦ. Ἀλλ' εἰς ἀνάγκην κείμεθ', ἣν φυλακτέον.
ΟΡ. Αὐτὴ ξίφει θύουσα θῆλυς ἄρσενας;
ΙΦ. Οὔκ· ἀλλὰ χαίτην ἀμφὶ σὴν χερνίψομαι.
ΟΡ. Ὁ δὲ σφαγεὺς τίς; εἰ τάδ' ἱστορεῖν με χρή.
ΙΦ. Ἔσω δόμων τῶνδ' εἰσὶν οἷς μέλει τάδε.
ΟΡ. Τάφος δὲ ποῖος δέξεταί μ', ὅταν θάνω;
ΙΦ. Πῦρ ἱερὸν ἔνδον χάσμα τ' εὐρωπὸν πέτρας.
ΟΡ. Φεῦ·
πῶς ἄν μ' ἀδελφῆς χεὶρ περιστείλειεν ἄν;
ΙΦ. Μάταιον εὐχήν, ὦ τάλας, ὅστις ποτ' εἶ,
ηὔξω· μακρὰν γὰρ βαρβάρου ναίει χθονός.
Οὐ μήν, ἐπειδὴ τυγχάνεις Ἀργεῖος ὤν,
ἀλλ' ὧν γε δυνατὸν οὐδ' ἐγὼ 'λλείψω χάριν.
Πολύν τε γάρ σοι κόσμον ἐνθήσω τάφῳ,
ξανθῷ τ' ἐλαίῳ σῶμα σὸν κατασβέσω,
καὶ τῆς ὀρείας ἀνθεμόρρυτον γάνος
ξουθῆς μελίσσης ἐς πυρὰν βαλῶ σέθεν.
Ἀλλ' εἶμι δέλτον τ' ἐκ θεᾶς ἀνακτόρων
οἴσω· τὸ μέντοι δυσμενὲς μὴ 'μοῦ λάβῃς.
Φυλάσσετ' αὐτούς, πρόσπολοι, δεσμῶν ἄτερ.
Ἴσως ἄελπτα τῶν ἐμῶν φίλων τινὶ
πέμψω πρὸς Ἄργος, ὃν μάλιστ' ἐγὼ φιλῶ,
καὶ δέλτος αὐτῷ ζῶντας οὓς δοκεῖ θανεῖν
λέγουσα πιστὰς ἡδονὰς ἀπαγγελεῖ.

ΧΟ. Κατολοφύρομαι σὲ τὸν χερνίβων Str.

Test. 625-6 Diodor. XX, 14 (Fischer V, p. 193).

619 ἄζηλάγ' L : ἄζηλον Bothe || 622 οὔκ LΠ : οὔκουν L || χερνίσομαι L textu, ψο suprascr. Lc || 626 πέτρας L : χθονὸς Diod. || 631 'λλείψω arkland : λείψω L || 635 πυρὰν βαλῶ Canter : πῦρ ἐμβαλὼν L || 636 τ' l: τε || 637 μή 'μοῦ Herm. : μή μου L, μὴ 'μοὶ Reiske || 642 λέγουσα ιστάς L : λέγουσ' ἀπίστους Portus.

Oreste. — Vos pleurs sont sans objet : allons femmes, adieu[1] !

Le Chœur. — *Toi, sois félicité de ton heureux destin, ô jeune homme qui vas rentrer dans ta patrie!*

Pylade. — L'ami qui voit périr l'ami est-il enviable?

Le Chœur. — *Triste départ pour toi!*

— Hélas! hélas! tu meurs!

— Hélas! hélas! qui donc est le plus misérable?

Mon esprit incertain flotte entre deux partis : est-ce sur toi, ou bien sur lui qu'il faut plutôt gémir?

Oreste. — Pylade, au nom des dieux, penses-tu comme moi?

Pylade. — Je ne sais que répondre à cette question.

Oreste. — Quelle est donc cette vierge? En vraie fille d'Hellas, elle s'est informée des travaux d'Ilion, et du retour des Grecs, et du devin Calchas. Elle a cité le nom d'Achille; elle plaignait l'infortuné Agamemnon; elle m'a même questionné sur son épouse et ses enfants. Cette femme est d'Argos, bien sûr; sinon, jamais, elle ne m'eût posé de questions pareilles, ni pris si grande part aux destinées d'Argos!

Pylade. — C'est ce que j'allais dire, et tu m'as devancé : sauf un seul point, pourtant. Car les calamités de nos rois sont connues de quiconque n'est point privé de tout contact avec l'humanité[2]. Mais il m'était venu encore une autre idée.

et tombaient dans un trou béant plein de feu. Il est probable qu'Euripide a tiré de là la fable qu'il raconte à propos des sacrifices de la Tauride, lorsqu'il fait demander par Oreste à Iphigénie : Τάφος δὲ ποῖος δέξεταί μ', ὅταν θάνω; et qu'Iphigénie répond : Πῦρ ἱερὸν χάσμα τ' εὐρωπὸν χθονός».

[1] Les sarcophages illustrent cette scène. Oreste, assis sur un bloc de rocher a couvert de sa chlamyde sa tête qu'il soutient de sa main droite. En face de lui, Pylade tient dans sa main droite son bâton de voyageur, et s'appuie du coude droit sur un pilier (Philippart nos 54, 55).

[2] Un autre sens est possible (mais non vraisemblable) : « Les aventures des rois qui ont été un peu mêlés à la vie du monde sont connues ».

ῥανίσι μελόμενον αἱμακταῖς.
ΟΡ. Οἶκτος γὰρ οὐ ταῦτ', ἀλλὰ χαίρετ', ὦ ξέναι.
ΧΟ. Σὲ δὲ τύχας μάκαρος, ὦ Ant.
νεανία, σεβόμεθ', ἐς
πάτραν ὅτι ποτ' ἐπεμβάσῃ.
ΠΥ. Ἄζηλά τοι φίλοισι, θνῃσκόντων φίλων.
ΧΟ. Ὦ σχέτλιοι πομπαί.
Φεῦ φεῦ, διόλλυσαι.
Αἰαῖ αἰαῖ. Πότερος ὁ μᾶλλον;
Ἔτι γὰρ ἀμφίλογα δίδυμα μέμονε φρήν,
σὲ πάρος ἢ σ' ἀναστενάξω γόοις.

ΟΡ. Πυλάδη, πέπονθας ταὐτὸ πρὸς θεῶν ἐμοί;
ΠΥ. Οὐκ οἶδ'· ἐρωτᾷς οὐ λέγειν ἔχοντά με.
ΟΡ. Τίς ἐστὶν ἡ νεᾶνις; ὡς Ἑλληνικῶς
ἀνήρεθ' ἡμᾶς τούς τ' ἐν Ἰλίῳ πόνους
νόστον τ' Ἀχαιῶν τόν τ' ἐν οἰωνοῖς σοφὸν
Κάλχαντ' Ἀχιλλέως τ' ὄνομα, καὶ τὸν ἄθλιον
Ἀγαμέμνον' ὡς ᾤκτιρ' ἀνηρώτα τέ με
γυναῖκα παῖδάς τ'. Ἔστιν ἡ ξένη γένος
ἐκεῖθεν, Ἀργεία τις· οὐ γὰρ ἄν ποτε
δέλτον τ' ἔπεμπε καὶ τάδ' ἐξεμάνθανεν,
ὡς κοινὰ πράσσουσ', Ἄργος εἰ πράσσοι καλῶς.
ΠΥ. Ἔφθης με μικρόν· ταὐτὰ δὲ φθάσας λέγεις,
πλὴν ἕν· τὰ γάρ τῶν βασιλέων παθήματα
ἴσασι πάντες, ὧν ἐπιστροφή τις ἦν.
Ἀτὰρ διῆλθον χἄτερον λόγον τινά.

649 ὅτι L : ὅς Seidler || 646 ποτ' L : πόδ' Elmsley || 650 τοι Herm : οἷς L || 651-5 « paragraphos post Kirchhoffium addidi, notam ΧΟ. ante 651 L² (= Lc) ante 653 L » sic Murray recte, quem secutus sum || 654 μᾶλλον Musgrave : μέλλων L || 655 ἀμφίλογα rec. : ἀμφίφλογα L || μέμονε suprascr. in L : μέμηνε L || 664 ᾤκτιρ rec. : ᾤκτειρεν L || 668 πράσσοι Herm. : πράσσει L || 670 τὰ γὰρ τῶν L : τὰ γάρ τοι Herm. || 672 διῆλθον Porson : διῆλθε L.

Oreste. — Laquelle ? Dis-la moi, nous verrons mieux ensemble...

Pylade. — Si tu meurs, l'existence est pour moi un opprobre. Je t'ai suivi, je dois mourir ainsi que toi, ou je serai traité de couard et de lâche dans Argos et dans les vallons de la Phocide. Car la foule croira (les lâches sont nombreux) que je t'abandonnai pour me sauver tout seul ; ou même, qu'en voyant les malheurs de ta race, je te tendis un piège, que je t'assassinai pour obtenir ton sceptre[1] ! Ne suis-je pas l'époux de ta sœur, dont je dois recueillir l'apanage[2] ? Voilà ce que je crains, et j'en rougis d'avance. Non, non, je veux, je dois expirer avec toi. Nous serons égorgés et consumés ensemble. Car je t'aime, ô Pylade, et hais le déshonneur.

Oreste. — Ah! tais-toi! Je dois certes endurer mes malheurs, mais c'est assez des miens; je ne porterai pas double fardeau : ce déshonneur et cet opprobre, dont tu as peur pour toi, m'accableraient moi-même, si je laissais périr qui m'aida dans la peine. Ce n'est pas, après tout, un destin si funeste, lorsqu'on est, comme moi, maltraité par les Dieux, de quitter cette vie! Mais toi, tu es heureux, ta famille est sans tache, tandis que ma maison est maudite et souillée. Sauve-toi! Tu auras des enfants de ma sœur, que je t'ai confiée pour être ton épouse. Ainsi, mon nom vivra, et l'on ne verra pas, faute de descendants, s'éteindre ma maison. Va donc, vis, sois heureux au foyer

[1] Il est très possible que καὶ φονεύσας doive être corrigé en κἀφεδρεύσας ; mais cette correction n'est pas nécessaire.

[2] Littéralement « comme étant l'époux de ta sœur *héritière* » ; ἔγκληρος est l'équivalent poétique du terme de droit attique ἐπίκληρος. Une fille *épiclère* est celle qui recueille toute la fortune de sa maison à défaut d'héritier mâle. — Il va de soi qu'Électre ne deviendra *épiclère* que par la mort d'Oreste; mais ce n'est pas une raison suffisante pour suspecter l'authenticité du passage. — Le personnage de Pylade apparaît pour la première fois dans les Νόστοι. Son introduction dans la légende d'Oreste eut probablement à l'origine un but politique. On peut se demander si son mariage avec l'héritière de la maison des Atrides n'est pas une de ces fictions destinées à légitimer l'occupation des envahisseurs doriens de l'Argolide.

ΟΡ. Τίν'; ἐς τὸ κοινὸν δοὺς ἄμεινον ἂν μάθοις.
ΠΥ. Αἰσχρὸν θανόντος σοῦ βλέπειν ἡμᾶς φάος,
κοινῇ τ' ἔπλευσα, δεῖ με καὶ κοινῇ θανεῖν.
Καὶ δειλίαν γὰρ καὶ κάκην κεκτήσομαι
Ἄργει τε Φωκέων τ' ἐν πολυπτύχῳ χθονί,
δόξω δὲ τοῖς πολλοῖσι, πολλοὶ γὰρ κακοί,
προδούς σεσῷσθαί σ' αὐτὸς εἰς οἴκους μόνος
ἢ καὶ φονεύσας ἐπὶ νοσοῦσι δώμασι
ῥάψαι μόρον σοι σῆς τυραννίδος χάριν,
ἔγκληρον ὡς δὴ σὴν κασιγνήτην γαμῶν.
Ταῦτ' οὖν φοβοῦμαι καὶ δι' αἰσχύνης ἔχω,
κοὐκ ἔσθ' ὅπως οὐ χρὴ συνεκπνεῦσαί μέ σοι
καὶ συσφαγῆναι καὶ πυρωθῆναι δέμας,
φίλον γεγῶτα καὶ φοβούμενον ψόγον.
ΟΡ. Εὔφημα φώνει· τἀμὰ δεῖ φέρειν κακά·
ἁπλᾶς δὲ λύπας ἐξόν, οὐκ οἴσω διπλᾶς.
Ὃ γὰρ σὺ λυπρὸν κἀπονείδιστον λέγεις,
ταὔτ' ἔστιν ἡμῖν, εἴ σε συμμοχθοῦντ' ἐμοὶ
κτενῶ· τὸ μὲν γὰρ εἰς ἔμ' οὐ κακῶς ἔχει,
πράσσονθ' ἃ πράσσω πρὸς θεῶν, λήγειν βίου.
Σὺ δ' ὄλβιός τ' εἶ καθαρά τ' οὐ νοσοῦντ' ἔχεις
μέλαθρ', ἐγὼ δὲ δυσσεβῆ καὶ δυστυχῆ.
Σωθεὶς δὲ παῖδας ἐξ ἐμῆς ὁμοσπόρου
κτησάμενος, ἣν ἔδωκά σοι δάμαρτ' ἔχειν,
ὄνομά τ' ἐμοῦ γένοιτ' ἄν, οὐδ' ἄπαις δόμος
πατρῷος οὑμὸς ἐξαλειφθείη ποτ' ἄν.
Ἀλλ' ἕρπε καὶ ζῆ καὶ δόμους οἴκει πατρός.

Test. 699 Bekker *Anecd.*, I p. 97. Etym. Magn. p. 410 (s. v. ζῆθι). Photius, p. 47. Suidas I, 2, p. 77.

673 μάθῃς suprascr. οις L ‖ 679 σεσῶσθαί σ' Elmsley : σε σῴζεσθ' L ‖ 680 καὶ φονεύσας L : κἀφεδρεύσας Lobeck ‖ 685 συσφαγῆναι L : σὺν σφαγῆναι Murray ‖ 692 λήγειν suprascr. eff. in L λήσειν in textu L (inde λύσειν P quod auctoritate omni caret) ‖ βίου Markland : βίον L.

de ton père! Rentré en Grèce, et dans Argos riche en cavales, par ta main droite que voici, je t'en supplie, érige-moi un tertre avec un monument. Que ma sœur y dépose et ses pleurs, et ses boucles. Dis-leur que j'ai péri de la main d'une Argienne, à côté de l'autel, en victime sacrée[1]. Encore une prière : ne trahis par ma sœur, voyant notre maison vide et sans alliés. Adieu! tu fus pour moi le plus cher des amis, compagnon de mes jeux d'enfant et de mes chasses, toi qui as si souvent, pris ta part de mes peines! Phoibos, devin pourtant, Phoibos m'avait menti! C'est à dessein qu'il m'a mené loin de la Grèce, le plus loin qu'il a pu : il a honte, en effet, de son premier oracle. A lui, pour mon malheur, j'ai tout sacrifié. Trop docile à ses ordres, j'ai immolé ma mère, et je péris moi-même!

Pylade. — Tu auras ton sépulcre. Je ne quitterai point mon épouse, ta sœur, ô malheureux! Et sache que la mort grandira encore mon amitié. Mais l'oracle du dieu n'a point causé ta perte encore — si voisin que tu sois du trépas. Bien souvent, tu le sais, l'excès de nos malheurs amène de soudains retours de la fortune.

Oreste. — Tais-toi : l'oracle de Phoibos m'est inutile. Cette femme, à l'instant franchit le seuil du temple!

Iphigénie reparaît.

Iphigénie. — *(Aux gardiens[2].)* Vous, serviteurs, allez préparer dans ce temple ce qui est nécessaire aux sacrificateurs. *(A Oreste et Pylade.)* Voici, ô étrangers, ma lettre

[1] La « consécration » à l'autel par une Argienne paraît, donc en définitive, à Oreste, une espèce de consolation. Ainsi en avait jugé, au rapport d'Iphigénie, ce prisonnier qui avait tracé pour elle la lettre. Iphigénie, loin de paraître aux spectateurs une homicide, apporte donc aux victimes d'Artémis « les secours de leur religion ».

[2] Au vers 470, Iphigénie avait renvoyé dans le temple les serviteurs qui l'avaient assistée dans ses libations. Les gardes sont restés pour veiller sur Oreste et Pylade (v. 638). A présent, ils sont renvoyés à leur tour, sous le même prétexte qui a déjà servi à éloigner les esclaves sacrés. Il le fallait bien, la reconnaissance ne pouvant avoir d'autres témoins que le Chœur. Mais la précaution est psychologi-

Ὅταν δ' ἐς Ἑλλάδ' ἵππιόν τ' Ἄργος μόλῃς,
πρὸς δεξιᾶς σε τῆσδ' ἐπισκήπτω τάδε·
τύμβον τε χῶσον κἀπίθες μνημεῖά μοι,
καὶ δάκρυ' ἀδελφὴ καὶ κόμας δότω τάφῳ.
Ἄγγελλε δ' ὡς ὄλωλ' ὑπ' Ἀργείας τινὸς
γυναικός, ἀμφὶ βωμὸν ἁγνισθεὶς φόνῳ.
Καὶ μὴ προδῷς μου τὴν κασιγνήτην ποτέ,
ἔρημα κήδη καὶ δόμους ὁρῶν πατρός.
Καὶ χαῖρ'· ἐμῶν γὰρ φίλτατον σ' ηὗρον φίλων,
ὦ συγκυναγὲ καὶ συνεκτραφεὶς ἐμοί,
ὦ πόλλ' ἐνεγκὼν τῶν ἐμῶν ἄχθη κακῶν.
Ἡμᾶς δ' ὁ Φοῖβος μάντις ὢν ἐψεύσατο·
τέχνην δὲ θέμενος ὡς προσώταθ' Ἑλλάδος
ἀπήλασ' αἰδοῖ τῶν πάρος μαντευμάτων.
Ὧι πάντ' ἐγὼ δοὺς τἀμὰ καὶ πεισθεὶς λόγοις,
μητέρα κατακτὰς αὐτὸς ἀνταπόλλυμαι.

ΠΥ. Ἔσται τάφος σοι, καὶ κασιγνήτης λέχος
οὐκ ἂν προδοίην, ὦ τάλας, ἐπεί σ' ἐγὼ
θανόντα μᾶλλον ἢ βλέπονθ' ἕξω φίλον.
Ἀτὰρ τὸ τοῦ θεοῦ σ' οὐ διέφθορέν γε πω
μάντευμα, καίτοι γ' ἐγγὺς ἕστηκας φόνου.
Ἀλλ' ἔστιν ἔστιν ἡ λίαν δυσπραξία
λίαν διδοῦσα μεταβολάς, ὅταν τύχῃ.

ΟΡ. Σίγα· τὰ Φοίβου δ' οὐδὲν ὠφελεῖ μ' ἔπη·
γυνὴ γὰρ ἥδε δωμάτων ἔξω περᾷ.

ΙΦ. Ἀπέλθεθ' ὑμεῖς καὶ παρευτρεπίζετε
τἄνδον μολόντες τοῖς ἐφεστῶσι σφαγῇ.
Δέλτου μὲν αἵδε πολύθυροι διαπτυχαί,

700 Schol. Pind. *Ol.* XIII, 27 (t. I, p. 363 Drachmann) || **727** Aristot. *Rhet.* III, 6 1407b.

702 μοι L : μου Monk || 719 σ' οὐ... γέ Nauck : γ' οὐ... μέ L || 727 πολύθυροι Ar. Rhet. : πολύθρηνοι L.

composée de multiples tablettes. A présent écoutez quelle est mon intention. Hélas, les hommes changent en passant de la crainte à la sécurité! J'ai peur qu'ayant quitté une fois ce pays, celui qui doit porter en Argos mon message, ne fasse plus de cas désormais de ma lettre!

ORESTE. — Que veux-tu donc? Pourquoi t'alarmes-tu ainsi?

IPHIGÉNIE. — Qu'il me fasse serment de porter mon écrit en Argos, aux parents à qui je le destine.

ORESTE. — De ton côté t'obligeras-tu envers lui?

IPHIGÉNIE. — Que dois-je lui jurer de faire, ou d'éviter?

ORESTE. — De lui laisser quitter, vivant, le sol barbare.

IPHIGÉNIE. — C'est juste : il le faut bien, s'il doit remplir sa tâche...

ORESTE. — Mais le roi du pays le lui permettra-t-il?

IPHIGÉNIE. — Oui... J'obtiendrai son agrément, et c'est moi-même qui prendrai soin de t'embarquer[1]!

ORESTE. — Jure, et dicte un serment qui soit bien solennel!

IPHIGÉNIE. — Je remettrai ceci à tes parents : répète!

PYLADE. — Je jure de donner la lettre à tes parents...

IPHIGÉNIE. — Je te ferai franchir les roches Cyanées...

PYLADE. — Quelle divinité prendras-tu à témoin?

IPHIGÉNIE. — Artémis, dont j'exerce ici le ministère.

PYLADE. — Et moi, l'auguste Zeus, le souverain du ciel.

IPHIGÉNIE. — Et si tu me fais tort, violant ton serment?...

PYLADE. — Point de retour pour moi! Et, si tu ne me sauves?

IPHIGÉNIE. — Que je ne revoie plus, vivante, mon Argos!

PYLADE. — Ecoute : nous avons oublié quelque chose...

quement vraisemblable; Iphigénie sent confusément qu'elle peut être amenée par la pitié à outrepasser ses droits et elle ne veut causer avec les deux Grecs que devant des personnes de confiance.

[1] Iphigénie « s'avance » un peu, confiante dans l'influence qu'elle exerce sur le roi. Mais en somme le crédit dont elle jouit, et qui sera démontré par la réussite de sa ruse, la justifie assez.

ξένοι, πάρεισιν· ἃ δ' ἐπὶ τοῖσδε βούλομαι,
ἀκούσατ'· οὐδεὶς αὐτὸς ἐν πόνοις ⟨τ'⟩ ἀνὴρ
ὅταν τε πρὸς τὸ θάρσος ἐκ φόβου πέσῃ.
Ἐγὼ δὲ ταρβῶ μὴ ἀπονοστήσας χθονὸς
θῆται παρ' οὐδὲν τὰς ἐμὰς ἐπιστολὰς
ὁ τήνδε μέλλων δέλτον εἰς Ἄργος φέρειν.

ΟΡ. Τί δῆτα βούλῃ ; τίνος ἀμηχανεῖς πέρι ;
ΙΦ. Ὅρκον δότω μοι τάσδε πορθμεύσειν γραφὰς
πρὸς Ἄργος, οἷσι βούλομαι πέμψαι φίλων.
ΟΡ. Ἦ κἀντιδώσεις τῷδε τοὺς αὐτοὺς λόγους ;
ΙΦ. Τί χρῆμα δράσειν ἢ τί μὴ δράσειν ; λέγε.
ΟΡ. Ἐκ γῆς ἀφήσειν μὴ θανόντα βαρβάρου.
ΙΦ. Δίκαιον εἶπας· πῶς γὰρ ἀγγείλειεν ἄν ;
ΟΡ. Ἦ καὶ τύραννος ταῦτα συγχωρήσεται ;
ΙΦ. Ναί.
Πείσω σφε, καὐτὴ ναὸς εἰσβήσω σκάφος.
ΟΡ. Ὄμνυ· σὺ δ' ἔξαρχ' ὅρκον ὅστις εὐσεβής.
ΙΦ. Δώσειν, λέγειν χρή, τήνδε τοῖς ἐμοῖς φίλοις.
ΠΥ. Τοῖς σοῖς φίλοισι γράμματ' ἀποδώσω τάδε.
ΙΦ. Κἀγὼ σὲ σώσω κυανέας ἔξω πέτρας.
ΠΥ. Τίν' οὖν ἐπόμνυς τοισίδ' ὅρκιον θεῶν ;
ΙΦ. Ἄρτεμιν, ἐν ἧσπερ δώμασιν τιμὰς ἔχω.
ΠΥ. Ἐγὼ δ' ἄνακτά γ' οὐρανοῦ, σεμνὸν Δία.
ΙΦ. Εἰ δ' ἐκλιπὼν τὸν ὅρκον ἀδικοίης ἐμέ ;
ΠΥ. Ἄνοστος εἴην· τί δὲ σύ, μὴ σώσασά με ;
ΙΦ. Μήποτε κατ' Ἄργος ζῶσ' ἴχνος θείην ποδός.
ΠΥ. Ἄκουε δή νυν ὃν παρήλθομεν λόγον.

728 ξένοι Pierson : ξένοις L || 729 αὐτὸς rec. : αὑτὸς L || ⟨τ⟩ Koechly || 742 ναί supra uersum addidit *l* : in uersu P et primitus L || 744 δώσειν Bothe : δώσω L || 747 τοισίδ' Markland : τοῖσιν L || 752 ποδὸς L[c] (δο in ras., ς postm. add.).

Iphigénie. — S'il le faut, nous pouvons changer cette formule[1].

Pylade. — Il est un cas qu'il faut prévoir : c'est le naufrage. Si ma lettre est perdue dans les flots de la mer, et si j'échappe seul, mon serment ne vaut plus!

Iphigénie. — Eh bien, faisons ceci. Multiplions les chances. Ce qui se trouve inscrit dans les plis des tablettes, je te l'enseignerai, et tu rediras tout à mes parents. Ainsi le résultat est sûr. Ou bien, tu garderas l'écrit, et ces tablettes, muettes, parleront ; ou, si la mer les noie, en sauvant ta personne, tu sauves mon message!

Pylade. — Tu as parlé fort bien, pour toi comme pour moi. Dis à qui je devrai remettre la missive en Argos, ce qu'il faut y mander de ta part.

Iphigénie. — Va donc dire à Oreste, au fils d'Agamemnon : « Voici ce que t'écrit la victime d'Aulis, Iphigénie, vivante et défunte pour vous... »

Oreste. — Où est-elle? Elle est donc revenue à la vie?

Iphigénie. — Elle est devant tes yeux : cesse de m'interrompre! « Viens me chercher, et ne me laisse pas mourir ici, ramène-moi dans Argos ma patrie, mon frère, et tire-moi d'une contrée barbare. Affranchis-moi de cet office sanguinaire qui me fait mettre à mort ici les étrangers... »

Oreste. — Pylade, que dirai-je? Où donc nous trouvons-nous?...

Iphigénie. — « Ou ma malédiction poursuivra ta maison, Oreste »... écoute encor ce nom, et retiens-le!

Oreste. — Dieux!

Iphigénie. — Pourquoi donc invoquer les dieux dans cette affaire, qui me regarde seule...

[1] Le texte du v. 754 n'est pas sûr. Littéralement : « Mais on peut encore renouveler (changer) la formule, si c'est bien.. » Évidemment ἢν κακῶς ἔχῃ pourrait se comprendre ; mais cette correction n'est pas nécessaire. D'autres critiques récrivent le vers (cf. notes cr.) : ἀλλ' οὔ τις ἔστ' ἄκαιρος, ἢν καλῶς ἔχῃ « aucune idée ne vient trop tard, si elle est juste », c'est-à-dire : « Il n'est pas trop tard pour me communiquer ta proposition. »

ΙΦ. Ἀλλ' αὖθις ἔσται καινός, ἢν καλῶς ἔχῃ.
ΠΥ. Ἐξαίρετόν μοι δὸς τόδ', ἤν τι ναῦς πάθῃ,
χἡ δέλτος ἐν κλύδωνι χρημάτων μέτα
ἀφανὴς γένηται, σῶμα δ' ἐκσώσω μόνον,
τὸν ὅρκον εἶναι τόνδε μηκέτ' ἔμπεδον.
ΙΦ. Ἀλλ' οἶσθ' ὃ δράσω ; πολλὰ γὰρ πολλῶν κυρεῖ·
τἀνόντα κἀγγεγραμμέν' ἐν δέλτου πτυχαῖς
λόγῳ φράσω σοι πάντ' ἀναγγεῖλαι φίλοις.
Ἐν ἀσφαλεῖ γάρ· ἢν μὲν ἐκσώσῃς γραφήν,
αὐτὴ φράσει σιγῶσα τἀγγεγραμμένα·
ἢν δ' ἐν θαλάσσῃ γράμματ' ἀφανισθῇ τάδε,
τὸ σῶμα σώσας τοὺς λόγους σώσεις ἐμοί.
ΠΥ. Καλῶς ἔλεξας τῶν τε σῶν ἐμοῦ θ' ὕπερ.
Σήμαινε δ' ᾧ χρὴ τάσδ' ἐπιστολὰς φέρειν
πρὸς Ἄργος, ὅ τι τε χρὴ κλύοντά σου λέγειν
ΙΦ. Ἄγγελλ' Ὀρέστῃ, παιδὶ τἀγαμέμνονος·
ἡ 'ν Αὐλίδι σφαγεῖσ' ἐπιστέλλει τάδε
ζῶσ' Ἰφιγένεια, τοῖς ἐκεῖ δ' οὐ ζῶσ' ἔτι.
ΟΡ. Ποῦ δ' ἔστ' ἐκείνη ; κατθανοῦσ' ἥκει πάλιν ;
ΙΦ. Ἥδ' ἣν ὁρᾷς σύ· μὴ λόγοις ἔκπλησσέ με.
Κόμισαί μ' ἐς Ἄργος, ὦ σύναιμε, πρὶν θανεῖν,
ἐκ βαρβάρου γῆς καὶ μετάστησον θεᾶς
σφαγίων, ἐφ' οἷσι ξενοφόνους τιμὰς ἔχω.
ΟΡ. Πυλάδη, τί λέξω ; ποῦ ποτ' ὄνθ' ηὑρήμεθα ;
ΙΦ. Ἦ σοῖς ἀραία δώμασιν γενήσομαι,
Ὀρέσθ', ἵν' αὖθις ὄνομα δὶς κλύων μάθῃς.
ΟΡ. Ὦ θεοί.
ΙΦ. Τί τοὺς θεοὺς ἀνακαλεῖς ἐν τοῖς ἐμοῖς ;

754 αὔτις L ut solet || καλῶς L : κακῶς Kirchhoff, sed cf. adn. || ἀλλ' οὔτις ἔστ' ἄκαιρος, ἣν καλῶς ἔχῃ Bothe || 763 αὐτὴ rec. : αὕτη L || 765 ἐμοὶ L : ὁμοῦ Badham || 766 τῶν τε σῶν Haupt : τῶν θεῶν L || 769 τἀγαμέμνονος rec. : τῶ 'γ. L || 779-80 uerba inter personas sic distribuit *l*, sed Pyl. non Or. dedit ὦ θεοί : Orestae haec uerba redd. Herm., uerba Ὀρέστ'... θεοί Pyl. trib. in L || 779 Ὀρέστ' *l* et P : Ὀρέστα P.

Oreste. — Ce n'est rien! Continue, je m'étais égaré... Car, en t'interrogeant je risquerais d'entendre des choses incroyables[1]...

Iphigénie. — « Et dis-lui qu'Artémis, qui m'avait échangée contre une biche que sacrifia mon père, lorsqu'il crut me percer de son glaive tranchant, m'a transportée dans ce pays... » Voilà ma lettre, voilà les mots qui sont inscrits sur ces tablettes...

Pylade. — Tu m'as lié par un bien facile serment, et toi-même as juré la plus belle promesse! Je ne tarderai guère à tenir ma parole. Voici : je te transmets et te remets la lettre : Oreste, reçois-la de la part de ta sœur!

Oreste. — Merci! Sans me hâter d'entr'ouvrir ces tablettes, je veux d'abord jouir d'un plaisir plus réel que de simples paroles. O sœur, ô sœur chérie! Frappé d'étonnement, je t'entoure d'un bras incrédule, et suis tout à la joie d'entendre ces prodiges!

La Coryphée. — Etranger, il n'est pas permis, comme tu fais, de profaner notre prêtresse, et de souiller, en y portant la main, ses voiles intangibles...

Oreste. — O fille de ma mère, toi qu'engendra mon père Agamemnon, ne te détourne pas de moi : car contre tout espoir, tu recouvres ton frère...

Iphigénie. — Toi, mon frère! Tais-toi. Il ne peut-être ici. C'est Argos et Nauplie que remplit sa grandeur!

Oreste. — Malheureuse, non pas! Ton frère n'est pas là!

Iphigénie. — La Laconienne, la Tyndaride est ta mère?

Oreste. — Oui, et le fils du fils de Pélops est mon père.

[1] Hermann a rendu à Oreste le premier de ces deux vers (781). Quant au second, on le corrige et on le déplace diversement. Il me semble qu'il est parfaitement intelligible dans la bouche d'Oreste. auquel il faut aussi (avec Hermann, malgré L et *l*) donner l'exclamation ὦ θεοί. Oreste ne peut s'empêcher de s'écrier en entendant son nom. Mais il se reproche son impatience et craint presque d'apprendre ce qu'il n'oserait croire.

ΟΡ. Οὐδέν· πέραινε δ'· ἐξέβην γὰρ ἄλλοσε.
Τάχ' οὖν ἐρωτῶν σ' εἰς ἄπιστ' ἀφίξομαι.
ΙΦ. Λέγ' οὕνεκ' ἔλαφον ἀντιδοῦσά μου θεὰ
Ἄρτεμις ἔσωσέ μ', ἣν ἔθυσ' ἐμὸς πατήρ,
δοκῶν ἐς ἡμᾶς ὀξὺ φάσγανον βαλεῖν,
ἐς τήνδε δ' ᾤκισ' αἶαν. Αἵδ' ἐπιστολαί,
τάδ' ἐστὶ τἀν δέλτοισιν ἐγγεγραμμένα.
ΠΥ. Ὦ ῥᾳδίοις ὅρκοισι περιβαλοῦσά με,
κάλλιστα δ' ὀμόσασ', οὐ πολὺν σχήσω χρόνον,
τὸν δ' ὅρκον ὃν κατώμοσ' ἐμπεδώσομεν.
Ἰδού, φέρω σοι δέλτον ἀποδίδωμί τε,
Ὀρέστα, τῆσδε σῆς κασιγνήτης πάρα.
ΟΡ. Δέχομαι· παρεὶς δὲ γραμμάτων διαπτυχάς,
τὴν ἡδονὴν πρῶτ' οὐ λόγοις αἱρήσομαι.
Ὦ φιλτάτη μοι σύγγον', ἐκπεπληγμένος
ὅμως σ' ἀπίστῳ περιβαλὼν βραχίονι
ἐς τέρψιν εἶμι, πυθόμενος θαυμάστ' ἐμοί.
ΧΟ. Ξεῖν', οὐ δικαίως τῆς θεοῦ τὴν πρόσπολον
χραίνεις ἀθίκτοις περιβαλὼν πέπλοις χέρα.
ΟΡ. Ὦ συγκασιγνήτη τε κἀκ ταὐτοῦ πατρὸς
Ἀγαμέμνονος γεγῶσα, μή μ' ἀποστρέφου,
ἔχουσ' ἀδελφόν, οὐ δοκοῦσ' ἕξειν ποτέ.
ΙΦ. Ἐγώ σ' ἀδελφὸν τὸν ἐμόν; οὐ παύσῃ λέγων;
Τὸ δ' Ἄργος αὐτοῦ μεστὸν ἥ τε Ναυπλία.
ΟΡ. Οὐκ ἔστ' ἐκεῖ σός, ὦ τάλαινα, σύγγονος.
ΙΦ. Ἀλλ' ἡ Λάκαινα Τυνδαρίς σ' ἐγείνατο;
ΟΡ. Πέλοπός γε παιδὶ παιδός, οὗ 'κπέφυκ' ἐγώ.

Test. 787 Plutarch. *Mor.* 182e.

781 ΟΡ. Herm. : ΠΥ. L || 786 ᾤκισ' correctum in P : ᾤκησ' L || 787 τάδ' ἐστὶ L : ταῦτ' ἐστὶ Plut. || 796 σ' ἀπίστῳ Markland : ἀπιστῶ L || 798 ξέν' rec. : ξεῖν' L || 806 ἡ L : ἦ Monk || 807 γε Seidler : τε L.

IPHIGÉNIE. — Que dis-tu? Aurais-tu de cela quelque signe?

ORESTE. — Certe. Interroge-moi donc sur notre maison.

IPHIGÉNIE. — Non : à toi de parler, et à moi de juger.

ORESTE. — Je te dirai d'abord ce que je tiens d'Electre. Connais-tu le débat d'Atrée et de Thyeste[1]?

IPHIGÉNIE. — Le litige à propos de l'agneau d'or? Je sais.

ORESTE. — Sais-tu l'avoir tissé dans une riche étoffe?

IPHIGÉNIE. — O très cher, te voici bien près de ma pensée...

ORESTE. — Tu as peint sur la toile, le recul du soleil?

IPHIGÉNIE. — Oui, ce sujet, encor, figurait sur ma toile.

ORESTE. — Tu reçus, de ta mère, l'eau du bain pour Aulis?

IPHIGÉNIE. — Je sais : un doux hymen ne m'en a point privée[2]...

ORESTE. — Oui, et tu fis porter tes cheveux à ta mère...

IPHIGÉNIE. — En souvenir, pour être enterrés à ma place[3]...

ORESTE. — Voici les signes que j'ai moi-même aperçus. La lance de Pélops au palais de mon père, lance antique,

[1] Sur l'agneau d'or, cf. la note 3 de la page 121. Et, sur toute cette reconnaissance cf. la Notice, p. 107 sqq.

[2] Le bain nuptial était le rite le plus caractéristique des cérémonies du mariage. Sur les stèles funéraires des jeunes gens morts avant l'hyménée, on figurait le vase contenant l'eau de ce bain (*loutrophore*). Le *loutrophore* remis par Clytemnestre à Iphigénie, et qui n'a point servi, rappelle des souvenirs particulièremeut amers à la « morte vivante ».

[3] Les Sept Chefs (Eschyle, *Sept*, 49), envoient à leurs parents des μνημεῖα qui, selon le scholiaste, peuvent être des cheveux. Mais le geste d'Iphigénie est de tous les temps. Élisabeth Movila, princesse de Moldavie (XVIIe siècle), battue et prise par les Turcs, fut emmenée à Stamboul. Condamnée au déshonneur, au harem et à l'apostasie, privée désormais d'une sépulture en terre sainte, elle se coupa, avec des cris désespérés, une boucle de cheveux qu'elle envoya au monastère de Soutchévitza, fondé par son mari. On y montre aujourd'hui encore la natte rousse de l'Iphigénie moldave.

ΙΦ. Τί φής; ἔχεις τι τῶνδέ μοι τεκμήριον;
ΟΡ. Ἔχω· πατρῴων ἐκ δόμων τι πυνθάνου.
ΙΦ. Οὔκουν λέγειν μὲν χρὴ σέ, μανθάνειν δ' ἐμέ.
ΟΡ. Λέγοιμ' ἂν ἀκοῇ πρῶτον Ἠλέκτρας τάδε.
Ἀτρέως Θυέστου τ' οἶσθα γενομένην ἔριν;
ΙΦ. Ἤκουσα χρυσῆς ἀρνὸς ἡνίκ' ἦν πέρι.
ΟΡ. Ταῦτ' οὖν ὑφήνασ' οἶσθ' ἐν εὐπήνοις ὑφαῖς;
ΙΦ. Ὦ φίλτατ', ἐγγὺς τῶν ἐμῶν κάμπτεις φρενῶν.
ΟΡ. Εἰκώ τ' ἐν ἱστοῖς ἡλίου μετάστασιν;
ΙΦ. Ὕφηνα καὶ τόδ' εἶδος εὐμίτοις πλοκαῖς.
ΟΡ. Καὶ λούτρ' ἐς Αὖλιν μητρὸς ἀνεδέξω πάρα;
ΙΦ. Οἶδ'· οὐ γὰρ ὁ γάμος ἐσθλὸς ὤν μ' ἀφείλετο.
ΟΡ. Τί γάρ; κόμας σὰς μητρὶ δοῦσα σῇ φέρειν;
ΙΦ. Μνημεῖά γ' ἀντὶ σώματος τοὐμοῦ τάφῳ.
ΟΡ. Ἃ δ' εἶδον αὐτός, τάδε φράσω τεκμήρια·
Πέλοπος παλαιὰν ἐν δόμοις λόγχην πατρός,
ἣν χερσὶ πάλλων παρθένον Πισάτιδα
ἐκτήσαθ' Ἱπποδάμειαν, Οἰνόμαον κτανών,
ἐν παρθενῶσι τοῖσι σοῖς κεκρυμμένην.
ΙΦ. Ὦ φίλτατ', οὐδὲν ἄλλο, φίλτατος γὰρ εἶ,
ἔχω σ', Ὀρέστα, τηλύγετον [χθονὸς] ἀπὸ πατρίδος
Ἀργόθεν, ὦ φίλος.
ΟΡ. Κἀγώ σε τὴν θανοῦσαν, ὡς δοξάζεται.
Κατὰ δὲ δάκρυ, κατὰ δὲ γόος ἅμα χαρᾷ
τὸ σὸν νοτίζει βλέφαρον, ὡσαύτως δ' ἐμόν.

808 τῶνδέ μοι rec. : τῶνδ' ἐμοί L || 811 ἀκοῇ Reiske : ἄκουε L || Ἠλέκτρας *l* : ἠλέκτρᾳ L || 812 οἶσθα rec. : οἶδα L || 813 ἤκουσα χρυσῆς ἀρνὸς ἡνίκ' ἦν πέρι L : ἤκουσ' ἃ χρυσῆς ἀρνὸς ἦν νείκη πέρι Mekler || 815 κάμπτεις Blomfield : κάμπτῃ L || 819 οὐ γὰρ L (ad finem adscr. τοῦτο, τὸ μὴ εἰδέναι, *l*) : εἰ γάρ Seimitelos et Bruhn || 824 πισσάτιδα L || 829 [χθονὸς] secl. Murray || 832 δάκρυ L : δάκρυα δάκρυα rec.

brandie jadis par le héros, dont il tua Œnomaos, pour conquérir Hippodamie, vierge de Pise. Dans ta chambre de vierge on la garde en secret!

IPHIGÉNIE. — *O l'objet qui de tous est le plus cher pour moi — car nul autre que toi ne mérite ce nom — Oreste, toi qui viens des rivages lointains de ma patrie argienne, Oreste, ô mon ami!*

ORESTE. — Moi, je serre en mes bras celle qu'on croyait morte : *les pleurs, les sanglots de joie* mouillent ta paupière et la mienne!

IPHIGÉNIE. — *C'est donc lui que j'avais laissé petit enfant aux bras de sa nourrice, petit enfant dans le palais*[1] *!*

O mon âme! ô bonheur trop grand pour la parole! Que dire? Car ceci est plus qu'une merveille, et bien plus que les mots ne sauraient exprimer!

ORESTE. — Ah! soyons désormais heureux l'un avec l'autre.

IPHIGÉNIE. — *Quel plaisir inouï je goûte, ô mes amies? J'ai peur que de mes bras, il ne s'enfuie, prenant son essor vers le ciel! O foyer des Cyclopes, ô patrie! O ma chère Mycènes! Merci de l'avoir mis au monde, et de l'avoir élevé, oui, d'avoir élevé et fait vivre ce frère, lumière et salut du Palais!*

ORESTE. — Nous devons au destin une noble naissance, mais au destin, aussi, des jours riches en malheurs.

IPHIGÉNIE. — *Je le sais, malheureuse! Ah! quand mon pauvre père approcha son épée de ma gorge...*

ORESTE. — Hélas! J'étais absent : pourtant, je crois t'y voir...

[1] Euripide indique avec une grande finesse les *états d'esprit* successifs d'Iphigénie dans cette monodie passionnée, qu'Oreste, plus calme, interrompt par des trimètres. Elle le reconnaît, tout entière à son allégresse, elle ne voit pas que sa joie à lui, est mêlée de larmes. Elle exulte de bonheur en voyant la beauté virile du frère retrouvé et qu'elle avait quitté petit enfant. Oreste répond : « Ah! si seulement nous pouvions rester ensemble! » Elle ne comprend pas

ΙΦ. Τόδ' ἔτι βρέφος ἔλιπον ⟨ἔλιπον⟩ ἀγκάλαισι νεαρὸν τροφοῦ νεαρὸν ἐν δόμοις.
Ὦ κρεῖσσον ἢ λόγοισιν εὐτυχοῦσά μου
ψυχά, τί φῶ; θαυμάτων
πέρα καὶ λόγου πρόσω τάδ' ἐπέβα.

ΟΡ. Τὸ λοιπὸν εὐτυχοῖμεν ἀλλήλων μέτα.

ΙΦ. Ἄτοπον ἁδονὰν ἔλαβον, ὦ φίλαι·
δέδοικα δ' ἐκ χερῶν με μὴ πρὸς αἰθέρα
ἀμπτάμενος φύγῃ·
ἰὼ Κυκλωπὶς ἑστία;
ἰὼ πατρίς, Μυκήνα φίλα,
χάριν ἔχω ζόας, χάριν ἔχω τροφᾶς
ὅτι μοι συνομαίμονα τόνδε δόμοις
ἐξεθρέψω φάος.

ΟΡ. Γένει μὲν εὐτυχοῦμεν, ἐς δὲ συμφοράς,
ὦ σύγγον', ἡμῶν δυστυχὴς ἔφυ βίος.

ΙΦ. Ἐγῷδ' ἁ μέλεος, οἶδ', ὅτε φάσγανον
δέρᾳ θῆκέ μοι μελεόφρων πατήρ.

ΟΡ. Οἴμοι. Δοκῶ γὰρ οὐ παρών σ' ὁρᾶν ἐκεῖ.

ΙΦ. Ἀνυμέναιος ⟨ὦ⟩ σύγγον', Ἀχιλλέως
ἐς κλισίαν λέκτρων
δόλι' ὅτ' ἀγόμαν·
παρὰ δὲ βωμὸν ἦν δάκρυα καὶ γόοι.
Φεῦ φεῦ χερνίβων ⟨τῶν⟩ ἐκεῖ.

ΟΡ. Ὤιμωξα κἀγὼ τόλμαν ἣν ἔτλη πατήρ.

834 τόδ' ἔτι Barnes : τὸ δέ τι L || ⟨ἔλιπον⟩ Fix || 837 εὐτυχοῦσά μου Markland et Wecklein : εὐτυχῶν ἐμοῦ L || 842 ἁδονὰν Dindorf : ἡδονὰν L || 845 ἰὼ... ἰὼ L ante ras. : ὢ ὢ P et post ras. L || Κυκλωπὶς ἑστία Herm. : Κυκλωπίδες ἑστίαι L || 847 ζόας Blomfield : ζωᾶς L || 852 ἐγῷ⟨δ' ἁ⟩ Bruhn : ἐγὼ L || 856 ⟨ὦ⟩ Seidler || 857 λέκτρων *l* : λέκων L || 859 δόλι' ὅτ' Herm. : δολίαν ὅτ' L || 861 ⟨τῶν⟩ Seidler || 861-9 « Ὀρ. φεῦ φεῦ... Ἰφ. ᾤμωξα... Ὀρ. ἄλλα δ'... Ἰφ. δείν' ἔτλαν L : corr. Tyrwhitt, Monk » sic Murray recte.

IPHIGÉNIE. — *O mon frère, vers la tente d'Achille on m'a perfidement menée, moi que l'hymen n'attendait point! Des pleurs, des sanglots ont coulé à l'autel. Hélas! hélas! quelle eau lustrale!*

ORESTE. — Moi aussi, j'ai gémi sur le triste courage que mon père a montré.

IPHIGÉNIE. — *Vivre sans frère, sans père, telle est ma*
867 *destinée... Et le sort m'accable de maux...*

866 ORESTE. — Que serait-ce si tu avais tué ton frère ?...

IPHIGÉNIE. — *J'ai honte de ma triste audace! O frère, j'ai failli commettre un acte affreux! Peu s'en fallut que tu périsses d'une mort impie, déchiré par mes mains. Mais comment donc ceci finira-t-il? Aurai-je quelque chance, trouverai-je un moyen de te faire échapper à ce peuple, à la mort, vers la patrie argienne, avant que l'épée ait trempé dans ton sang? Pauvre âme, c'est à toi, c'est à toi de trouver ce moyen! Sera-ce par la voie de terre, non point par quelque nef, grâce à tes pieds rapides? Tu côtoieras la mort, s'il te faut cheminer par des tribus barbares, et par d'affreuses routes! Mais bien long sera le voyage, si tu t'enfuis par mer, par le passage étroit des Roches Cyanées. O malheureuse, ô malheureuse, quel est le dieu, ou quel est le mortel — ou bien la chose inattendue — qui, par des voies qui semblaient sans issue, apportera aux deux infortunés, seuls restes des Atrides, la délivrance de leurs maux?*

ces paroles mélancoliques, elle est trop heureuse. « Oui, dit-elle, notre bonheur est si soudain! je crains encore de le voir m'échapper! » Oreste : « Malheureux que nous sommes ! » Ici encore, rendue presque égoïste par sa joie même, elle ne comprend pas son frère. Elle pense à elle-même, au sacrifice d'Aulis, non au danger présent qui, pour Oreste, est aussi menaçant que tout à l'heure. Mais, comme un coup de tonnerre, le reproche d'Oreste la rappelle à la réalité : « Que serait-ce si tu avais tué ton frère ? ». Alors son épouvante, son effroi, éclatent dans un appel désespéré aux dieux (869 sqq). Renvoyer Pylade en Grèce lui semblait tout à l'heure chose aisée ; à présent elle ne voit plus que difficultés et périls (D'après Wilamowitz).

ΙΦ. Ἀπάτορ' ἀπάτορα πότμον ⟨ἄποτμον⟩ ἔλαχον.
Ἄλλα δ' ἐξ ἄλλων κυρεῖ
δαίμονος τύχᾳ τινός.

ΟΡ. Εἰ σόν γ' ἀδελφόν, ὦ τάλαιν', ἀπώλεσας...

ΙΦ. Ὦ μελέα δεινᾶς τόλμας. Δείν' ἔτλαν,
δείν' ἔτλαν, ὤμοι σύγγονε. Παρὰ δ' ὀλίγον
ἀπέφυγες ὄλεθρον ἀνόσιον ἐξ ἐμᾶν
δαϊχθεὶς χερῶν.
Ἁ δ' ἐπ' αὐτοῖσι τίς τελευτά;
Τίς τύχα μοι συγχωρήσει;
Τίνα σοι πόρον εὑρομένα
πάλιν ἀπὸ πόλεως, ἀπὸ φόνου πέμψω
πατρίδ' ἐς Ἀργείαν,
πρὶν ἐπὶ ξίφος αἵματι σῷ
Τόδε τόδε σόν, ὦ μελέα ψυχά,
χρέος ἀνευρίσκειν.
Πότερον κατὰ χέρσον, οὐχὶ ναΐ,
ἀλλὰ ποδῶν ῥιπᾷ;
Θανάτῳ πελάσεις ἄρα βάρβαρα φῦλα
καὶ δι' ὁδοὺς ἀνόδους στείχων· διὰ κυανέας μὴν
στενοπόρου πέτρας μακρὰ κέλευθα να-
ΐοισιν δρασμοῖς.
Τάλαινα, τάλαινα.
Τίς ἄρ' οὖν, τάλαν, ἢ θεὸς ἢ βροτὸς ἢ
τί τῶν ἀδοκήτων
πόρον ἄπορον ἐξανύσας
δυοῖν τοῖν μόνοιν Ἀτρείδαιν φανεῖ
κακῶν ἔκλυσιν;

864 ἀπάτορ' ἀπάτορα L: ἀπάτορα πατέρα Hartung ‖ ⟨ἄποτμον⟩ Hartung ‖ 867 ante 866 traiecit Monk ‖ 871 ἀπέφυγες rec. : ἀμφέφυγες L ‖ 873 [a]ὐτοῖσι L : αὐτοῖς Bothe ‖ 874 συγχωρήσει L : συγκυρήσει Bothe ‖ 876 [π]όλεως L : πελέκεως Reiske ‖ 884 ναΐ L : ναΐ⟨ῳ στόλῳ⟩ Wil. ‖ 887 δι' [ὁ]δοὺς diuisit Reiske : διόδους L ‖ 895 τίς ἄρ' οὖν τάλαν post Markl. [B]adham : τίς ἂν οὖν τάδ' ἂν L.

La Coryphée. — Oui, c'est une merveille défiant la parole, ce que j'ai entendu, vu de mes propres yeux !

Pylade. — Lorsque deux êtres chers se retrouvent ainsi, il est bien naturel, Oreste, qu'ils s'embrassent. Mais cessons de nous attendrir. Il est temps de songer à cette chose au nom splendide : le salut ! Le sage auquel vient de s'offrir l'occasion se laisse-t-il ainsi distraire de sa chance par des joies étrangères ?

Oreste. — Tu dis vrai. Mais je crois qu'avec notre concours, la destinée y pourvoira. L'effort humain, sans doute, fortifie l'assistance des dieux !

Iphigénie. — Du moins rien ne m'empêche et ne me retiendra de demander, d'abord, ce que devient Electre ? Vous êtes, elle et toi, tout, tout ce que j'aimais !

Oreste. — Elle est vivante, heureuse ! Cet homme est son époux.

Iphigénie. — Celui-ci, d'où vient-il ? Et quel est donc son père ?

Oreste. — Strophios de Phocide est le nom de son père.

Iphigénie. — Né de la fille d'Atrée, il est donc mon parent ?

Oreste. — Oui, oui, c'est ton cousin, et mon seul vrai ami.

Iphigénie. — Il n'était donc pas né, lors de mon sacrifice ?

Oreste. — Non : Strophios resta quelque temps sans enfant.

Iphigénie. — Salut à toi, salut à l'époux de ma sœur !

Oreste. — Mon sauveur, et non pas seulement mon parent.

Iphigénie. — Comment contre ta mère osas-tu l'acte atroce ?

Oreste. — N'en parlons pas : j'étais le vengeur de mon père.

Iphigénie. — Pourquoi a-t-elle donc immolé son époux ?

Oreste. — Laissons ma mère : il n'est pas bon que tu l'apprennes.

ΧΟ. Ἐν τοῖσι θαυμαστοῖσι καὶ μύθων πέρα
τάδ' εἶδον αὐτὴ κοὐ κλύουσ' ἀπαγγελῶ.

ΠΥ. Τὸ μὲν φίλους ἐλθόντας εἰς ὄψιν φίλων,
Ὀρέστα, χειρῶν περιβολὰς εἰκὸς λαβεῖν·
λήξαντα δ' οἴκτων κἀπ' ἐκεῖν' ἐλθεῖν χρεών,
ὅπως τὸ κλεινὸν ὄνομα τῆς σωτηρίας
λαβόντες ἐκ γῆς βησόμεσθα βαρβάρου.
Σοφῶν γὰρ ἀνδρῶν ταῦτα, μὴ 'κβάντας τύχης,
καιρὸν λαβόντας, ἡδονὰς ἄλλας λαβεῖν.

ΟΡ. Καλῶς ἔλεξας· τῇ τύχῃ δ' οἶμαι μέλειν
τοῦδε ξὺν ἡμῖν· ἢν δέ τις πρόθυμος ᾖ,
σθένειν τὸ θεῖον μᾶλλον εἰκότως ἔχει.

ΙΦ. Οὐδέν μ' ἐπίσχει γ' οὐδ' ἀποστήσει λόγου
πρῶτον πυθέσθαι τίνα ποτ' Ἠλέκτρα πότμον
εἴληχε βιότου· φίλα γὰρ ἔστε πάντ' ἐμοί.

ΟΡ. Τῷδε ξυνοικεῖ βίον ἔχουσ' εὐδαίμονα.

ΙΦ. Οὗτος δὲ ποδαπὸς καὶ τίνος πέφυκε παῖς;

ΟΡ. Στρόφιος ὁ Φωκεὺς τοῦδε κλῄζεται πατήρ.

ΙΦ. Ὁ δ' ἐστί γ' Ἀτρέως θυγατρός, ὁμογενὴς ἐμός;

ΟΡ. Ἀνεψιός γε, μόνος ἐμοὶ σαφὴς φίλος.

ΙΦ. Οὐκ ἦν τόθ' οὗτος ὅτε πατὴρ ἔκτεινέ με.

ΟΡ. Οὐκ ἦν· χρόνον γὰρ Στρόφιος ἦν ἄπαις τινά.

ΙΦ. Χαῖρ' ὦ πόσις μοι τῆς ἐμῆς ὁμοσπόρου.

ΟΡ. Κἀμός γε σωτήρ, οὐχὶ συγγενὴς μόνον.

ΙΦ. Τὰ δεινὰ δ' ἔργα πῶς ἔτλης μητρὸς πέρι;

ΟΡ. Σιγῶμεν αὐτά· πατρὶ τιμωρῶν ἐμῷ...

ΙΦ. Ἡ δ' αἰτία τίς ἀνθ' ὅτου κτείνει πόσιν;

ΟΡ. Ἔα τὰ μητρός· οὐδὲ σοὶ κλύειν καλόν.

905 ὄνομα L : ὄμμα ap. paris. || 909 μέλειν corr. in L (et P) : μέλλειν L (et P) || 912 ἐπίσχει rec. : ἐπίσχῃ L || 914 ἔστε Vitelli : ἔσται L || 918 ὅδ' L.

Iphigénie. — Je me tais. Mais Argos à présent t'obéit?

Oreste. — C'est Ménélas qui règne, et je suis exilé.

Iphigénie. — Notre oncle envahit-il le palais désolé?

Oreste. — Non, j'ai fui le pays, craignant les Erinyes...

Iphigénie. — D'où ta démence au bord de l'eau, qu'on m'annonça?

Oreste. — Ce n'est pas d'aujourd'hui qu'a paru ma misère.

Iphigénie. — J'ai compris : agité des Furies maternelles...

Oreste. — Elles m'ont mis aux dents un mors ensanglanté.

Iphigénie. — Comment es-tu venu jusqu'en ces lieux, dis-moi?

Oreste. — Le prophète Apollon me l'avait ordonné.

Iphigénie. — Pourquoi? Dois-tu le taire ou peux-tu l'avouer?

Oreste. — Je parlerai : c'est le début de tous mes maux. Quand ma main fut souillée par suite du malheur dont ma mère est la cause — je n'en dirai pas plus — fuyant les Erinyes, je vécus en exil, jusqu'à ce qu'Apollon me fît gagner Athènes, afin d'être jugé, ainsi que l'exigeaient les sinistres[1] Déesses. Il existe là-bas un tribunal sacré, que Zeus fonda jadis pour Arès, à la suite d'une souillure criminelle. Or, quand je fus arrivé en ces lieux, nul ne voulut d'abord me recevoir chez lui, comme haï des dieux. Mais quelques-uns, prenant pitié de moi, m'offrirent une table chez eux. J'étais assis tout seul; l'on s'arrangea pour me recevoir en silence, et je goûtais, à part, les mets et les boissons. On avait, à chacun, versé une mesure égale de Bakkhos. Le festin commença. Pour moi, ne voulant

[1] En grec, « les déesses qu'on ne nomme pas » (ταῖς ἀνωνύμοις θεαῖς) C'est une épithète courante des Erinyes. Il est seulement singulier qu'elle vienne immédiatement après le vers 941 où, justement, Oreste a *nommé* ces déesses de leur nom le plus redoutable.

ΙΦ. Σιγῶ· τὸ δ' Ἄργος πρὸς σὲ νῦν ἀποβλέπει;
ΟΡ. Μενέλαος ἄρχει· φυγάδες ἐσμὲν ἐκ πάτρας.
ΙΦ. Οὔ που νοσοῦντας θεῖος ὕβρισεν δόμους;
ΟΡ. Οὔκ, ἀλλ' Ἐρινύων δεῖμά μ' ἐκβάλλει χθονός.
ΙΦ. Ταῦτ' ἆρ' ἐπ' ἀκταῖς κἀνθάδ' ἠγγέλης μανείς;
ΟΡ. Ὤφθημεν οὐ νῦν πρῶτον ὄντες ἄθλιοι.
ΙΦ. Ἔγνωκα, μητρός ⟨σ'⟩ οὕνεκ' ἠλάστρουν θεαί.
ΟΡ. Ὥσθ' αἱματηρὰ στόμι' ἐπεμβαλεῖν ἐμοί.
ΙΦ. Τί γάρ ποτ' ἐς γῆν τήνδ' ἐπόρθμευσας πόδα;
ΟΡ. Φοίβου κελευσθεὶς θεσφάτοις ἀφικόμην.
ΙΦ. Τί χρῆμα δράσειν; ῥητὸν ἢ σιγώμενον;
ΟΡ. Λέγοιμ' ἄν· ἀρχαὶ δ' αἵδε μοι πολλῶν πόνων.
Ἐπεὶ τὰ μητρὸς ταῦθ' ἃ σιγῶμεν κακὰ
ἐς χεῖρας ἦλθε, μεταδρομαῖς Ἐρινύων
ἠλαυνόμεσθα φυγάδες, ἔστε μοι πόδα
ἐς τὰς Ἀθήνας δῆτ' ἔπεμψε Λοξίας,
δίκην παρασχεῖν ταῖς ἀνωνύμοις θεαῖς.
Ἔστιν γὰρ ὁσία ψῆφος, ἣν Ἄρει ποτὲ
Ζεὺς εἵσατ' ἔκ του δὴ χερῶν μιάσματος.
Ἐλθὼν δ' ἐκεῖσε, πρῶτα μέν ⟨μ'⟩ οὐδεὶς ξένων
ἑκὼν ἐδέξαθ', ὡς θεοῖς στυγούμενον·
οἳ δ' ἔσχον αἰδῶ, ξένια μονοτράπεζά μοι
παρέσχον, οἴκων ὄντες ἐν ταὐτῷ στέγει,
σιγῇ δ' ἐτεκτήναντο πρόσφθεγκτόν μ', ὅπως
δαιτὸς γενοίμην πώματός τ' αὐτοῖς δίχα,
ἐς δ' ἄγγος ἴδιον ἴσον ἅπασι βακχίου
μέτρημα πληρώσαντες εἶχον ἡδονήν.

930 οὔ που L : ἦπου *lp* || 932 ἠγγέλης L : ἠγγέλθης Porson || 934 μητρός ⟨σ'⟩ Markland || 942 ἔστε Badham : ἔνθεν L || 943 δῆτ' Scaliger : δή γ' L || 947 ⟨μ'⟩ Barnes || 950 στέγει Musurus : τέγει L || 951 ἐτεκτήναντο πρόσφθεγκτόν Wil. : ἐτεκτήναντ' ἀπόφθεγκτον L || 952 αὐτοῖς Seidler : αὐτοῦ L, αὐτῶν Herm.

point embarrasser mes hôtes, je souffrais sans rien dire et feignais l'ignorance, mais gémissais bien fort d'avoir tué ma mère. Or, j'ai su que les Athéniens, en mémoire de mes malheurs, ont institué une fête[1], et l'usage est resté au peuple de Pallas, de se servir alors de pots tenant un conge. Puis, lorsque j'eus gravi la colline d'Arès, on me fit mon procès : j'occupai l'un des sièges, et, sur l'autre, s'assit l'aînée des Erinyes. Quand j'eus plaidé ma cause, et entendu les charges, Phoibos sauva ma vie en rendant témoignage ; et Pallas, de sa main, fit égaux les suffrages ; et, vainqueur, je quittai le tribunal de sang. Les Erinyes qui acceptèrent la sentence restèrent, consentant à recevoir un temple tout près du tribunal. Les autres, à la loi rebelles, m'ont suivi d'une course inlassable, jusqu'au jour où, revenu sur le sol sacré de Phoibos, et couché devant son sanctuaire, je fis serment de m'y laisser mourir de faim, si Phoibos refusait de me sauver, Phoibos, lui qui précédemment avait causé ma perte. Enfin, prophétisant du haut du trépied d'or, le dieu m'envoya prendre ici cette statue tombée du ciel, que je devais dresser ensuite en terre athénienne...

Aide-moi donc à nous sauver, comme il l'a dit ! Si nous pouvons saisir l'image d'Artémis, ma folie cessera : je te ramènerai sur un navire bien garni d'avirons, vers Mycènes. Mais, ô toi que j'aimais, ma sœur, tête chérie, sauve donc la maison paternelle, et moi-même ! Car c'en

[1] Cf. Notice, p. 99 sqq. Euripide innove ici hardiment, mais non sans adresse. Pour faire accepter aux Athéniens sa nouvelle version de la légende d'Oreste, il s'appuie sur des mythes et des rites connus. Il devait, d'ailleurs, montrer comment le nouveau mythe s'accordait avec l'histoire du procès d'Oreste, tradition chère à son peuple. Cette circonstance menaçait d'allonger fâcheusement, en un moment peu opportun (902-908) la confession d'Oreste. Il était impossible, d'autre part, qu'Euripide se bornât à répéter le sujet des *Euménides* sans l'orner de détails nouveaux. Le poète a pris soin de faire motiver la digression par la curiosité légitime d'Iphigénie ; et Oreste résume en quelques vers les faits trop connus, sous prétexte que

κἀγὼ ’ξελέγξαι μὲν ξένους οὐκ ἠξίουν,
ἤλγουν δὲ σιγῇ κἀδόκουν οὐκ εἰδέναι,
μέγα στενάζων, οὕνεκ’ ἦ μητρὸς φονεύς.
Κλύω δ’ Ἀθηναίοισι τἀμὰ δυστυχῆ
τελετὴν γενέσθαι, κἄτι τὸν νόμον μένειν,
χοῆρες ἄγγος Παλλάδος τιμᾶν λεών.
Ὡς δ’ εἰς Ἄρειον ὄχθον ἧκον, ἐς δίκην
ἔστην, ἐγὼ μὲν θάτερον λαβὼν βάθρον,
τὸ δ’ ἄλλο πρέσβειρ’ ἥπερ ἦν Ἐρινύων.
Εἰπὼν ⟨δ’⟩ ἀκούσας θ’ αἵματος μητρὸς πέρι
Φοῖβός μ’ ἔσωσε μαρτυρῶν· ἴσας δέ μοι
ψήφους διηρίθμησε Παλλὰς ὠλένῃ,
νικῶν δ’ ἀπῆρα φόνια πειρατήρια.
Ὅσαι μὲν οὖν ἕζοντο πεισθεῖσαι δίκῃ,
ψῆφον παρ’ αὐτὴν ἱερὸν ὡρίσαντ’ ἔχειν·
ὅσαι δ’ Ἐρινύων οὐκ ἐπείσθησαν νόμῳ,
δρόμοις ἀνιδρύτοισιν ἠλάστρουν μ’ ἀεί,
ἕως ἐς ἁγνὸν ἦλθον αὖ Φοίβου πέδον,
καὶ πρόσθεν ἀδύτων ἐκταθείς, νῆστις βορᾶς,
ἐπώμοσ’ αὐτοῦ βίον ἀπορρήξειν θανών,
εἰ μή με σώσει Φοῖβος, ὅς μ’ ἀπώλεσεν.
Ἐντεῦθεν αὐδὴν τρίποδος ἐκ χρυσοῦ λακὼν
Φοῖβός μ’ ἔπεμψε δεῦρο, διοπετὲς λαβεῖν
ἄγαλμ’ Ἀθηνῶν τ’ ἐγκαθιδρῦσαι χθονί.
Ἀλλ’ ἥνπερ ἡμῖν ὥρισεν σωτηρίαν,
σύμπραξον· ἢν γὰρ θεᾶς κατάσχωμεν βρέτας,
μανιῶν τε λήξω καὶ σὲ πολυκώπῳ σκάφει
στείλας Μυκήναις ἐγκαταστήσω πάλιν.
Ἀλλ’ ὦ φιληθεῖσ’, ὦ κασίγνητον κάρα,
σῶσον πατρῷον οἶκον, ἔκσωσον δ’ ἐμέ·

955 κἀγὼ ’ξελέγξαι Markland : κἀγώγ’ ἐξελέγξαι L || 957 suspectus || ἦ rec. : ἦν L || 962 ἔστην Elmsley : τ’ ἔστην L || 964 ⟨δ’⟩ Elmsley || 976 λακὼν Scaliger : λαβὼν L || 980 ἢν Seidler : ἂν L

est fait de moi comme des Pélopides, si je ne prends cette statue tombée du ciel !

La Coryphée. — Le courroux effrayant des dieux agite et trouble la race de Tantale, et la fait bien souffrir !

Iphigénie. — J'ai en moi, et j'avais, avant ton arrivée, le désir de revoir Argos, et toi, mon frère ! Et je veux, comme toi, te tirer de ces peines, et, sans garder rancune à qui voulut ma mort, relever la maison paternelle en ruines. Ainsi, ma main restera pure de ton sang, et mon foyer sera sauvé ! Hélas ! je crains de ne pouvoir tromper Artémis, ni le roi, lorsqu'il apercevra le piédestal de pierre vide de sa statue. Comment pourrai-je alors échapper au trépas ? Que trouverai-je à dire ?... Sans doute, si tu peux réussir, à la fois, à ravir la statue, à m'enlever moi-même sur ta nef à la belle poupe, l'exploit est beau. Mais s'il est impossible d'unir ces deux objets, je suis perdue, tandis que toi tu peux toujours, échappant à la mort, rentrer dans ta patrie. Mais je n'hésite pas, même au prix de la vie, à te sauver. Celui dont la perte, en effet, est regrettée des siens, c'est l'homme : sans valeur est la vie d'une femme.

Oreste. — Moi, te tuer, après avoir tué ma mère ? C'est assez de son sang ! Unissons donc nos vies comme nos cœurs ; même en la mort, soyons ensemble. Et je t'emmènerai, si je puis fuir moi-même, ou bien, je périrai, en restant avec toi. Mais voici mon avis. Si cet enlèvement

ce récit scabreux ne peut être entendu de sa sœur. En revanche, Euripide a donné un certain développement à l'étiologie (947-960) de la fête des *Choës* (deuxième jour des *Anthestéries*, 12 Anthestérion). Ce jour-là l'on se réunissait dans le théâtre de Dionysos au Lenaeon, et chacun s'efforçait de vider le premier un pot de vin tenant un conge (χοῦς, 3 litres 1/5 environ). Ce festin se distinguait des autres en ce qu'il n'y avait point de *cratère commun*. On peut encore induire de notre passage que les participants à cette fête buvaient en silence et qu'ils étaient assis à des tables séparées. Si le vers 957 est authentique, peut-être les convives poussaient-ils, à certains moments, des gémissements rituels.

ὥς τἄμ' ὄλωλε πάντα καὶ τὰ Πελοπιδῶν,
οὐράνιον εἰ μὴ ληψόμεσθα θεᾶς βρέτας.

ΧΟ. Δεινή τις ὀργὴ δαιμόνων ἐπέζεσε
τὸ Ταντάλειον σπέρμα διὰ πόνων τ' ἄγει.

ΙΦ. Τὸ μὲν πρόθυμον, πρίν σε δεῦρ' ἐλθεῖν, ἔχω
Ἄργει γενέσθαι καὶ σέ, σύγγον', εἰσιδεῖν.
Θέλω δ' ἅπερ σύ, σέ τε μεταστῆσαι πόνων
νοσοῦντά τ' οἶκον, οὐχὶ τῷ κτανόντι με
θυμουμένη, πατρῷον ὀρθῶσαι θέλω.
Σφαγῆς τε γὰρ σῆς χεῖρ' ἀπαλλάξαιμεν ἂν
σώσαιμί τ' οἴκους· τὴν θεὸν δ' ὅπως λάθω
δέδοικα καὶ τύραννον, ἡνίκ' ἂν κενὰς
κρηπῖδας εὕρῃ λαΐνας ἀγάλματος.
Πῶς δ' οὐ θανοῦμαι; τίς δ' ἔνεστί μοι λόγος;
Ἀλλ' εἰ μὲν ἕν τι ταῦθ' ὁμοῦ γενήσεται,
ἄγαλμά τ' οἴσεις κἄμ' ἐπ' εὐπρύμνου νεὼς
ἄξεις, τὸ κινδύνευμα γίγνεται καλόν·
τούτῳ δὲ χωρισθέντ' ἐγὼ μὲν ὄλλυμαι,
σὺ δ' ἂν τὸ σαυτοῦ θέμενος εὖ νόστου τύχοις
Οὐ μήν τι φεύγω γ' οὐδέ μ' εἰ θανεῖν χρεὼν
σώσασά σ'· οὐ γὰρ ἀλλ' ἀνὴρ μὲν ἐκ δόμων
θανὼν ποθεινός, τὰ δὲ γυναικὸς ἀσθενῆ.

ΟΡ. Οὐκ ἂν γενοίμην σοῦ τε καὶ μητρὸς φονεύς·
ἅλις τὸ κείνης αἷμα· κοινόφρων δὲ σοὶ
καὶ ζῆν θέλοιμ' ἂν καὶ θανὼν λαχεῖν ἴσον.
Ἄξω δέ σ', ἤνπερ καὐτὸς ἐνταυθοῖ περῶ

986 ληψόμεσθα *p* : ληψόμεθα L || 988 ἄγει Canter : ἀεί L || 991 σέ... πόνων Canter (πόνων iam apogr. paris.) : σοί... πόνον L || 992 τῷ κτανόντι με Heath : τῶ κτανοῦντι με L (fort. ortum e confusis lectt. κτανόντι et κτανοῦσι) || 993 θελω L : πάλιν Markland || 995 τ' οἴκους Markland : δ' οἴκους L || 999 ταῦθ' Bruhn : τοῦθ' L || 1002 τούτῳ δὲ χωρισθέντ' post Paleium Weilium Bruhn · τούτου δὲ χωρισθεῖσ' L || 1004-5 οὐδέ μ',.. σώσασά σ' L : οὐδέ σ'... σώσασαν Kirchhoff : alii alia || 1006 γυναικός P : γυναικῶν L || 1010 ἄξω δέ σ' Canter : ἥξω δέ γ' L || ἐνταυθοῖ suspectum || περῶ Herm. . πέσω L.

mécontente Artémis, comment donc Loxias a-t-il pu m'ordonner, par une prophétie, de porter la statue au pays de Pallas *(lacune)* et de voir ton visage? Rapprochant tout cela, je renais à l'espoir de revoir ma patrie.

IPHIGÉNIE. — Comment ferons-nous donc pour éviter la mort, tout en nous emparant de ce que nous voulons? Voilà l'écueil de tout ce projet de retour au pays, que pourtant je veux de tout mon cœur!

ORESTE. — Ne pourrions-nous nous débarrasser du tyran?

IPHIGÉNIE. — Des étrangers assassiner leur hôte! Ah, quel forfait!

ORESTE. — Si c'est notre salut à tous deux, tentons-le!

IPHIGÉNIE. — J'admire ton audace... mais ne puis me résoudre...

ORESTE. — Et si tu me cachais au fond du sanctuaire?

IPHIGENIE. — Pour nous enfuir ensuite à l'abri des ténèbres?

ORESTE. — Oui, le vol veut la nuit, la vérité, le jour.

IPHIGÉNIE. — Mais les gardiens du temple, comment leur échapper?

ORESTE. — Ah! c'en est fait de nous! Comment donc nous sauver?

IPHIGÉNIE. — Je crois avoir trouvé un nouveau stratagème...

ORESTE. — De quel genre? Dis-moi, que je puisse juger...

IPHIGÉNIE. — Je tirerai parti de tes malheurs eux-mêmes.

ORESTE. — Les femmes sont habiles à découvrir des ruses...

IPHIGÉNIE. — Je dirai : c'est un parricide, il vient d'Argos.

ORESTE. — Sers-toi de mes malheurs, si tu peux y gagner...

IPHIGÉNIE. — Je dirai qu'on ne peut t'offrir à la déesse.

ORESTE. — Pour quel motif? je crois deviner ta pensée.

πρὸς οἶκον, ἢ σοῦ κατθανὼν μενῶ μέτα.
Γνώμης δ' ἄκουσον· εἰ πρόσαντες ἦν τόδε
Ἀρτέμιδι, πῶς ἂν Λοξίας ἐθέσπισε
κομίσαι μ' ἄγαλμα θεᾶς πόλισμ' ἐς Παλλάδος
. . . .
καὶ σὸν πρόσωπον εἰσιδεῖν; Ἅπαντα γὰρ
συνθεὶς τάδ' εἰς ἓν νόστον ἐλπίζω λαβεῖν.

ΙΦ. Πῶς οὖν γένοιτ' ἂν ὥστε μήθ' ἡμᾶς θανεῖν,
λαβεῖν θ' ἃ βουλόμεσθα; Τῇδε γὰρ νοσεῖ
νόστος πρὸς οἴκους· ἡ δὲ βούλησις πάρα.

ΟΡ. Ἆρ' ἂν τύραννον διολέσαι δυναίμεθ' ἄν;

ΙΦ. Δεινὸν τόδ' εἶπας, ξενοφονεῖν ἐπήλυδας.

ΟΡ. Ἀλλ' εἰ σὲ σώσει κἀμέ, κινδυνευτέον.

ΙΦ. Οὐκ ἂν δυναίμην, τὸ δὲ πρόθυμον ᾔνεσα.

ΟΡ. Τί δ', εἴ με ναῷ τῷδε κρύψειας λάθρα;

ΙΦ. Ὡς δὴ σκότον λαβόντες ἐκσωθεῖμεν ἄν;

ΟΡ. Κλεπτῶν γὰρ ἡ νύξ, τῆς δ' ἀληθείας τὸ φῶς.

ΙΦ. Εἴσ' ἔνδον ἱεροὶ φύλακες, οὓς οὐ λήσομεν.

ΟΡ. Οἴμοι διεφθάρμεσθα· πῶς σωθεῖμεν ἄν;

ΙΦ. Ἔχειν δοκῶ μοι καινὸν ἐξεύρημά τι.

ΟΡ. Ποῖόν τι; δόξης μετάδος, ὡς κἀγὼ μάθω.

ΙΦ. Ταῖς σαῖς ἀνίαις χρήσομαι σοφίσμασιν.

ΟΡ. Δειναὶ γὰρ αἱ γυναῖκες εὑρίσκειν τέχνας.

ΙΦ. Φονέα σε φήσω μητρὸς ἐξ Ἄργους μολεῖν.

Test. 1032 Stob. *Flor.* 73, 26 (IV, 22, 185 H.) et floril. monac. Menandr. *Monostich.* 130.

1011 ἢ suprascr. in L : εἰ L (et P) || 1014 πόλισμ' εἰς L: πόλισμα Elmsley || Post 1014 lacunam statuit Kirchhoff : uidesis adnotationem Weilii || 1018 νοσεῖ Markland : νόει L || 1022 εἴ σε P : εἴ με L || 1025-6 Deleuit Markland || 1025 σκότον rec. : σκότος L || 1025 ἐκσωθεῖμεν Brodeau : ἔξω θεῖμεν L || 1031 ἀνίαις L : μανίαις Kirchhoff || 1032 γὰρ L : μὲν Stob. Floril.

IPHIGÉNIE. — Comme impur : ma piété paraîtra de la crainte...

ORESTE. — En ravirons-nous mieux l'image d'Artémis ?

IPHIGÉNIE. — Je te ferai purifier dans l'eau de mer...

ORESTE. — Mais le but de notre voyage, la statue, hélas, n'a point quitté le temple encore...

IPHIGÉNIE. — J'ordonnerai qu'on la purifie, elle aussi, de la souillure qu'elle a prise à ton contact.

ORESTE. — Où donc ? Tu as sans doute en vue cette lagune ?

IPHIGÉNIE. — Où mouille ton navire aux amarres de lin.

ORESTE. — Toi-même (ou bien qui d'autre ?) porteras la statue ?

IPHIGÉNIE. — Moi : j'ai seule le droit d'y toucher, en effet...

ORESTE. — Et quel rôle Pylade aura-t-il en ceci ?

IPHIGÉNIE. — Nous le dirons souillé du meurtre, ainsi que toi !

ORESTE. — Agiras-tu au su ou à l'insu du roi ?

IPHIGÉNIE. — J'aurai son agrément : car comment s'en cacher !

ORESTE. — Et le navire est là, ses rameurs à leur banc.

IPHIGÉNIE. — Il t'incombe à présent de régler tout le reste.

ORESTE. — Il ne faut plus qu'un point : que ces femmes se taisent ! Allons, supplie, et cherche à les persuader. La femme est forte quand il s'agit d'émouvoir. Pour le reste, je crois le succès assuré !

IPHIGÉNIE. — O mes chères amies, je me tourne vers vous ; c'est de vous qu'il épend que tout marche à souhait, ou que l'affaire échoue et qu'à jamais je sois privée de ma patrie et du frère que j'aime, et de ma sœur chérie. Et voici quel sera mon premier argument. Nous sommes femmes : nous appartenons au sexe où règne l'affection mutuelle, où l'on peut, pour le salut com-

ΟΡ. Χρῆσαι κακοῖσι τοῖς ἐμοῖς, εἰ κερδανεῖς.
ΙΦ. Ὡς οὐ θέμις σε λέξομεν θύειν θεᾷ,
ΟΡ. Τίν' αἰτίαν ἔχουσ'; ὑποπτεύω τι γάρ.
ΙΦ. Οὐ καθαρὸν ὄντα, τὸ δ' ὅσιον δώσω φόβῳ.
ΟΡ. Τί δῆτα μᾶλλον θεᾶς ἄγαλμ' ἁλίσκεται;
ΙΦ. Πόντου σε πηγαῖς ἁγνίσαι βουλήσομαι.
ΟΡ. Ἔτ' ἐν δόμοισι βρέτας, ἐφ' ᾧ πεπλεύκαμεν.
ΙΦ. Κἀκεῖνο νίψαι, σοῦ θιγόντος ὥς, ἐρῶ.
ΟΡ. Ποῖ δῆτα; πόντου νοτερὸν εἶπας ἔκβολον;
ΙΦ. Οὗ ναῦς χαλινοῖς λινοδέτοις ὁρμεῖ σέθεν.
ΟΡ. Σὺ δ' ἤ τις ἄλλος ἐν χεροῖν οἴσει βρέτας;
ΙΦ. Ἐγώ· θιγεῖν γὰρ ὅσιόν ἐστ' ἐμοὶ μόνῃ.
ΟΡ. Πυλάδης δ' ὅδ' ἡμῖν ποῦ τετάξεται πόνου;
ΙΦ. Ταὐτὸν χεροῖν σοὶ λέξεται μίασμ' ἔχων.
ΟΡ. Λάθρα δ' ἄνακτος ἢ εἰδότος δράσεις τάδε;
ΙΦ. Πείσασα μύθοις· οὐ γὰρ ἂν λάθοιμί γε.
ΟΡ. Καὶ μὴν νεώς γε πίτυλος εὐήρης πάρα.
ΙΦ. Σοὶ δὴ μέλειν χρὴ τἄλλ' ὅπως ἕξει καλῶς.
ΟΡ. Ἑνὸς μόνου δεῖ, τάσδε συγκρύψαι τάδε.
Ἀλλ' ἀντίαζε καὶ λόγους πειστηρίους
εὕρισκ'· ἔχει τοι δύναμιν εἰς οἶκτον γυνή.
Τὰ δ' ἄλλ' ἴσως ἂν πάντα συμβαίη καλῶς.
ΙΦ. Ὦ φίλταται γυναῖκες, εἰς ὑμᾶς βλέπω,
καὶ τἄμ' ἐν ὑμῖν ἐστιν ἢ καλῶς ἔχειν
ἢ μηδὲν εἶναι καὶ στερηθῆναι πάτρας
φίλου τ' ἀδελφοῦ φιλτάτης τε συγγόνου.

1035 σε Reiske : γε L || 1044 σὺ δ' ἤ τις Jacobs : σοὶ δή τις L || 1046 πόνου Brodeau : φόνου L || 1051 μέλλειν primitus L : || 1055 ἴσως ἂν πάντα Markland : ἴσως ἅπαντα L || 1056 εἰς Herm. : ὡς L || 1059 φιλτάτης Bothe : φιλτάτου L.

mun, compter l'une sur l'autre... Taisez-vous donc, aidez à ma fuite, il est beau de tenir un secret. Voyez comme un destin commun unit trois êtres si proches par l'amour : ils doivent regagner ensemble le sol natal, ou bien périr tous trois. Sauvée, je veux t'associer à mon destin; je te ramènerai en Grèce. Je t'en prie, toi par ta droite, et toi, ma chère, par ta joue, et toi par tes genoux, et par les objets chers laissés à vos foyers, par vos mères, vos pères, par vos enfants aussi à vous qui êtes mères! Que dites-vous? Qui donc consent? Et qui refuse? Parlez, car si vous n'agréez pas ma supplique, nous périrons, et moi et mon malheureux frère...

La Coryphée. — Sois tranquille, ô maîtresse chère, et sois sauvée! Car pour moi, je saurai, le grand Zeus m'est témoin, garder secret ce que tu m'invites à taire...

Iphigénie. — Grâces pour vos paroles! Puissiez-vous être heureuses! Mais vous deux, à présent, pénétrez dans le temple. Car, sur-le-champ, le roi du pays va venir s'informer si le sacrifice est accompli.

Oreste et Pylade entrent dans le temple.

O maîtresse, ô toi qui, dans les vallons d'Aulis, m'as sauvée de la main mortelle de mon père! sauve-moi une fois encor, sauve ceux-ci! Daigne, daigne sortir de ce pays barbare. Pars pour Athènes : il ne convient pas que tu restes en ces lieux : la cité bienheureuse t'attend.

Ou, par ta faute, Loxias aura cessé d'être un prophète véridique pour les hommes.

Iphigénie entre à son tour dans le temple.

Le Chœur. — *Oiseau, qui près des écueils de la mer, chantes ta triste destinée, Alcyon, dont le cri dit bien à ceux*

Καὶ πρῶτα μέν μοι τοῦ λόγου τάδ' ἀρχέτω·
γυναῖκές ἐσμεν, φιλόφρον ἀλλήλαις γένος,
σῴζειν τε κοινὰ πράγματ' ἀσφαλέσταται.
Σιγήσαθ' ἡμῖν καὶ συνεκπονήσατε
φυγάς. Καλόν τοι γλῶσσ' ὅτῳ πιστὴ παρῇ.
Ὁρᾶτε δ' ὡς τρεῖς μία τύχη τοὺς φιλτάτους
ἢ γῆς πατρῴας νόστος ἢ θανεῖν ἔχει.
Σωθεῖσα δ', ὡς ἂν καὶ σὺ κοινωνῇς τύχης,
σώσω σ' ἐς Ἑλλάδ'. Ἀλλὰ πρός σε δεξιᾶς,
σὲ καὶ σ' ἱκνοῦμαι, σὲ δὲ φίλης παρηίδος
γονάτων τε καὶ τῶν ἐν δόμοισι φιλτάτων
μητρὸς πατρός τε καὶ τέκνων ὅτῳ κυρεῖ.
Τί φατέ; τίς ὑμῶν φησιν, ἢ τίς οὐ θέλει,
φθέγξασθε, ταῦτα; μὴ γὰρ αἰνουσῶν λόγους
ὄλωλα κἀγὼ καὶ κασίγνητος τάλας.

ΧΟ. Θάρσει, φίλη δέσποινα, καὶ σῴζου μόνον
ὡς ἔκ γ' ἐμοῦ σοι πάντα σιγηθήσεται —
ἴστω μέγας Ζεύς — ὧν ἐπισκήπτεις πέρι.

ΙΦ. Ὄναισθε μύθων καὶ γένοισθ' εὐδαίμονες.
Σὸν ἔργον ἤδη καὶ σὸν ἐσβαίνειν δόμους·
ὡς αὐτίχ' ἥξει τῆσδε κοίρανος χθονός,
θυσίαν ἐλέγχων εἰ κατείργασται ξένων.
Ὦ πότνι', ἥπερ μ' Αὐλίδος κατὰ πτυχὰς
δεινῆς ἔσωσας ἐκ πατροκτόνου χερός,
σῶσόν με καὶ νῦν τούσδε τ'· ἢ τὸ Λοξίου
οὐκέτι βροτοῖσι διὰ σ' ἐτήτυμον στόμα.
Ἀλλ' εὐμενὴς ἔκβηθι βαρβάρου χθονὸς
ἐς τὰς Ἀθήνας· καὶ γὰρ ἐνθάδ' οὐ πρέπει
ναίειν, παρόν σοι πόλιν ἔχειν εὐδαίμονα.

ΧΟ. Ὄρνις, ἃ παρὰ πετρίνας Str.

Test. 1089-90 ‖ Cf. Arist. *Ran.* 1309.

1064 πιστὴ Bothe : πίστις L ‖ 1066 νόστος Heath : νόστον L ‖ 1072 θέλει L : θέλειν Musgrave ‖ 1081 ἐλέγχων L : ἐλέγξων Markland.

qui savent, que tes accents sans cesse lamentent[1] *ton époux, je rivalise avec ton chant, moi l'alcyon sans ailes*[2], *moi qui soupire après les fêtes helléniques, et l'Artémis des accouchées, dont la demeure est voisine du Cynthe, et du palmier aux opulents cheveux, du beau laurier et du rejet sacré de l'olivier grisâtre, cher souvenir des douleurs de Lètô, et du lac circulaire aux eaux tourbillonnantes, où le cygne mélodieux se fait le serviteur des Muses.*

O sources abondantes des pleurs dont ruissela ma joue lorsqu'au moment où les tours s'effondrèrent, je m'embarquai sur les navires, parmi les avirons et les lances hostiles, lorsque je fus, au prix de l'or, vendue en ce pays barbare où je sers la fille d'Agamemnon, prêtresse de la tueuse de biches, et ses autels auxquels on n'offre pas d'agneaux! J'envie le sort de qui fut toujours malheureux ; nourri dans

[1] Ronsard a employé ainsi ce verbe : « Philomèle se deult, et d'un gentil babil | Procné d'une autre part *lamente* son Ityl ».

[2] Le cri perçant et douloureux (*Ki, Ki*) du martin-pêcheur (*halcyon, alcedo*) son plumage éclatant, son existence solitaire, avaient frappé les anciens, et fait naître une légende à laquelle nous trouvons une allusion dans Homère (Iliade IX, 561 : ἀλκυόνος πολυπενθέος οἶτον ἔχουσα). Mais cette légende ne nous est racontée que par des textes d'époque tardive (*Alcyon*, dialogue du Pseudo-Lucien, chap. I ; Ovide, *Métamorphoses*, XI, 270 sqq ; schol. Iliade IX, 562 qui remonte peut-être au Κήυκος γάμος d'Hésiode). Le Pseudo-Lucien : « On dit qu autrefois Alcyon était une femme, fille d'Aiolos, fils d'Hellèn et que, par regret de son amour, elle ne cessait de pleurer son époux Céyx le Trachinien, fils d'Heosphoros (Lucifer). » Les poètes avaient moins abusé de ce conte populaire que des aventures de Philomèle, changée en rossignol et réclamant son Itys. Or, Euripide est préoccupé de renouveler ce thème : c'est ainsi que dans l'*Hélène* il invoquera les Sirènes consolatrices des défunts, représentées souvent sur les monuments funéraires, mais que la littérature avait jusqu'alors dédaignées. Aristophane se moque des Alcyons d'Euripide (*Grenouilles*, 1309 sqq.).

Le chœur, convaincu du salut de sa maîtresse, exprime ici sa propre nostalgie. Ces Grecques, esclaves malgré elles d'une Artémis barbare, et qui vivent « sans amis, sans parents », regrettent les fêtes et le culte de l'Artémis hellénique, patronne des vierges et des mères (Ἄρτεμις Λοχία) et chantent son sanctuaire délien.

πόντου δειράδας, Ἀλκυών,
ἔλεγον οἶτον ἀείδεις,
εὐξύνετον ξυνετοῖσι βοάν,
ὅτι πόσιν κελαδεῖς ἀεὶ μολπαῖς,
ἐγώ σοι παραβάλλομαι
θρήνους, ἄπτερος ὄρνις,
ποθοῦσ' Ἑλλάνων ἀγόρους,
ποθοῦσ' Ἄρτεμιν λοχίαν
ἃ παρὰ Κύνθιον ὄχθον οἰκεῖ
φοίνικά θ' ἁβροκόμαν
δάφναν τ' εὐερνέα καὶ
γλαυκᾶς θαλλὸν ἱερὸν ἐλαίας,
Λατοῦς ὠδῖνα φίλαν,
λίμναν θ' εἱλίσσουσαν ὕδωρ
κύκλιον, ἔνθα κύκνος μελῳ-
δὸς Μούσας θεραπεύει.

Ὦ πολλαὶ δακρύων λιβάδες, Ant.
αἳ παρηίδας εἰς ἐμὰς
ἔπεσον, ἁνίκα πύργων
ὀλλυμένων ἐπὶ ναυσὶν ἔβαν
πολεμίων ἐρετμοῖσι καὶ λόγχαις,
ζαχρύσου δὲ δι' ἐμπολᾶς
νόστον βάρβαρον ἦλθον,
ἔνθα τᾶς ἐλαφοκτόνου
θεᾶς ἀμφίπολον κόραν
παῖδ' Ἀγαμεμνονίαν λατρεύω
βωμούς τ' οὐ μηλοθύτας

1090 Ἁλκυών rec. || 1091 οἶτον L : οἰκτρόν Barnes || 1092 εὐξύνετον L[c] : ἀξύνετον L || ξυνετοῖσι *l* : ξυνετοῖς L || 1096-7 ποθοῦσ' ad finem olim trai. Weil, cf. 1113-14 || 1097 λοχείαν L (sed λοχίαν primitus fort. L) || 1101 θαλλὸν rec. : θάλλος L || 1102 ὠδῖνι Portus || 1104 κύκλιον Seidler : κύκνειον L || 1107 εἰς ἐμάς *l* : ἐς 'μάς L || 1109 ὀλλυμένων Erfurdt cf. v. 1092 : ὀλομένων L οὐλομένων *l* || ἐπὶ Elmsley : ἐν L || 1112 νόστον L : νόμον Musgrave || 1116 τ' οὐ Musgrave : τοὺς L.

l'infortune, il n'en sent point la peine ; l'adversité, c'est un destin changeant : connaître la détresse après un sort prospère, c'est connaître vraiment le poids de l'existence !

Toi, maîtresse, une nef argienne aux cinquante rameurs te portera vers ta patrie. La flûte aux joints de cire de Pan, le dieu montagnard, de sa musique aiguë, stimulera les rames. Et Phoibos le devin, faisant sonner les sept cordes de sa lyre, t'accompagnera de ses chants, à bon port, vers la terre éclatante d'Athènes[1]*... M'abandonnant sur ces rivages, tu t'en iras, toi, poussée par les avirons clapotants, et les étais sauront bien déployer au vent, en proue, par-dessus le beaupré, les voiles qui font marcher le navire à prompte allure*[2].

Ah! que ne puis-je parcourir l'éclatante carrière où s'avance le char enflammé du Soleil, arrêter sur mon dos mes ailes frémissantes, lorsque jc planerai sur ma propre demeure, reprendre enfin ma place dans les chœurs, comme

[1] Le chœur se représente, avec envie, le retour triompbal d'Iphigénie au pays. Les dieux eux-mêmes lui feront escorte : Pan, le bon joueur de syrinx, fera l'office du τριηραύλης, le flûtiste qui sur tous les navires antiques règle le rythme des avirons ; et Apollon, protecteur d'Oreste et fauteur de toute cette entreprise, se chargera de commander la manœuvre par des accords de cithare : il sera le κελευστής, comme ce dieu *celeuma dixit* pour les Argonautes (Hygin, fab. XIV). Le κέλευμα était chose essentielle à bord des vaisseaux à rame ; ce mot a fini par signifier la « nage » elle-même, et par s'appliquer à l'équipage des rameurs (*ciurma*, chiourme).

[2] Nous considérons ἱστία (les voiles) comme une glose explicative qui se sera introduite dans le texte. Cette glose commentait sans doute les mots πόδας ναὸς, qui, ici, ne peuvent en effet signifier que les *voiles*. Ποὺς a le plus souvent le sens technique d'*écoute ;* mais il peut avoir aussi (comme dans les *Perses* de Timothée) celui d'*aviron ;* au reste, l'usage de ce mot est extrêmement libre dans Euripide : cf. le fameux « pied du Temps », qui a excité la verve d'Aristophane. Le στόλος n'est pas tout à fait notre beaupré (cf. Cartault, *La trière athénienne*, p. 81 sqq.). Pour donner au navire toute sa vitesse, on hisse *à l'avant*, au moyen d'étais (πρότονοι), le mât ἀκάτειος.

ζηλοῦσ' ἄταν διὰ παν-
τὸς δυσδαίμον'· ἐν γὰρ ἀνάγκαις
οὐ κάμνει σύντροφος ὤν.
Μεταβάλλειν δυσδαιμονία·
τὸ δὲ μετ' εὐτυχίαν κακοῦ-
σθαι θνατοῖς βαρὺς αἰών.

Καὶ σὲ μέν, πότνι', Ἀργεία Str.
πεντηκόντορος οἶκον ἄξει·
συρίζων θ' ὁ κηροδέτας
κάλαμος οὐρείου Πανὸς
κώπαις ἐπιθωύξει,
ὁ Φοῖβός θ' ὁ μάντις ἔχων
κέλαδον ἑπτατόνου λύρας
ἀείδων ἄξει λιπαρὰν
εὖ σ' Ἀθηναίων ἐπὶ γᾶν.
Ἐμὲ δ' αὐτοῦ λιποῦσα
βήσει ῥοθίοισι πλάταις·
ἀέρι δ' εὖ [ἱστία] πρότονοι κατὰ πρῷραν ὑ-
πὲρ στόλον ἐκπετάσουσι πόδας
ναὸς ὠκυπόμπου.

Λαμπρὸν ἱππόδρομον βαίην, Ant.
ἔνθ' εὐάλιον ἔρχεται πῦρ·
οἰκείων δ' ὑπὲρ θαλάμων
πτέρυγας ἐν νώτοις ἁμοῖς
λήξαιμι θοάζουσα·

1119 κάμνει rec. : κάμνεις L || **1120** μεταβάλλειν Bergk (et Milton) : — λλει L || **1121** δὲ P et fort. prim. L : γὰρ *l* || εὐτυχίαν Scaliger : εὐτυχίας L || **1125** θ' Elmsley : δ' L || **1126** οὐρείου Πανὸς κάλαμος Hartung || **1131** εὖ σ' Bothe : ἐς L εἰς *l* || **1133** ῥοθίοισι rec. : ῥοθίοις L || **1134** δ' εὖ scripsi : δὲ L || [ἱστία] secl. Bothe. Ceterum lectio v. 1134-36 incertissima est; cf. adn. francog. || **1135** πόδας Barnes : πόδα L, πόδες Seidler || **1138** λαμπρὸν ἱππόδρομον corr. in L : λαμπροὺς ἱπποδρόμους primitus L || **1141** ἐν νώτοις ἁμοῖς πτέρυγας Fritzsche (cf. 1126) || **1143-51** lectio incerta.

au temps des noces brillantes où, vierge encor, la danse sinueuse, m'entraînait d'auprès de ma mère, jusqu'aux thiases de mes compagnes, pour rivaliser de grâce avec elles, et pour étaler à l'envi une opulente chevelure ! De voiles chatoyants, de mes tresses, alors, je me parais et j'ombrageais ma joue !

Le roi Thoas arrive par la gauche.

THOAS. — Où est la femme grecque, gardienne de ce temple ? A-t-elle consacré déjà les étrangers, et leurs corps flambent-ils près des autels augustes ?

La porte du temple s'ouvre. Iphigénie paraît portant la statue d'Artémis.

LA CORYPHÉE. — O prince, la voici ! Elle te dira tout.

THOAS. — Hé quoi ! fille d'Agamemnon, de sa base intangible pourquoi donc dans tes bras transporter la statue ?

IPHIGÉNIE. — O prince ! Arrête-toi au seuil de ce portail.

THOAS. — Qu'y a-t-il de nouveau, Iphigénie, au temple ?

IPHIGÉNIE. — Je crache ! A la Piété je dois cette parole.

THOAS. — Qu'annonces-tu de neuf ? parle plus clairement.

IPHIGÉNIE. — Vous m'aviez amené, roi, d'impures victimes !

THOAS. — Qui te l'a fait savoir ? Est-ce une conjecture ?

IPHIGÉNIE. — La déesse s'était retournée sur son socle.

THOAS. — Seule ? Ou un tremblement de terre en fut-il cause ?

IPHIGÉNIE. — D'elle-même. Et elle a aussi fermé les yeux.

THOAS. — Et pourquoi ? Avait-elle horreur des étrangers ?

χοροῖς δ' ἑσταίην, ὅθι καὶ
παρθένος, εὐδοκίμων γάμων,
παρὰ πόδ' εἱλίσσουσα φίλας
ματρὸς ἥλικων θιάσους,
χαρίτων εἰς ἁμίλλας,
χαίτας ἁβρόπλουτον ἔριν,
ὀρνυμένα, πολυποίκιλα φάρεα
καὶ πλοκάμους περιβαλλομένα
γένυσιν ἐσκίαζον.

ΘΟΑΣ

Ποῦ' σθ' ἡ πυλωρὸς τῶνδε δωμάτων γυνὴ
Ἑλληνίς; ἤδη τῶν ξένων κατήρξατο;
ἀδύτοις ἐν ἁγνοῖς σῶμα λάμπονται πυρί;

ΧΟ. Ἥδ' ἐστίν, ἥ σοι πάντ', ἄναξ, ἐρεῖ σαφῶς

ΘΟ. Ἔα·
τί τόδε μεταίρεις ἐξ ἀκινήτων βάθρων,
Ἀγαμέμνονος παῖ, θεᾶς ἄγαλμ' ἐν ὠλέναις;

ΙΦ. Ἄναξ, ἔχ' αὐτοῦ πόδα σὸν ἐν παραστάσιν.

ΘΟ. Τί δ' ἔστιν, Ἰφιγένεια, καινὸν ἐν δόμοις;

ΙΦ. Ἀπέπτυσ'· ὁσίᾳ γὰρ δίδωμ' ἔπος τόδε.

ΘΟ. Τί φροιμιάζῃ νεοχμόν; ἐξαύδα σαφῶς.

ΙΦ. Οὐ καθαρά μοι τὰ θύματ' ἠγρεύσασθ', ἄναξ.

ΘΟ. Τί τοὐκδιδάξαν τοῦτό σ'; ἢ δόξαν λέγεις;

ΙΦ. Βρέτας τὸ τῆς θεοῦ πάλιν ἕδρας ἀπεστράφη.

ΘΟ. Αὐτόματον, ἤ νιν σεισμὸς ἔστρεψε χθονός;

ΙΦ. Αὐτόματον· ὄψιν δ' ὀμμάτων ξυνήρμοσεν.

1143 δ' ἑσταίην Bruhn : δὲ σταίην L || **1144** παρθένος L : πάροιθ' Kirchhoff || **1146** ματρός *l* : ματέρος L || **1147** χαρίτων εἰς ἁμίλλας Murray : ἐς ἁμίλλας χαρίτων L || **1148** χαίτας ἁβρόπλουτον ἔριν Bothe : χαίτας ἁβροπλούτοιο εἰς ἔριν L ἁβροπλούτοιο χαίτας *l* || **1154** ἤδη Reiske : ἡ δὴ L || **1162-1221** lineolae pro personarum notis in L.

Iphigénie. — Oui, tel est le motif ! Ils sont souillés d'un crime ?

Thoas. — Ont-ils tué l'un des barbares, sur la plage ?

Iphigénie. — Non, c'est chez eux, déjà, qu'ils ont versé le sang.

Thoas. — Lequel ? Car je serais curieux de l'entendre.

Iphigénie. — D'un fer commun, ils ont tous deux tué leur mère.

Thoas. — Apollon ! qui, même en pays barbare, aurait osé...

Iphigénie. — On les a poursuivis, et chassés de la Grèce.

Thoas. — Et c'est pourquoi tu portes au dehors la statue ?

Iphigénie. — Je l'emporte à l'air pur, pour l'éloigner du sang...

Thoas. — Comment as-tu connu leur souillure à tous deux ?

Iphigénie. — Par leurs aveux, quand la statue se retourna...

Thoas. — A son habileté on reconnaît la Grecque !

Iphigénie. — Et pourtant, ils avaient tenté de me séduire...

Thoas. — En t'apportant, d'Argos, un message agréable ?

Iphigénie. — Mon frère unique, Oreste, est heureux, m'ont-ils dit...

Thoas. — Dans ta joie, pensaient-ils, tu les allais sauver...

Iphigénie. — Ils m'ont dit que mon père est heureux, lui aussi.

Thoas. — Toi, tu as pris, bien sûr, le parti d'Artémis ?

Iphigénie. — Oui, car je hais les Grecs qui causèrent ma mort.

Thoas. — Eh bien, que ferons-nous de ces deux étrangers ?

Iphigénie. — Il nous faut respecter les règles en vigueur...

ΘΟ. Ἡ δ' αἰτία τίς; ἦ τὸ τῶν ξένων μύσος;
ΙΦ. Ἥδ', οὐδὲν ἄλλο· δεινὰ γὰρ δεδράκατον.
ΘΟ. Ἀλλ' ἦ τιν' ἔκανον βαρβάρων ἀκτῆς ἔπι;
ΙΦ. Οἰκεῖον ἦλθον τὸν φόνον κεκτημένοι.
ΘΟ. Τίν'; εἰς ἔρον γὰρ τοῦ μαθεῖν πεπτώκαμεν.
ΙΦ. Μητέρα κατειργάσαντο κοινωνῷ ξίφει.
ΘΟ. Ἄπολλον, οὐδ' ἐν βαρβάροις ἔτλη τις ἄν.
ΙΦ. Πάσης διωγμοῖς ἠλάθησαν Ἑλλάδος.
ΘΟ. Ἦ τῶνδ' ἕκατι δῆτ' ἄγαλμ' ἔξω φέρεις;
ΙΦ. Σεμνόν γ' ὑπ' αἰθέρ', ὡς μεταστήσω φόνου.
ΘΟ. Μίασμα δ' ἔγνως τοῖν ξένοιν ποίῳ τρόπῳ;
ΙΦ. Ἤλεγχον, ὡς θεᾶς βρέτας ἀπεστράφη πάλιν.
ΘΟ. Σοφήν σ' ἔθρεψεν Ἑλλάς, ὡς ᾔσθου καλῶς.
ΙΦ. Καὶ μὴν καθεῖσαν δέλεαρ ἡδύ μοι φρενῶν.
ΘΟ. Τῶν Ἀργόθεν τι φίλτρον ἀγγέλλοντέ σοι;
ΙΦ. Τὸν μόνον Ὀρέστην ἐμὸν ἀδελφὸν εὐτυχεῖν.
ΘΟ. Ὡς δή σφε σώσαις ἡδοναῖς ἀγγελμάτων.
ΙΦ. Καὶ πατέρα γε ζῆν καὶ καλῶς πράσσειν ἐμόν.
ΘΟ. Σὺ δ' ἐς τὸ τῆς θεοῦ γ' ἐξένευσας εἰκότως
ΙΦ. Πᾶσάν γε μισοῦσ' Ἑλλάδ', ἥ μ' ἀπώλεσεν.
ΘΟ. Τί δῆτα δρῶμεν, φράζε, τοῖν ξένοιν πέρι;
ΙΦ. Τὸν νόμον ἀνάγκη τὸν προκείμενον σέβειν.
ΘΟ. Οὔκουν ἐν ἔργῳ χέρνιβες ξίφος τε σόν;
ΙΦ. Ἁγνοῖς καθαρμοῖς πρῶτά νιν νίψαι θέλω.
ΘΟ. Πηγαῖσιν ὑδάτων ἢ θαλασσίᾳ δρόσῳ:

1173 κατειργάσαντο *l* : κατειργάσατο L || 1174 ἔτλη Gaisford : τόδ' ἔτλη L || 1181 μήν Monk : νῦν L || καθεῖσαν *l* : καθῆσαν L || 1184 σώσαις L : σώσῃς Markland.

THOAS. — A l'œuvre donc, ton eau lustrale et ton épée !

IPHIGÉNIE. — Mais je veux commencer par les purifier...

THOAS. — Par l'onde fluviale ou la rosée marine ?

IPHIGÉNIE. — La mer lave et nettoie toute souillure humaine.

THOAS. — Oui, ils seront ainsi plus dignes d'Artémis !

IPHIGÉNIE. — Pour moi-même, d'ailleurs, cela vaut mieux ainsi.

THOAS. — Le flux marin n'arrive-t-il pas jusqu'au temple ?

IPHIGÉNIE. — J'ai besoin d'un endroit désert, pour d'autres rites.

THOAS. — Va où tu veux ; je n'aime pas voir les mystères.

IPHIGÉNIE. — Je dois purifier aussi la sainte image...

THOAS. — Touchée par la contagion du parricide...

IPHIGÉNIE. — Sinon, jamais je ne l'aurais[1] prise à son socle...

THOAS. — Ta piété, ta prévoyance ont bien raison : il est trop naturel que la cité l'admire !

IPHIGÉNIE. — Mais sais-tu ce qui m'est nécessaire à présent ?

THOAS. — C'est à toi de le dire.

IPHIGÉNIE. — Mets ces hommes aux fers.

THOAS. — Et où donc voudrais-tu qu'ils s'enfuient ?

IPHIGÉNIE. — Tous les Grecs sont perfides.

THOAS. — Serviteurs, qu'on apporte des chaînes.

IPHIGÉNIE. — Qu'on amène ces gens ici même.

THOAS. — Tu seras obéie.

IPHIGÉNIE. — Que d'un voile on recouvre leur face.

THOAS. — Qu'on la cache aux rayons de soleil.

IPHIGÉNIE. — Donne-moi de tes gens comme escorte...

THOAS. — Tu seras escortée de ceux-ci...

IPHIGÉNIE. — Envoie donc un héraut qui proclame à ton peuple...

ΙΦ. Θάλασσα κλύζει πάντα τἀνθρώπων κακά.
ΘΟ. Ὁσιώτερον γοῦν τῇ θεῷ πέσοιεν ἄν.
ΙΦ. Καὶ τἀμά γ' οὕτω μᾶλλον ἂν καλῶς ἔχοι.
ΘΟ. Οὔκουν πρὸς αὐτὸν ναὸν ἐκπίπτει κλύδων;
ΙΦ. Ἐρημίας δεῖ· καὶ γὰρ ἄλλα δράσομεν.
ΘΟ. Ἄγ' ἔνθα χρῄζεις· οὐ φιλῶ τἄρρηθ' ὁρᾶν.
ΙΦ. Ἁγνιστέον μοι καὶ τὸ τῆς θεοῦ βρέτας.
ΘΟ. Εἴπερ γε κηλὶς ἔβαλέ νιν μητροκτόνος.
ΙΦ. Οὐ γάρ ποτ' ἄν νιν ἠράμην βάθρων ἄπο.
ΘΟ. Δίκαιος ηὑσέβεια καὶ προμηθία.
Ὡς εἰκότως σε πᾶσα θαυμάζει πόλις. 1214
ΙΦ. Οἶσθά νυν ἅ μοι γενέσθω;
ΘΟ. Σὸν τὸ σημαίνειν τόδε. 1203
ΙΦ. Δεσμὰ τοῖς ξένοισι πρόσθες.
ΘΟ. Ποῖ δέ σ' ἐκφύγοιεν ἄν;
ΙΦ. Πιστὸν Ἑλλὰς οἶδεν οὐδέν.
ΘΟ. Ἴτ' ἐπὶ δεσμά, πρόσπολοι.
ΙΦ. Κἀκκομιζόντων δὲ δεῦρο τοὺς ξένους.
ΘΟ. Ἔσται τάδε.
ΙΦ. Κρᾶτα κρύψαντες πέπλοισιν.
ΘΟ. Ἡλίου πρόσθεν φλογός.
ΙΦ. Σῶν τέ μοι σύμπεμπ' ὀπαδῶν.
ΘΟ. Οἵδ' ὁμαρτήσουσί σοι.
ΙΦ. Καὶ πόλει πέμψον τιν' ὅστις σημανεῖ
ΘΟ. Ποίας τύχας;

Test. 1193 Diog. Laërtius III, 6. Stob. *Ecl.* 4, 20 (3, 4, 22 Hense). Schol. Hom. *Il.* A 314 (cf. Cramer *An. Paris.* III p. 133). Eustath. in Hom. p. 108. Etym. Magn. p. 127, s. v. ἀπολυμαίνω. Schol. Lycophr. v. 132 (ed. Bachmann).

1194 ὁσιώτερον L : ὁσιώτεροι Tournier || 1201 ἠράμην Musgrave : ἀνηράμην L || 1214 post 1202 traiecit Markland || 1203 οἶσθά νυν rec. : οἶσθα νῦν L || 1207 κρᾶτα κρύψαντες Musgrave : καταχρύψαντες L || 1207-13 lineolas nonnullas omisit L (1207 ante ἡλίου, 1208 ante σῶν 1212 ante μηδέν').

THOAS. — Que doit-il lui mander ?

1210 IPHIGÉNIE. — Que tous restent chez eux.

THOAS. — Pour ne point encourir la souillure du crime ?

IPHIGÉNIE. — Ces rencontres, en effet, sont impures.

THOAS. — Eh bien, va, fais-toi même l'annonce.

1212 IPHIGÉNIE. — Que personne n'approche et ne voie...

THOAS. — Ah ! tu veilles au bien de mon peuple. Merci.

1213 IPHIGÉNIE. — Et sur ceux qui me sont le plus chers...

THOAS. — C'est à moi que tu penses ?

1215 IPHIGÉNIE. — Toi, reste près du temple.

THOAS. — Et qu'aurai-je à y faire ?

IPHIGÉNIE. — Purifie le lieu saint par la torche.

THOAS. — Oui, tu veux au retour le trouver sans souillure...

IPHIGÉNIE. — Et quand eux sortiront...

THOAS. — Que faut-il que je fasse ?

IPHIGÉNIE. — Protéger ton visage d'un voile...

THOAS. — Pour ne point m'attirer la colère des dieux.

IPHIGÉNIE. — Si je semble par trop m'attarder...

THOAS. — Quelle est donc la limite à l'attente ?

1220 IPHIGÉNIE. — Ne sois pas étonné...

THOAS. — Donne aux soins que réclame Artémis tout le temps que tu veux...

IPHIGÉNIE. — Que ce rite à mon gré réussisse !

THOAS. — Je seconde tes vœux.

Il entre dans le temple.

La porte s'ouvre. Oreste et Pylade, enchaînés, paraissent, escortés de serviteurs du temple portant des victimes ou agitant des torches.

IPHIGÉNIE. — Mais voici ces deux hommes qui sortent du temple, et voici l'appareil d'Artémis : — les agneaux nouveau-nés, pour laver dans le sang la souillure du sang, — et l'éclat des flambeaux, — et les autres moyens

Φ. Ἐν δόμοις μίμνειν ἅπαντας.
Ο. Μὴ συναντῷεν φόνῳ;
Φ. Μυσαρὰ γὰρ τὰ τοιάδ᾽ ἐστί.
Ο. Στεῖχε καὶ σήμαινε σύ.
Φ. Μηδέν᾽ εἰς ὄψιν πελάζειν.
Ο. Εὖ γε κηδεύεις πόλιν.
Φ. Καὶ φίλων γ᾽ οὓς δεῖ μάλιστα
Ο. Τοῦτ᾽ ἔλεξας εἰς ἐμέ.
Φ. Σὺ δὲ μένων αὐτοῦ πρὸ ναῶν τῇ θεῷ
Ο. Τί χρῆμα δρῶ;
Φ. Ἅγνισον πυρσῷ μέλαθρον.
Ο. Καθαρὸν ὡς μόλῃς πάλιν:
Φ. Ἡνίκ᾽ ἂν δ᾽ ἔξω περῶσιν οἱ ξένοι,
Ο. Τί χρή με δρᾶν;
Φ. Πέπλον ὀμμάτων προθέσθαι.
Ο. Μὴ παλαμναῖον λάβω;
Φ. Ἢν δ᾽ ἄγαν δοκῶ χρονίζειν,
Ο. Τοῦδ᾽ ὅρος τίς ἐστί μοι;
Φ. Θαυμάσῃς μηδέν.
Ο. Τὰ τῆς θεοῦ πρᾶσσ᾽, ἐπεὶ σχολή, καλῶς.
Φ. Εἰ γὰρ ὡς θέλω καθαρμὸς ὅδε πέσοι.
Ο. Συνεύχομαι.
Φ. Τούσδ᾽ ἄρ᾽ ἐκβαίνοντας ἤδη δωμάτων ὁρῶ ξένους
καὶ θεᾶς κόσμους νεογνούς τ᾽ ἄρνας, ὡς φόνῳ φόνον
μυσαρὸν ἐκνίψω, σέλας τε λαμπάδων τά τ᾽ ἄλλ᾽ ὅσα
προυθέμην ἐγὼ ξένοισι καὶ θεᾷ καθάρσια.
Ἐκποδὼν δ᾽ αὐδῶ πολίταις τοῦδ᾽ ἔχειν μιάσματος,
εἴ τις ἢ ναῶν πυλωρὸς χεῖρας ἁγνεύει θεοῖς
ἢ γάμον στείχει συνάψων ἢ τόκοις βαρύνεται,
φεύγετ᾽ ἐξίστασθε, μή τῳ προσπέσῃ μύσος τόδε.

1213 οὓς δεῖ Badham : οὐδεὶς L || 1216 πυρσῷ Reiske : χρυσῷ L || 219 lineolas et litteras ζειν in rasura add. *l* || 1214 post 1202 traie-t Markland || 1220 μηθέν *lp* || ἐπεὶ σχολή rec. : ἐπεὶ σχολῇ L || 1222 ωμάτων *l* : δομάτων L || 1223 ἄρνας Pierson : ἄρσενας L.

dont je veux me servir pour purger de leur tache ces deux étrangers, et laver la déesse ; — citoyens, je l'ordonne tenez-vous à l'écart du miasme. Si quelqu'un des servants de ce temple doit garder pour les dieux les mains pures — si quelqu'un se dispose à conclure un hymen — — ou bien si quelque femme est enceinte, ah ! qu'ils fuient, qu'ils s'écartent, de peur de gagner la souillure Vierge-reine, ô toi née de Létô et de Zeus, si je lave ceux-ci de leur crime, si je puis sacrifier dans les lieux où la chose convient, tu pourras habiter un sanctuaire sans tache et nous-mêmes connaîtrons le bonheur. Je ne dis que cela et pourtant, je me sais entendue, et des dieux qui en savent plus long, et de toi, ô Déesse !

Le cortège sort par la droite. Iphigénie le suit et disparaît.

Le Chœur. — *Qu'ils sont beaux les enfants de Lètô qu'a mis au jour la Délienne, dans les vallons féconds de l'Ile, — le dieu aux cheveux d'or, docte joueur de lyre, et la Déesse orgueilleuse de son adresse à tirer l'arc !*

Et, de la colline insulaire, quittant le lieu de ses couches illustres, où l'eau vive ruisselle, sa mère aussitôt le porta au sommet du Parnasse, au sommet animé par les danses bachiques, où le serpent couleur de vin, au dos tacheté et couvert, ainsi que par une cuirasse, du laurier ombreux et feuillu, monstre énorme issu de la Terre, gardait l'oracle chthonien !

Et toi, encore enfant, qui bondissais encore dans les bras de ta mère chérie, tu l'immolas, ô Phoibos : tu t'emparas de l'oracle divin ! Et te voilà siégeant au trépied d'or sur le trône véridique, chantant aux mortels l'avenir, du fond du prophétique sanctuaire, voisin des flots de Castalie, dans ton temple, centre du monde...

Ὦ Διὸς Λητοῦς τ' ἄνασσα παρθέν', ἢν νίψω φόνον
τῶνδε καὶ θύσωμεν οὗ χρή, καθαρὸν οἰκήσεις δόμον,
εὐτυχεῖς δ' ἡμεῖς ἐσόμεθα. Τἄλλα δ' οὐ λέγουσ', ὅμως
τοῖς τὰ πλείον' εἰδόσιν θεοῖς σοί τε σημαίνω, θεά.

ΧΟ. Εὔπαις ὁ Λατοῦς γόνος, Srt.
ὅν ποτε Δηλιὰς ἐν καρποφόροις γυάλοις
⟨ἔτικτε⟩ χρυσοκόμαν
ἐν κιθάρᾳ σοφόν, ἅ τ' ἐπὶ τόξων
εὐστοχίᾳ γάνυται· φέρε ⟨δ' αὐτίκα⟩
νιν ἀπὸ δειράδος εἰναλίας,
λοχεῖα κλεινὰ λιποῦσ'
ἀστάκτων μάτηρ ὑδάτων,
τὰν βακχεύουσαν Διονύσῳ
Παρνάσιον κορυφάν,
ὅθι ποικιλόνωτος οἰνωπὸς δράκων
σκιερᾷ κατάχαλκος εὐφύλλῳ δάφνᾳ,
γᾶς πελώριον τέρας, ἄμφεπε
μαντεῖον χθόνιον.
Ἔτι μιν ἔτι βρέφος, ἔτι φίλας
ἐπὶ ματέρος ἀγκάλαισι θρῴσκων
ἔκανες, ὦ Φοῖβε, μαν-
τείων δ' ἐπέβας ζαθέων,
τρίποδί τ' ἐν χρυσέῳ
θάσσεις, ἐν ἀψευδεῖ θρόνῳ
μαντείας βροτοῖς
θεσφάτων νέμων
ἀδύτων ὕπο, Κασταλίας ῥεέθρων

1233 θεά *l* : θεᾶ L || 1236 ⟨ἔτικτε⟩ Kirchhoff || 1235 τὸν Herm. : ὃν L || 1236 χρυσοκόμαν Musgrave : χρυσοκόμαν Φοῖβον L || 1239 γάνυται Barnes : γάννυται L || φέρε δ' ⟨αὐτίκα⟩ νιν scripsi : φέρει νιν L, φέρε δ' ἶνιν Kirchhoff || 1240 εἰναλίας *l* : ἐναλίας L || 1241-2 sic L, nil mutandum. || 1247 ἄμφεπε Seidler : ἀμφέπει L || 1249 μιν L : νιν Seidler || 1255 post βροτοῖς habet ἀναφαίνων L : deleuit Seidler || 1256 νέμων Musgrave : ἐμῶν L || 1257 ὕπο Seidler : ὕπερ L.

Or, comme il avait écarté de l'oracle divin de Pythô, Thémis, la fille de Gaïa, la Terre suscita les visions nocturnes de Songes qui disaient le passé, le présent, tout ce qui devait être ensuite, à de nombreux mortels, dans leur sommeil obscur ; et Gaïa, vengeant sa fille, prit à Phoibos les honneurs fatidiques...

Mais aussitôt le Dieu s'élança vers l'Olympe. Il enlaça de son bras enfantin le trône de Zeus, suppliant celui-ci d'apaiser le courroux chthonien qui pesait sur le temple pythique !

Et Zeus sourit en voyant que l'Enfant était ainsi parti d'emblée pour conquérir les honneurs d'un sanctuaire riche en or !

Il secoua sa chevelure, marquant qu'il consentait à supprimer les oracles nocturnes ; il affranchit les hommes de la mantique ténébreuse. A Loxias il remit ses honneurs ; il rendit aux humains confiance dans le chant des oracles promulgués sur ce trône que viennent visiter de nombreux pèlerins[1]*...*

Entre un messager, serviteur de Thoas.

[1] Sur ce chœur, cf. Notice, p. 101. Ce « péan » a plus de rapport avec l'action qu'il ne semble au premier abord. Le chœur prie pour le succès du plan d'Iphigénie : il est naturel qu'il chante Apollon, le dieu prophétique, dont l'oracle va être enfin réhabilité ; Artémis, d'ailleurs, est nommée, elle aussi (vers 1238). La prise de possession, par Apollon, du sanctuaire de Pythô était racontée de plusieurs manières. La version de l'hymne à Apollon Delphique n'est point primitive ; il n'y est pas dit, en effet, que le Serpent fût commis par Gaïa à la garde de l'oracle, ni que celle-ci, ou sa fille Thémis, en fût propriétaire. Eschyle, au début des *Euménides*, connaît le règne de Gaïa, à laquelle succéda Thémis ; mais il exclut du mythe toute violence, et considère l'avènement d'Apollon comme une succession pacifique et légitime. Cf. le péan d'Aristonoos, que j'aurais dû citer pour *Ion*, v. 550. Euripide nous donne ici une version plus conforme aux faits mythologiques. On a critiqué et corrigé diversement (vers 1235-1243) la mention d'Artémis et les éloges prétendument hyperboliques adressés à Délos, île stérile et peu arrosée. Mais cette dévotion délienne (cf. vers 1906 sqq.) annonce peut-être la destinée du chœur (cf. p. 170).

γείτων, μέσον γᾶς ἔχων μέλαθρον.

Θέμιν δ' ἐπεὶ γᾶς ἰὼν Ant.
παῖδ' ἀπενάσσατο ⟨Πυθῶνος⟩ ἀπὸ ζαθέων
χρηστηρίων, νύχια
Χθὼν ἐτεκνώσατο φάσματ' ὀ⟨νείρων⟩,
οἳ πολέσιν μερόπων τά τε πρῶτα τά τ'
ἔπειθ' ὅσσα τ' ἔμελλε τυχεῖν
ὕπνου κατὰ δνοφερὰς
εὐνὰς φράζον· Γαῖα δὲ τὰν
μαντείων ἀφείλετο τιμὰν
Φοῖβον, φθόνῳ θυγατρός·
ταχύπους δ' ἐς Ὄλυμπον ὁρμαθεὶς ἄναξ,
χέρα παιδνὸν ἕλιξεν ἐκ Δίων θρόνων
Πυθίων δόμων χθονίαν ἀφε-
λεῖν μῆνιν θεᾶς [νυχίους τ' ἐνοπάς.]
Γέλασε δ', ὅτι τέκος ἄφαρ ἔβα
πολύχρυσα θέλων λατρεύματα σχεῖν·
ἐπὶ δ' ἔσεισεν κόμαν,
παῦσαι νυχίους ἐνοπάς
ἀπὸ δ' ἀλαθοσύναν
νυκτωπὸν ἐξεῖλεν βροτῶν,
καὶ τιμὰς πάλιν
θῆκε Λοξίᾳ,
πολυάνορι δ' ἐν ξενόεντι θρόνῳ
θάρση βροτοῖς θεσφάτων ἀοιδαῖς.

1259 ἐπεί Scaliger : ἐπὶ L || γᾶς ἰὼν L : Γαΐαν Bruhn (γάϊον Nauck) || **1260-1** ⟨Πυθῶνος⟩ Herm. || **1263** ὀ⟨νείρων⟩ *l* : ὀ L || ὅσσα τ' Musgrave : ὅσα τ' L || δνοφερὰς Musgrave : δνοφερᾶς L || **1267** γᾶς seclusit Nauck || φράζον Nauck : ἔφραζον L || **1267** τὰν Seidler : τὴν supra μαντεῖον prima manu L || **1271** ἕλιξεν fortasse primitus L : ἕλιξ' P et nunc L || Δίων Wecklein : Διὸς L, Ζηνὸς Seidler alii alia || **1276** ἐπὶ Musgrave : ἐπεὶ L || ἔσεισεν Badham : ἔσεισε L || **1277** παῦσαι Badham : παῦσε L : ἐπὶ δὲ σείσας κόμαν παῦσεν Musgrave || **1273** μῆνιν θεᾶς Wil. : θεᾶς μῆνιν L || [νυχίους τ' ἐνοπάς] seclusit Seidler || **1277** ἐνοπὰς e uersu 1273 Burges : ὀνείρους L || **1278** δ' ἀλαθοσύναν Nauck : δὲ λαθοσύναν L || **1283** θάρση L[c] : θάρσει L.

Le Messager. — Gardiens du temple, et vous, préposés aux autels, en quel lieu est Thoas, le roi de ce pays? Ouvrez à deux battants l'huis aux bonnes chevilles et appelez le roi; qu'il sorte du palais!

La Coryphée. — Qu'y a-t-il, si je puis parler sans qu'on m'en prie?

Le Messager. — Les jeunes étrangers ont pris tous deux la fuite, aidés par la rusée fille d'Agamemnon. Ils quittent le pays emportant la statue sacro-sainte, et montés sur un vaisseau hellène.

La Coryphée. — L'histoire est inouïe: mais celui que tu cherches, le roi de ce pays, est sorti de ce temple...

Le Messager. — Où est-il? car il faut qu'il apprenne ceci.

La Coryphée. — Je l'ignore, mais va, cherche-le jusqu'aux lieux où tu le trouveras, pour lui mander la chose.

Le Messager. — Voyez combien perfide est la race des femmes: vous avez, vous aussi, votre part du complot...

La Coryphée. — Tu es fou: qu'avons-nous à faire avec leur fuite? Rends-toi donc, au plus vite, au palais de nos rois.

Le Messager. — Pas avant que cet interprète nous ait dit si le roi du pays est ici, oui ou non.

Il fait retomber bruyamment, à plusieurs reprises, le marteau du portail[1].

Ohé, vous, ouvrez donc, vous autres, là dedans! Dites à votre roi que je suis à vos portes, avec tout un fardeau de fâcheuses nouvelles.

Thoas. — Qui assiège de cris le temple d'Artémis, heurte la porte et jette la terreur céans?

Le Messager. — Hé! Comment! Celles-ci disaient,

[1] Ce jeu de scène s'infère du texte du vers 1302, corrigé brillamment par M. Murray ὅδε pour τόδε. Cf. *Ion*, v. 1612.

ΑΓΓΕΛΟΣ

Ὦ ναοφύλακες βώμιοί τ' ἐπιστάται,
Θόας ἄναξ γῆς τῆσδε ποῦ κυρεῖ βεβώς ;
καλεῖτ' ἀναπτύξαντες εὐγόμφους πύλας
ἔξω μελάθρων τῶνδε κοίρανον χθονός.

ΧΟ. Τί δ' ἔστιν, εἰ χρὴ μὴ κελευσθεῖσαν λέγειν ;

ΑΓΓ. Βεβᾶσι φροῦδοι δίπτυχοι νεανίαι
Ἀγαμεμνονείας παιδὸς ἐκ βουλευμάτων
φεύγοντες ἐκ γῆς τῆσδε καὶ σεμνὸν βρέτας
λαβόντες ἐν κόλποισιν Ἑλλάδος νεώς.

ΧΟ. Ἄπιστον εἶπας μῦθον· ὃν δ' ἰδεῖν θέλεις
ἄνακτα χώρας, φροῦδος ἐκ ναοῦ συθείς.

ΑΓΓ. Ποῖ ; δεῖ γὰρ αὐτὸν εἰδέναι τὰ δρώμενα.

ΧΟ. Οὐκ ἴσμεν· ἀλλὰ στεῖχε καὶ δίωκέ νιν
ὅπου κυρήσας τούσδ' ἀπαγγελεῖς λόγους.

ΑΓΓ. Ὁρᾶτ', ἄπιστον ὡς γυναικεῖον γένος·
μέτεστι χὐμῖν τῶν πεπραγμένων μέρος.

ΧΟ. Μαίνῃ· τί δ' ἡμῖν τῶν ξένων δρασμοῦ μέτα ;
οὐκ εἶ κρατούντων πρὸς πύλας ὅσον τάχος ;

ΑΓΓ. Οὐ πρίν γ' ἂν εἴπῃ τοὔπος ἑρμηνεὺς ὅδε
εἴτ' ἔνδον εἴτ' οὐκ ἔνδον ἀρχηγὸς χθονός.
Ὠή, χαλᾶτε κλῇθρα, τοῖς ἔνδον λέγω,
καὶ δεσπότῃ σημήναθ' οὕνεκ' ἐν πύλαις
πάρειμι, καινῶν φόρτον ἀγγέλλων κακῶν.

ΘΟ. Τίς ἀμφὶ δῶμα θεᾶς τόδ' ἵστησιν βοήν,
πύλας ἀράξας καὶ ψόφον πέμψας ἔσω ;

ΑΓΓ. Φεῦ·
Πῶς ἔλεγον αἵδε καί μ' ἀπήλαυνον δόμων,

1285 γῆς τῆσδε *l* : τῆσδε γῆς L || 1299 χὐμῖν Markland : θ' ὑμῖν L || 1301 choro continuat, 1302 nuntio dat Heath : 1301 nuntio, 1302 choro L || ὅδε Murray : τόδε L || 1309 Φεῦ· πῶς Wil. : ψευδῶς L.

pour m'éloigner, que tu étais sorti ?... Tu étais donc présent ?

THOAS. — Quel profit peuvent-elles attendre ou désirer ?

LE MESSAGER. — Je te dirai cela tout à l'heure : l'urgent, c'est d'écouter ceci. La vierge qui, chez nous, desservait les autels, Iphigénie, a fui hors du pays avec les étrangers ; elle a emporté la statue sacrée de la déesse, car ses lustrations n'étaient que perfidie !

THOAS. — Que dis-tu ? Et quel vent l'a poussée à ce faire ?

LE MESSAGER. — Je vais bien t'étonner : c'est pour sauver Oreste.

THOAS. — Lequel ? Celui que la Tyndaride enfanta ?

LE MESSAGER. — Celui qu'à ses autels consacra la déesse.

THOAS. — Miracle ! ou bien quel mot en dirait davantage ?

LE MESSAGER. — Ne laisse pas ainsi ton esprit s'égarer[1]. Mais entends-moi, réfléchis bien, et considère en m'écoutant, comment nous devrons nous y prendre pour leur donner la chasse et pour les rattraper.

THOAS. — Parle, tu as raison ; car il leur reste à faire trop longue traversée pour qu'ils puissent compter échapper à nos armes.

LE MESSAGER. — Lorsque nous arrivâmes à la plage marine où le vaisseau d'Oreste était secrètement mouillé, la fille d'Agamemnon nous fit signe, à nous qui l'escortions par ton ordre, en tenant les fers des étrangers, de rester à l'écart, puisqu'elle allait vaquer à ses mystérieuses purifications, ainsi qu'aux sacrifices ardents qu'elle venait offrir en ces lieux. Elle-même prit la chaîne des deux étrangers, et marcha à leur suite. Cela parut suspect,

[1] Il s'agit de motiver le long récit qui, en un pareil moment, pourrait sembler une dangereuse perte de temps. Voilà pourquoi Thoas nous est présenté si hébété. Il a besoin de reprendre ses sens et, pour qu'il puisse donner des ordres raisonnables, il faut bien lui expliquer minutieusement les faits.

ὡς ἐκτὸς εἴης· σὺ δὲ κατ' οἶκον ἦσθ' ἄρα.
ΘΟ. Τί προσδοκῶσαι κέρδος ἢ θηρώμεναι;
ΑΓΓ. Αὖθις τὰ τῶνδε σημανῶ· τὰ δ' ἐν ποσὶ
παρόντ' ἄκουσον· ἡ νεᾶνις ἣ 'νθάδε
βωμοῖς παρίστατ', Ἰφιγένει', ἔξω χθονὸς
σὺν τοῖς ξένοισιν οἴχεται, σεμνὸν θεᾶς
ἄγαλμ' ἔχουσα· δόλια δ' ἦν καθάρματα.
ΘΟ. Πῶς φής; τί πνεῦμα συμφορᾶς κεκτημένη;
ΑΓΓ. Σῴζουσ' Ὀρέστην· τοῦτο γὰρ σὺ θαυμάσῃ.
ΘΟ. Τὸν ποῖον; ἆρ' ὃν Τυνδαρὶς τίκτει κόρη;
ΑΓΓ. Ὃν τοῖσδε βωμοῖς θεὰ καθωσιώσατο.
ΘΟ. Ὢ θαῦμα, πῶς σε μεῖζον ὀνομάσας τύχω;
ΑΓΓ. Μὴ 'νταῦθα τρέψῃς σὴν φρέν', ἀλλ' ἄκουέ μου·
σαφῶς δ' ἀθρήσας καὶ κλύων ἐκφρόντισον
διωγμὸν ὅστις τοὺς ξένους θηράσεται.
ΘΟ. Λέγ'· εὖ γὰρ εἶπας· οὐ γὰρ ἀγχίπλουν πόρον
φεύγουσιν, ὥστε διαφυγεῖν τοὐμὸν δόρυ.
ΑΓΓ. Ἐπεὶ πρὸς ἀκτὰς ἤλθομεν θαλασσίας,
οὗ ναῦς Ὀρέστου κρύφιος ἦν ὡρμισμένη,
ἡμᾶς μέν, οὓς σὺ δεσμὰ συμπέμπεις ξένων
ἔχοντας, ἐξένευσ' ἀποστῆναι πρόσω
Ἀγαμέμνονος παῖς, ὡς ἀπόρρητον φλόγα
θύουσα καὶ καθαρμὸν ὃν μετῴχετο.
Αὐτὴ δ' ὄπισθε δέσμ' ἔχουσα τοῖν ξένοιν
ἔστειχε χερσί. Καὶ τάδ' ἦν ὕποπτά μέν,
ἤρεσκε μέντοι σοῖσι προσπόλοις, ἄναξ.
Χρόνῳ δ', ἵν' ἡμῖν δρᾶν τι δὴ δοκοῖ πλέον,
ἀνωλόλυξε καὶ κατῇδε βάρβαρα

Test. **1325** ἀγχίπους (sic) εὐδιακόμιστος καὶ ὁ παρεστὼς και σύνεγγυς· Εὐριπίδης Ἰφιγενείᾳ τῇ ἐν Ταύροις Hesychius I p. 37.

1310 εἴης Scaliger : ἧς L || **1312** αὖτις L || **1329** οὗ in ὃς mutauit L[c] **1334** χερσί *lp* : χεροῖν L || **1336** δοκοῖ Matthiae : δοκῇ, sed ῇ in ras.

seigneur, à tes esclaves; pourtant, l'on obéit. Enfin, voulant sans doute nous paraître occupée de plus graves objets, elle entonna le cri rituel, et se mit à chanter, longuement, des airs barbares et magiques, pour montrer qu'elle était bien en train de laver la souillure. Or, comme nous restions fort longtemps à l'attendre, la peur nous vint que les étrangers, déliés, n'eussent tué la vierge et se fussent enfuis. Mais, par crainte de voir des choses interdites, nous restions immobiles et muets. A la fin, nous fûmes tous d'accord pour braver la défense et pour gagner la place où ils étaient tous trois. Et nous vîmes alors un navire hellénique, bien pourvu d'avirons dressés comme des ailes, et cinquante marins, tous la rame au tolet; et, les deux jeunes gens du côté de l'arrière, affranchis de liens.

Et, tandis que les uns tentaient de maintenir la proue avec des gaffes, d'autres suspendaient l'ancre au bossoir, ou encor tiraient les amarres, ou bien se dépêchaient d'aller chercher l'échelle, et l'abaissaient en mer, vers les deux étrangers[1]. Nous, perdant tout scrupule, dès que nous aperçûmes ces perfides apprêts, nous saisîmes soudain l'étrangère et les câbles, et nous nous efforçâmes d'arracher à la poupe élégante les deux rames du gouvernail, à travers l'ouverture.

Et ces mots se croisaient: « Pourquoi voulez-vous fuir, en emportant d'ici l'image et la prêtresse? Pourquoi? Toi, qui es-tu, et de quelle origine, pour enlever ainsi, en fraude, cette femme? » Lui répondait: « Je suis Oreste, sache-le, le fils d'Agamemnon, frère d'Iphigénie. Je ramène ma sœur après l'avoir perdue. »

Nous autres n'en serrions que plus fort l'étrangère, et voulions la contraindre à nous suivre vers toi, malgré les

[1] Passage considéré comme difficile, mais qui n'est pas nécessairement corrompu, en dépit de la plupart des critiques. — Avant même qu'Oreste, Pylade, Iphigénie et la statue soient à bord, le

μέλη μαγεύουσ', ὡς φόνον νίζουσα δή.
Ἐπεὶ δὲ δαρὸν ἧμεν ἥμενοι χρόνον,
ἐσῆλθεν ἡμᾶς μὴ λυθέντες οἱ ξένοι
κτάνοιεν αὐτὴν δραπέται τ' οἰχοίατο.
Φόβῳ δ' ἃ μὴ χρῆν εἰσορᾶν καθήμεθα
σιγῇ· τέλος δὲ πᾶσιν ἦν αὑτὸς λόγος,
στείχειν ἵν' ἦσαν, καίπερ οὐκ ἐωμένοις.
Κἀνταῦθ' ὁρῶμεν Ἑλλάδος νεὼς σκάφος
ταρσῷ κατήρει πίτυλον ἐπτερωμένον,
ναύτας τε πεντήκοντ' ἐπὶ σκαλμῶν πλάτας
ἔχοντας, ἐκ δεσμῶν δὲ τοὺς νεανίας
ἐλευθέρους πρύμνηθεν ἑστῶτας νεώς.
Κοντοῖς δὲ πρῷραν εἶχον, οἱ δ' ἐπωτίδων
ἄγκυραν ἐξανῆπτον· οἱ δὲ κλίμακας
σπεύδοντες ἦγον διὰ χερῶν πρυμνήσια,
πόντῳ δὲ δόντες τοῖν ξένοιν καθίεσαν.
Ἡμεῖς δ' ἀφειδήσαντες, ὡς ἐσείδομεν
δόλια τεχνήματ', εἰχόμεσθα τῆς ξένης
πρυμνησίων τε, καὶ δι' εὐθυντηρίας
οἴακας ἐξῃροῦμεν εὐπρύμνου νεώς.
Λόγοι δ' ἐχώρουν· « Τίνι λόγῳ πορθμεύετε
κλέπτοντες ἐκ γῆς ξόανα καὶ θυηπόλους ;
Τίνος τίς ὢν σὺ τήνδ' ἀπεμπολᾷς χθονός ; »
Ὁ δ' εἶπ'· « Ὀρέστης τῆσδ' ὅμαιμος, ὡς μάθῃς,
Ἀγαμέμνονος παῖς, τήνδ' ἐμὴν κομίζομαι
λαβὼν ἀδελφήν, ἣν ἀπώλεσ' ἐκ δόμων. »
Ἀλλ' οὐδὲν ἧσσον εἰχόμεσθα τῆς ξένης
καὶ πρὸς σ' ἕπεσθαι διεβιβαζόμεσθά νιν,

1338 μαγεύουσ' Reiske : ματεύουσ' L || **1343** αὑτὸς Schaefer et Valckenaer : αὐτὸς L || **1346** κατήρει L : κατῆρες Barnes || **1349** νεώς rec. : νεῶν L || **1351** ἄγκυραν Scaliger : ἀγκύρας L || **1353** τοῖν ξένοιν Seidler : τὴν ξένην L (ξένοιν iam P) || **1358** πορθμεύετε *p* : πορθεύετε L || **1359** ξόανα καὶ θυηπόλους Musgrave : ξόανον καὶ θυηπόλον L || **1360** ⟨σὺ⟩ Markland.

rudes coups qui pleuvaient sur nos joues. Car eux, pas plus que nous, n'étaient armés de fer, mais ils nous assenaient de bruyants coups de poing et de grands coups de pied dans les côtes et le foie. Dès le premier contact, nous en avions assez, marqués que nous étions de terrible façon. Nous nous sauvions vers les falaises, tous meurtris; postés sur les hauteurs, nous reprîmes la lutte avec plus de prudence, et nous lancions des pierres. Mais des archers placés sur la poupe tiraient contre nous : il fallut encor battre en retraite.

Là-dessus, un grand flot ayant porté la nef vers la côte, la ⟨vierge⟩ eut peur de s'avancer dans l'eau. Oreste la chargea sur son épaule gauche. Il descendit en mer, il bondit sur l'échelle, et déposa sa sœur dans la nef bien pontée, sa sœur, avec l'objet tombé du ciel, l'image de la fille de Zeus !

Et une voix jaillit du milieu du navire : « Matelots de la nef hellénique, prenez les rames, blanchissez les flots marins d'écume; car nous avons conquis le butin dont l'espoir nous avait fait, en traversant les Symplégades, pénétrer dans la mer hostile aux étrangers ! »

Poussant un han joyeux, les matelots frappèrent la vague; et le navire, aussi longtemps qu'il fut à l'intérieur du port, fila; mais au passage de la barre, accueilli par une forte lame, il se mit à tanguer : car un grain violent,

navire appareille : il s'agit d'éviter tout retard. L'ancre est déjà levée; il faut donc empêcher que le vaisseau ne s'écarte par trop du rivage, avant que les fugitifs aient pu s'embarquer. Euripide énumère dans cet ordre les diverses manœuvres : les uns retiennent le navire en pesant sur des gaffes, les autres lèvent et suspendent l'ancre, d'autres vont chercher l'échelle devenue nécessaire à l'embarquement depuis que le navire a cessé d'être en contact avec la terre ; d'autres tirent à eux les « amarres de poupe » (πρυμνήσια), dont l'extrémité traîne encore sur la plage (1356). — La seule difficulté véritable est dans les vers 1351-1353. Evidemment, ce ne peuvent être les mêmes matelots qui vont chercher l'échelle, tirent les câbles, puis jettent l'échelle à la mer. Logiquement il faudrait : οἳ δὲ κλίμακας σπεύδοντές τε καὶ πόντῳ δόντες τοῖν ξένοιν καθίεσαν, οἳ δὲ διὰ χερῶν ἦγον πρυμνήσια. Mais Euripide a voulu éviter une

ὅθεν τὰ δεινὰ πλήγματ' ἦν γενειάδων.
Κεῖνοί τε γὰρ σίδηρον οὐκ εἶχον χεροῖν
ἡμεῖς τε· πυγμαὶ δ' ἦσαν ἐγκροτούμεναι,
καὶ κῶλ' ἀπ' ἀμφοῖν τοῖν νεανίαιν ἅμα
εἰς πλευρὰ καὶ πρὸς ἧπαρ ἠκοντίζετο,
ὡς τῷ ξυνάπτειν καὶ συναποκαμεῖν μέλη.
Δεινοῖς δὲ σημάντροισιν ἐσφραγισμένοι
ἐφεύγομεν πρὸς κρημνόν, οἱ μὲν ἐν κάρᾳ
κάθαιμ' ἔχοντες τραύμαθ', οἱ δ' ἐν ὄμμασιν·
ὄχθοις δ' ἐπισταθέντες εὐλαβεστέρως
ἐμαρνάμεσθα καὶ πέτρους ἐβάλλομεν.
Ἀλλ' εἶργον ἡμᾶς τοξόται πρύμνης ἔπι
σταθέντες ἰοῖς ὥστ' ἀναστεῖλαι πρόσω.
Κἀν τῷδε — δεινὸς γὰρ κλύδων ὤκειλε ναῦν
πρὸς γῆν, φόβος δ' ἦν ⟨παρθένῳ⟩ τέγξαι πόδα, —
λαβὼν Ὀρέστης ὦμον εἰς ἀριστερόν,
βὰς ἐς θάλασσαν κἀπὶ κλίμακος θορών,
ἔθηκ' ἀδελφὴν ἐντὸς εὐσέλμου νεώς,
τό τ' οὐρανοῦ πέσημα, τῆς Διὸς κόρης
ἄγαλμα. Ναὸς δ' ἐκ μέσης ἐφθέγξατο
βοή τις· « Ὦ γῆς Ἑλλάδος ναῦται νεώς,
λάβεσθε κώπης ῥόθιά τ' ἐκλευκαίνετε·
ἔχομεν γὰρ ὧνπερ οὕνεκ' ἄξενον πόρον
Συμπληγάδων ἔσωθεν εἰσεπλεύσαμεν. »
Οἱ δὲ στεναγμὸν ἡδὺν ἐκβρυχώμενοι
ἔπαισαν ἅλμην. Ναῦς δ', ἕως μὲν ἐντὸς ἦν
λιμένος, ἐχώρει· στόμια διαπερῶσα δὲ
λάβρῳ κλύδωνι συμπεσοῦσ' ἠπείγετο·

1368 πυγμαὶ δ' rec. : πυγμαί τ' L || **1371** ὡς τῷ Herm. : ὥστε L || **1376** πέτρους L : πέτροις Paley || **1380** ⟨παρθένῳ⟩ Wil. : spatium uacuum in ambobus codd. quod *l* et *p* varie expleuerunt || **1383** εὐσέλμου Pierson : εὐσήμου L fort. recte || **1384** τό τ' Markland : τό δ' L || **1385** ναὸς Nauck : νηός L || δ' Markland || **1387** κώπης Reiske : κώπαις L || τ' ἐκλευκαίνετε Scaliger : τε λευκαίνετε L || **1388** ἄξενον Markland : Εὔξεινον L.

survenant tout à coup, le poussait en arrière. Les marins tenaient bon, raidis contre la houle.

Mais le flux refoulait le navire à la côte. Et la fille d'Agamemnon, debout, pria : « O fille de Létô, sauve-moi, moi qui suis ta prêtresse et fais-moi, délivrée des barbares, rentrer en Grèce : à mon larcin sois indulgente. Tu aimes, n'est-ce pas, ô déesse, ton frère ? Hé bien donc, trouve bon que j'aime aussi le mien »... Et les marins faisant pieusement écho à l'invocation de la vierge, entonnèrent le péan. Dégagés des manches, leurs bras nus, sur un commandement, se saisirent des rames. Mais la nef approchait — de plus en plus — des roches. Et parmi nous, les uns s'élançaient dans la mer, et d'autres essayaient d'accrocher des lacets[1]. Moi, aussitôt, je résolus de te rejoindre, ô roi, pour te mander ce qui se fait là-bas. Va donc, prends avec toi et des lacs, et des chaînes ; si la mer, en effet, ne vient à s'apaiser, ces étrangers n'ont plus de chance de salut. Le maître de la mer, le divin Poseidôn, favorise Ilion, combat les Pélopides. Dans tes mains, ainsi que dans les mains de nos gens, il remettra bientôt le fils d'Agamemnon, et sa sœur, que tu prends à trahir la déesse, l'oublieuse, en dépit de l'attentat d'Aulis.

troisième répétition de οἳ δὲ ; d'ailleurs en construisant comme il l'a fait, le poète nous peint fort vivement un groupe de matelots affairés où les uns tirent les câbles d'amarre, tandis que les autres, *simultanément*, s'occupent de la manœuvre de l'échelle. Les ἐπωτίδες sont « les oreillettes qui faisaient saillie de chaque côté de la proue », en termes nautiques d'aujourd'hui, les « bossoirs » où l'on « caponne » les ancres. Quant à l'εὐθυντηρία (v. 1356), ce ne peut guère être que l'ouverture par laquelle était passé chacun des deux gouvernails ; mais je ne vois pas que ce sens tout à fait spécial du mot soit attesté d'ailleurs.

[1] Aux vers 1407-8, il ne peut être question, comme le croyaient les anciens interprètes, des marins grecs, mais des gens du roi. Les nœuds coulants (πλεκταὶ ἀγκύλαι), lancés du rivage, doivent servir à amarrer le vaisseau des fugitifs. Weil traduisait un peu différemment ἐξανῆπτον : « D'autres attachent aux arbres, aux pieux qui se trouvent sur le rivage (?) des lacets ou amarres qu'ils lanceront à leurs camarades ».

δεινὸς γὰρ ἐλθὼν ἄνεμος ἐξαίφνης νεὼς
ὤθει παλίμπρυμν' ἱστί'· οἱ δ' ἐκρατέρουν
πρὸς κῦμα λακτίζοντες· ἐς δὲ γῆν πάλιν
κλύδων παλίρρους ἦγε ναῦν. Σταθεῖσα δὲ
Ἀγαμέμνονος παῖς ηὔξατ'· « Ὦ Λητοῦς κόρη,
σῶσόν με τὴν σὴν ἱερέαν πρὸς Ἑλλάδα
ἐκ βαρβάρου γῆς καὶ κλοπαῖς σύγγνωθ' ἐμαῖς.
Φιλεῖς δὲ καὶ σὺ σὸν κασίγνητον, θεά·
φιλεῖν δὲ κἀμὲ τοὺς ὁμαίμονας δόκει. »
Ναῦται δ' ἐπηυφήμησαν εὐχαῖσιν κόρης
παιᾶνα, γυμνὰς ⟨ἐκ πέπλων⟩ ἐπωμίδας
κώπῃ προσαρμόσαντες ἐκ κελεύσματος.
Μᾶλλον δὲ μᾶλλον πρὸς πέτρας ᾔει σκάφος·
χὠ μέν τις εἰς θάλασσαν ὡρμήθη ποσίν,
ἄλλος δὲ πλεκτὰς ἐξανῆπτεν ἀγκύλας.
Κἀγὼ μὲν εὐθὺς πρὸς σὲ δεῦρ' ἀπεστάλην,
σοὶ τὰς ἐκεῖθεν σημανῶν, ἄναξ, τύχας.
Ἀλλ' ἕρπε, δεσμὰ καὶ βρόχους λαβὼν χεροῖν·
εἰ μὴ γὰρ οἶδμα νήνεμον γενήσεται,
οὐκ ἔστιν ἐλπὶς τοῖς ξένοις σωτηρίας.
Πόντου δ' ἀνάκτωρ Ἴλιον τ' ἐπισκοπεῖ
σεμνὸς Ποσειδῶν, Πελοπίδαις ἐναντίος,
καὶ νῦν παρέξει τὸν Ἀγαμέμνονος γόνον
σοὶ καὶ πολίταις, ὡς ἔοικεν, ἐν χεροῖν
λαβεῖν, ἀδελφήν θ', ἣ φόνον τὸν Αὐλίδι
ἀμνημόνευτον θεᾷ προδοῦσ' ἁλίσκεται.

1395 ὤθει L : ὠθεῖ Kirchhoff || παλίμπρυμν' ἱστί' Mekler : πάλιν πρυμνήσι' L, παλιμπρυμνηδόν Herm. || 1396 δὲ γῆν rec. : γῆν δὲ L (δὴ *l*) || 1397 παλίρρους *l* : παλλίρους L || 1399 ἱερέαν rec. : ἱερίαν Barnes || 1404 ⟨πέπλων⟩ Markland : spatium uacuum in codd. LP (βαλόντες *l*, χερῶν *p*) || 1405 κελεύσματος L : κελεύματος Dindorf || εἴη mutatum in ᾔει L || 1408 ἀγκύλας LP : ἀγκύρας *lp* || 1415 Πελοπίδαις ἐναντίος Matthiae : Πελοπίδαις δ' ἐναντίος L || 1418 ἀδελφήν θ' Musgrave : τ' ἀδελφήν L || 1418-19 lectio dubia : alii alia tentauerunt, sed parum ueri similia (φόνων τῶν Αὐλίδι ἀμνημόνευτος θεὰν προδοῦσ' ἁλίσκεται Markland et Badham).

La Coryphée. — O malheureuse Iphigénie! Avec ton frère, tu mourras retombée dans les mains du tyran.

Thoas. – O vous tous, habitants de ce pays barbare, bridez donc vos coursiers; et le long du rivage, galopez pour saisir ce que ce vaisseau grec va jeter à la côte. Hâtez-vous. La déesse aidant, vous les prendrez au piège, ces impies. Et vous, mettez en mer vos rapides canots, afin que, poursuivis et, sur terre et sur mer, et par nous capturés, ils soient précipités d'un rocher sourcilleux, ou leurs corps empalés. Quant à vous, qui avez trempé dans ce complot, femmes, dès que j'aurai le temps de vous punir, vous serez châtiées. Mais à présent, il faut, sans nul retard, vaquer aux soins les plus urgents.

Athéna apparaît.

Athéna. — Où vas-tu, roi Thoas, où veux-tu les poursuivre? Ecoute mes discours. Ce sont ceux d'Athéna[1]. Arrête ta poursuite, et cesse de presser les flots de ton armée. Oreste, obéissant aux prophéties de Loxias, vint en ces lieux pour échapper à la fureur des Erinyes, pour ramener sa sœur en Argos, et porter l'image sacro-sainte en mon pays d'Attique, ce qui doit mettre fin à ses malheurs présents. Ce discours est pour toi. L'homme que tu voudrais tuer en le prenant, grâce aux flots agités, Oreste, Poseidon déjà sur ma prière, laisse partir sa nef sur une mer sans vagues.

Et toi Oreste[2], apprends à quoi je t'exhorte; car, absent,

[1] Les tragiques appellent la déesse, tantôt Ἀθάνα et tantôt Ἀθηναία. Cette dernière forme est archaïque et officielle (on la trouve sur les inscriptions à peu près exclusivement jusqu'au milieu du IVe siècle); elle paraissait aussi à Athènes plus « nationale ».

[2] Les dieux, dans la tragédie, peuvent parler à des absents, comme ils peuvent entendre, de loin, tout en restant invisibles, les discours des mortels. Hippolyte, dans la tragédie de ce nom (v.85) dit à Artémis: σοὶ καὶ ξύνειμι καὶ λόγους σ' ἀμείβομαι κλύων μὲν αὐδήν, ὄμμα δ' οὐχ ὁρῶν τὸ σόν. Homère, *Iliade* II, 182 ὣς φάθ', ὁ δὲ ξυνέηκε

ΧΟ. Ὦ τλῆμον Ἰφιγένεια, συγγόνου μέτα
θανεῖ πάλιν μολοῦσα δεσποτῶν χέρας.
ΘΟ. Ὦ πάντες ἀστοὶ τῆσδε βαρβάρου χθονός,
οὐκ εἶα πώλοις ἐμβαλόντες ἡνίας
παράκτιοι δραμεῖσθε κἀκβολὰς νεὼς
Ἑλληνίδος δέξεσθε, σὺν δὲ τῇ θεῷ
σπεύδοντες ἄνδρας δυσσεβεῖς θηράσετε,
οἳ δ' ὠκυπομποὺς ἕλξετ' ἐς πόντον πλάτας
ὡς ἐκ θαλάσσης ἔκ τε γῆς ἱππεύμασι
λαβόντες αὐτοὺς ἢ κατὰ στύφλου πέτρας
ῥίψωμεν, ἢ σκόλοψι πήξωμεν δέμας.
Ὑμᾶς δὲ τὰς τῶνδ' ἵστορας βουλευμάτων,
γυναῖκες, αὖθις, ἡνίκ' ἂν σχολὴν λάβω,
ποινασόμεσθα· νῦν δὲ τὴν προκειμένην
σπουδὴν ἔχοντες οὐ μενοῦμεν ἥσυχοι.

ΑΘΗΝΑ
Ποῖ ποῖ διωγμὸν τόνδε πορθμεύεις, ἄναξ
Θόας ; Ἄκουσον τῆσδ' Ἀθηναίας λόγους.
Παῦσαι διώκων ῥεῦμά τ' ἐξορμῶν στρατοῦ.
Πεπρωμένος γὰρ θεσφάτοισι Λοξίου
δεῦρ' ἦλθ' Ὀρέστης, τόν τ' Ἐρινύων χόλον
φεύγων, ἀδελφῆς τ' Ἄργος ἐσπέμψων δέμας
ἄγαλμά θ' ἱερὸν εἰς ἐμὴν ἄξων χθόνα,
τῶν νῦν παρόντων πημάτων ἀναψυχάς.
Πρὸς μὲν σ' ὅδ' ἡμῖν μῦθος· ὃν δ' ἀποκτενεῖν
δοκεῖς Ὀρέστην ποντίῳ λαβὼν σάλῳ,
ἤδη Ποσειδῶν χάριν ἐμὴν ἀκύμονα
πόντου τίθησι νῶτα πορθμεύειν πλάτῃ.
Μαθὼν δ', Ὀρέστα, τὰς ἐμὰς ἐπιστολὰς —

1432 γυναῖκες Markland : γυναῖκας L || αὖτις ut solet L || **1438** πεπρωμένος Herm. : πεπρωμένοις L || **1441b** omissum in P et in vett. edd. || **1442** σὲ L : σ' *l* || **1445** πορθμεύειν Tyrwhitt : πορθμεύων L

tu entends la voix de la déesse. Va donc, pars, emportant ta sœur et la statue. Mais, quand tu toucheras à la divine Athènes, sache qu'il est un lieu près des confins extrêmes de l'Attique, voisin des rocs de Carystos[1], lieu sacré que mon peuple appelle Halai. Là-bas, élève un temple, érige en ce temple l'image, dont le surnom rappellera et la Tauride et les maux endurés au temps où par la Grèce tu errais comme sous l'aiguillon des Furies : désormais les mortels connaîtront la déesse sous l'invocation d'Artémis Tauropole. Et institue ce rite : aux fêtes de ce temple, que le prêtre, en rachat de ton immolation, touchant de son épée le cou d'un homme, en fasse jaillir un peu de sang : la piété l'exige, et l'honneur d'Artémis en sera satisfait. Et toi, Iphigénie, près des saintes collines de Braurôn, tu seras porte-clefs de son temple : on t'y inhumera après ta mort; à toi, l'on y consacrera les somptueux tissus que laisseront chez elles les femmes mortes en couches.

Et je t'invite aussi à laisser du pays sortir ces femmes grecques, pour leur âme loyale[2]...

Je t'ai sauvé déjà, quand sur l'Aréopage, j'égalisai les votes. L'usage restera : celui qui obtiendra la moitié des suffrages sera victorieux. Allons, emmène donc ta sœur

θεᾶς ὄπα φωνησάσης. Et Plaute, *Amphitryon*, III, 3, 22, Audis quae dico, tamets praesens non ades.

[1] Sur les cultes de *Halae* et de *Braurôn*, cf. la Notice, p. 89. Les lieux sont bien décrits par Frazer dans son commentaire de Pausanias; mais il est impossible, dans l'état actuel de nos connaissances, de préciser l'emplacement d'Ἁλαὶ Ἀραφηνίδες, de Braurôn et surtout de leurs temples. Les noms modernes d'Haliki, de Rafina et de Vraona ne suffisent point à résoudre le problème, parce que les sites antiques peuvent être distants de plusieurs kilomètres de ces localités. (Ross plaçait Ἁλαί Ἀραφηνίδες à 7 milles d' Ἀραφήν ou Rafina). — Strabon confirme que Ἁλαί était en face de Carystos (Strabon, 446). « Carystos est au pied de la montagne dite *Okhé ;* dans le voisinage immédiat se trouvent Styra et Marmarion, où est la carrière des colonnes de marbre de Carystos, consacrée à Apollon Marmarinos ; de là, l'on passe à Halae Araphénides ».

[2] Il y a évidemment une lacune aux environs du vers 1468. L'ordre : *Je t'invite aussi* s'applique à Thoas. Ici se plaçaient des instruc-

κλύεις γὰρ αὐδὴν καίπερ οὐ παρὼν θεᾶς —
χώρει λαβὼν ἄγαλμα σύγγονόν τε σήν.
Ὅταν δ' Ἀθήνας τὰς θεοδμήτους μόλῃς,
χῶρός τις ἔστιν Ἀτθίδος πρὸς ἐσχάτοις
ὅροισι, γείτων δειράδος Καρυστίας,
ἱερός — Ἁλάς νιν οὑμὸς ὀνομάζει λεώς.
Ἐνταῦθα τεύξας ναὸν ἵδρυσαι βρέτας
ἐπώνυμον γῆς ταυρικῆς πόνων τε σῶν,
οὓς ἐξεμόχθεις περιπολῶν καθ' Ἑλλάδα
οἴστροις Ἐρινύων. Ἄρτεμιν δέ νιν βροτοί
τὸ λοιπὸν ὑμνήσουσι Ταυροπόλον θεάν.
Νόμον τε θὲς τόνδ'· ὅταν ἑορτάζῃ λεώς
τῆς σῆς σφαγῆς ἄποιν' ἐπισχέτω ξίφος
δέρῃ, πρὸς ἀνδρὸς αἷμά τ' ἐξανιέτω,
ὁσίας ἕκατι, θεά θ' ὅπως τιμὰς ἔχῃ.
Σὲ δ' ἀμφὶ σεμνάς, Ἰφιγένεια, κλίμακας
Βραυρωνίας δεῖ τῆσδε κλῃδουχεῖν θεᾶς.
οὗ καὶ τεθάψῃ κατθανοῦσα, καὶ πέπλων
ἄγαλμά σοι θήσουσιν εὐπήνους ὑφάς,
ἃς ἂν γυναῖκες ἐν τόκοις ψυχορραγεῖς
λείπωσ' ἐν οἴκοις. Τάσδε δ' ἐκπέμπειν χθονὸς
Ἑλληνίδας γυναῖκας ἐξεφίεμαι
γνώμης δικαίας οὕνεκ' . . . .
. . . . ἐξέσωσα δὲ
καὶ πρίν σ' Ἀρείοις ἐν Πάγοις ψήφους ἴσας
κρίνασ', Ὀρέστα· καὶ νόμισμ' ἔσται τόδε,

Test. 1469-70 Schol. Aristoph *Ranae* 685

1452 Ἁλάς L : ἅλας L || 1453 τεύξας Pierson : τάξας L || 1454 γῆς Herm : τῆς L || 1458 θὲς Porson : θέσθε L || 1460 ἐξανιέτω Heath : ἐξανυέτω L || 1461 θεά θ' Markland : θεᾶς L || 1462 κλίμακας L : λείμακας Pierson || 1463 τῆσδε κλῃδουχεῖν θεᾶς L : τῇδε κλῃδουχεῖν θεᾷ Markland || 1467 λείπωσ' L : λίπωσ' Tournier, fortasse recte || Post 1468 lacunam statuit Brodeau, post γνώμης δικαίας οὕνεκ' Reiske || 1469 ἐξέσωσα δὲ | καὶ πρίν σ' Schol. Aristoph. : ἐκσώσασά σε | καὶ πρίν γ' L || 1471 ἔσται τόδε Markland : εἰς ταὐτό γε L.

de ce pays, ô fils d'Agamemnon. Et toi Thoas, n'en ressens pas trop grand dépit.

Thoas. — Souveraine Athéna, celui-là qui entend la parole des dieux et n'y obéit point, est peu sage, à coup sûr. Pour moi, je n'en veux pas à Oreste, à sa sœur, d'avoir fui, emportant la statue d'Artémis. A quoi bon, en effet? Est-il beau de lutter contre les dieux, nos maîtres? — Qu'ils aillent en ton pays avec cette statue! Puissent-ils l'y dresser sous les meilleurs auspices! Et, dans la Grèce heureuse, je renverrai ces femmes, comme ton ordre m'y invite. Je fais aussi baisser les fers levés contre ces étrangers, et arrêter les nefs, pour t'obéir, déesse.

Athéna. — Bien! La Fatalité te domine, et domine les dieux. O vents, allez, et poussez vers Athènes le fils d'Agamemnon; moi, je vous accompagne, veillant sur la statue auguste de ma sœur.

Mélodrame.

La Coryphée. — Allez, soyez félicités de votre délivrance. O Pallas Athéna, toi qu'honorent les dieux et les hommes, nous allons obéir à tes ordres : le message est bien doux qui frappa mon ouïe, contre toute espérance...

Très auguste Victoire, possède et sans cesse couronne ma vie!

Tous sortent.

tions d'Athéna aux femmes du chœur, puisque celles-ci diront plus tard (v. 1494) : « Nous allons obéir à tes ordres »... Nous ne pouvons que conjecturer la nature de ces ordres. Mais il est fort possible qu'Euripide, ici, tirât parti de la légende des Vierges Hyperboréennes, dont on montrait les tombeaux dans l'*Artémision* de Délos. Le chœur a regretté (vers 1095 sqq.) les panégyries déliennes et désiré servir Artémis Lochia; peut-être Athéna promettait-elle à ces femmes, dans la sainte Délos, un sort pareil à celui d'Iphigénie à Braurôn. Si la déesse revient ensuite à Oreste, c'est évidemment pour lui rappeler les obligations qu'il a envers Athéna et Athènes : ce thème aussi (cf. notice des *Suppliantes*) devait être développé dans les vers perdus.

νικᾶν ἰσήρεις ὅστις ἂν ψήφους λάβῃ.
Ἀλλ' ἐκκομίζου σὴν κασιγνήτην χθονός,
Ἀγαμέμνονος παῖ. Καὶ σὺ μὴ θυμοῦ, Θόας.

ΘΟ. Ἄνασσ' Ἀθάνα, τοῖσι τῶν θεῶν λόγοις
ὅστις κλύων ἄπιστος, οὐκ ὀρθῶς φρονεῖ.
Ἐγὼ δ' Ὀρέστῃ τ', εἰ φέρων βρέτας θεᾶς
βέβηκ', ἀδελφῇ τ' οὐχὶ θυμοῦμαι· τί γὰρ
πρὸς τοὺς σθένοντας θεοὺς ἁμιλλᾶσθαι καλόν ;
Ἴτωσαν ἐς σὴν σὺν θεᾶς ἀγάλματι
γαῖαν, καθιδρύσαιντό τ' εὐτυχῶς βρέτας.
Πέμψω δὲ καὶ τάσδ' Ἑλλάδ' εἰς εὐδαίμονα
γυναῖκας, ὥσπερ σὸν κέλευσμ' ἐφίεται,
παύσω δὲ λόγχην ἣν ἐπαίρομαι ξένοις
ναῶν τ' ἐρετμά, σοὶ τάδ' ὡς δοκεῖ, θεά.

ΑΘ. Αἰνῶ· τὸ γὰρ χρεὼν σοῦ τε καὶ θεῶν κρατεῖ.
Ἴτ' ὦ πνοαί, ναυσθλοῦσθε τὸν Ἀγαμέμνονος
παῖδ' εἰς Ἀθήνας· συμπορεύσομαι δ' ἐγὼ
σῴζουσ' ἀδελφῆς τῆς ἐμῆς σεμνὸν βρέτας.

ΧΟ. Ἴτ' ἐπ' εὐτυχίᾳ τῆς σῳζομένης
μοίρας εὐδαίμονες ὄντες.
Ἀλλ', ὦ σεμνὴ παρά τ' ἀθανάτοις
καὶ παρὰ θνητοῖς, Παλλὰς Ἀθάνα,
δράσομεν οὕτως ὡς σὺ κελεύεις.
Μάλα γὰρ τερπνὴν κἀνέλπιστον
φήμην ἀκοαῖσι δέδεγμαι.
Ὦ μέγα σεμνὴ Νίκη, τὸν ἐμὸν
βίοτον κατέχοις
καὶ μὴ λήγοις στεφανοῦσα.

1473 κασιγνήτην Elmsley : *κασίγνητον* L || **1485** ναῶν Radermacher : νηῶν L || θεά Musurus : θεᾷ L || **1486** ⟨Αθ⟩ notam om. L add. rec. (iam manus recens in L) || **1487** Apollinis notam praef. L, del. rec. || τὸν Ἀγαμέμνονος L : τῷ Ἀγαμέμνονος Markland || **1490** ΧΟ Seidler : ΑΘ L || **1491** εὐδαίμονες rec. : εὐδαίμονος L || **1492** ΧΟ Lc || **1495** τερπνήν Dindorf : τερπνόν L || **1497** νίκη *l* : νίκα L || **1497** uersus ad calcem Orestae et Phœnissarum iterati.

ÉLECTRE

Texte établi et traduit

PAR

L. PARMENTIER

SIGLES

L = cod. Laurentianus XXXII, 2, XIVe siècle.
L^{c} = corrections antérieures à P.
l = corrections postérieures à P.
P = cod. Laurentianus Conv. soppr. 172, XIVe siècle
p = corrections faites dans P.
lp = accord de *l* et de *p*.
Π = Hibeh Papyri I, 7 b (vers 367-379), vers le IIIe siècl
av. J.-C.
rec. = corrections laissées anonymes.

Est. = Henri Estienne.
Scal. = Scaliger.
Herm. = Hermann.
Wil. = Wilamowitz.

Pour les rapports entre L et P, voir l'Avertissement a tome III. J'ai collationné ces deux manuscrits à Florence e septembre 1921. J'ai pu constater que le *Riccardianus* 77 copié l'*Électre* sur L déjà corrigé par *l*.

NOTICE

Avec les *Choéphores* et les deux *Électres*, nous avons la ıance de posséder les trois tragédies où les maîtres de la ène attique ont traité tour à tour un même épisode de la gende argienne, le meurtre de Clytemnestre par son fils reste. Il ne peut s'agir ici d'analyser et de comparer en tail les trois pièces, ni de montrer combien chacun des ètes a profondément marqué dans son œuvre le caractère son génie propre. Mais il convient de rappeler au lecur moderne qu'Euripide en composant l'*Électre*, de ême que les Athéniens en assistant à la représentation de drame, avait en mémoire les pièces antérieures d'Eschyle de Sophocle. Il est donc indispensable de relire d'abord lles-ci avec attention si l'on veut arriver à une appréciaon éclairée de l'œuvre qui leur fait concurrence.

La légende ant les tragiques.

Pour l'intelligence d'Euripide, il n'y a guère à rechercher les origines de la légende au delà des *Choéphores*. appelons brièvement quelques-uns des détails déjà menonnés par le poète de l'*Odyssée* : Agamemnon est tué par gisthe avec la complicité de Clytemnestre et, huit ans us tard, Oreste revient d'Athènes à Mycènes pour punir meurtre de son père. Clytemnestre reçoit la sépulture en ême temps qu'Égisthe, mais le poète évite de dire expresment qu'Oreste s'est souillé d'un parricide, et Athéna ut présenter sa vengeance comme un exemple glorieux our le jeune Télémaque[1]. Au sujet de la littérature perdue tre Homère et les tragiques, nous dirons seulement, en gligeant les reconstructions conjecturales des modernes, e déjà les *Nostoi* citaient Pylade comme compagnon Oreste, et que Stésichore, dans son *Orestie*, mentionnait,

[1] δ 92, λ 410, γ 304-310, α 298 sqq.

le premier à notre connaissance, le rôle d'Apollon et l
poursuite du fils parricide par les Érinyes. A l'époque o
Pindare compose sa XIe *Pythique*, en 474, il connaît le
éléments essentiels[1] de la légende des tragiques : Orest
dérobé au massacre où ont péri Agamemnon et Cassandr
est élevé au pied du Parnasse dans la maison de Strophio
père de Pylade, et il revient dans sa patrie pour tuer s
mère et Égisthe. Seize ans plus tard, Eschyle faisait repr
senter son *Orestie*.

Eschyle. Si Eschyle n'a point inventé le personnag
d'Électre, il a le premier dressé sur la scène s
figure de vierge implacable, et il a su lui prêter, jusqu
dans la haine, une dignité et je ne sais quelle pudeur q
font d'elle la plus noble et la plus touchante des Électres d
théâtre. Elle n'assiste pas aux scènes de meurtre, et so
père dans la tombe a entendu et exaucé sa pieuse prière
elle reste plus vertueuse que sa mère et garde ses main
pures de sang[2].

Devant le problème moral que pose la légende, le rel
gieux Eschyle apparaît, en réalité, plus en communio
d'idées avec Euripide qu'avec Sophocle. Sans doute, il n
va pas jusqu'à nier ou à blasphémer Apollon. Mais il laiss
assez voir que sa conscience n'approuve pas l'acte que le
terribles menaces du dieu et l'intervention finale de so
représentant, Pylade[3], ont imposé au malheureux Orest
Si les spectateurs des *Euménides* ont compris que le su
frage d'Athéna accordât sa grâce à la victime des Érinye
ils n'ont pu absoudre Apollon qu'à la condition de voir
jamais aboli le mode de justice qu'il avait prescrit. Pou
les contemporains d'Eschyle comme pour ceux d'Euripid
et comme déjà sans doute pour le poète de l'*Odyssée*, l
meurtre d'une mère par son fils est un crime qui ne peu
trouver d'excuse, même dans l'ordre d'un dieu. On pass
cet ordre sous silence, comme c'est le cas chez Homère ; o

[1] Vers 15-37.
[2] *Choéphores* 139-141.
[3] *Ibid.* 275 sqq., 900 sqq.

en fait, comme Eschyle, la dernière manifestation d'une justice primitive et imparfaite ; ou bien, comme Euripide, on en tire argument contre le dieu lui-même.

Sophocle. Dès lors, du fait que Sophocle paraît accepter, sans critique ni réserve, l'intervention du dieu de Delphes, on n'a pas le droit de conclure que son attitude est plus conforme que celle d'Euripide à la conscience religieuse des Grecs, ni même qu'elle témoigne en faveur de la stricte orthodoxie de sa foi. La religion païenne n'imposait pas aux libres artistes de la Grèce d'adhérer à une série de dogmes définis par un livre ou par une autorité, ni d'admettre une forme déterminée des innombrables légendes comme une vérité révélée et immuable. Seulement, une fois adoptée telle ou telle forme de la fable antique, par exemple ici l'ordre d'Apollon et le parricide, l'art de Sophocle s'interdit de la discuter ou de la juger au point de vue des conceptions contemporaines. Il veut montrer en action quels avaient dû être les caractères et les sentiments des personnages dont la légende n'avait rapporté que les noms et les malheurs. Sophocle disait lui-même qu'à l'inverse d'Eschyle, il pratiquait d'une façon consciente cette poétique qui représente les hommes, non pas tels qu'ils sont dans le présent, mais tels qu'on doit se les figurer dans le passé héroïque[1]. Un semblable principe n'aboutit pas du tout nécessairement, du point de vue moral, à une idéalisation[2] ; dans l'*Électre*, il mettait le poète devant la difficulté d'attirer la sympathie sur une héroïne qui brave les Érinyes et commet sans remords le plus horrible des forfaits.

Chez Sophocle en effet, ni Électre ni son frère n'ont pour excuse, au même degré que chez Eschyle, l'ordre donné par Apollon. Aucune menace d'un châtiment divin n'est intervenue pour les pousser au crime. La décision d'Oreste était prise lorsqu'il a consulté l'oracle, et il lui a

[1] Athénée I 22 A ; Aristote, *Poétique* 25.

[2] Voir, par exemple, le caractère de son Héraclès dans les *Trachiniennes*, *Euripide*, t. III p. 4 sq.

demandé seulement « de quelle manière » il devait s'y prendre pour tirer vengeance des meurtriers de son père[1]. Ainsi, la tragédie s'explique avant tout par la psychologie des personnages, et comme Électre y est constamment au premier plan, c'est dans son âme que se passe tout le drame. A force de logique dans les caractères et les situations, Sophocle nous fait admirer chez Électre une héroïne aussi effrayante dans la haine qu'Antigone avait été touchante dans l'affection[2]. Loin d'avoir les scrupules de la vierge d'Eschyle, elle nierait les dieux si leur lente justice tardait encore à paraître, et elle déclare que, dans son excès d'infortune, les règles de la vertu et de la piété n'ont plus de valeur pour elle[3]. Aussi, nous la voyons, dans sa discussion avec sa mère, immoler sa pudeur à sa haine et même reconnaître que la fille d'Agamemnon ne déshonore pas le sang de Clytemnestre[4].

Date respective des deux Électres.

L'examen des deux *Électres* a conduit les modernes à des opinions tout à fait différentes au sujet de leurs dates respectives. Certains en ont retiré l'impression que la pièce d'Euripide doit être antérieure à celle de Sophocle. Ils ne peuvent admettre qu'Euripide aurait manqué de jugement au point d'opposer une pièce aussi faible que son *Électre* au chef-d'œuvre de son rival. Au contraire, ce serait pour rendre sa grandeur héroïque et sacrée à un sujet rabaissé et profané par Euripide que Sophocle aurait composé sa tragédie[5]. D'autres, tirant des mêmes considérations une conclusion contraire, ont prétendu qu'Euripide, en écrivant l'*Électre*, a obéi à des préoccupations plutôt philosophiques qu'artistiques. Indigné d'avoir vu présenter sur la scène, sans un mot de réprobation, une

[1] *Électre* 33 ὅτῳ τρόπῳ. C'est à peu près la façon artificieuse d'interroger l'oracle que blâme Socrate, Xénophon, *Anabase* III 1,7.

[2] *Antigone* 523.

[3] Vers 250, 307-309.

[4] Vers 609.

[5] Je ne citerais pas cette opinion de M. de Wilamowitz, abandonnée par lui-même aujourd'hui, si elle n'avait été reprise et

légende qui révoltait sa conscience, il aurait pris pour tâche de rabaisser à son juste niveau moral l'héroïne que son devancier avait réussi à faire admirer[1].

A cette conception, on peut objecter qu'elle attribue gratuitement à Euripide lui-même une erreur de jugement que commettent les modernes au sujet de Sophocle. De ce que, chez celui-ci, la critique et l'incrédulité ne s'expriment point à l'égard des données du drame, ils concluent que le poète les accepte comme des articles de sa foi et de sa morale personnelles et, à ce titre, ils lui confèrent une qualité de religion dont Euripide aurait eu, en effet, quelque raison de se scandaliser. Il est assez étrange de voir ici appliquer un mode de raisonnement qu'on se garderait bien d'accepter comme valable s'il s'agissait d'un artiste moins ancien. Mais Euripide ne pouvait ignorer que Sophocle avait simplement une poétique différente de la sienne, qu'il n'admettait pas plus que son public la sainteté du parricide, et qu'il n'y avait nul besoin de composer une pièce après lui pour venger la morale outragée.

On a le tort d'étudier le cas de l'*Électre* comme s'il était isolé. Une question semblable se pose à propos de beaucoup d'autres pièces ; notamment dans son *Œdipe* et son *Antigone*, Euripide a traité également des sujets qu'il était hardi de reprendre après les chefs-d'œuvre de son devancier. Pour ce qui est de son Antigone, nous savons à tout le moins qu'elle finissait par épouser Hémon, de même que son Électre est donnée en mariage à Pylade. Ce détail suffit à montrer combien l'esprit des deux drames était différent. Disons seulement qu'en choisissant des sujets illustrés par son rival et en s'exposant à des comparaisons

défendue par M. Ewald Bruhn dans l'introduction de son édition de l'*Électre* de Sophocle (Berl n, 1912). Cf. mon article des *Mélanges Weil*, pp. 333 sqq. En France, un juste sens littéraire a toujours empêché d'envisager comme possible la priorité d'Euripide. Voir l'excellent chapitre de Patin, *Tragiques Grecs. Sophocle* 339 sqq., et la belle notice de Weil dans son édition de l'*Électre* d'Euripide.

[1] H. Steiger, *Warum schrieb Euripides seine Elektra* dans *Philologus* 56 (1897), pp. 561 sqq.

périlleuses, Euripide a voulu surtout répondre au goût d'un public assez fin pour se plaire de préférence à voir le même thème traité par des artistes différents, au théâtre comme ailleurs[1]. Le public, qui connaissait l'originalité d'Euripide, n'attendait pas que, dans l'*Électre*, il rivalisât de majesté religieuse avec Eschyle, ni de sérénité impassible avec Sophocle ; il se demandait comment il s'y prendrait pour renouveler l'ancienne fable et y introduire les tendances et les procédés de son propre théâtre.

L'Électre d'Euripide.

A cet égard, les amateurs de la nouveauté n'ont pas été déçus. Euripide s'est plu particulièrement dans l'*Électre* à montrer les contrastes de son génie avec celui des autres tragiques. Dès le début du drame, il a remplacé la fable consacrée par un roman de son invention et transporté dans un cadre champêtre une action dont le théâtre naturel est le palais maudit des Atrides[2], témoin de tous les crimes de la race. Dans le cours de la pièce, il a renouvelé ou persifflé, de façon plus ou moins heureuse, les moyens dramatiques de ses devanciers et, dans un dénoûment où, comme il arrive assez souvent, son art semble ne plus vouloir faire d'effort, il est revenu pour Oreste simplement à la version d'Eschyle, tandis que pour Électre, la véritable criminelle, il a inventé une fin de comédie, le mariage avec Pylade : singulière contradiction si, ainsi qu'on le prétend, l'œuvre a voulu se présenter comme une protestation morale contre Sophocle. Avec ses éléments disparates, le drame paraît, aux lecteurs d'un goût classique, quelque peu déconcertant, et nous n'y retrouvons pas assez l'unité de ton, l'harmonie

[1] Parmi les nombreux sujets traités en concurrence par les tragiques, rappelons que tous trois avaient écrit un *Palamède*, une *Iphigénie*, un *Philoctète* (pour ce dernier drame, Sophocle vient en troisième lieu). Parmi les titres communs à Sophocle et à Euripide, nous avons *Alexandros*, *Andromède*, *Oinomaos*, *Danaé*, *Méléagre*, d'autres encore, sans compter l'*Andromaque*, l'*Hécube* et l'*Ion* à côté de l'*Hermione*, de la *Polyxène* et de la *Créuse* de Sophocle Dans la plupart des cas, l'antériorité de Sophocle est établie ou très vraisemblable.

[2] *Choéphores* 566.

des parties, ni même la dignité et le sérieux que nous attendons dans les productions de la muse tragique.

Caractère d'Électre et de Clytemnestre. Comme le dit Voltaire à propos de son *Oreste*[1], « pour se conformer plus à nos mœurs, et pour nous toucher davantage, » les imitateurs modernes ont rendu « Électre moins féroce avec sa mère », et par conséquence « Clytemnestre moins farouche avec sa fille ». En ce qui concerne Clytemnestre, la remarque peut déjà s'appliquer à Euripide. En revanche, au lieu de diminuer la férocité d'Électre, il s'est appliqué à l'exagérer et à l'étaler dans toute son horreur. « Que je meure, pourvu que j'égorge ma mère ! » s'écrie-t-elle avant même de connaître l'ordre d'Apollon. C'est elle qui invente le piège hideux où vient tomber Clytemnestre, qui traite de lâcheté l'émotion de son frère à l'apparition de celle-ci, qui l'excite de la voix et guide sa main hésitante lorsque, les yeux voilés, il plonge son arme dans la gorge de sa mère[2]. Par un contraste d'un romantisme outré, cette princesse forcenée est en même temps, dans la chaumière de son mari, une excellente femme de ménage, se dévouant aux travaux domestiques et se tracassant bourgeoisement pour le menu du dîner qu'elle doit offrir à ses hôtes. Dans une telle situation, l'expression de la haine, si tragique chez Sophocle, prend par endroits comme un ton de parodie, et nous avons la fille acariâtre qui se trouve si malheureuse d'être mal mariée, mal vêtue, mal parée et mal coiffée, tandis que sa mère vit dans le luxe et la richesse[3] ; nous avons la martyre avouant qu'elle va sans nécessité puiser elle-même l'eau à la rivière pour se rendre intéressante et irriter les dieux contre ses ennemis, glorieuse de se décerner le surnom d'infortunée (ἀθλία), comme un titre que lui reconnaissent les habitants de Mycènes[4].

[1] *Dissertation sur les principales tragédies anciennes et modernes qui ont paru sur le sujet d'Électre* par M. Du Molard. Seconde partie.

[2] Vers 281, 647-663 et 988-1146, 967-987, 1221-1226.

[3] Vers 184 sqq., 241, 247, 304 sqq., 315 sqq., 1004 sqq.

[4] Vers 55 sqq., 118, 366.

En même temps qu'il enlève sa grandeur héroïque à la haine de la fille, Euripide attribue à la mère des sentiments qui rapprochent la terrible Tyndaride de la nature commune. Elle est déjà la coupable quelque peu repentie, la mère malheureuse et conciliante que les Alfieri et les Soumet finiront par réhabiliter jusqu'à un excès presque plaisant. Certes, elle a éloigné Électre du palais et lui a fait épouser un paysan pauvre, mais c'était pour elle le seul moyen de sauver la vie de sa fille, menacée par Égisthe, ainsi que le mari de celle-ci a la bonne foi de le reconnaître. Électre elle-même admet que sa mère lui a gardé assez de tendresse pour s'émouvoir à la nouvelle de son prétendu accouchement et pour accourir sans défiance vers sa pauvre chaumière[1].

La scène entre la mère et la fille.

Cette visite permet à Euripide de présenter aux yeux sur la scène le contraste du faste royal de la mère avec la dégradation sociale de la fille. Il y trouve aussi l'occasion de refaire, à sa manière, la scène capitale de l'*Électre* de Sophocle entre les deux femmes : occasion d'ailleurs singulièrement choisie au moment où, derrière la porte, Oreste attend le couteau à la main, et où un retard peut faire échouer le complot. Dans son discours de défense[2], Clytemnestre tient compte de la réponse faite par Électre chez Sophocle. Celle-ci n'ayant eu à réfuter que l'argument tiré du sacrifice d'Iphigénie, Euripide, comme pour marquer l'insuffisance du plaidoyer de son rival, fait déclarer par Clytemnestre que la mort de sa fille ne l'aurait pas exaspérée au point de l'amener à tuer Agamemnon. Elle ajoute une seconde excuse, l'outrage qu'il a fait à ses droits d'épouse, en ramenant une concubine, Cassandre, sous le toit conjugal. L'argument provient d'Eschyle, mais Euripide part de là pour débiter les étrangetés les plus quintessenciées de sa sophistique. Il

[1] Vers 28, 656-658.
[2] Vers 1030-1045.

sert au public une tirade sur les droits de la femme et l'égalité des sexes : pourquoi, si le mari a une maîtresse, la femme ne prendrait-elle pas un amant ? Puis, par une inconséquence qui ne contredit pas la vérité psychologique, Clytemnestre reprend l'argument d'Iphigénie et, renversant les rôles avec une invraisemblance et une similitude presque comiques, elle fait la supposition que Ménélas aurait été enlevé au lieu d'Hélène, et qu'elle-même, pour sauver l'époux de sa sœur, aurait tué Oreste comme Agamemnon a tué Iphigénie pour sauver la femme de son frère : la vengeance qu'Agamemnon aurait alors justement exercée sur elle, pourquoi, en bonne logique, lui reprocherait-on de l'avoir exercée sur Agamemnon ?

Avant de parler, l'Électre de Sophocle avait demandé la permission de s'exprimer en toute liberté[1]. A son imitation et assez hors de propos, l'Électre d'Euripide fait la même demande à sa mère. C'est que le poète veut se ménager d'étonner les spectateurs en leur montrant, après le débat, une Clytemnestre qui, loin de s'emporter et de menacer comme celle de Sophocle, accepte avec une résignation touchante les reproches et les outrages de sa fille. Dans sa riposte, Électre nous apparaît comme une enfant soupçonneuse et sournoise qui, dès le départ d'Agamemnon, a observé malignement la conduite de sa mère ; elle lui fait la leçon avec une précoce pédanterie et, de même que dans la tirade où elle avait invectivé contre Égisthe, elle débite des moralités bourgeoises où l'on reconnaît Euripide lui-même s'adressant à la partie la moins raffinée de son public.

Le repentir d'Électre. Par un changement dans ses sentiments que l'on a souvent trouvé trop brusque et peu vraisemblable, Électre, quand elle reparaît devant les spectateurs couverte du sang maternel, reconnaît l'horreur de son crime, et elle s'abandonne à un repentir et à des remords beaucoup moins attendus chez

[1] Vers 554, 628. Cf. l'*Électre* d'Euripide 1056, 1102-1106.

elle que chez son frère. Euripide a plus d'une fois présenté sur la scène de pareilles révolutions dans l'âme de ses personnages, et il sait bien que les caractères individuels n'offrent pas la constance et la logique que les moralistes prêtent à leurs types abstraits. Par exemple, l'attitude de son Iphigénie à Aulis, se dévouant tout à coup à la mort après avoir tant supplié son père de lui laisser la vie, est pour nous conforme à la nature, bien qu'elle ait provoqué la critique d'Aristote[1]. Les revirements de la princesse volontaire, orgueilleuse et passionnée qu'est l'Hermione de l'*Andromaque* sont des traits bien observés qu'un Racine a su apprécier et imiter. Dans notre pièce, Electre aussi est peinte un peu comme une impulsive, se laissant exalter ou abattre au gré d'impressions momentanées. On la voit tout à coup interrompre un chant de haine et de vengeance pour trembler d'une crainte vulgaire à l'aspect de deux seigneurs étrangers que son émoi lui fait prendre pour des brigands. Au moment où son frère est aux prises avec Egisthe, des cris lointains lui mettent dans l'idée qu'Oreste est vaincu et, sans plus attendre, elle veut se frapper du poignard qu'elle tient prêt. Devant le cadavre de son ennemi, elle se souvient qu'il est impie d'insulter un mort, mais elle ne résiste pas au désir d'exhaler enfin devant lui sa haine longtemps retenue[2]. Son abattement après le crime et son élan de repentir ne contredisent donc peut-être pas sa nature, bien que, dans l'épilogue, les nécessités dramatiques aient obligé l'auteur à faire apparaître ces sentiments d'une façon précipitée.

Le Laboureur. Le seul personnage vraiment sympathique dans la pièce est le petit fermier dont une fantaisie du poète a fait l'époux respectueux de la fille d'Agamemnon. Henri Weil dit fort bien qu'Euripide a voulu en quelque sorte introduire la démocratie dans les vieilles légendes, en faisant d'un simple paysan « l'honnête

[1] *Poétique* XV 1454 A 32.
[2] Vers 215 sqq., 757, 900 sqq.

homme de sa tragédie ». Héros bien démocratique et mélodramatique en effet que cet αὐτουργός, ce travailleur des champs comme on dirait aujourd'hui, honnête, hospitalier, continent, sentencieux, bucolique et, par-dessus le marché, tout pauvre qu'il est, aussi noble que les plus riches seigneurs, pour la raison péremptoire que ses ancêtres sont mycéniens[1] : c'est ainsi que le dernier rustre de la Diacrie, par le fait qu'il est athénien, participe à l'autochtonie et à la noblesse des glorieux Érechthides. La pauvreté et la vertu de cet homme obscur enchantent Oreste philosophant pour le parterre au nom d'Euripide. Ce sont là des moyens de succès achetés au prix de la vérité dramatique, et qu'aurait dédaignés le pur souci d'art d'un Sophocle.

Les invraisemblances. Il serait amusant et facile[2] de montrer comment, dans son besoin de transformer les données anciennes ou de créer des situations nouvelles, Euripide s'est laissé aller souvent à des invraisemblances plus grandes que celles qu'il paraît blâmer chez ses devanciers. Par exemple, il leur reproche[3] d'avoir introduit trop facilement Oreste dans un palais qui doit être bien gardé. Mais lui-même prête à Oreste une fortune autrement singulière en l'amenant à la frontière juste à l'endroit où habite sa sœur, juste à l'heure où elle se nomme et chante sa complainte devant sa maison, et le jour même où Égisthe, suivi bientôt de Clytemnestre, viendra faire un sacrifice dans le voisinage. Sans signaler ici les autres corrections ou variations, plus ou moins heureuses, qu'Euripide a apportées aux versions de ses deux devanciers, je parlerai seulement du passage où, au mépris de toute vraisemblance dramatique, il a parodié la scène de la reconnaissance du frère et de la sœur dans les *Choéphores*[4].

[1] Vers 35 sqq.

[2] L'essentiel a été dit sur ce point dans les études de Patin et de Weil ; cf. aussi plus haut, p. 206.

[3] Vers 94, 615.

[4] Il semble qu'au vers 272, il critique indirectement la même scène chez Sophocle. Là, v. 1203 sqq., Oreste se fait reconnaître

La parodie de la scène des Choéphores.

Selon l'habitude du genre, la parodie d'Euripide a pris pour objet un morceau fameux et consacré par l'admiration dès son époque, comme nous le savons par un passage d'Aristophane[1]. Selon l'ordinaire également, elle n'a pas nui à l'original, car Aristote[2] continue à citer comme excellents les moyens de reconnaissance inventés par Eschyle. En général, les modernes ont commis l'erreur de trop prendre au sérieux la caricature d'Euripide. Ils sont portés à le considérer comme s'érigeant en véritable critique dramatique et, à ce titre, ou bien ils admettent dans une certaine mesure ses objections, ou bien ils blâment son inintelligence et son injustice à l'égard du vieux poète. C'est attacher beaucoup d'importance à un intermède qui ne veut être qu'une inoffensive parodie et qui, à sa manière, rend hommage à une gloire littéraire. Il est de l'essence même de la parodie de ne point s'adresser à la réflexion sérieuse. Il suffisait à Euripide que la sienne se présentât avec une apparence momentanée de vraisemblance, et qu'elle produisît un certain effet de surprise et de bon sens. Le jeu consistait à amuser le public, en déconcertant un instant son admiration pour un chef-d'œuvre qu'il n'avait jamais analysé.

Indiquons brièvement le genre de réponses que pourrait faire un défenseur d'Eschyle aux objections d'Euripide. En ce qui concerne la boucle, il est assez naturel que les cheveux qu'un adolescent de dix-huit ans vient de couper pour la première fois ressemblent à ceux de sa sœur plus âgée. Sans doute, il faut admettre, avec Euripide, que la même ressemblance pourrait exister avec une personne

dès que la discrétion du Chœur lui est connue. Chez Euripide, après avoir obtenu la même assurance, il trompe l'attente des spectateurs en ne disant pas son nom. C'est qu'Euripide veut présenter comme seul possible (282-287) le moyen de reconnaissance dont il se servira plus loin, 487 sqq.

[1] *Nuées* 534, dans un vers qui appartient à la seconde édition, donc écrit après l'année 423.

[2] *Poétique* XVI 1455 a 5.

d'un autre sang. Mais l'Électre d'Eschyle[1] raisonne avec l'idée que, elle à part, Oreste est la seule personne au monde capable de déposer une pareille offrande sur la tombe d'Agamemnon. Pour ridiculiser l'argument tiré de la similitude entre les traces des pas, Euripide invente gratuitement que le tertre du tombeau est rocailleux, et il a soin de chausser Oreste de la forte bottine qu'on nomme ἀρβύλη. Nous-mêmes, modernes, pouvons constater que la ressemblance entre les membres d'une famille, quels que soient leur âge et leur taille, se marque d'une façon frappante dans les mains. Euripide avait fait certainement cette observation, puisqu'il nous montre[2] Hécube reconnaissant dans les petites mains d'Astyanax la vraie image de celles de son père Hector. De plus, vivant chez un peuple où beaucoup d'hommes vont d'ordinaire sans chaussures, il ne pouvait ignorer que les traits de famille apparaissent également dans la conformation des pieds. C'est ainsi que les pieds et les mains sont les deux ressemblances qui frappent en premier lieu le Ménélas d'Homère[3], lorsqu'il reconnaît le fils d'Ulysse dans le jeune Télémaque. Enfin, quant au tissu qu'Oreste montre à sa sœur, Eschyle ne dit aucunement, comme le veut Euripide, que ce soit un vêtement qu'Électre a brodé pour lui lorsqu'il était enfant[4]. En somme, la prétendue critique littéraire d'Euripide, avec ses méprises volontaires, sa mauvaise foi visible, ses objections superficielles, sa totale invraisemblance dramatique, est simplement une improvisation burlesque, d'un goût qui peut nous paraître médiocre, mais qu'un public habitué à

[1] *Choéphores* 172 sqq. Cf. Sophocle, *Électre* 909-915.

[2] *Troyennes* 1178.

[3] δ 149.

[4] M. Radermacher (*Euripides als litterarischer Kritiker, Rh. Mus.* 58 [1903], pp. 546 sqq.) a voulu démontrer que les vers 532-544 de l'*Électre* sont interpolés : la comparaison des cheveux est possible sur la scène, le vieillard ayant apporté la boucle d'Oreste, mais comment Électre étudierait-elle les empreintes de pas laissées sur un tombeau très éloigné de sa demeure ? On peut répondre qu'Électre, qui s'est déjà refusée à la comparaison des cheveux, trouve plus absurde encore celle des pas et qu'elle ne veut pas aller

tous les genres d'ironie a sans doute accueillie avec une souriante indulgence.

Transformation de la tragédie.

La scène de la parodie n'est donc pas faite pour des lecteurs qui l'interprètent et l'analysent vers par vers ; elle est écrite pour le succès d'une première représentation, et en vue d'auditeurs dont le poète connaît bien les exigences et le goût. Semblablement, pour toutes les parties du drame que j'ai critiquées après d'autres, il y a quelque dogmatisme à les juger en leur appliquant l'esthétique que nous avons dégagée de certaines pièces d'Eschyle, de Sophocle ou d'Euripide lui-même, considérées par excellence comme les types de la tragédie. Euripide n'a pas, comme nos classiques attardés et sans doute comme plus d'un de ses rivaux oubliés, visé à garder intacte une forme d'art qui avait atteint une perfection inégalable ; il a écrit pour ses contemporains les plus épris de nouveauté et, pressentant la sorte de théâtre que réclamerait bientôt son peuple, il a introduit dans certains de ses drames le genre d'intérêt et le ton qui devaient aboutir bientôt à la comédie moyenne et à la comédie nouvelle. Dès lors, il est assez vain de démontrer à Euripide, à propos de l'*Électre*, comme on l'a fait incessamment depuis Guillaume de Schlegel, qu'il ne savait pas son métier, et de lui enseigner comment il aurait dû s'y prendre pour mériter notre suffrage. En réalité, les scènes champêtres du début, la tirade égalitaire d'Oreste, l'apparition pittoresque du vieux berger, la parodie de la scène d'Eschyle, les prédications morales d'Électre, toutes ces parties que notre esthétique figée condamne comme déplacées ou indignes du genre, sont justement celles qui, à l'époque, auront auprès de

au tombeau pour y procéder. Mais il ne convient pas d'insister sur les invraisemblances dans un morceau qui veut être une charge. Celles-ci pouvaient passer dans le jeu rapide de la scène, mais elles paraîtraient beaucoup plus intolérables si, comme le prétend M. Radermacher, elles appartenaient à une interpolation écrite pour la lecture.

beaucoup d'Athéniens assuré le mieux le succès de la pièce. De nos jours encore, l'*Électre* est un des drames d'Euripide que le lecteur naïf et bénévole, une fois surmonté un certain malaise que causent les outrances haineuses de l'héroïne, découvre avec le plus de surprise et de plaisir.

Qualités de la pièce. Il se trouve d'ailleurs dans l'*Électre* des beautés capables de satisfaire les amateurs d'art les plus difficiles. Pour ce qui est du spectacle même, tout lecteur remarquera combien, par les costumes, les mouvements et les groupements des acteurs, les scènes offrent aux yeux des tableaux imprévus et variés. Les stichomythies sont menées avec aisance et agilité ; notamment la prière des vers 671-683 — quatre fois trois tercets dont les trimètres sont partagés entre Oreste, Électre et le Vieillard — a dû produire au théâtre un effet saisissant, même après l'invocation grandiose du frère et de la sœur dans les *Choéphores*. Sans songer à choisir pour le prix entre deux chefs-d'œuvre de genre très différent, on peut dire que le récit de la mort d'Égisthe, comparé à celui de la mort d'Oreste chez Sophocle, offre, avec une égale perfection de style, plus d'originalité dans l'invention, plus de variété et de gradation dans l'intérêt.

Les Chœurs. Parmi les chœurs de l'*Électre*, les couplets échangés dans la parodos entre les paysannes de l'Argolide et leur princesse humiliée devaient provoquer une pitié dont une curieuse anecdote a conservé le souvenir. Les admirateurs de cette complainte voulaient qu'elle eût contribué, deux ans après la mort du poète, au salut de sa patrie. Un musicien de Phocide était venu, disait-on, la chanter au banquet de Lysandre et des généraux alliés, et les vainqueurs, émus du rapport entre la déchéance d'Athènes et celle de la fille d'Agamemnon, avaient renoncé à leur projet de détruire l'illustre cité[1].

[1] Plutarque, *Lysandre* 15. Nous avons cité une anecdote de tendance analogue à propos des *Troyennes*, Notice, p. 25.

Deux autres chœurs de la pièce, consacrés l'un aux armes d'Achille, l'autre à la fable argienne de l'agneau d'or[1], sont des exemples charmants d'une virtuosité particulière à Euripide. Comme il arrive souvent, il s'y plaît à évoquer, par la poésie et par la musique, une succession de tableaux analogues à ceux que créerait, par le dessin et par la couleur, un enlumineur de légende. Par exemple, le second de ces chœurs nous fait voir tout d'abord, dans un paysage de montagnes, l'agneau d'or enlevé à sa mère et amené par le dieu Pan au son du chalumeau ; puis, debout sur la pierre du marché de Mycènes, le héraut proclamant au peuple la merveille, les danses devant le palais, la fête et l'allégresse par toute la ville ; d'autre part, Thyeste séduisant la femme d'Atrée, emportant l'agneau d'or chez lui et revenant annoncer sur le marché qu'il en est le possesseur ; enfin, le prodige par lequel Zeus punit cette perfidie[2]. Dans les strophes pittoresques de ce genre, le poète procède par tableaux commémoratifs et simplement juxtaposés, en se dispensant d'expliquer leur liaison, et cette concision nécessite pour le lecteur moderne un commentaire qui ne laisse pas d'être quelquefois fatigant. Mais, de même que sont populaires chez nous les vieilles fables dont des épisodes figurent sur les images coloriées d'Épinal, les légendes nationales étaient familières à tous les Grecs, grâce aux sculptures, aux fresques, aux tapisseries et surtout aux peintures des vases.

[1] Vers 432-478 et 699-736. Dans ce dernier morceau, on regrette avec raison qu'à partir du v. 737, Euripide, prêtant tout à coup au Chœur son propre scepticisme, lui fasse marquer son incrédulité pour le miracle qu'il vient de raconter.

[2] Que même ce prodige pouvait être le sujet de représentations figurées, nous le voyons par l'*Iphigénie en Tauride* où Iphigénie rappelle à Oreste qu'elle avait brodé sur un tissu la querelle d'Atrée et de Thyeste au sujet de l'agneau d'or, et notamment « le déplacement du soleil » (812-816). Dans notre passage de l'*Électre* et souvent aussi ailleurs (cf. *Héraclès* 359 sqq.), on dirait qu'Euripide fournit leurs légendes à une série d'images existantes. Par exemple, les détails de la scène du jugement de Pâris dans un chœur de l'*Andromaque* (274-293), ont besoin, pour être bien compris, d'être illustrés par les représentations des vases peints.

Date de la représentation.

La représentation de l'*Électre* me paraît avoir été placée à bon droit à la date de 413 par Henri Weil. Dans l'épilogue[1], les Dioscures annoncent qu'Hélène vient d'aborder à Nauplie avec Ménélas ; elle y arrive d'Égypte, car elle n'est jamais allée à Troie, où Pâris n'a emmené qu'un fantôme créé à sa ressemblance par les dieux. Il y a là une allusion évidente à la fable singulière mise sur la scène par Euripide dans sa tragédie d'*Hélène*. Nous allons voir que cette allusion est l'annonce, et non le rappel, du sujet de l'*Hélène*, qui fut jouée avec l'*Andromède* en l'année 412. L'*Électre*, en effet, contient un autre détail qui empêche de descendre sa date plus bas que 413. Aux vers 1347 sq., les Dioscures annoncent au public leur départ pour la mer de Sicile où voguent des vaisseaux qu'ils doivent protéger contre les périls. Ces vaisseaux sont à coup sûr athéniens et, dans une pièce nécessairement jouée au début de l'année, il ne peut s'agir de l'expédition de 415 qui ne prit la mer qu'au mois de juin. L'allusion doit donc viser la grande flotte de secours envoyée à Nicias en l'année 413. Partie dès le commencement du printemps[2], sans doute avant la célébration des grandes Dionysies, elle n'arriva en Sicile qu'au mois de juillet, mais les opérations qu'elle avait à accomplir pendant la traversée n'étaient évidemment pas connues du public athénien. Le clairvoyant patriote qu'était Euripide devait fonder de grandes espérances sur cette expédition que commandait Démosthène, un général dont il estimait particulièrement, semble-t-il, les grandes qualités[3]. En effet, la retraite immédiate, proposée par Démosthène après une première défaite, aurait sauvé l'armée athénienne de la catastrophe, si l'esprit borné de Nicias avait pu comprendre la situation[4].

[1] Vers 1278-1283.

[2] Thucydide VII 20, 2.

[3] Cf. Euripide, *Héraclès* (t. III p. 12).

[4] Thucydide VII 47. — Je ne signale que pour mettre le lecteur en garde contre elles les allusions hostiles à Alcibiade et favorables à Nicias que l'on a prétendu trouver dans les vers 1354 sq.

FRAGMENT D'UN ARGUMENT DE L'ÉLECTRE

... ⟨Le Laboureur⟩ voulut introduire ces hommes dans sa maison pour y recevoir une hospitalité, pauvre certes, mais ⟨généreuse⟩. Lui-même s'éloigna pour aller chercher en hâte les provisions. Apprenant l'affaire, le vieillard qui avait sauvé Oreste vint apporter à Électre pour ses hôtes les dons que la campagne fournit pour rien aux travailleurs des champs. Examinant Oreste et reconnaissant une marque sur son corps, il révèle sa présence à Électre. Oreste ne tarde pas... mais il convient...

Argumentum deest in L. Exstat fragmentum apud Grenfell et Hunt *Oxyrhynch. Pap.* III 420 :

...[..].. τοὺς ἄνδρας εἰσάγειν μ.[...]ων πενιχρῶν μὲν ἀλλ α.λο τ..ων ξενίων μεθέξοντας, [αὐ]τὸς δὲ τ[ὰ] πρόσφορα τῇ σπουδῇ κομιῶν ἀπῆλθεν. Πυθόμενος δὲ τ[ὸ ἔ]ργ[ο]ν ὁ πρεσβύτης ὁ τὸν Ὀρέστη[ν ..] ....έψας ἦλθεν Ἠλέκ[τ]ρ[ᾳ] ξέν[ια] φέρων, ἃ τοῖς κατ' ἀγρὸν μισ[θίο]ι[ς] ἡ χώρα προῖκα δωρεῖται. Θεασάμενος δὲ τὸν Ὀρέστην καὶ χρο[ὸς σημα]ντῆρας ἀνενέγκας διεσά[φει π]ρὸς τὴν Ἠλέκ[τραν τὸν Ὀρέστη]ν. Ὁ δ' οὐκ ἔμελ[λεν......ἀ]λλ' ὡμολόγησεν α[...
sequuntur octo versus omnino mutili.

1 ἀλλ' ἁπλοτάτων coni. Murray || 2 τῇ fortasse delendum || 4 θρέψας G. et H. ἐκκλέψας Murray, fortasse ὑπεκκλέψας.

PERSONNAGES DU DRAME

Le Laboureur mycénien
Électre
Oreste
Le Chœur
Le Vieillard
Le Messager
Clytemnestre
Les Dioscures

ΤΑ ΤΟΥ ΔΡΑΜΑΤΟΣ ΠΡΟΣΩΠΑ

ΑΥΤΟΥΡΓΟΣ ΜΥΚΗΝΑΙΟΣ
ΗΛΕΚΤΡΑ
ΟΡΕΣΤΗΣ
ΧΟΡΟΣ
ΠΡΕΣΒΥΣ
ΑΓΓΕΛΟΣ
ΚΛΥΤΑΙΜΝΗΣΤΡΑ
ΔΙΟΣΚΟΥΡΟΙ

Personarum indicem om. LP, supplevit *p* in hoc ordine : αὐτουργὸς μυκηναῖος, ἠλέκτρα, πρέσβυς, ὀρέστης, (χορός om.) κλυταιμν. ἄγγ., διόσκ. Post Ὀρέστης addidit Πυλάδης κωφὸν πρόσωπον Aem. Portus.

ÉLECTRE

La scène est à la campagne, sur les confins de l'Argolide, devant la maison d'un petit fermier et près du cours supérieur de l'Inachos. Il fait encore nuit.

Le Laboureur. — Terre antique d'Argos, ondes de l'Inachos[1], c'est d'ici que jadis, avec mille vaisseaux qu'il menait à la guerre, le roi Agamemnon fit voile vers la terre troyenne. Il y tua le maître de l'empire d'Ilion, Priam, et conquit l'illustre ville de Dardanos ; puis il revint en ce pays d'Argos et, sur nos temples altiers, il dressa, en grand nombre, les dépouilles des Barbares. Après avoir connu au loin tant de bonheur, il trouva la mort dans son propre palais ; sa femme, Clytemnestre, tendit le piège, et c'est le bras du fils de Thyeste, Égisthe, qui frappa. Abandonnant le sceptre antique de Tantale, il meurt ; Égisthe règne sur le pays, et il possède l'épouse de sa victime, la fille de Tyndare. Agamemnon laissait dans sa maison, lorsqu'il partit pour Troie, un rejeton mâle, Oreste, et une fille, Électre, grandissante déjà. Un vieillard, autrefois gouverneur de leur père, déroba Oreste à la mort qu'allait lui donner le bras d'Égisthe, et il le confia à Strophios pour l'élever en Phocide. Électre resta dans la maison de son père. Quand vint l'âge fleuri de son adolescence, pour demander sa main on vit se présenter les princes de la Grèce. Mais, dans la crainte qu'elle ne donnât à quelque

[1] Cette invocation rappelle le début de l'*Andromaque* et celui de l'*Alceste*. Comparez l'*Électre* de Sophocle v. 4, où les mots τὸ γὰρ

ΗΛΕΚΤΡΑ

ΑΥΤΟΥΡΓΟΣ

Ὦ γῆς παλαιὸν Ἄργος, Ἰνάχου ῥοαί,
ὅθεν ποτ' ἄρας ναυσὶ χιλίαις Ἄρη
ἐς γῆν ἔπλευσε Τρῳάδ' Ἀγαμέμνων ἄναξ.
Κτείνας δὲ τὸν κρατοῦντ' ἐν Ἰλιάδι χθονὶ
Πρίαμον ἑλών τε Δαρδάνου κλεινὴν πόλιν,
ἀφίκετ' ἐς τόδ' Ἄργος, ὑψηλῶν δ' ἐπὶ
ναῶν τέθεικε σκῦλα πλεῖστα βαρβάρων.
Κἀκεῖ μὲν εὐτύχησεν· ἐν δὲ δώμασι
θνῄσκει γυναικὸς πρὸς Κλυταιμνήστρας δόλῳ
καὶ τοῦ Θυέστου παιδὸς Αἰγίσθου χερί.
Χὣ μὲν παλαιὰ σκῆπτρα Ταντάλου λιπὼν
ὄλωλεν, Αἴγισθος δὲ βασιλεύει χθονός,
ἄλοχον ἐκείνου Τυνδαρίδα κόρην ἔχων.
Οὓς δ' ἐν δόμοισιν ἔλιφ' ὅτ' ἐς Τροίαν ἔπλει,
ἄρσενά τ' Ὀρέστην θῆλύ τ' Ἠλέκτρας θάλος,
τὸν μὲν πατρὸς γεραιὸς ἐκκλέπτει τροφεὺς
μέλλοντ' Ὀρέστην χερὸς ὕπ' Αἰγίσθου θανεῖν,
Στροφίῳ τ' ἔδωκε Φωκέων ἐς γῆν τρέφειν·
ἣ δ' ἐν δόμοις ἔμεινεν Ἠλέκτρα πατρός,
ταύτην ἐπειδὴ θαλερὸς εἶχ' ἥβης χρόνος,
μνηστῆρες ᾔτουν Ἑλλάδος πρῶτοι χθονός.
Δείσας δὲ μή τῳ παῖδ' ἀριστέων τέκοι

Εὐριπίδου ἠλέκτρα suprascr. L || 4 ἰλιάδι L : Ἰδαίᾳ Elmsley || 7 τέθεικε L, cf. 1000 : ἔθηκε R. Haupt || 9 κλυταιμνήστρας L, et semper || 14 δόμοισιν ἔλιφ' Seidler : δόμοις ἔλιπεν L, cf. ad 33 et *Or.* 63 || 19 ἣ δ' Seidler : ἥδ' L || 22 sq. παῖδ' ἀριστέων... ποινάτορ' Porson : παῖδας ἀργείων... ποινάτορας L, cf. 268.

grand un fils vengeur d'Agamemnon, Égisthe la gardait dans le palais, à toutes fiançailles refusant son accord[1]. Néanmoins, il vivait dans les terreurs, à l'idée qu'elle pourrait, de quelque noble, avoir en secret des enfants. Il voulut la tuer, mais sa mère, si cruelle qu'elle soit, la préserva des coups d'Égisthe. Elle avait une excuse pour la mort de l'époux, mais elle craignit de se rendre odieuse par le meurtre des enfants[2]. Alors, voici le plan que trama Égisthe : à quiconque tuerait le fils d'Agamemnon, exilé du pays, il promit un prix d'or, et c'est à moi qu'il donna Électre pour femme. Certes, mes pères sont Mycéniens[3], c'est un titre qu'on ne peut me contester ; mais, glorieux par la race, ils furent pauvres de biens, et dans un tel état la noblesse se perd[4]. Faible étant le mari, faible serait la crainte qu'Égisthe concevrait. Un homme de haut rang, après une telle alliance, aurait réveillé le vieux crime endormi[5], et la justice alors aurait frappé le meurtrier d'Agamemnon. Mais l'époux que voici — Cypris m'en est témoin — a toujours respecté la couche d'Électre ; elle est demeurée vierge. Je rougirais d'outrager une fille de grande maison, quand ma naissance me rend indigne d'elle. Je pleure aussi celui que l'on dit mon beau-frère, le malheureux Oreste, en pensant qu'un jour peut-être de

παλαιον ῎Αργος font comme ici allusion à la prétention des Argiens d'être le peuple le plus ancien de la terre. Cf. Eschyle, *Suppliantes* 250, où le roi d'Argos, Pélasgos, est fils de Palaichton, qui est né de la terre ; Aristide, *Panath.* p. 188.

[1] L'idée paraît empruntée à Sophocle, *Électre* 963-966.

[2] Le souci de l'opinion est aussi un trait du caractère de Clytemnestre chez Sophocle, *Électre* 516 ss. Pour le meurtre de son mari, elle avait comme prétexte le sacrifice d'Iphigénie et l'arrivée de Cassandre ; *infra* 1020 sqq.

[3] Le fait d'avoir pour ancêtres des Mycéniens est pour sa famille une preuve d'ancienneté et de noblesse ; cf. Notice, p. 183. *Oreste* 1246 sq. Mycènes fut détruite par les Argiens en 468, mais ses habitants gardèrent la fierté de leur passé ; Diodore XI 65.

[4] « Pauvre, un homme noble n'est rien » dit Polynice déchu, *Phéniciennes* 442 ; cf. fr. 22, 95, 326 et souvent.

[5] La même image se trouve dans les *Suppliantes* 1146 sq.

Ἀγαμέμνονος ποινάτορ', εἶχεν ἐν δόμοις
Αἴγισθος οὐδ' ἥρμοζε νυμφίῳ τινί.
Ἐπεὶ δὲ καὶ τοῦτ' ἦν φόβου πολλοῦ πλέων,
μή τῳ λαθραίως τέκνα γενναίῳ τέκοι,
κτανεῖν σφε βουλεύσαντος, ὠμόφρων ὅμως
μήτηρ νιν ἐξέσωσεν Αἰγίσθου χερός.
Ἐς μὲν γὰρ ἄνδρα σκῆψιν εἶχ' ὀλωλότα,
παίδων δ' ἔδεισε μὴ φθονηθείη φόνῳ.
Ἐκ τῶνδε δὴ τοιόνδ' ἐμηχανήσατο
Αἴγισθος· ὃς μὲν γῆς ἀπηλλάχθη φυγὰς
Ἀγαμέμνονος παῖς, χρυσὸν εἶφ' ὃς ἂν κτάνῃ,
ἡμῖν δὲ δὴ δίδωσιν Ἠλέκτραν ἔχειν
δάμαρτα, πατέρων μὲν Μυκηναίων ἄπο
γεγῶσιν· οὐ δὴ τοῦτό γ' ἐξελέγχομαι·
λαμπροὶ γὰρ ἐς γένος γε, χρημάτων δὲ δὴ
πένητες, ἔνθεν ηὑγένει' ἀπόλλυται·
ὡς ἀσθενεῖ δοὺς ἀσθενῆ λάβοι φόβον.
Εἰ γάρ νιν ἔσχεν ἀξίωμ' ἔχων ἀνήρ,
εὕδοντ' ἂν ἐξήγειρε τὸν Ἀγαμέμνονος
φόνον δίκη τ' ἂν ἦλθεν Αἰγίσθῳ τότε.
Ἣν οὔποθ' ἁνὴρ ὅδε, σύνοιδέ μοι Κύπρις,
ᾔσχυνεν εὐνῇ· παρθένος δ' ἔτ' ἐστὶ δή.
Αἰσχύνομαι γὰρ ὀλβίων ἀνδρῶν τέκνα
λαβὼν ὑβρίζειν, οὐ κατάξιος γεγώς.
Στένω δὲ τὸν λόγοισι κηδεύοντ' ἐμοὶ
ἄθλιον Ὀρέστην, εἴ ποτ' εἰς Ἄργος μολὼν

Testimonia : 37-38 Stob. *Flor.* 97, 5 (IV 33, 5 Hense).

23 ποινάτοράς ⟨σφ'⟩ εἶχ' ἐν Pierson ‖ 27 σφε βουλεύσαντος, ὠμόφρων Seidler : σφ' ἐβουλεύσαντ' ὠμόφρων δ' sed ο post τ erasum et sequens ω ex δ' factum ut vid. L σφ' ἐβούλευ'· οὖσα δ' ὠμόφρων Wecklein ‖ 30 φθονηθείη et in mg μεμφθείη L ‖ 32 φυγὰς Victorius : φύλαξ L ‖ 33 εἶφ' Barnes : εἶπεν **L** ‖ 37 δὲ δὴ L : γε μὴν Stob. ‖ 43 οὔποθ' ἁνὴρ Seidler : οὔποτ' ἀνὴρ et in mg δεικτικῶς ἀντὶ τοῦ ἐγώ L ‖ 44 γρ. ᾔσχυν' ἐν εὐνῇ in mg L.

retour à Argos, il devra voir le triste mariage de sa sœur. Si quelqu'un me dit fou de vouloir garder pure une vierge chez moi, perverse est la morale dont la règle lui sert à juger la vertu. Qu'il sache que son blâme à lui-même s'applique[1].

Électre sort de la maison, pauvrement vêtue et portant sur la tête une urne pour aller chercher de l'eau à la rivière.

ELECTRE[2]. — O nuit noire, nourrice des étoiles d'or, portant cette urne ainsi posée sur ma tête, dans ton ombre, je vais puiser l'eau à la rivière. Ce n'est pas que la misère m'ait à ce point abaissée, mais je veux montrer aux dieux les outrages d'Égisthe, et lancer mes plaintes à mon père dans le vaste éther. La maudite Tyndaride, ma mère, m'a bannie du foyer pour plaire à son époux. Elle a eu d'Égisthe d'autres enfants ; Oreste et moi sommes de trop dans la maison.

LE LABOUREUR. — Pourquoi, infortunée, te charger à ma place de travaux que n'a point connus ton heureuse enfance ? Que ne t'en abstiens-tu, comme je le demande ?

ÉLECTRE. — J'estime à l'égal des dieux un ami comme toi. Tu n'insultas jamais à mes malheurs, et c'est pour les mortels une grande faveur de trouver dans les mauvais jours un médecin tel que tu l'es pour moi. Aussi, sans que tu m'y invites, autant que je le puis, il me faut alléger ton labeur, le rendre plus aisé et partager ta peine. Il est pour toi assez de travaux au dehors. Mais le soin du ménage doit être mon affaire ; en rentrant au logis, le travailleur se plaît à trouver tout en ordre chez lui.

[1] Il y a dans ce passage un jeu sur la double acception du mot μῶρος qui peut signifier « fou, insensé » ou bien « débauché, impudique » ; cf. *infra* 1035, *Troyennes* 989. « Celui qui me traite de μῶρος (fou) me donne à moi, chaste (σώφρων), le nom (μῶρος, impudique) qui convient à lui-même. »

[2] En même temps qu'il fait apparaître son Électre sous un aspect

γάμους ἀδελφῆς δυστυχεῖς ἐσόψεται.
Ὅστις δέ μ' εἶναί φησι μῶρον εἰ λαβὼν
νέαν ἐς οἴκους παρθένον μὴ θιγγάνω,
γνώμης πονηροῖς κανόσιν ἀναμετρούμενος
τὸ σῶφρον ἴστω καὐτὸς αὖ τοιοῦτος ὤν.

ΗΛΕΚΤΡΑ

Ὦ νὺξ μέλαινα, χρυσέων ἄστρων τροφέ,
ἐν ᾗ τόδ' ἄγγος τῷδ' ἐφεδρεῦον κάρᾳ
φέρουσα πηγὰς ποταμίας μετέρχομαι,
οὐ δή τι χρείας ἐς τοσόνδ' ἀφιγμένη,
ἀλλ' ὡς ὕβριν δείξωμεν Αἰγίσθου θεοῖς
γόους τ' ἀφείην αἰθέρ' ἐς μέγαν πατρί.
Ἡ γὰρ πανώλης Τυνδαρίς, μήτηρ ἐμή,
ἐξέβαλέ μ' οἴκων, χάριτα τιθεμένη πόσει·
τεκοῦσα δ' ἄλλους παῖδας Αἰγίσθῳ πάρα
πάρεργ' Ὀρέστην κἀμὲ ποιεῖται δόμων.

ΑΥ. Τί γὰρ τάδ', ὦ δύστην', ἐμὴν μοχθεῖς χάριν
πόνους ἔχουσα, πρόσθεν εὖ τεθραμμένη,
καὶ ταῦτ' ἐμοῦ λέγοντος οὐκ ἀφίστασαι;

ΗΛ. Ἐγώ σ' ἴσον θεοῖσιν ἡγοῦμαι φίλον·
ἐν τοῖς ἐμοῖς γὰρ οὐκ ἐνύβρισας κακοῖς.
Μεγάλη δὲ θνητοῖς μοῖρα συμφορᾶς κακῆς
ἰατρὸν εὑρεῖν, ὡς ἐγὼ σὲ λαμβάνω.
Δεῖ δή με κἀκέλευστον εἰς ὅσον σθένω
μόχθου 'πικουφίζουσαν, ὡς ῥᾷον φέρῃς,
συνεκκομίζειν σοι πόνους. Ἅλις δ' ἔχεις
τἄξωθεν ἔργα· τἀν δόμοις δ' ἡμᾶς χρεὼν
ἐξευτρεπίζειν. Εἰσιόντι δ' ἐργάτῃ
θύραθεν ἡδὺ τἄνδον εὑρίσκειν καλῶς.

56 ποταμίας L : -ίους Fix, cl. v. 309, sed cf. *Alc.* 459. *Hipp.* 78. 126 || 59 ἀφείην Aem. Portus : ἀφίην L ἀφίημ' Reiske.

Le Laboureur. — Va donc, si bon te semble. D'ailleurs, l'eau n'est pas loin de notre maison. Pour moi, au point du jour, j'irai chasser les vaches aux champs, puis semer les guérets. Jamais un fainéant, eût-il sans cesse les dieux à la bouche, ne pourrait gagner sa vie sans travailler.

Tous deux quittent la scène. Entre Oreste avec Pylade.

Oreste. — O Pylade[1], entre tous les hommes, je te crois fidèle comme ami et comme hôte envers Oreste. Seul de mes amis, tu es resté plein d'égards pour moi, malgré le sort cruel où m'a réduit Égisthe, l'homme qui a tué mon père, avec l'aide de ma mère maudite. Sur l'ordre d'un oracle, je suis arrivé, à l'insu de tous, en territoire argien pour rendre leur meurtre aux meurtriers de mon père. Cette nuit, j'ai visité son tombeau ; j'y ai épanché mes larmes, consacré les prémices de ma chevelure, et j'ai fait couler sur le bûcher le sang d'une brebis immolée, sans être vu des tyrans qui règnent sur le pays. Je ne veux pas pénétrer à l'intérieur des remparts, et je poursuis deux buts à la fois en m'arrêtant ici à la frontière : je n'ai qu'un pas à faire pour me jeter sur un autre territoire, si quelque espion me reconnaît, et je cherche ma sœur. Car on dit que, s'étant mariée et établie, elle n'est plus la vierge qu'on garde à la maison. Je veux la rencontrer, l'associer à

tout nouveau, Euripide rappelle à dessein, par les sentiments qu'il lui prête, la scène où l'héroïne de Sophocle vient exhaler ses plaintes devant le soleil qui se lève (86 sqq.). Musgrave a rapproché du v. 54, Tibulle II 1, 87 : « iam Nox iunxit equos currumque sequuntur | matris lascivo sidera fulua choro. » C'est l'habitude des héros tragiques de prendre les éléments divins de la nature comme témoins et confidents de leurs peines ; cf. Eschyle, *Prométhée* 88 sqq. Euripide, *Andromaque* 93. *Médée* 57. *Hécube* 68, etc. Ici (v. 59), l'âme d'Agamemnon est considérée comme étant retournée vers l'éther, conformément à une doctrine indiquée notamment dans les *Suppliantes* 533.

[1] Pylade est fils de Strophios (cf. v. 18) et cousin d'Oreste, sa mère étant sœur d'Agamemnon. Derrière les deux amis, on voit sans

ΑΥ. Εἴ τοι δοκεῖ σοι, στεῖχε· καὶ γὰρ οὐ πρόσω
πηγαὶ μελάθρων τῶνδ'. Ἐγὼ δ' ἅμ' ἡμέρᾳ
βοῦς εἰς ἀρούρας ἐσβαλὼν σπερῶ γύας.
Ἀργὸς γὰρ οὐδεὶς θεοὺς ἔχων ἀνὰ στόμα
βίον δύναιτ' ἂν ξυλλέγειν ἄνευ πόνου.

ΟΡΕΣΤΗΣ

Πυλάδη, σὲ γὰρ δὴ πρῶτον ἀνθρώπων ἐγὼ
πιστὸν νομίζω καὶ φίλον ξένον τ' ἐμοί·
μόνος δ' Ὀρέστην τόνδ' ἐθαύμαζες φίλων,
πράσσονθ' ἃ πράσσω δεῖν' ὑπ' Αἰγίσθου παθών,
ὅς μου κατέκτα πατέρα χἠ πανώλεθρος
μήτηρ. Ἀφῖγμαι δ' ἐκ θεοῦ χρηστηρίων
Ἀργεῖον οὖδας οὐδενὸς ξυνειδότος,
φόνον φονεῦσι πατρὸς ἀλλάξων ἐμοῦ.
Νυκτὸς δὲ τῆσδε πρὸς τάφον μολὼν πατρὸς
δάκρυά τ' ἔδωκα καὶ κόμης ἀπηρξάμην
πυρᾷ τ' ἐπέσφαξ' αἷμα μηλείου φόνου,
λαθὼν τυράννους οἳ κρατοῦσι τῆσδε γῆς.
Καὶ τειχέων μὲν ἐντὸς οὐ βαίνω πόδα,
δυοῖν δ' ἅμιλλαν ξυντιθεὶς ἀφικόμην
πρὸς τέρμονας γῆς τῆσδ', ἵν' ἐκβάλω ποδὶ
ἄλλην ἐπ' αἶαν, εἴ μέ τις γνοίη σκοπῶν,
ζητῶν τ' ἀδελφήν — φασὶ γάρ νιν ἐν γάμοις
ζευχθεῖσαν οἰκεῖν οὐδὲ παρθένον μένειν —
ὡς συγγένωμαι καὶ φόνου συνεργάτιν
λαβὼν τά γ' εἴσω τειχέων σαφῶς μάθω.

Test. 80-81 Stob. *Flor.* 30, 12.

77 αὐτ. praef. P : lineola in L ‖ 80 οὐδεὶς ἀπὸ μόνου ζῇ τοῦ ἐπικαλεῖσθαι (sic) θεούς· πρὸς τοῦτο δὲ καὶ τὸ σὺν Ἀθηνᾷ καὶ χεῖρα κίνει in mg L ‖ 81 συλλέγειν ἄνευ πόνων Stob. ‖ 83 πίστιν Weil ‖ 87 χρηστηρίων Barnes : μυστηρίων L ‖ 95 δυοῖν *l*: δυεῖν L ‖ ἅμιλλαν Pierson : ἁμίλλαιν (ita scriptum ut P legerit -αις) L ‖ 96 γρ. ἵν' ἐμβάλω in mg L ‖ 98 ζητῶν τ' Pierson : ζητοῦντ' L.

l'œuvre de meurtre, et savoir par elle exactement ce qui se passe derrière les remparts. Mais l'Aurore déjà lève son front brillant. Détournons nos pas de ce sentier. Quelqu'un, soit un laboureur, soit une ménagère, devra bien se montrer. Nous lui demanderons si ma sœur n'a point sa demeure en ces lieux.

Mais voici que j'aperçois une servante, portant une charge d'eau sur sa tête rasée[1]. Asseyons-nous et guettons cette esclave. Peut-être, Pylade, recueillerons-nous quelque propos touchant l'affaire qui nous amène en ce pays[2].

Ils se retirent à l'écart près du mur de la maison. Électre revient portant une cruche d'eau sur sa tête. Elle chante en marchant.

ÉLECTRE. — *Presse le pas, il en est temps; marche, marche, en versant des larmes. Hélas! hélas! Mon père était Agamemnon, et j'ai pour mère Clytemnestre, fille odieuse de Tyndare. Malheureuse Électre est le nom qu'on me donne dans la cité. Ah! les misérables travaux que je subis! horrible*

doute des serviteurs qui portent leurs bagages : *infra* 360, 394. — Dans le monologue qui suit, Oreste ne dit à son compagnon rien que celui-ci ne doive connaître déjà. La scène analogue est plus vraisemblable chez Sophocle, *Électre* 23 sqq., où l'on comprend qu'Oreste ait réservé pour le dernier moment la communication de son plan à son serviteur. — Au début des *Choéphores*, le public voyait Oreste déposer une tresse de ses cheveux sur la tombe paternelle ; chez Sophocle, v. 51, il annonce l'intention d'aller faire la même offrande. Ici. v. 90, la visite au tombeau a eu lieu en pleine nuit. Euripide affecte de faire prendre à son héros des précautions meilleures que celles imaginées par ses devanciers. C'est pour la même raison qu'il veut, v. 96, qu'Oreste ne s'éloigne pas de la frontière. Cf. Notice, p. 183.

[1] La tête rasée, qui est chez Électre une marque de deuil, pourrait être aussi l'indice d'une condition servile. Au surplus, les détails donnés ici et 184, 241, 520, 529 présentent une certaine incohérence.

[2] Le procédé de la reconnaissance d'Électre par son frère est imité d'Eschyle, *Choéphores* 20 sqq. Mais le vieux poète garde la supériorité en ceci que la rencontre des deux enfants d'Agamemnon près du tombeau de leur père, quoique également fortuite, choque moins la vraisemblance que l'invention d'Euripide.

Νῦν οὖν, Ἕως γὰρ λευκὸν ὄμμ' ἀναίρεται,
ἔξω τρίβου τοῦδ' ἴχνος ἀλλαξώμεθα.
Ἢ γάρ τις ἀροτὴρ ἤ τις οἰκέτις γυνὴ
φανήσεται νῷν, ἥντιν' ἱστορήσομεν
εἰ τούσδε ναίει σύγγονος τόπους ἐμή.
  Ἀλλ' — εἰσορῶ γὰρ τήνδε προσπόλων τινά,
πηγαῖον ἄχθος ἐν κεκαρμένῳ κάρᾳ
φέρουσαν — ἑζώμεσθα κἀκπυθώμεθα
δούλης γυναικός, ἤν τι δεξώμεσθ' ἔπος
ἐφ' οἷσι, Πυλάδη, τήνδ' ἀφίγμεθα χθόνα.

ΗΛ. Σύντειν', ὥρα, ποδὸς ὁρμάν· Str. 1
ὢ ἔμβα ἔμβα κατακλαίουσα.
Ἰώ μοί μοι.
Ἐγενόμαν Ἀγαμέμνονος
[κούρα] κἄτεκέν με Κλυταιμνήστρα,
στυγνὰ Τυνδάρεω κόρα·
κικλήσκουσι δέ μ' ἀθλίαν
Ἠλέκτραν πολιῆται.
Φεῦ φεῦ ⟨τῶν⟩ σχετλίων πόνων
καὶ στυγερᾶς ζόας.
Ὦ πάτερ, σὺ δ' ἐν Ἀΐδα
κεῖσαι, σᾶς ἀλόχου σφαγεὶς
Αἰγίσθου τ', Ἀγάμεμνον.

Ἴθι τὸν αὐτὸν ἔγειρε γόον,
ἄναγε πολύδακρυν ἁδονάν.

Test. 125-126 Galen. V p. 423.

107 προσπόλων L : πρόσπολον Seidler, **sed cf.** Soph. *El.* 78 || **112 et 127** συντείνειν Dobree || **116** κούρα del. Camper || κἄτεκέν με Wil., **cf.** 131 : καί μ' ἔτεκε L καί μ' ἔτικτε Herm. || **117** Τυνδάρεω Dindorf : τυνδαρέου L || κόρα *l* : κούρα L || **120** ⟨τῶν⟩ *l*, cf. 135 || **121** ζόας Herm. : ζωᾶς L, cf. 136 || **122** Ἀΐδα Herm. : ἄδα L ἄδα δὴ *l* || **123** σφαγεὶς L, **cf.** *Or.* 497. Soph, *Phil.* 3 : σφαγαῖς Herm., cf. *Iph. Aul.* 1318 || **125** ἀνέγειρε, omisso ἴθι, Galen.

vie! O père, tu gis chez Hadès, égorgé par ta propre femme et par Égisthe, Agamemnon!

Allons, renouvelle ta plainte, goûte la volupté des pleurs.

Presse le pas, il en est temps; marche, marche en versant des larmes. Hélas! hélas! Quelle cité, quelle maison, malheureux frère, dois-tu servir[1], *depuis qu'au palais de nos pères, tu as laissé ta pauvre sœur, vouée au plus cruel destin? Puisses-tu venir, par pitié! me libérer de mes misères — ô Zeus, Zeus! — et tirer vengeance du meurtre odieux de ton père! Porte en Argos tes pas errants.*

Elle dépose son fardeau et s'arrête pour faire les gestes de la lamentation.

Ote à présent cette urne de ton front[2]. *Que pour mon père ma plainte de la nuit se répète au lever du jour*[3]. *C'est le thrène d'Hadès, c'est l'hymne d'Hadès, ô père; je t'adresse sous terre mes gémissements*[4]. *Sans relâche, ainsi chaque jour, je m'y abandonne, tandis que de mes ongles je déchire ma gorge tendre, et que ma main s'abat sur ma tête rasée en souvenir de ton trépas.*

Ah! ah! meurtris ton visage. Comme un cygne[5] *à la voix sonore appelle sur les eaux d'un fleuve son père aimé qui a*

[1] Le verbe λατρεύειν « servir » ne doit être suspecté ni pour le sens, ni pour la construction (cf. *Iph. Taur.* 1115). Un exilé pauvre ne peut guère vivre qu'en se mettant au service d'un État ou d'un particulier. Cf. 205. *Phéniciennes* 395.

[2] Littéralement « de *ma* tête ». Cette première personne après θές (*ôte*), où Électre s'interpelle à la seconde personne, est un bon exemple de la liberté de la syntaxe grecque. Wilamowitz pense à tort qu'Électre s'adresse à une suivante.

[3] Réminiscence de Sophocle, *Électre* 86-94.

[4] Nous avons ici la conception ancienne des enfers, non plus, comme au vers 59, celle qui place dans l'éther l'esprit du mort; cf. 677.

[5] La comparaison des plaintes humaines avec le chant d'un oiseau est un lieu commun dans les thrènes. L'Électre de Sophocle s'était

Σύντειν', ὥρα, ποδὸς ὁρμάν· Ant. 1
ὦ ἔμβα ἔμβα κατακλαίουσα.
Ἰώ μοί μοι.
Τίνα πόλιν, τίνα δ' οἶκον, ὦ
τλᾶμον σύγγονε, λατρεύεις
οἰκτρὰν ἐν θαλάμοις λιπὼν
πατρῴοις ἐπὶ συμφοραῖς
ἀλγίσταισιν ἀδελφεάν;
ἔλθοις τῶνδε πόνων ἐμοὶ
τᾷ μελέᾳ λυτήρ,
ὦ Ζεῦ Ζεῦ, πατρί θ' αἱμάτων
ἐχθίστων ἐπίκουρος, Ἄρ-
γει κέλσας πόδ' ἀλάταν.

Θὲς τόδε τεῦχος ἐμῆς ἀπὸ κρατὸς ἑ- Str. 2
λοῦσ', ἵνα πατρὶ γόους νυχίους 141
ἐπορθροβοάσω·
ἰαχὰν Ἀΐδα, μέλος
Ἀΐδα, πάτερ, σοὶ
κατὰ γᾶς ἐνέπω γόους,
οἷς ἀεὶ τὸ κατ' ἦμαρ
διέπομαι, κατὰ μὲν φίλαν
ὄνυχι τεμνομένα δέραν,
χέρα τε κρᾶτ' ἐπὶ κούριμον
τιθεμένα θανάτῳ σῷ.

Ἒ ἔ, δρύπτε κάρα·
οἷα δέ τις κύκνος ἀχέτας
ποταμίοις παρὰ χεύμασιν

131 σύγγονε λατρεύεις L : σύγγον', ἀλατεύεις Hartung, cf. *Iph. Taur.* 1115 || **133** πατρῴοις Victorius : πατρώαις L || **134** ἀδελφεάν L cum nota ἀντὶ μιᾶς (sc. συλλαβῆς) *l*: ἀδελφάν Heath || **138** ἐχθίστων L : αἰσχίστων Seidler || **140** πρὸς ἑαυτὴν τοῦτό φησι ἡ ἠλέκτρα ἀφελῶς in mg L || ἐμᾶς Dindorf || **142** ἐπορθροβοάσω L, ρο ita scriptum ut P legerit ἐπορθοβοάσω || **143** Ἀΐδα Reiske, cf. 160 : ἀοιδὰν L || **148** χέρα *l* : χαίρα L || ἐπὶ κούριμον Barnes : ἀποκούριμον L.

péri dans les nœuds d'un filet perfide, ainsi, père, pour tes malheurs, je me consume dans les larmes.

Suprême bain[1] *où tu plongeas ton corps, horrible couche où t'attendait la mort! Hélas, hélas! malheur à moi! Cruelle hache qui te frappa, ô père! A ton retour de Troie, cruelle embûche où tu péris! Ta femme ne t'a point offert de diadèmes ni de couronnes, mais au glaive à double tranchant d'Égisthe, ô honte et lâcheté! elle t'a livré et elle a reçu le traître dans son lit.*

Entre le Chœur, composé de quinze jeunes paysannes de l'Argolide.

LE CHŒUR. — *Noble fille d'Agamemnon, Électre, j'ai gagné ta rustique demeure*[2]. *C'est qu'un homme est venu, oui, venu de Mycènes, qui vit de lait dans la montagne. Il annonce que, par la voix du héraut, les Argiens proclament un sacrifice qu'on fera dans trois jours, et les jeunes filles iront toutes au temple d'Héra*[3].

ÉLECTRE. — *Ni vers les splendeurs de la fête, ni vers les*

comparée (107, 148) au rossignol, Procné, qui a tué son fils Itys. Les grands oiseaux étant souvent donnés comme exemple de l'amour filial (surtout les cigognes, Sophocle, *Électre* 1058. Aristophane, *Oiseaux* 1355), Euripide choisit à dessein une comparaison plus conforme à la situation et d'une justesse recherchée dans les détails. Le cygne a péri dans un filet, comme Agamemnon.

[1] D'après la version consacrée par Eschyle, *Agamemnon* 1108, 1382, *Euménides* 633 sqq., Clytemnestre prépare le bain d'Agamemnon et l'enveloppe d'un filet dans la baignoire pour le tuer ensuite à coups de hache. Le concours d'Égisthe est indiqué par Sophocle, *Électre* 98, et ici 10 et 165. Cf. *Oreste* 367.

[2] Après la prise d'Athènes en 404, un Thébain voulait que l'on rasât la ville, mais, un Phocidien ayant chanté l'entrée du chœur de l'*Électre*, les généraux furent d'avis « que ce seroit un trop grand péché, que de destruire et ruiner une si noble cité, qui portoit de si beaux esprits et de si grands personnages. » Plutarque, *Lysandre* 15, trad. d'Amyot.

[3] Il s'agit de la grande fête d'Héra, patronne d'Argos (Hérodote I 31). Elle se célébrait dans le Héraion, à environ huit kilomètres d'Argos,

πατέρα φίλτατον καλεῖ,
ὀλόμενον δολίοις βρόχων
ἕρκεσιν, ὣς σὲ τὸν ἄθλιον
πατέρ' ἐγὼ κατακλαίομαι,

λουτρὰ πανύσταθ' ὑδρανάμενον χροΐ, Ant. 2
κοίτᾳ ἐν οἰκτροτάτᾳ θανάτου.
Ἰώ μοι, ⟨ἰώ⟩ μοι
πικρᾶς μὲν πελέκεως τομᾶς
σᾶς, πάτερ, πικρᾶς δ' ἐκ
Τροΐας ὁδοῦ βουλᾶς.
Οὐ μίτραισι γυνή σε
δέξατ' οὐδ' ἐπὶ στεφάνοις,
ξίφεσι δ' ἀμφιτόμοις λυγρὰν
Αἰγίσθου λώβαν θεμένα
δόλιον ἔσχεν ἀκοίταν.

ΧΟΡΟΣ

Ἀγαμέμνονος ὦ κόρα, Str.
ἤλυθον, Ἠλέκτρα, ποτὶ σὰν ἀγρότειραν αὐλάν.
Ἔμολέ τις ἔμολε γαλακτοπότας ἀνὴρ
Μυκηναῖος οὐρειβάτας·
ἀγγέλλει δ' ὅτι νῦν τριταί-
αν καρύσσουσιν θυσίαν
Ἀργεῖοι, πᾶσαι δὲ παρ' Ἥ-
ραν μέλλουσιν παρθενικαὶ στείχειν.

ΗΛ. Οὐκ ἐπ' ἀγλαΐαις, φίλαι,

Test. **167-168** Plutarch. *Lysander* 15.

156 πατέρ' L : πάτερ Heath || **158** κοίτα L : δροίτᾳ Burges || **159** ⟨ἰώ⟩ Seidler, cf. 142 || **162** vix sanum, metrum claudicat, cf. 144 ; καθόδου βουλᾶς Camper ὁδίου βουλᾶς Herm. || μίτραισι γυνή σε Seidler : μίτραις σε γυνὴ L || **163** οὐ στεφάνοις ἔπι Paley et Weil, cf. 146 || **165** θεμένα λώβαν Paley, cf. 148 || **168** ἀγρότειραν *l* Plut. : ἀγροτέραν L || **170** οὐρειβάτας L : ὀρει- *l* οὐρι- Dindorf, cf. 193 || **172** καρύσσουσιν *l* : -σι L || **174** μέλλουσιν *l* : -σι L.

colliers d'or, amies, hélas! ne s'envole mon âme[1]. *Je n'irai point former des rondes avec les jeunes Argiennes, ni marquer du pied la cadence. Je pleure tant que la nuit dure, et c'est à pleurer mon malheur que tout le jour se passe encore. Regardez mes cheveux sordides, les haillons dont je suis vêtue*[2]; *conviennent-ils à la princesse qui est fille d'Agamemnon, à Troie qui garde souvenance de mon père et de sa victoire?*

Le Chœur. — *Puissante est la déesse. Allons! laisse-moi te prêter une robe d'étoffe brochée*[3] *et des bijoux d'or pour parer tes grâces. Crois-tu que tes larmes vaincront tes ennemis, si tu ne rends honneur aux dieux? Ce ne sont point les sanglots, ce sont les prières et le respect des dieux, enfant, qui te vaudront des jours prospères.*

Électre. — *Aucun des dieux n'écoute ma voix dans mon infortune; ils oublient les sacrifices que jadis offrit mon père*[4]. *Il a péri, hélas! et celui qui vit, erre au loin en pays étranger. Pauvre vagabond, il s'assied au foyer parmi les valets, lui, fils d'un père glorieux. Et moi, sous ce toit d'ouvrier, je*

non loin de Mycènes. La fête, τὰ Ἡραῖα, s'appelait aussi Ἑκατόμβαια, à cause de l'hécatombe de vaches qu'on y sacrifiait (scholiaste de Pindare, *Olympiques* VII 152). C'est pourquoi Pindare, *Néméennes* X 23, l'appelle βουθυσίαν Ἥρας, et pourquoi Euripide emploie ici le mot θυσία. La fête s'accompagnait d'une grande procession où prenaient part les jeunes gens en armes.

[1] Aristophane a raillé dans ses *Oiseaux* 1445 ce genre de métaphore, fréquent chez les tragiques ; cf. *Nuées* 319.

[2] L'Électre de Sophocle, 451 sq., parle également de sa chevelure « non luisante » (ἀλιπαρῆ τρίχα) et de sa pauvre ceinture.

[3] Πολύπηνος est mal traduit dans les dictionnaires : « au tissu épais ou grossier ». Avec ce mot, Euripide a créé ici une variante de πολύμιτος « broché » ; cf. Eschyle, *Suppliantes* 433. Il s'agit de tissus brochés où les fils entremêlés figurent des dessins. Une autre variante est πολυποίκιλα φάρεα, qui se dit également des robes de fête des jeunes filles, *Iph. Taur.* 1149.

[4] Les honneurs rendus aux dieux les obligent à une réciprocité de faveur; cf. Eschyle, *Choéphores* 255, *Sept* 179 sq. — Le grec dit : « n'écoute ma voix ni les sacrifices » (zeugma).

ΟΡ. Ἥκω φέρων σοι σοῦ κασιγνήτου λόγους.
ΗΛ. Ὦ φίλτατ', ἆρα ζῶντος ἢ τεθνηκότος;
ΟΡ. Ζῇ· πρῶτα γάρ σοι τἀγάθ' ἀγγέλλειν θέλω.
ΗΛ. Εὐδαιμονοίης, μισθὸν ἡδίστων λόγων.
ΟΡ. Κοινῇ δίδωμι τοῦτο νῷν ἀμφοῖν ἔχειν.
ΗΛ. Ποῦ γῆς ὁ τλήμων τλήμονας φυγὰς ἔχων;
ΟΡ. Οὐχ ἕνα νομίζων φθείρεται πόλεως νομόν.
ΗΛ. Οὔ που σπανίζων τοῦ καθ' ἡμέραν βίου;
ΟΡ. Ἔχει μέν, ἀσθενὴς δὲ δὴ φεύγων ἀνήρ.
ΗΛ. Λόγον δὲ δὴ τίν' ἦλθες ἐκ κείνου φέρων;
ΟΡ. Εἰ ζῇς, ὅπου τε ζῶσα συμφορᾶς ἔχεις.
ΗΛ. Οὐκοῦν ὁρᾷς μου πρῶτον ὡς ξηρὸν δέμας.
ΟΡ. Λύπαις γε συντετηκός, ὥστε με στένειν.
ΗΛ. Καὶ κρᾶτα πλόκαμόν τ' ἐσκυθισμένον ξυρῷ.
ΟΡ. Δάκνει σ' ἀδελφὸς ὅ τε θανὼν ἴσως πατήρ.
ΗΛ. Οἴμοι, τί γάρ μοι τῶνδέ γ' ἐστὶ φίλτερον;
ΟΡ. Φεῦ φεῦ· τί δαὶ σὺ σῷ κασιγνήτῳ δοκεῖς;
ΗΛ. Ἀπὼν ἐκεῖνος, οὐ παρὼν ἡμῖν φίλος.
ΟΡ. Ἐκ τοῦ δὲ ναίεις ἐνθάδ' ἄστεως ἑκάς;
ΗΛ. Ἐγημάμεσθ', ὦ ξεῖνε, θανάσιμον γάμον.
ΟΡ. Ὤιμωξ' ἀδελφὸν σόν. Μυκηναίων τινί;
ΗΛ. Οὐχ ᾧ πατήρ μ' ἤλπιζεν ἐκδώσειν ποτέ.
ΟΡ. Εἴφ', ὡς ἀκούσας σῷ κασιγνήτῳ λέγω.

Test. 233-236 Dio Chrys. 13, 5.

232 τοῦτο et in mg ἤγουν τὸ εὐδαιμονεῖν L || **233** ἔχων L : ἔχει Dio || **234** νομόν scripsi : νόμον L τόπον (var. lect. τρόπον) Dio ; cf. *Rhes.* 475 sqq. frg. 636, 7 || **235** ἤπου σπανίζει Dio || **236** ἀσθενῆ δέ, ἅτε φεύγων Dio || **238** ὅπου L : ὅπως Elmsley, probabiliter || συμφορᾶς Victorius : -ρὰς L || **240** γε Heath : τε L || συντετηκός Reiske : συντέτηκας L || **244** τί δ' αὖ σοῦ Seidler || **248** τινά in textu sed in mg γράφεται καὶ τινὶ ἵνα ᾖ ὁ νοῦς μυκηναίων τινὶ ἐγαμήθης L.

ORESTE. — C'est la maison d'un terrassier ou d'un bouvier.

ÉLECTRE. — Cet homme pauvre est noble et pieux envers moi.

ORESTE. — Quelle est cette piété que montre ton époux ?

ÉLECTRE. — Jamais il n'a osé s'approcher de ma couche.

ORESTE. — Est-ce vœu d'être chaste, ou te croit-il indigne ?

ÉLECTRE. — Outrager mes parents est ce qu'il trouve indigne.

ORESTE. — Comment un tel hymen ne fait-il pas sa joie ?

ÉLECTRE. — Il n'admet point que son auteur eût droit sur moi.

ORESTE. — J'entends ; il a peur de la vengeance d'Oreste.

ÉLECTRE. — Certes, il la craint, mais par surcroît il est honnête.

ORESTE. — Ah ! — Noble cœur ! il faudra le bien récompenser.

ÉLECTRE. — Oui, si l'absent revient un jour dans son palais.

ORESTE. — Ta mère, pour sa fille, a permis cet hymen ?

ÉLECTRE. — C'est leur mari, non leurs enfants qu'aiment les femmes.

ORESTE. — Mais Égisthe, pourquoi t'a-t-il fait cet outrage ?

ÉLECTRE. — Pour que, d'un tel époux, j'eusse des fils sans force.

ORESTE. — Il ne doit pas de toi naître des fils vengeurs ?

ÉLECTRE. — C'est son but. Puisse-t-il un jour être puni !

ORESTE. — Te sait-il vierge encore, cet époux de ta mère ?

ÉLECTRE. — Non, c'est là un secret que nous lui dérobons.

ORESTE. — Ces femmes qui écoutent sont bien de tes amies ?

ÉLECTRE. — Elles tiendront secrets tes propos et les miens.

ΗΛ. Ἐν τοῖσδ' ἐκείνου τηλορὸς ναίω δόμοις.
ΟΡ. Σκαφεύς τις ἢ βουφορβὸς ἄξιος δόμων.
ΗΛ. Πένης ἀνὴρ γενναῖος ἔς τ' ἔμ' εὐσεβής.
ΟΡ. Ἡ δ' εὐσέβεια τίς πρόσεστι σῷ πόσει;
ΗΛ. Οὐπώποτ' εὐνῆς τῆς ἐμῆς ἔτλη θιγεῖν.
ΟΡ. Ἅγνευμ' ἔχων τι θεῖον ἤ σ' ἀπαξιῶν;
ΗΛ. Γονέας ὑβρίζειν τοὺς ἐμοὺς οὐκ ἠξίου.
ΟΡ. Καὶ πῶς γάμον τοιοῦτον οὐχ ἥσθη λαβών;
ΗΛ. Οὐ κύριον τὸν δόντα μ' ἡγεῖται, ξένε.
ΟΡ. Ξυνῆκ'· Ὀρέστῃ μή ποτ' ἐκτείσῃ δίκην.
ΗΛ. Τοῦτ' αὐτὸ ταρβῶν, πρὸς δὲ καὶ σώφρων ἔφυ.
ΟΡ. Φεῦ·
γενναῖον ἄνδρ' ἔλεξας, εὖ τε δραστέον.
ΗΛ. Εἰ δή ποθ' ἥξει γ' ἐς δόμους ὁ νῦν ἀπών.
ΟΡ. Μήτηρ δέ σ' ἡ τεκοῦσα ταῦτ' ἠνέσχετο;
ΗΛ. Γυναῖκες ἀνδρῶν, ὦ ξέν', οὐ παίδων φίλαι.
ΟΡ. Τίνος δέ σ' οὕνεχ' ὕβρισ' Αἴγισθος τάδε;
ΗΛ. Τεκεῖν μ' ἐβούλετ' ἀσθενῆ, τοιῷδε δούς.
ΟΡ. Ὡς δῆθε παῖδας μὴ τέκοις ποινάτορας;
ΗΛ. Τοιαῦτ' ἐβούλευσ'· ὧν ἐμοὶ δοίη δίκην.
ΟΡ. Οἶδεν δέ σ' οὖσαν παρθένον μητρὸς πόσις;
ΗΛ. Οὐκ οἶδε· σιγῇ τοῦθ' ὑφαιρούμεσθά νιν.
ΟΡ. Αἵδ' οὖν φίλαι σοι τούσδ' ἀκούουσιν λόγους;
ΗΛ. Ὥστε στέγειν γε τἀμὰ καὶ σ' ἔπη καλῶς.
ΟΡ. Τί δῆτ' Ὀρέστης πρὸς τόδ', Ἄργος ἢν μόλῃ;
ΗΛ. Ἤρου τόδ'; αἰσχρόν γ' εἶπας· οὐ γὰρ νῦν ἀκμή;
ΟΡ. Ἐλθὼν δὲ δὴ πῶς φονέας ἂν κτάνοι πατρός;

256 ἀπαξιῶν Schaefer : ἀναξιῶν L || 260 ἐκτίσῃ L || 272 φίλαι σοι rec. φίλαισι L || 273 στέγειν ex στέργειν fecit Lc.

Oreste. — Que pourrait faire Oreste, s'il venait à Argos ?

Électre. — Honteuse question ! N'est-il pas temps d'agir ?

Oreste. — Mais s'il revient, comment tuer les meurtriers ?

Électre. — Qu'il ose ce qu'osa leur haine pour son père !

Oreste. — Et, avec lui, tu oseras tuer ta mère ?

Électre. — Oui, de la même hache dont fut frappé mon père.

Oreste. — Le lui dirai-je ? es-tu ferme dans ton dessein ?

Électre. — Que je meure, pourvu que j'égorge ma mère !

Oreste. — Ah ! qu'Oreste n'est-il ici près pour t'entendre !

Électre. — Mais mes yeux ne pourraient, seigneur, le reconnaître.

Oreste. — Rien d'étonnant ; on vous sépara dès l'enfance.

Électre. — Un seul de mes amis pourrait le reconnaître.

Oreste. — C'est celui qui, dit-on, l'a dérobé au meurtre ?

Électre. — Un vieux de l'ancien temps, qui éleva mon père.

Oreste. — Après sa mort, ton père obtint-il un tombeau ?

Electre. — Il l'obtint, mais comment ? jeté hors du palais !

Oreste. — Hélas ! Que dis-tu là ?... Ainsi le sentiment de maux même étrangers peut navrer l'âme humaine. Mais parle, je veux savoir et porter à ton frère des nouvelles pénibles, mais qu'il doit entendre. La pitié ne naît point dans l'esprit sans culture, mais dans celui du sage ; et le sage n'est pas sans souffrir de comprendre avec trop de sagesse[1].

La Coryphée. — J'ai dans l'âme le même désir que lui.

[1] Cf. *Héraclès* 299 sqq. et la note.

ΗΛ. Τολμῶν ὑπ' ἐχθρῶν οἷ' ἐτολμήθη πατήρ.
ΟΡ. Ἦ καὶ μετ' αὐτοῦ μητέρ' ἂν τλαίης κτανεῖν;
ΗΛ. Ταὐτῷ γε πελέκει τῷ πατὴρ ἀπώλετο.
ΟΡ. Λέγω τάδ' αὐτῷ, καὶ βέβαια τἀπὸ σοῦ;
ΗΛ. Θάνοιμι μητρὸς αἷμ' ἐπισφάξασ' ἐμῆς.
ΟΡ. Φεῦ·
εἴθ' ἦν Ὀρέστης πλησίον κλύων τάδε.
ΗΛ. Ἀλλ', ὦ ξέν', οὐ γνοίην ἂν εἰσιδοῦσά νιν.
ΟΡ. Νέα γάρ, οὐδὲν θαῦμ', ἀπεζεύχθης νέου.
ΗΛ. Εἷς ἂν μόνος νιν τῶν ἐμῶν γνοίη φίλων.
ΟΡ. Ἆρ' ὃν λέγουσιν αὐτὸν ἐκκλέψαι φόνου;
ΗΛ. Πατρός γε παιδαγωγὸς ἀρχαῖος γέρων.
ΟΡ. Ὁ κατθανὼν δὲ σὸς πατὴρ τύμβου κυρεῖ;
ΗΛ. Ἔκυρσεν ὡς ἔκυρσεν, ἐκβληθεὶς δόμων.
ΟΡ. Οἴμοι, τόδ' οἷον εἶπας· αἴσθησις γὰρ οὖν
κἀκ τῶν θυραίων πημάτων δάκνει βροτούς.
Λέξον δ', ἵν' εἰδὼς σῷ κασιγνήτῳ φέρω
λόγους ἀτερπεῖς, ἀλλ' ἀναγκαίους κλύειν.
Ἔνεστι δ' οἶκτος ἀμαθίᾳ μὲν οὐδαμοῦ,
σοφοῖσι δ' ἀνδρῶν· οὐ γὰρ οὐδ' ἀζήμιον
γνώμην ἐνεῖναι τοῖς σοφοῖς λίαν σοφήν.
ΧΟ. Κἀγὼ τὸν αὐτὸν τῷδ' ἔρον ψυχῆς ἔχω.
Πρόσω γὰρ ἄστεως οὖσα τἀν πόλει κακὰ
οὐκ οἶδα, νῦν δὲ βούλομαι κἀγὼ μαθεῖν.
ΗΛ. Λέγοιμ' ἄν, εἰ χρή· χρὴ δὲ πρὸς φίλον λέγειν
τύχας βαρείας τὰς ἐμὰς κἀμοῦ πατρός.
Ἐπεὶ δὲ κινεῖς μῦθον, ἱκετεύω, ξένε,

Test. **294-296** Stob. *Flor.* 3, 27ª (III 1, 64 Hense) lemmate omisso.

292 lineolam praef. L || **295** σοφοῖσι δ' Stob. : σοφοῖσιν L || οὐ γὰρ L : καὶ γὰρ Stob., an οὐκ ἄρ'? || **296** ἐνεῖναι... λίαν Stob. : μὲν εἶναι ... λίην L || σοφήν L : σοφόν Stob. || **298** ἄστεως Seidler : ἄστεος L || **300** ΗΛ. Lᶜ.

Vivant loin de la ville, j'ignore les malheurs de la cité, et maintenant je voudrais moi aussi les connaître.

ÉLECTRE. — Je dirai, s'il le faut — et il le faut devant cet ami — je dirai mes cruelles infortunes et celles de mon père. Mais puisque tu m'excites à parler, je t'en supplie, seigneur, rapporte à Oreste mes malheurs et ceux d'Agamemnon. Dis-lui d'abord quels vêtements je porte en ce séjour rustique, quel aspect sordide offre tout mon corps, sous quel toit habite celle qui vivait dans le palais d'un roi. Moi-même, je dois peiner à la navette pour me tisser des robes, sinon je devrais m'en passer et rester nue ; moi-même, je vais chercher l'eau à la rivière. Il n'est pour moi point de part aux fêtes sacrées ni de place dans les chœurs. Je dois fuir, étant vierge, la société des femmes, et je dois fuir aussi le souvenir de Castor, à qui, comme parente, on m'avait fiancée avant qu'il fût mis au rang des dieux. Ma mère, elle, au milieu des dépouilles de la Phrygie, est assise sur un trône ; près des marches, se tiennent des captives d'Asie que mon père a conquises, et qui, comme à Troie, portent leurs robes attachées avec des broches d'or. Tandis que le palais garde encore la tache noire où se corrompt le sang de mon père, l'assassin se montre en public, porté sur le char même de sa victime, et il tient, orgueilleux, dans sa main criminelle le sceptre qui jadis commandait à la Grèce[1]. Le tombeau d'Agamemnon, laissé sans honneurs, n'a jamais reçu ni libations ni branches de myrte, et son bûcher est vide de tout ornement. Plongé dans l'ivresse, le mari de ma mère, l'illustre comme ils disent, piétine la tombe de mon père et crible de pierres la dalle du monument[2]. Et il ose tenir ce langage contre nous : « Où est ton fils Oreste ? Quel beau zèle il déploie ici pour protéger ton tombeau ! » Telles sont ses insultes à l'absent.

[1] Cf. Sophocle, *Électre* 267 sqq. 420.

[2] Chez Sophocle 278, Clytemnestre célèbre par une fête la date du meurtre d'Agamemnon. Euripide jette à dessein l'odieux plutôt sur

ἄγγελλ' Ὀρέστῃ τἀμὰ καὶ κείνου κακά,
πρῶτον μὲν οἵοις ἐν πέπλοις αὐλίζομαι,
πίνῳ θ' ὅσῳ βέβριθ', ὑπὸ στέγαισί τε
οἵαισι ναίω βασιλικῶν ἐκ δωμάτων,
αὐτὴ μὲν ἐκμοχθοῦσα κερκίσιν πέπλους,
ἢ γυμνὸν ἕξω σῶμα καὶ στερήσομαι,
αὐτὴ δὲ πηγὰς ποταμίους φορουμένη.
Ἀνέορτος ἱερῶν καὶ χορῶν τητωμένη,
ἀναίνομαι γυναῖκας οὖσα παρθένος,
ἀναίνομαι δὲ Κάστορ', ᾧ πρὶν ἐς θεοὺς
ἐλθεῖν ἔμ' ἐμνήστευον, οὖσαν ἐγγενῆ.
Μήτηρ δ' ἐμὴ Φρυγίοισιν ἐν σκυλεύμασιν
θρόνῳ κάθηται, πρὸς δ' ἕδραισιν Ἀσίδες
δμωαὶ στατίζουσ', ἃς ἔπερσ' ἐμὸς πατήρ,
Ἰδαῖα φάρη χρυσέαις ἐζευγμέναι
πόρπαισιν. Αἷμα δ' ἔτι πατρὸς κατὰ στέγας
μέλαν σέσηπεν· ὃς δ' ἐκεῖνον ἔκτανεν,
ἐς ταὐτὰ βαίνων ἅρματ' ἐκφοιτᾷ πατρὶ
καὶ σκῆπτρ' ἐν οἷς Ἕλλησιν ἐστρατηλάτει
μιαιφόνοισι χερσὶ γαυροῦται λαβών.
Ἀγαμέμνονος δὲ τύμβος ἠτιμασμένος
οὔπω χοάς ποτ' οὐδὲ κλῶνα μυρσίνης
ἔλαβε, πυρὰ δὲ χέρσος ἀγλαϊσμάτων.
Μέθῃ δὲ βρεχθεὶς τῆς ἐμῆς μητρὸς πόσις
ὁ κλεινός, ὡς λέγουσιν, ἐνθρῴσκει τάφῳ
πέτροις τε λεύει μνῆμα λάινον πατρὸς
καὶ τοῦτο τολμᾷ τοὔπος εἰς ἡμᾶς λέγειν·
« Ποῦ παῖς Ὀρέστης ; ἆρά σοι τύμβῳ καλῶς

Test. **304** αὐλίζομαι Hesychius s. v. ? || **316** στατίζουσι Hesychius s. v. || **320** ἐκφοιτᾷ Hesychius s. v.

307 πέπλους L[c] : -οις L || **311** γυναῖκας suprascr. in L : δὲ γυμνάς L, quo servato παρθένους scripsit et 310 post 311 traiecit Kirchhoff || **315** ἕδραισιν Ἀσίδες Herm. : ἕδρας ἀσιήτιδες L || **324** οὔπω χοάς ποτ' Porson : οὐπώποτ' οὐ χοὰς L.

O de grâce ! seigneur, redis-lui mon message. De tous ceux qui l'appellent, je me fais l'interprète : ce sont mes bras, mes lèvres et mon cœur affligé, et ma tête rasée et celui dont il est né. Quelle honte pour un fils dont le père a exterminé les Phrygiens, s'il ne peut à lui seul tuer un seul homme, quand il est jeune et né d'un sang plus glorieux !

La Coryphée. — Mais, je le vois — c'est ton mari que je veux dire — qui, sa besogne faite, regagne la maison.

Rentre le Laboureur.

Le Laboureur. — Holà ! quels sont ces étrangers que je vois à ma porte ? Pourquoi font-ils cette visite à ma maison rustique ? Est-ce moi que l'on cherche ? Il est indécent qu'une femme converse avec des jeunes gens.

Électre. — Ami, ne forme pas de soupçons contre moi. Tu sauras quel était notre entretien ; ces étrangers sont venus m'apporter un message d'Oreste. — Vous, ô seigneurs, daignez excuser son langage.

Le Laboureur. — Quoi ? disent-ils qu'il vit et qu'il voit la lumière ?

Électre. — Il vit d'après leurs dires, et ils semblent sincères.

Le Laboureur. — Se souvient-il des maux de ton père et des tiens ?

Électre. — Espérons-le ; mais faible est un homme en exil.

Le Laboureur. — Quel message d'Oreste ont-ils ici porté ?

Électre. — Il les a chargés de s'enquérir de mes maux.

Le Laboureur. — Eh bien ! ils voient les uns, et tu leur dis les autres.

Électre. — Ils savent ; il n'est rien dont ils ne soient instruits.

Le Laboureur. — Ma porte eût dû s'ouvrir depuis

Égisthe. Ὁ κλεινός, l'illustre, est le titre du roi de Mycènes ; *infra* 776. *Troyennes* 358. *Oreste* 17. Sophocle, *Électre* 300.

παρὼν ἀμύνει; » ταῦτ' ἀπὼν ὑβρίζεται.
'Αλλ', ὦ ξέν', ἱκετεύω σ', ἀπάγγειλον τάδε
Πολλοὶ δ' ἐπιστέλλουσιν, ἑρμηνεὺς δ' ἐγώ,
αἱ χεῖρες, ἡ γλῶσσ', ἡ ταλαίπωρός τε φρήν,
κάρα τ' ἐμὸν ξυρῆκες, ὅ τ' ἐκεῖνον τεκών.
Αἰσχρὸν γάρ, εἰ πατὴρ μὲν ἐξεῖλεν Φρύγας,
ὃ δ' ἄνδρ' ἕν' εἷς ὢν οὐ δυνήσεται κτανεῖν
νέος πεφυκὼς κἀξ ἀμείνονος πατρός.
ΧΟ. Καὶ μὴν δέδορκα τόνδε, σὸν λέγω πόσιν,
λήξαντα μόχθου πρὸς δόμους ὡρμημένον.
ΑΥ. Ἔα· τίνας τούσδ' ἐν πύλαις ὁρῶ ξένους;
τίνος δ' ἕκατι τάσδ' ἐπ' ἀγραύλους πύλας
προσῆλθον; ἦ 'μοῦ δεόμενοι; γυναικί τοι
αἰσχρὸν μετ' ἀνδρῶν ἑστάναι νεανιῶν.
ΗΛ. Ὦ φίλτατ', εἰς ὕποπτα μὴ μόλῃς ἐμοί.
Τὸν ὄντα δ' εἴσῃ μῦθον· οἵδε γὰρ ξένοι
ἥκουσ' Ὀρέστου πρός με κήρυκες λόγων.
'Αλλ', ὦ ξένοι, σύγγνωτε τοῖς εἰρημένοις.
ΑΥ. Τί φασίν; ἁνὴρ ἔστι καὶ λεύσσει φάος;
ΗΛ. Ἔστιν λόγῳ γοῦν· φασὶ δ' οὐκ ἄπιστ' ἐμοί.
ΑΥ. Ἦ καί τι πατρὸς σῶν τε μέμνηται κακῶν;
ΗΛ. Ἐν ἐλπίσιν ταῦτ'· ἀσθενὴς φεύγων ἀνήρ.
ΑΥ. Ἦλθον δ' Ὀρέστου τίν' ἀγορεύοντες λόγον;
ΗΛ. Σκοποὺς ἔπεμψε τούσδε τῶν ἐμῶν κακῶν.
ΑΥ. Οὐκοῦν τὰ μὲν λεύσσουσι, τὰ δὲ σύ που λέγεις.
ΗΛ. Ἴσασιν, οὐδὲν τῶνδ' ἔχουσιν ἐνδεές.
ΑΥ. Οὐκοῦν πάλαι χρῆν τοῖσδ' ἀνεπτύχθαι πύλας.
Χωρεῖτ' ἐς οἴκους· ἀντὶ γὰρ χρηστῶν λόγων
ξενίων κυρήσεθ', οἷ' ἐμὸς κεύθει δόμος.

340 ὡρμημένον L : ὁρμώμενον Paley || 351-358 lineolae praefixae in L.

longtemps pour eux. — Entrez dans mon logis ; en retour d'aussi bonnes nouvelles, vous recevrez tout ce que ma maison peut offrir à des hôtes.

(Aux serviteurs d'Oreste et de Pylade.) Vous, serviteurs, portez leurs bagages chez moi. — Et point d'objection ; vous venez en amis de la part d'un ami. Si je suis né pauvre, je n'ai pas l'âme basse et je saurai le montrer.

Oreste. — Dieux ! c'est là le mari qui s'entend avec toi pour éluder ton hymen, afin d'en épargner à Oreste la honte ?

Électre. — C'est lui qu'en mon malheur on nomme mon époux.

Oreste. — Ah ! il n'est de la vertu aucune marque sûre[1], et le désordre règne dans les natures qu'ont en partage les humains. J'ai déjà vu le fils d'un père généreux se montrer un homme de rien, et des enfants honnêtes naître de parents vils ; j'ai vu chez l'homme riche la disette d'esprit, et la grandeur de l'âme dans le corps du pauvre. Dès lors, quel signe choisira-t-on pour juger sainement ? la richesse ? C'est un bien mauvais juge que l'on prendra. l'indigence ? Mais il y a une tare dans la pauvreté et le besoin est pour l'homme l'école du mal. Dois-je m'en rapporter à l'armure ? Qui, voyant une lance, oserait témoigner que son porteur est brave ? Le mieux est de laisser régner le hasard dans cette confusion[2].

Voyez cet homme ; il n'est pas un grand dans Argos, il ne s'enorgueillit point de l'éclat d'un beau nom et, quoique homme du peuple, il a révélé sa vertu. Écoutez la raison, vous qu'égare une foule de vains préjugés, et c'est

[1] Les réflexions générales de ce genre varient suivant la situation dramatique. Cf. *Hécube* 595 sqq. *Suppliantes* 914 sqq. *Médée* 516-519. *Héraclès* 669 sq. *Iph. Aul.* 558 sqq.

[2] Citons ici l'anecdote absurde recueillie par Diogène Laërce II 33 : en entendant ce vers, Socrate se leva et sortit du théâtre, disant qu'il était ridicule d'aller à la recherche d'un esclave perdu et de se passer de connaître la vertu.

Αἴρεσθ', ὀπαδοί, τῶνδ' ἔσω τεύχη δόμων.
Καὶ μηδὲν ἀντείπητε, παρὰ φίλου φίλοι
μολόντες ἀνδρός· καὶ γὰρ εἰ πένης ἔφυν,
οὔτοι τό γ' ἦθος δυσγενὲς παρέξομαι.

ΟΡ. Πρὸς θεῶν, ὅδ' ἁνὴρ ὃς συνεκκλέπτει γάμους
τοὺς σούς, Ὀρέστην οὐ καταισχύνειν θέλων;

ΗΛ. Οὗτος κέκληται πόσις ἐμὸς τῆς ἀθλίας.

ΟΡ. Φεῦ·
οὐκ ἔστ' ἀκριβὲς οὐδὲν εἰς εὐανδρίαν·
ἔχουσι γὰρ ταραγμὸν αἱ φύσεις βροτῶν.
Ἤδη γὰρ εἶδον ἄνδρα γενναίου πατρὸς
τὸ μηδὲν ὄντα, χρηστὰ τ' ἐκ κακῶν τέκνα,
λιμόν τ' ἐν ἀνδρὸς πλουσίου φρονήματι,
γνώμην τε μεγάλην ἐν πένητι σώματι.
Πῶς οὖν τις αὐτὰ διαλαβὼν ὀρθῶς κρινεῖ;
πλούτῳ; πονηρῷ τἄρα χρήσεται κριτῇ·
ἢ τοῖς ἔχουσι μηδέν; ἀλλ' ἔχει νόσον
πενία, διδάσκει δ' ἄνδρα τῇ χρείᾳ κακόν.
Ἀλλ' εἰς ὅπλ' ἔλθω; τίς δὲ πρὸς λόγχην βλέπων
μάρτυς γένοιτ' ἂν ὅστις ἐστὶν ἁγαθός;
κράτιστον εἰκῇ ταῦτ' ἐᾶν ἀφειμένα.
Οὗτος γὰρ ἁνὴρ οὔτ' ἐν Ἀργείοις μέγας
οὔτ' αὖ δοκήσει δωμάτων ὠγκωμένος,
ἐν τοῖς δὲ πολλοῖς ὢν ἄριστος ηὑρέθη.
Οὐ μὴ φρονήσεθ', οἳ κενῶν δοξασμάτων

Test. **367-370** Orion *Anthol.* 8, 7 || **369-370** Stob. *Flor.* 87, 10 (IV 29b, 37 Hense) || **376** Stob. *Flor.* 96, 2 (IV 32b, 31 H) || **379** Diog. La. 2, 33 (versus citatur ex *Auge*). Cf. Pseudo-Long. *De subl.* 44, 12 || **383-390** Stob. *Ecl.* II 15, 13. *Flor.* 86, 4 (IV 29a, 4 H).

363 τό γ' ἦθος δυσγενὲς Victorius et Canter : τὸ γῆθος δυσμενὲς L || **367** ο]υθεν Π || **370** τ' LΠ : δ' Stob. Orion || **371** λιμόν L : δημον Π || **373** διαλαβὼν L : διορισας Π || **374** ταρα Π : γ' ἄρα L || **375** μηθεν Π || **382** εὑρέθη L || **383** οὐ μὴ ἀφρονήσεθ' Badham, sed de talibus structuris in negat. sententiis cf. *Androm.* 706 sq. 746. *Or.* 393.

par leur conduite et par leur caractère que vous jugerez de la noblesse des mortels. Par de tels citoyens les États sont prospères ainsi que les familles[1]. Mais les corps bien musclés, s'ils sont vides de pensée, ne servent qu'au décor de la place publique. Un bras fort n'attend pas mieux qu'un bras faible le choc de la lance. Ici tout dépend de la nature de l'âme et de sa bravoure[2].

Mais, l'accueil étant digne du prince à la fois présent et absent, du fils d'Agamemnon, pour lequel nous sommes venus, acceptons l'abri de ce logis. Entrez, esclaves, dans cette maison. — Je souhaite pour hôte, plutôt qu'un riche, un pauvre ayant du cœur. J'estime fort la réception que me fait cet homme à son foyer. Pourtant j'aimerais mieux voir ton frère lui-même, heureux, me conduire en son heureuse demeure. Peut-être viendra-t-il. Les oracles de Loxias sont sûrs, mais je fais fi de l'humaine mantique.

Oreste, Pylade et leur suite entrent dans la maison.

La Coryphée. — Plus que jamais en ce moment, Electre, la joie doit réchauffer nos cœurs. Peut-être, dans sa marche ardue, le destin atteint-il une étape favorable pour nous.

Électre. — Pauvre ami, tu sais la misère à ton foyer. Pourquoi y recevoir des hôtes au-dessus de ton rang ?

Le Laboureur. — Eh bien ! s'ils sont aussi nobles qu'il le paraît, nos moyens, humbles ou non, ne suffiront-ils pas à les rendre contents ?

Électre. — Puisqu'en ton humble état tu as fait cette faute, va chez le bon vieillard qui éleva mon père. Tu le trouveras aux environs du Tanaos[3] dont les eaux servent

[1] Cf. l'éloge analogue d'un simple paysan, *Oreste* 918 sqq.

[2] L'éducation athlétique excitait l'antipathie d'Euripide ; cf. fr. 282. *Héraclès* 163. Archiloque avait déjà donné la préférence au courage moral sur les apparences physiques, fr. 58 ; cf. v. 883 note.

[3] Le Tanaos descend du Parnon et arrose la Thyréatide, dont la

πλήρεις πλανᾶσθε, τῇ δ' ὁμιλίᾳ βροτοὺς
κρινεῖτε καὶ τοῖς ἤθεσιν τοὺς εὐγενεῖς ;
Οἱ γὰρ τοιοῦτοι τὰς πόλεις οἰκοῦσιν εὖ
καὶ δώμαθ', αἱ δὲ σάρκες αἱ κεναὶ φρενῶν
ἀγάλματ' ἀγορᾶς εἰσιν. Οὐδὲ γὰρ δόρυ
μᾶλλον βραχίων σθεναρὸς ἀσθενοῦς μένει·
ἐν τῇ φύσει δὲ τοῦτο κἀν εὐψυχίᾳ.
Ἀλλ' — ἄξιος γὰρ ὅ τε παρὼν ὅ τ' οὐ παρὼν
Ἀγαμέμνονος παῖς, οὗπερ οὕνεχ' ἥκομεν —
δεξώμεθ' οἴκων καταλύσεις. Χωρεῖν χρεών,
δμῶες, δόμων τῶνδ' ἐντός. Ὡς ἐμοὶ πένης
εἴη πρόθυμος πλουσίου μᾶλλον ξένος.
Αἰνῶ μὲν οὖν τοῦδ' ἀνδρὸς ἐσδοχὰς δόμων·
ἐβουλόμην δ' ἂν εἰ κασίγνητός με σὸς
ἐς εὐτυχοῦντας ἦγεν εὐτυχῶν δόμους.
Ἴσως δ' ἂν ἔλθοι· Λοξίου γὰρ ἔμπεδοι
χρησμοί, βροτῶν δὲ μαντικὴν χαίρειν ἐῶ.

ΧΟ. Νῦν ἢ πάροιθεν μᾶλλον, Ἠλέκτρα, χαρᾷ
θερμαινόμεσθα καρδίαν· ἴσως γὰρ ἂν
μόλις προβαίνουσ' ἡ τύχη σταίη καλῶς.

ΗΛ. Ὦ τλῆμον, εἰδὼς δωμάτων χρείαν σέθεν
τί τούσδ' ἐδέξω μείζονας σαυτοῦ ξένους ;

ΑΥ. Τί δ' ; εἴπερ εἰσὶν ὡς δοκοῦσιν εὐγενεῖς,
οὐκ ἔν τε μικροῖς ἔν τε μὴ στέρξουσ' ὁμῶς ;

ΗΛ. Ἐπεί νυν ἐξήμαρτες ἐν σμικροῖσιν ὤν,
ἔλθ' ὡς παλαιὸν τροφὸν ἐμοῦ φίλον πατρός,
ὃς ἀμφὶ ποταμὸν Τάναον Ἀργείας ὅρους
τέμνοντα γαίας Σπαρτιάτιδός τε γῆς

386 τοιοῦτοι L : τοιοίδε Stob. || τὰς L Stob. : καὶ Cobet || 387 φρενῶν L Stob. *Ecl.* : βροτῶν Stob. *Flor.* || 388 δόρυ Stob. : δορὶ L || 407 στέρξουσ' rec. : στέξουσ' L || 409 ἐμοῦ φίλον Camper : ἐμὸν φίλου L || 410 ταναὸν L.

de limite aux territoires d'Argos et de Sparte ; il y fait paître ses troupeaux depuis qu'on l'a chassé de la ville. Prie-le de venir, et de passer par son logis pour y prendre quelques mets à ajouter au repas de nos hôtes. Il se réjouira et bénira les dieux lorsqu'il saura vivant l'enfant qu'il a sauvé. Du palais paternel où ma mère demeure, nous n'obtiendrions rien. Il nous en cuirait d'apporter la nouvelle qui apprendrait à la misérable qu'Oreste vit encore.

Le Laboureur. — Eh bien ! si bon te semble, je ferai ce message au vieillard. Rentre dans ton ménage au plus vite, et fais-y tes apprêts. Il est beaucoup de mets que la femme improvise au besoin pour les joindre au repas. Au surplus, la maison est approvisionnée de façon à nourrir au moins pendant un jour nos hôtes à satiété.

Électre rentre dans la maison.

Lorsque je réfléchis sur des cas de ce genre, je reconnais combien la richesse a de prix s'il faut traiter un hôte ou faire des dépenses pour sauver un malade. Quant au pain quotidien, il en coûte fort peu ; pour rassasier un homme, qu'il soit riche ou bien pauvre, part égale suffit.

Le Laboureur s'éloigne.

Le Chœur. — *Navires glorieux*[1] *que conduisaient vers Troie des avirons sans nombre, vous alliez soulevant des danses sur les flots, avec les Néréides*[2]. *Charmé par les sons de la*

possession suscita de longues guerres entre Sparte et Argos. A l'époque du drame, elle appartenait à Sparte.

[1] Cf. *Troyennes* 122 sqq., où Hécube, avec un sentiment bien différent, chante l'arrivée de la flotte grecque devant Troie.

[2] Les ondulations des vagues apparaissent aux Grecs comme des danses qu'exécutent les filles du dieu marin Nérée ; cf. *Troyennes* 2. *Hélène* 1454. Sophocle, *Œd. Col.* 716. L'amour du dauphin pour la musique est bien connu par l'histoire d'Arion. La musique est ici celle du flûtiste qui rythme la cadence des rameurs.

ποίμναις ὁμαρτεῖ πόλεος ἐκβεβλημένος.
Κέλευε δ' αὐτὸν [τόνδ'] ἐς δόμους ἀφιγμένον
ἐλθεῖν, ξένων τ' ἐς δαῖτα πορσῦναί τινα.
Ἡσθήσεταί τοι καὶ προσεύξεται θεοῖς,
ζῶντ' εἰσακούσας παῖδ' ὃν ἐκσῴζει ποτέ.
Οὐ γὰρ πατρῴων ἐκ δόμων μητρὸς πάρα
λάβοιμεν ἄν τι· πικρὰ δ' ἀγγείλαιμεν ἄν,
εἰ ζῶντ' Ὀρέστην ἡ τάλαιν' αἴσθοιτ' ἔτι.

ΑΥ. Ἀλλ', εἰ δοκεῖ σοι, τούσδ' ἀπαγγελῶ λόγους
γέροντι· χώρει δ' ἐς δόμους ὅσον τάχος
καὶ τἄνδον ἐξάρτυε. Πολλά τοι γυνὴ
χρῄζουσ' ἂν εὕροι δαιτὶ προσφορήματα.
Ἔστιν δὲ δὴ τοσαῦτά γ' ἐν δόμοις ἔτι
ὥσθ' ἕν γ' ἐπ' ἦμαρ τούσδε πληρῶσαι βορᾶς.
Ἐν τοῖς τοιούτοις δ' ἡνίκ' ἂν γνώμῃ πέσῃ,
σκοπῶ τὰ χρήμαθ' ὡς ἔχει μέγα σθένος,
ξένοις τε δοῦναι σῶμά τ' ἐς νόσον πεσὸν
δαπάναισι σῶσαι· τῆς δ' ἐφ' ἡμέραν βορᾶς
ἐς σμικρὸν ἥκει· πᾶς γὰρ ἐμπλησθεὶς ἀνὴρ
ὁ πλούσιός τε χὠ πένης ἴσον φέρει.

ΧΟ. Κλειναὶ νᾶες, αἵ ποτ' ἔβατε Τροίαν Str.
τοῖς ἀμετρήτοις ἐρετμοῖς
πέμπουσαι χοροὺς μετὰ Νηρῄδων,

Test. **426-431** Stob. *Flor.* 91, 6 (IV 31a, 7 H). Cf. Dio Chrys. 7 (13), 82 || **428** sq. Plutarch. *Mor.* 33 C || **432, 435-437** Aristoph. *Ranae* 1309, 1314, 1317 sq.

412 πόλεος Musgrave : -ως L || **413** τόνδ' del. Scal., versus varie tentatus, ex. gr. τῶνδε δόμον ἀφιγμένων Madvig τῶνδ' ἀφιγμένων, δόμους Weil || **424** ΗΛ. praef. L || **426** δ' om. Stob. || γνώμῃ πέσῃ Schaefer : γνώμη πέσοι L γνώμης πέσω Stob. γνώμῃ πέσω Seidler || **428** ξένοις L et ut vid. Dio : φίλοις Stob. Plut. || νόσον L Stob. : νόσους Plut. || **429** ἐφημέρου Stob. || **430** μικρὸν Stob. || **431** τε Stob. : γε L || χὠ L^c : καὶ ὁ L καὶ Stob. || **432** ἔβατε L : ἔμβατε *l* quod metrice praestat, ni 442 ἀκτὰς in ἄκρας mutes.

flûte, le dauphin se balançait, tournant sans cesse auprès des éperons bleu sombre de vos proues. Il accompagnait le fils de Thétis, Achille, le coureur aux bonds légers[1], *avec Agamemnon, vers Troie et vers le rivage du Simoïs.*

Quittant la pointe de l'Eubée, les Néréides portaient le bouclier et les armes de guerre qu'Héphaistos a forgées sur ses enclumes d'or[2]. *Par le mont Pélion, par les lointains vallons de l'Ossa, retraites sacrées où les Nymphes s'abritent, elles allaient cherchant le jouvenceau qu'un père cavalier*[3] *élevait pour la splendeur de la Grèce*[4], *le fils de Thétis la marine, le champion alerte des Atrides.*

Un jour, dans le port de Nauplie[5], *un homme venu d'Ilion, ô fils de Thétis, m'a décrit les emblèmes sculptés sur l'orbe de ton illustre bouclier, pour la terreur des Phrygiens. Sur la bande courant autour de sa courbe, Persée, avec ses talon-*

[1] Litt. « léger au saut des pieds ». Cette variante de πόδας ὠκύς paraît choisie afin de rappeler le fameux bond que fit Achille pour sauter de son navire sur le rivage ; cf. *Andromaque* 1139.

[2] Chez Homère P 194 sqq. Σ 84 sq., Achille est venu à Troie avec les armes que son père Pélée avait reçues des dieux lors de ses noces avec Thétis, et c'est après l'enlèvement de ces armes à Patrocle que Thétis donne à son fils une seconde armure, œuvre d'Héphaistos. Les Néréides portant les armes d'Achille figurent souvent sur des vases peints, et Scopas en fit, au IVe siècle, le sujet d'un groupe qui resta célèbre ; Pline, *Hist. nat.* 36, 26.

[3] On croit qu'il s'agit de Pélée qu'Homère H 125 appelle ἱππηλάτα. Mais pourquoi les Néréides auraient-elles tant de peine à trouver la résidence de Pélée ? Je pense qu'il s'agit du centaure Chiron par qui Pélée fit élever Achille dans la grotte du Pélion. Pour l'épithète « cavalier » (ἱππότας) donnée à un centaure, cf. *Iph. Aul.* 1059 « le groupe cavalier (ἱπποβάτας) des centaures ».

[4] Aux noces de Thétis, Chiron avait prédit qu'il naîtrait d'elle un fils glorieux : Θεσσαλίᾳ μέγα φῶς, *Iph. Aul.* 1063. Les deux passages font allusion à un même détail ancien de la légende.

[5] Nauplie était le port d'Argos, *infra* 1278. — Il s'agit toujours de la première armure d'Achille et non du second bouclier dont Homère donne une description différente. Les armoiries étaient à la mode au Ve siècle, et l'invention de sujets de boucliers était une tâche où s'appliquaient les poètes. Cf. la scène d'Eschyle, *Sept* 375-652 et *Phéniciennes* 1104 sqq.

ἵν' ὁ φίλαυλος ἔπαλλε δελ-
φὶς πρῴραις κυανεμβόλοι-
σιν εἱλισσόμενος,
πορεύων τὸν τᾶς Θέτιδος
κοῦφον ἅλμα ποδῶν Ἀχιλῆ
σὺν Ἀγαμέμνονι Τρωίας
ἐπὶ Σιμουντίδας ἀκτάς.

Νηρῇδες δ' Εὐβοΐδας ἄκρας λιποῦσαι Ant. 1
Ἡφαίστου χρυσέων ἀκμόνων
μόχθους ἀσπιστὰς ἔφερον τευχέων,
ἀνά τε Πήλιον ἀνά τε πρυ-
μνὰς Ὄσσας ἱερὰς νάπας,
Νυμφαίας σκοπιάς,
κόρον ματεῦσ', ἔνθα πατὴρ
ἱππότας τρέφεν Ἑλλάδι φῶς
Θέτιδος εἰνάλιον γόνον,
ταχύπορον πόδ' Ἀτρείδαις.

Ἰλιόθεν δ' ἔκλυόν τινος ἐν λιμέσιν Str. 2
Ναυπλίοισι βεβῶτος
τᾶς σᾶς, ὦ Θέτιδος παῖ,
κλεινᾶς ἀσπίδος ἐν κύκλῳ
τοιάδε σήματα, δείματα
Φρύγια, τετύχθαι·
περιδρόμῳ μὲν ἴτυος ἕδρᾳ

Test. **445** Hesychius s. v. πρυμναί ?

435 φίλαυλος Arist. et (υλος in ras.) *l* : φιλάδελφος P et primitus L qui fortasse -αυλος cum verbo -αδελφος per compendium scripto (cf. ad *Suppl.* 402) confudit || **439** Ἀχιλῆ Heath : -λλῆ L || **440** Τρωίας Seidler : τροίας L || **442** εὐβοΐδας L || ἄκρας Orelli : ἀκτὰς L (e v. praecedente ?), cf. ad 432 || **446** ἱερᾶς Herm. || **448** κόρον post Herm. et alios scripsi : κόρας L (propter sex verba praeced. in ας) || ματεῦσ' scripsi : μάτευσ' L ; ματεῦσι (forma ionica) tanquam a ματέω, cf. Theocr. 29, 15 || **449** τρέφεν *l* : ἔτρεφεν P et primitus L || **450** εἰνάλιον Seidler : ἐν- L || **451** ταχύποδ' οὖρον Weil || **452** τινος Victorius : τινὲς L || λιμέσι L || **453** ναυπλίοισι *l* : -οις L.

nières ailées, planait sur la mer et, le cou tranché, le chef de la Gorgone était dans sa main. Près de lui, on voyait le messager de Zeus, Hermès fils de Maïa, l'agreste jouvenceau[1].

Au milieu du grand bouclier brillait le disque radieux du soleil monté sur un char que traînaient des coursiers ailés, et les chœurs célestes des astres, Pléiades, Hyades[2], *effroi pour les regards d'Hector*[3]. *Sur le casque doré, des Sphinx emportaient dans leurs ongles la proie acquise par leur chant*[4], *et sur la cuirasse serrée à son côté, soufflant le feu, bondissait la lionne*[5], *les griffes tendues, à la vue du cheval arrivé de Pirène.*

Sur la lance meurtrière, au galop de leurs quatre pieds, des chevaux s'élançaient et, noire, la poussière montait alentour de leurs flancs. Le chef de tels hommes de guerre fut immolé à tes amours, fille perfide de Tyndare. Aussi les dieux du ciel t'enverront-ils un jour à la mort, et je verrai, oui, je verrai enfin couler de ta gorge meurtrie le sang répandu par le fer.

Entre, apportant des vivres, le Vieillard mandé par Électre.

[1] Persée est également représenté sur le bouclier d'Héraclès chez Hésiode, *Bouclier* 220 sqq. Dans les représentations figurées, on voit d'ordinaire avec lui Athéna, sa protectrice, et Hermès qui lui sert de guide.

[2] Dans le cercle central du bouclier homérique, Héphaistos avait représenté l'univers, en bas la terre et la mer, en haut le ciel. Le sujet resta traditionnel dans la littérature et l'art ; cf. Eschyle, *Sept* 388 sqq. *Phéniciennes* 1114 sqq. *Ion* 1147 sqq.

[3] Cf. Homère, X 134 sqq., où Hector tremble et prend la fuite à la vue de l'éclat des armes d'Achille.

[4] Représentation semblable sur le bouclier de Parthénopée, Eschyle, *Sept* 541 sqq. — La Sphinx emportait dans les airs celui qui ne devinait pas l'énigme qu'elle chantait.

[5] La Chimère, monstre de Lycie (tête de lion, corps de chèvre, queue de serpent, Homère Z 181) que tua Bellérophon monté sur Pégase ; cf. *Ion* 201 sqq. et la note. — La source de Pirène à Corinthe avait jailli à l'endroit frappé d'un coup de sabot par Pégase.

Περσέα λαιμοτόμαν ὑπὲρ
ἁλὸς ποτανοῖσι πεδί-
λοισι φυὰν Γοργόνος ἴ-
σχειν, Διὸς ἀγγέλῳ σὺν Ἑρ-
μᾷ, τῷ Μαίας ἀγροτῆρι κούρῳ.

Ἐν δὲ μέσῳ κατέλαμπε σάκει φαέθων Ant. 2.
κύκλος ἀελίοιο
ἵπποις ἂν πτεροέσσαις
ἄστρων τ' αἰθέριοι χοροί,
Πλειάδες, Ὑάδες, Ἕκτορος
ὄμμασι τροπαῖοι·
ἐπὶ δὲ χρυσοτύπῳ κράνει
Σφίγγες ὄνυξιν ἀοίδιμον
ἄγραν φέρουσαι· περιπλεύ-
ρῳ δὲ κύτει πύρπνοος ἔ-
σπευδε δρόμῳ λέαινα χα-
λαῖς Πειρηναῖον [θ'] ὁρῶσα πῶλον.

Ἐν δὲ δόρει φονίῳ τετραβάμονες ἵπποι ἔπαλλον, Ep.
κελαινὰ δ' ἀμφὶ νῶθ' ἵετο κόνις.
Τοιῶνδ' ἄνακτα δοριπόνων
ἔκανεν ἀνδρῶν, Τυνδαρί,
σὰ λέχεα, κακόφρων κούρα.
Τοιγάρ σέ ποτ' οὐρανίδαι
πέμψουσιν θανάτοισι· κἂν
ἔτ' ἔτι φόνιον ὑπὸ δέραν
ὄψομαι αἷμα χυθὲν σιδάρῳ.

459 λαιμοτόμαν Seidler : -μον L, cf. 471 || ἁλὸς ὕπερ Wil. || **466** ἂν *l*: ἀντὶ P et ante ras. L ἅμ Seidler || **469** τροπαῖοι Barnes : -αίοις L || **470** χρυσοτύπῳ Seidler : χρυσεο- L || **475** θ' del. Bothe || **476** δόρει Herm. : -ρι L || **480** sq. Τυνδαρί, σὰ λέχεα Seidler : τυνδαρὶς ἀλέχεα L || **481** κούρα L : κόρα Dindorf || **484** θανάτοισι κἂν L : θανάτοις· ἦ μὰν Nauck θανάτοις· ἦ σὰν Schenkl ; lectio dubia, de usu homerico ἄν cum ind. fut. cf. Plat. *Respubl.* X 615 D. *Apol.* 29 C. *Phaedo* 61 C || **485** ἔτ' Seidler : ἔτι L || **486** ὄψομαι Erfurdt: ὄψομ' L.

Le Vieillard. — Où est-elle, la noble demoiselle, où est ma princesse, la fille de cet Agamemnon qu'autrefois moi-même j'élevai ? Combien sa maison est d'accès raide et difficile pour les pieds d'un vieillard ridé comme je suis ! Cependant il faut bien traîner jusque chez mes amis mon échine courbée et mes genoux branlants.

Électre sort de la maison.

Ah ! je te vois, ma fille, devant la maison. Je t'apporte un agneau choisi dans mon troupeau, ce tendre nourrisson que j'ai enlevé à sa mère, des couronnes de fleurs, des fromages tout frais retirés de leurs formes, enfin, trésor longtemps gardé, ce présent de Bacchus d'un suave parfum ; la portion est petite, mais il suffit d'en verser une tasse dans cette autre[1] boisson plus faible pour la rendre délectable. — Allons ! qu'on porte tout cela dans la maison pour vos hôtes. Moi, je veux, avec ce lambeau de mes vêtements, essuyer mes yeux mouillés de larmes.

Électre. — Mais pourquoi, bon vieillard, ton visage est-il tout humide de pleurs ? Est-ce que, malgré le temps, mes maux réveillent en toi le souvenir des tiens ? Gémis-tu sur le triste exil d'Oreste, et sur mon père qui a reçu jadis dans tes bras de tendres soins, perdus pour toi et tes amis ?

Le Vieillard. — Oui, perdus ! Et pourtant ce n'est pas cette pensée qui m'a fait céder ainsi à la douleur ; c'est la visite que je viens, en passant, de faire à son tombeau. Je me suis prosterné devant lui et j'ai pleuré de le voir laissé à l'abandon ; ouvrant l'outre que j'apporte pour tes hôtes, j'ai fait des libations, et puis j'ai déposé des branches de myrte autour de la tombe. Alors, au haut du bûcher même, mes yeux ont vu, immolée en victime, une brebis à

[1] On corrige le texte pour lui faire dire : « dans *une* boisson plus faible ». Mais le Vieillard montre l'outre où il apporte le vin ordinaire qui a servi aux libations faites sur la tombe, 511 sq.

ΠΡΕΣΒΥΣ

Ποῦ ποῦ νεᾶνις πότνι' ἐμὴ δέσποινά τε,
Ἀγαμέμνονος παῖς, ὅν ποτ' ἐξέθρεψ' ἐγώ ;
ὡς πρόσβασιν τῶνδ' ὀρθίαν οἴκων ἔχει
ῥυσῷ γέροντι τῷδε προσβῆναι ποδί.
Ὅμως δὲ πρός γε τοὺς φίλους ἐξελκτέον
διπλῆν ἄκανθαν καὶ παλίρροπον γόνυ.
Ὦ θύγατερ, — ἄρτι γάρ σε πρὸς δόμοις ὁρῶ —
ἥκω φέρων σοι τῶν ἐμῶν βοσκημάτων
ποίμνης νεογνὸν θρέμμ' ὑποσπάσας τόδε
στεφάνους τε τευχέων τ' ἐξελὼν τυρεύματα,
παλαιόν τε θησαύρισμα Διονύσου τόδε
ὀσμῇ κατῆρες, μικρόν, ἀλλ' ἐπεσβαλεῖν
ἡδὺ σκύφον τῷδ' ἀσθενεστέρῳ ποτῷ.
Ἴτω φέρων τις τοῖς ξένοις τάδ' ἐς δόμους·
ἐγὼ δὲ τρύχει τῷδ' ἐμῶν πέπλων κόρας
δακρύοισι τέγξας ἐξομόρξασθαι θέλω.

ΗΛ. Τί δ', ὦ γεραιέ, διάβροχον τόδ' ὄμμ' ἔχεις ;
μῶν τἀμὰ διὰ χρόνου σ' ἀνέμνησεν κακά ;
ἢ τὰς Ὀρέστου τλήμονας φυγὰς στένεις
καὶ πατέρα τὸν ἐμόν, ὅν ποτ' ἐν χεροῖν ἔχων
ἀνόνητ' ἔθρεψας σοί τε καὶ τοῖς σοῖς φίλοις ;

ΠΡ. Ἀνόνηθ'· ὅμως δ' οὖν τοῦτό γ' οὐκ ἠνεσχόμην.
Ἦλθον γὰρ αὐτοῦ πρὸς τάφον πάρεργ' ὁδοῦ
καὶ προσπεσὼν ἔκλαυσ' ἐρημίας τυχών,
σπονδάς τε, λύσας ἀσκὸν ὃν φέρω ξένοις,
ἔσπεισα, τύμβῳ δ' ἀμφέθηκα μυρσίνας.
Πυρᾶς δ' ἐπ' αὐτῆς οἶν μελάγχιμον πόκῳ
σφάγιον ἐσεῖδον αἷμά τ' οὐ πάλαι χυθὲν

488 ὅν Pierson : ἥν L, cf. 409, 506, 555 || **491** ἐξελκτέον rec. : ἐξελεκτέον L || **499** τῷδ' L : τοὖδ' post Reiskium plerique, perperam || **504** ἀνέμνησεν Dobree : -σαν L || **508** ἀνόνητ' L || δ' οὖν Elmsley : γοῦν L, δ' οὐ τοῦθ' ὅ γ' οὐκ coniciam.

la toison noire, son sang récemment répandu, et des boucles coupées sur une tête blonde. Et plein d'émoi, ma fille, je me suis demandé quel homme au monde avait osé venir à ce tombeau[1]. Ce n'est certes pas un habitant d'Argos. Mais peut-être ton frère est-il arrivé en secret, et il sera allé rendre cet hommage au misérable tombeau de son père. Approche ces cheveux de ta tête et examine si les tiens n'ont pas la même teinte que la boucle coupée. Car souvent les enfants issus du sang d'un même père présentent dans leur corps beaucoup de ressemblances.

Électre. — Tes propos, bon vieillard, sont d'un homme peu sage, si tu crois que la peur d'Égisthe aurait obligé mon intrépide frère à se cacher pour rentrer en ce pays. D'ailleurs, quoi de commun pourrait-il y avoir entre deux chevelures dont l'une a grandi dans les palestres où s'exerce la noblesse virile, et l'autre est amollie par l'usage du peigne ? Non, la comparaison est impossible. On peut trouver souvent, bon vieillard, des cheveux de nuance semblable même chez des personnes qui ne sont pas du même sang.

Le Vieillard. — Va-t-en marquer ton pas sur la trace laissée par la chaussure, et vois si ton pied n'aurait point même mesure, mon enfant.

Électre. — Comment y aurait-il, sur un sol rocailleux, une empreinte de pied ? Et quand cela serait, les pas de deux enfants, frère et sœur, ne pourraient avoir grandeur égale ; l'homme a le pied plus fort.

Le Vieillard. — Si ton frère était là, ne saurais-tu donc pas reconnaître aujourd'hui l'œuvre de ta navette, un manteau qu'il portait le jour qu'il fut par moi dérobé à la mort ?

Électre. — Ne sais-tu pas combien j'étais jeune encore quand Oreste fut banni ? Ce vêtement d'enfant que j'ai tissé pour lui, comment donc pourrait-il le porter à présent, à moins qu'avec le corps les habits ne grandissent ?

[1] Sur la parodie d'Eschyle qui va suivre, voir Notice, p. 184 sq.

ξανθῆς τε χαίτης βοστρύχους κεκαρμένους.
Κἀθαύμασ', ὦ παῖ, τίς ποτ' ἀνθρώπων ἔτλη
πρὸς τύμβον ἐλθεῖν· οὐ γὰρ Ἀργείων γέ τις.
Ἀλλ' ἦλθ' ἴσως που σὸς κασίγνητος λάθρα,
μολὼν δ' ἐθαύμασ' ἄθλιον τύμβον πατρός.
Σκέψαι δὲ χαίτην προστιθεῖσα σῇ κόμῃ,
εἰ χρῶμα ταὐτὸν κουρίμης ἔσται τριχός·
φιλεῖ γάρ, αἷμα ταὐτὸν οἷς ἂν ᾖ πατρός,
τὰ πόλλ' ὅμοια σώματος πεφυκέναι.

ΗΛ. Οὐκ ἄξι' ἀνδρός, ὦ γέρον, σοφοῦ λέγεις,
εἰ κρυπτὸν ἐς γῆν τήνδ' ἂν Αἰγίσθου φόβῳ
δοκεῖς ἀδελφὸν τὸν ἐμὸν εὐθαρσῆ μολεῖν.
Ἔπειτα χαίτης πῶς συνοίσεται πλόκος,
ὁ μὲν παλαίστραις ἀνδρὸς εὐγενοῦς τραφείς,
ὁ δὲ κτενισμοῖς θῆλυς ; ἀλλ' ἀμήχανον.
Πολλοῖς δ' ἂν εὕροις βοστρύχους ὁμοπτέρους
καὶ μὴ γεγῶσιν αἵματος ταὐτοῦ, γέρον.

ΠΡ. Σὺ δ' εἰς ἴχνος βᾶσ' ἀρβύλης σκέψαι βάσιν
εἰ σύμμετρος σῷ ποδὶ γενήσεται, τέκνον.

ΗΛ. Πῶς δ' ἂν γένοιτ' ἂν ἐν κραταιλέῳ πέδῳ
γαίας ποδῶν ἔκμακτρον ; εἰ δ' ἔστιν τόδε,
δυοῖν ἀδελφοῖν ποὺς ἂν οὐ γένοιτ' ἴσος
ἀνδρός τε καὶ γυναικός, ἀλλ' ἄρσην κρατεῖ.

ΠΡ. Οὐκ ἔστιν, εἰ παρῆν κασίγνητος μολών,
κερκίδος ὅτῳ γνοίης ἂν ἐξύφασμα σῆς,
ἐν ᾧ ποτ' αὐτὸν ἐξέκλεψα μὴ θανεῖν ;

ΗΛ. Οὐκ οἶσθ', Ὀρέστης ἡνίκ' ἐκπίπτει χθονός,

Test. 530 ὁμοπτέρους Pollux VI 156. Hesychius s. v. ὁμόπτεροι ?

521 χρῶμα ταὐτὸν rec. : χρώματ' αὐτῆς L || **536** δυοῖν *l* : δυεῖν L || γένοιτ' *lp* ; δένοιτ' LP || **538** οὐκ suprascr. L : εἰ δ' LP || παρῆν... μολών Canter : καὶ γῆν... μολών L καὶ γῆν... μόλοι Musgrave ; post hunc versum lacunam statuit Matthiae.

Non, c'est un étranger qui, pris de pitié, a offert au tombeau ces cheveux, à moins que lui-même, à l'aide d'espions du pays...

Le Vieillard. — Où sont ces étrangers ? Je désire les voir et les interroger au sujet de ton frère.

Oreste et Pylade rentrent en scène.

Électre. — Voici que, d'un pas leste, ils sortent de chez moi.

Le Vieillard. — Ils sont de noble race, mais ce signe n'est pas toujours de bon aloi ; plus d'un noble possède une âme de vilain. Il n'importe... Seigneurs, agréez mon salut.

Oreste. — Salut, vieillard ! — Quelle sorte d'ami, Électre, as-tu donc là dans cet antique débris d'homme ?

Électre. — C'est lui, seigneur, qui éleva mon père enfant.

Oreste. — Quoi ? c'est lui qui jadis a dérobé ton frère ?

Électre. — Il lui doit son salut, s'il est vivant encore.

Oreste. — Eh bien ! qu'a-t-il à m'examiner comme s'il scrutait l'empreinte qui brille sur de l'argent ? Découvre-t-il en moi certaine ressemblance ?

Électre. — Sans doute, il aime à voir le compagnon d'Oreste.

Oreste. — Oui, son ami. — Mais quoi ? Il tourne autour de moi ?

Électre. — Son allure, seigneur, étonne aussi mes yeux.

Le Vieillard. — Électre, noble enfant, fais ta prière aux dieux.

Électre. — Au sujet de quel bien, éloigné ou présent[1] ?

Le Vieillard. — Pour obtenir le cher trésor qu'un dieu te montre.

Électre. — Soit : j'invoque les dieux. Explique-toi, vieillard.

[1] Parodie de Sophocle, *Électre* 305, *Antigone* 1108 ?

νέαν μ' ἔτ' οὖσαν ; εἰ δὲ κἄκρεκον πέπλους,
πῶς ἂν τότ' ὢν παῖς ταὐτὰ νῦν ἔχοι φάρη,
εἰ μὴ ξυναύξοινθ' οἱ πέπλοι τῷ σώματι ;
Ἀλλ' ἤ τις αὐτοῦ τάφον ἐποικτίρας ξένος
ἐκείρατ', ἢ τῆσδε σκοποὺς λαβὼν χθονός...

ΠΡ. Οἱ δὲ ξένοι ποῦ ; βούλομαι γὰρ εἰσιδὼν
αὐτοὺς ἐρέσθαι σοῦ κασιγνήτου πέρι.

ΗΛ. Οἵδ' ἐκ δόμων βαίνουσι λαιψηρῷ ποδί.

ΠΡ. Ἀλλ' εὐγενεῖς μέν, ἐν δὲ κιβδήλῳ τόδε·
πολλοὶ γὰρ ὄντες εὐγενεῖς εἰσιν κακοί.
Ὅμως δὲ χαίρειν τοὺς ξένους προσεννέπω.

ΟΡ. Χαῖρ', ὦ γεραιέ. — Τοῦ ποτ', Ἠλέκτρα, τόδε
παλαιὸν ἀνδρὸς λείψανον φίλων κυρεῖ ;

ΗΛ. Οὗτος τὸν ἁμὸν πατέρ' ἔθρεψεν, ὦ ξένε.

ΟΡ. Τί φῄς ; ὅδ' ὃς σὸν ἐξέκλεψε σύγγονον ;

ΗΛ. Ὅδ' ἔσθ' ὁ σώσας κεῖνον, εἴπερ ἔστ' ἔτι.

ΟΡ. Ἔα·
τί μ' ἐσδέδορκεν ὥσπερ ἀργύρου σκοπῶν
λαμπρὸν χαρακτῆρ' ; ἢ προσεικάζει μέ τῳ ;

ΗΛ. Ἴσως Ὀρέστου σ' ἥλιχ' ἥδεται βλέπων.

ΟΡ. Φίλου γε φωτός. Τί δὲ κυκλεῖ πέριξ πόδα ;

ΗΛ. Καὐτὴ τόδ' εἰσορῶσα θαυμάζω, ξένε.

ΠΡ. Ὦ πότνι', εὔχου, θύγατερ Ἠλέκτρα, θεοῖς.

ΗΛ. Τί τῶν ἀπόντων ἢ τί τῶν ὄντων πέρι ;

ΠΡ. Λαβεῖν φίλον θησαυρόν, ὃν φαίνει θεός.

Test. **550-551** Stob. *Flor.* 87, 9 (IV 29[b], 36 Hense).

543 ταὐτὰ νῦν Barnes : νῦν ταῦτ' ἂν L || ἔχοι, scripto οι supra ἔχη, L || **545** ἐποικτείρας L || **545-546** post 531 trai. Paley || **546** σκοποὺς λαβὼν L : σκοποὺς λαθὼν Victorius σκοπὸς λαθὼν Paley ; « fortasse dictura erat *aut per speculatores* (v. 354) *ipse misit* (cf. Aesch. *Choeph.* 180) » Murray || **556** ἐξέκλεψε Pierson : ἐξέθρεψε L || **564-577** lineolae pro notis personarum, nisi quod 575 ΗΛ. praef. L

Le Vieillard. — Vois cet homme, ma fille ; entre tous, il t'est cher.

Électre. — A la fin, je crains que tu n'aies plus ton bon sens.

Le Vieillard. — N'avoir pas mon bon sens, moi, quand je vois ton frère ?

Électre. — Que signifient, vieillard, ces mots inespérés ?

Le Vieillard. — Qu'ici je vois Oreste, le fils d'Agamemnon.

Électre. — Quel signe en as-tu vu, auquel je puisse croire ?

Le Vieillard. — La cicatrice, près du sourcil, qu'a laissée la blessure qu'il se fit chez son père en tombant, certain jour qu'avec toi il poursuivait un faon.

Électre. — Que dis-tu ? — Oui, je vois la marque de la chute.

Le Vieillard. — Et tu tardes à tomber dans les bras de ce frère ?

Électre. — Maintenant non, vieillard. L'indice que tu montres convainc mon cœur. *(Elle se jette dans les bras d'Oreste.)* Enfin, je te revois, je t'ai, bonheur inespéré !

Oreste. — Enfin tu es à moi !

Électre. — Je refusais d'y croire.

Oreste. — Et moi, de l'espérer.

Électre. — Ce frère, c'est bien toi !

Oreste. — Oui, ton seul allié.

Électre[1]. — . . . .

Oreste. — Si je puis retirer le filet que je lance.

Électre. — J'en suis sûre ; il faudrait cesser de croire aux dieux, si l'injustice triomphait de la justice.

Le Chœur. — *Tu es venu, tu es venu, jour longtemps désiré ! Tu resplendis, tu as fait luire, comme un flambeau sur la cité, le sauveur qui revient du long exil où il se consumait, errant loin du foyer. C'est un dieu, oui, un dieu qui*

[1] Électre devait dire à peu près : « Tu vaincras nos ennemis. »

ΗΛ. Ἰδού· καλῶ θεούς. Ἢ τί δὴ λέγεις, γέρον ;
ΠΡ. Βλέψον νυν ἐς τόνδ', ὦ τέκνον, τὸν φίλτατον.
ΗΛ. Πάλαι δέδοικα μὴ σύ γ' οὐκέτ' εὖ φρονῇς.
ΠΡ. Οὐκ εὖ φρονῶ 'γὼ σὸν κασίγνητον βλέπων ;
ΗΛ. Πῶς εἶπας, ὦ γεραί', ἀνέλπιστον λόγον ;
ΠΡ. Ὁρᾶν Ὀρέστην τόνδε τὸν Ἀγαμέμνονος.
ΗΛ. Ποῖον χαρακτῆρ' εἰσιδών, ᾧ πείσομαι ;
ΠΡ. Οὐλὴν παρ' ὀφρύν, ἥν ποτ' ἐν πατρὸς δόμοις
νεβρὸν διώκων σοῦ μέθ' ᾐμάχθη πεσών.
ΗΛ. Πῶς φῄς ; ὁρῶ μὲν πτώματος τεκμήριον.
ΠΡ. Ἔπειτα μέλλεις προσπίτνειν τοῖς φιλτάτοις ;
ΗΛ. Ἀλλ' οὐκέτ', ὦ γεραιέ· συμβόλοισι γὰρ
τοῖς σοῖς πέπεισμαι θυμόν. Ὦ χρόνῳ φανείς,
ἔχω σ' ἀέλπτως.
ΟΡ. Κἀξ ἐμοῦ γ' ἔχῃ χρόνῳ.
ΗΛ. Οὐδέποτ' ἐδόξασ'.
ΟΡ. Οὐδ' ἐγὼ γὰρ ἤλπισα.
ΗΛ. Ἐκεῖνος εἶ σύ ;
ΟΡ. Σύμμαχός γέ σοι μόνος.
ΗΛ. . . . .
ΟΡ. Ἢν [δ'] ἀνσπάσωμαί γ' ὃν μετέρχομαι βόλον.
ΗΛ. Πέποιθα δ'· ἢ χρὴ μηκέθ' ἡγεῖσθαι θεούς,
εἰ τἄδικ' ἔσται τῆς δίκης ὑπέρτερα.
ΧΟ. Ἔμολες ἔμολες, ὦ χρόνιος ἁμέρα,
κατέλαμψας, ἔδειξας ἐμφανῆ
πόλει πυρσόν, ὃς παλαιᾷ φυγᾷ

566 ἢ τί L . σὺ δὲ τί Weil || 568 δέδοικα Victorius : δέδορκα L, cf. errorem contrarium ad *Suppl.* 179 || 580 ΗΛ. P : lineola in L || οὐδέποτ' ἐδόξασ' (a post σ erasum) L : οὐδέποτε δόξασ' Musgrave || post 581, versum ubi fratri Electra victoriam promittebat, amissum opinor || 582 δ' delet Musgrave || ἀνσπάσωμαί γ' Weil : ἀσπάσωμαί γ' L || 583 sq. Electrae tribuit Victorius : Oresti continuat L.

nous ramène la victoire, ô amie. Élève les mains, élève la voix, lance vers les dieux tes prières; béni, béni soit le retour de ton frère dans sa patrie[1]*!*

ORESTE. — C'est bien. Je goûte la douceur de ces embrassements, mais nous pourrons en jouir plus tard encore. — Toi, vieillard, qui es venu si à propos, parle ; comment punir l'assassin de mon père, et ma mère qu'unit à lui un mariage impie ? Puis-je compter à Argos sur le dévoûment de quelques amis ? Ou bien ma cause y est-elle complètement ruinée, comme l'est ma fortune ? Avec qui me concerter ? De nuit, ou bien de jour ? Par quel chemin marcher contre mes ennemis ?

LE VIEILLARD. — Mon fils, dans ta disgrâce tu n'as aucun ami. C'est une chance rare de trouver quelqu'un pour prendre avec nous sa part des maux comme des biens. Dans la déchéance et la ruine complète où te voient tes amis, tu ne leur as pas même laissé l'espérance. Crois ce que je t'en dis : tu n'as que ton bras et la fortune pour recouvrer le palais de ton père et ta patrie.

ORESTE. — Que devons-nous donc faire pour atteindre ce but ?

LE VIEILLARD. — Il faut tuer le fils de Thyeste et ta mère.

ORESTE. — Je veux cette couronne, mais comment la saisir ?

LE VIEILLARD. — Dans l'enceinte des murs, tu n'y parviendrais pas.

ORESTE. — Il est donc entouré de gardes et de lances ?

LE VIEILLARD. — Oui ; il te craint et n'a jamais un vrai sommeil.

ORESTE. — Fort bien. A toi, vieillard, de nous donner un plan.

LE VIEILLARD — Soit, écoute. Il me vint tout à l'heure une idée.

[1] Comparez la scène de reconnaissance, très supérieure pour le pathétique, dans l'*Électre* de Sophocle 1224-1287.

πατρίων ἀπὸ δωμάτων τάλας
ἀλαίνων ἔβα.
Θεὸς αὖ θεὸς ἁμετέραν τις ἄγει
νίκαν, ὦ φίλα·
ἄνεχε χέρας, ἄνεχε λόγον, ἵει λιτὰς
ἐς θεούς, τύχᾳ σοι τύχᾳ
κασίγνητον ἐμβατεῦσαι πόλιν.

ΟΡ. Εἶεν· φίλας μὲν ἡδονὰς ἀσπασμάτων
ἔχω, χρόνῳ δὲ καὖθις αὐτὰ δώσομεν.
Σὺ δ', ὦ γεραιέ — καίριος γὰρ ἤλυθες —
λέξον, τί δρῶν ἂν φονέα τεισαίμην πατρὸς
μητέρα τε ⟨τὴν⟩ κοινωνὸν ἀνοσίων γάμων;
ἔστιν τί μοι κατ' Ἄργος εὐμενὲς φίλων;
ἢ πάντ' ἀνεσκευάσμεθ', ὥσπερ αἱ τύχαι;
τῷ συγγένωμαι; νύχιος ἢ καθ' ἡμέραν;
ποίαν ὁδὸν τραπώμεθ' εἰς ἐχθροὺς ἐμούς;

ΠΡ. Ὦ τέκνον, οὐδεὶς δυστυχοῦντί σοι φίλος.
Εὕρημα γὰρ τὸ χρῆμα γίγνεται τόδε,
κοινῇ μετασχεῖν τἀγαθοῦ καὶ τοῦ κακοῦ.
Σὺ δ' — ἐκ βάθρων γὰρ πᾶς ἀνῄρησαι φίλοις
οὐδ' ἐλλέλοιπας ἐλπίδ' — ἴσθι μου κλύων,
ἐν χειρὶ τῇ σῇ πάντ' ἔχεις καὶ τῇ τύχῃ
πατρῷον οἶκον καὶ πόλιν λαβεῖν σέθεν.

ΟΡ. Τί δῆτα δρῶντες τοῦδ' ἂν ἐξικοίμεθα;

ΠΡ. Κτανὼν Θυέστου παῖδα σήν τε μητέρα.

ΟΡ. Ἥκω 'πὶ τόνδε στέφανον· ἀλλὰ πῶς λάβω;

ΠΡ. Τειχέων μὲν ἐλθὼν ἐντὸς οὐδ' ἂν εἰ θέλοις.

588 πατρίων Nauck : πατρώων L || 589 ἔβα L[c] : ἔβας L || 590 θεὸς αὖ L[c], αὖ in mg adscr. L || 593 λιτὰς L : geminat Matthiae || 599 τισαίμην L || 600 ⟨τὴν⟩ Canter, cf. *Heracles* 584 || 606 εὕρημα et in mg ἕρμαιον L || τὸ L : τοι Seidler || γίνεται L || 607 κοινῇ suprascr. τὸ L || 614-668 lineolae pro notis personarum in L, nisi quod 630, 65[illegible] lineola deest et 650, 653 nota senis praefigitur.

Oreste. — Ah ! sois bon conseiller, et moi, bon entendeur !

Le Vieillard. — J'ai aperçu Égisthe, en me rendant ici.

Oreste. — J'en tire bon augure. En quel lieu l'as-tu vu?

Le Vieillard. — Là-bas, auprès des champs où paissent ses chevaux.

Oreste. — Qu'y fait-il ? Je vois un espoir en ma détresse.

Le Vieillard. — Il s'apprête à fêter les Nymphes, semble-t-il.

Oreste. — Pour un enfant né ou un enfant attendu ?

Le Vieillard. — Je ne sais ; mais il veut immoler un taureau.

Oreste. — Combien d'hommes avec lui ? — N'a-t-il que ses valets ?

Le Vieillard. — Nul Argien n'est là ; tous sont gens du palais.

Oreste. — En est-il un, vieillard, qui me reconnaîtrait?

Le Vieillard. — Ce sont tous des valets qui ne t'ont jamais vu.

Oreste. — Si je suis le vainqueur, prendront-ils mon parti ?

Le Vieillard. — Oui, ainsi fait l'esclave, et c'est heureux pour toi.

Oreste. — Comment réussir à m'approcher de leur maître ?

Le Vieillard. — Fais-toi voir, en passant pendant qu'il sacrifie.

Oreste. — Je comprends ; son domaine est le long du chemin.

Le Vieillard. — Te voyant, il voudra t'inviter au banquet.

Oreste. — J'y serai un convive amer, s'il plaît à Dieu.

Le Vieillard. — Ensuite, prends toi-même conseil des circonstances.

Ρ. Φρουραῖς κέκασται δεξιαῖς τε δορυφόρων;
Ρ. Ἔγνως· φοβεῖται γάρ σε κοὐχ εὕδει σαφῶς.
Ρ. Εἶεν· σὺ δὴ τοὐνθένδε βούλευσον, γέρον.
Ρ. Κἀμοῦ γ' ἄκουσον· ἄρτι γάρ μ' ἐσῆλθέ τι.
Ρ. Ἐσθλόν τι μηνύσειας, αἰσθοίμην δ' ἐγώ.
Ρ. Αἴγισθον εἶδον, ἡνίχ' εἷρπον ἐνθάδε.
Ρ. Προσηκάμην τὸ ῥηθέν. Ἐν ποίοις τόποις;
Ρ. Ἀγρῶν πέλας τῶνδ' ἱπποφορβίων ἔπι.
Ρ. Τί δρῶνθ'; ὁρῶ γὰρ ἐλπίδ' ἐξ ἀμηχάνων.
Ρ. Νύμφαις ἐπόρσυν' ἔροτιν, ὡς ἔδοξέ μοι.
Ρ. Τροφεῖα παίδων ἢ πρὸ μέλλοντος τόκου;
Ρ. Οὐκ οἶδα πλὴν ἕν· βουσφαγεῖν ὡπλίζετο.
Ρ. Πόσων μετ' ἀνδρῶν; ἢ μόνος δμώων μέτα;
Ρ. Οὐδεὶς παρῆν Ἀργεῖος, οἰκεία δὲ χείρ.
Ρ. Οὔ πού τις ὅστις γνωριεῖ μ' ἰδών, γέρον;
Ρ. Δμῶες μέν εἰσιν, οἳ σέ γ' οὐκ εἶδόν ποτε.
Ρ. Ἡμῖν ἂν εἶεν, εἰ κρατοῖμεν, εὐμενεῖς;
Ρ. Δούλων γὰρ ἴδιον τοῦτο, σοὶ δὲ σύμφορον.
Ρ. Πῶς οὖν ἂν αὐτῷ πλησιασθείην ποτέ;
Ρ. Στείχων ὅθεν σε βουθυτῶν ἐσόψεται.
Ρ. Ὁδὸν παρ' αὐτήν, ὡς ἔοικ', ἀγροὺς ἔχει.
Ρ. Ὅθεν ⟨γ'⟩ ἰδών σε δαιτὶ κοινωνὸν καλεῖ.
Ρ. Πικρόν γε συνθοινάτορ', ἢν θεὸς θέλῃ.
Ρ. Τοὐνθένδε πρὸς τὸ πῖπτον αὐτὸς ἐννόει.

Test. **625** ἔροτιν cf. Hesychius s. v. *Etym. Magn.* 379, 31.

623 ἱπποφορβίοις Paley || **624** ἐλπίδ' Barnes : ἐλπίδας L || **625** ἔροτιν prascr. ἑορτὴν αἰολικῶς L || **631** οἵ σέ γ' Pierson : οὓς ἐγ' (ὼ post γ asum) L || **632** ἡμῖν L : ἡμῖν δ' Victorius || **633** δούλων re vera L, d ita scriptum ut P λέξων legerit || **636** παρ' Pierson : γὰρ L || 7 ⟨γ'⟩ Barnes || **638** γε Reiske : τε L.

Oreste. — Bien parlé. Et ma mère, où est-elle à présent

Le Vieillard. — A Argos. Son époux l'attend pour festin.

Oreste. — Pourquoi n'a-t-elle pas fait la route avec lui

Le Vieillard. — La crainte du scandale a causé so retard.

Oreste. — J'entends ; elle se sait mal vue des gens d peuple.

Le Vieillard. — C'est cela. Une épouse impie es détestée.

Oreste. — Mais comment la tuer en même temps que lui

Électre. — Moi, je préparerai le meurtre de ma mère

Oreste. — Pour l'autre, la fortune mènera tout à bien

Électre. — Qu'elle te serve donc pour l'une des deu tâches !

Oreste.— Cela sera.— Quel est ton plan pour notre mère

Électre. — Va dire à Clytemnestre, ô bon vieillard ceci. *(Elle médite un instant.)* Annonce que je suis accou chée d'un garçon.

Le Vieillard. — Depuis un certain temps déjà, o depuis peu ?

Électre. — Dis que j'arrive au jour où l'accouchée es pure.

Le Vieillard. — En quoi cela sert-il au meurtre de t mère ?

Électre. — Elle viendra, sachant que je souffre d couche.

Le Vieillard. — Crois-tu qu'elle a pour toi quelqu intérêt, ma fille ?

Électre. — Oui, jusqu'à pleurer même le sort de mo enfant.

Le Vieillard. — Soit ! mais j'en reviens à ma premièr demande.

Électre. — Pourtant, si elle vient, sa perte est assurée

Le Vieillard. — Mettons que je l'amène ici jusqu'à te portes.

ΟΡ. Ἤκουσας, ὦ δεῖν' ἐξ ἐμῆς μητρὸς παθών ;
ΠΡ. Πάντ', οἶδ', ἀκούει τάδε πατήρ· στείχειν δ' ἀκμή.
ΗΛ. Καί σοι προφωνῶ πρὸς τάδ' Αἴγισθον θανεῖν·
ὡς εἰ παλαισθεὶς πτῶμα θανάσιμον πεσῇ,
τέθνηκα κἀγώ, μηδέ με ζῶσαν λέγε·
παίσω γὰρ ἧπαρ τοὐμὸν ἀμφήκει ξίφει.
Δόμων ἔσω βᾶσ' εὐτρεπὲς ποιήσομαι.
Ὡς ἢν μὲν ἔλθῃ πύστις εὐτυχὴς σέθεν,
ὀλολύξεται πᾶν δῶμα· θνῄσκοντος δὲ σοῦ
τἀναντί' ἔσται τῶνδε· ταῦτά σοι λέγω.
ΟΡ. Πάντ' οἶδα.
ΗΛ. Πρὸς τάδ' ἄνδρα γίγνεσθαί σε χρή.
Ὑμεῖς δέ μοι, γυναῖκες, εὖ πυρσεύετε
κραυγὴν ἀγῶνος τοῦδε· φρουρήσω δ' ἐγὼ
πρόχειρον ἔγχος χειρὶ βαστάζουσ' ἐμῇ.
Οὐ γάρ ποτ' ἐχθροῖς τοῖς ἐμοῖς νικωμένη
δίκην ὑφέξω σῶμ' ἐμὸν καθυβρίσαι.

ΧΟ. Ἀταλᾶς ὑπὸ ματέρος Ἀργεί- Str. 1
ων ὀρέων ποτὲ κληδὼν
ἐν πολιαῖσι μένει φήμαις
εὐαρμόστοις ἐν καλάμοις
Πᾶνα μοῦσαν ἡδύθροον
πνέοντ', ἀγρῶν ταμίαν,
χρυσέαν ἄρνα καλλιπλόκαμον πορεῦσαι.
Πετρίνοις δ' ἐπιστὰς κᾶρυξ ἰάχει βάθροις·
Ἀγορὰν ἀγοράν, Μυκη-

682 ὦ Reiske : ὡς L || 684 seni trib. Murray, cl. Aesch. *Choeph.* 510 ; cf. etiam Soph. *El.* 1338, 1368 : ΗΛ. L || οἶδ' Victorius : οἶδεν L || 685 personae notam addit Murray, Electrae continuat L || προφωνῶ Canter : προσφ- L || 688 γὰρ ἧπαρ Geel : χάρα γὰρ L || 693 ΟΡ. et ΗΛ. Victorius : om. L || 704 πνείοντ' Hartung, cf. 718 || 705 καλλιπλόκαμον L : καλλίποκον Heath, verbum aliunde ignotum : lectio dubia in antistr. 719 || 706 δ' Kirchhoff : τ' L || 707 βάθροις *l* : βαράθροις P et primitus L.

crie : « À l'assemblée, à l'assemblée, Mycéniens! Venez contempler l'apparition qui nous annonce un règne bienheureux. » Et des chœurs célébraient la maison des Atrides.

Et l'on voyait les sanctuaires déployer leur parure d'or; l'éclat du feu brillait sur les autels par toute la cité. La flûte de lotos, la servante des Muses, entonnait ses chants les plus beaux. Des hymnes vantaient les merveilles de l'agneau d'or, en répétant qu'il était le bien de Thyeste. Car il a séduit en secret l'épouse que chérit Atrée et emporté dans sa demeure le gage merveilleux. Puis, revenant dans l'assemblée, il proclame qu'il a l'agneau cornu chez lui, avec sa toison d'or.

C'est alors, oui, alors que Zeus changea la route lumineuse des astres, du brillant soleil et de l'aurore au front blanc. Vers le couchant se dirige la flamme ardente du

chant doit illustrer; cf. Notice, p. 188. Il naît dans les troupeaux d'Atrée un agneau d'or dont la possession doit lui assurer la royauté à Mycènes. Thyeste séduit Aéropé, femme d'Atrée, obtient par elle l'agneau, le montre au peuple et se fait proclamer roi. Irrité de cette fraude, Zeus fait conseiller par Hermès à Atrée de convenir avec Thyeste que celui-ci lui céderait le trône, s'il arrivait que le soleil accomplît sa route en sens contraire. Pour confondre Thyeste, Zeus fit lever le soleil à l'endroit où il avait eu jusqu'alors son couchant : Atrée devint roi, Aéropé fut jetée à la mer et Thyeste exilé. On voit qu'il ne s'agit pas de la fable, aujourd'hui la plus répandue, d'après laquelle le soleil recula d'horreur lorsque Atrée fit manger à son frère la chair de ses propres enfants. Euripide a rappelé la même légende par deux fois dans son *Oreste*, 812 et 986 sqq. On voit là (v. 990) que la cause de l'envoi de l'agneau fatal est le meurtre du fils d'Hermès, Myrtilos, que Pélops précipita dans la mer, bien qu'il lui dût sa victoire dans sa lutte à la course contre Oinomaos. Pan, qui amène l'agneau, est donc l'agent de la vengeance d'Hermès. Autres allusions à la même fable, *Iph. Taur.* 193, 812 sqq. Platon mentionne la même version qu'Euripide, *Politique* 268 E. Plus tard une interprétation rationaliste a fait d'Atrée un astronome qui avait enseigné le premier que le mouvement du soleil est opposé à celui des autres corps célestes; Strabon I 23. Lucien, *De astrologia* 12. — Les prêtres d'Égypte disaient qu'au cours de 11340 ans, le soleil s'est levé deux fois où maintenant il se couche, et s'est couché deux fois où maintenant il se lève; Hérodote II 142.

ναῖοι, στείχετε μακαρίων
ὀψόμενοι τυράννων
φάσματα δείγματα.
Χοροὶ δ' Ἀτρειδᾶν ἐγέραιρον οἴκους.

Θυμέλαι δ' ἐπίτναντο χρυσήλα- Ant. 1
τοι, σελαγεῖτο δ' ἀν' ἄστυ
πῦρ ἐπιβώμιον Ἀργείων·
λωτὸς δὲ φθόγγον κελάδει
κάλλιστον, Μουσᾶν θεράπων·
μολπαὶ δ' ηὖξον τέρατα
χρυσέας ἀρνὸς † ἐπίλογοι † Θυέστου.
Κρυφίαις γὰρ εὐναῖς πείσας ἄλοχον φίλαν
Ἀτρέως, τέρας ἐκκομί-
ζει πρὸς δώματα· νεόμενος δ'
εἰς ἀγόρους ἀυτεῖ
τὰν κερόεσσαν ἔ-
χειν χρυσεόμαλλον κατὰ δῶμα ποίμναν.

Τότε δὴ τότε φαεννὰς Str. 2
ἄστρων μετέβαλεν ὁδοὺς
Ζεὺς καὶ φέγγος ἀελίου
λευκόν τε πρόσωπον ἀ-
οῦς, τὰ δ' ἕσπερα νῶτ' ἐλαύ-

711 δείγματα Herm. : δείματα L, cf. Aesch. *Agam.* 976 et de appositione infra 798, 1174 || **712** χοροὶ L : κῶμοι Erfurdt, cf. 725 || **716** λοτὸς L || **717** μοῦσαν L || **718** ηὖξον τέρατα scripsi : ηὔξοντ' ἐραταί L || **719** ἐπίλογοι L : ὡς ἐπίλογοι *l*, malim ὧν (sc. μολπῶν) ἐπίλογοι (sc. ἐπιφωνήματα vel ἐπῳδοί), ita ut Θυέστου gen. poss. sit ; sed verbum ipsum ἐπίλογοι corruptum vid. ; locus varie tentatus ὡς ἐστὶ λάχος (λόγος Seidler) Paley εἶτα δόλοι Nauck ἃς ἀμφὶ δόλοι Camper || **724** ἀυτεῖ Heath : ἀύτει L || **725** χρυσεόμαλλον L : χρυσό- Musgrave, cf. 712 || δῶμα *l* : δώματα P et primitus L || **727** μετέβαλεν scripsi (de metro cf. 709, 722, 732) : μεταβ reliquis litteris erasis in L μεταβάλλει P et ante rasuram L γρ. μεταβὰς suprascripsit, deinde lineis transfixis delevit et post μεταβ in rasura ἀς scripsit *l* μετέβασ' Musgrave, sed vide eundem usum verbi μεταβάλλειν de hoc eventu *Or.* 1001, 1006. Plat. *Politic.* 269 A.

foyer divin. Les nuages humides s'en vont vers l'Ourse, et les plaines d'Ammon languissent arides, sans connaître la rosée ni les pluies bienfaisantes de Zeus.

On dit — mais cependant, pour moi, je n'y crois guère — que le soleil aux rayons d'or s'est détourné et, par le changement de sa place embrasée, a fait le malheur du genre humain pour la faute d'un seul mortel. Ces récits effrayants pour l'homme profitent au culte des dieux. Sans t'en souvenir, tu tuas ton époux, toi, la sœur de frères glorieux.

La Coryphée. — Ah ! ah ! chères amies, entendez-vous ce cri, ou une illusion vaine m'a-t-elle saisie ? C'est comme le tonnerre souterrain de Zeus[1]. Voici que l'air apporte des bruits moins confus. Électre, ma maîtresse, sors de cette maison.

Électre rentre en scène.

Électre. — Qu'y a-t-il, mes amies ? où en est le combat ?

La Coryphée. — Je ne sais, mais j'entends la plainte d'un mourant.

Électre. — Moi aussi, je l'entends, bien que venant de loin.

La Coryphée. — Oui, la voix arrive lointaine, mais distincte.

Électre. — Est-ce un Argien[2] qui gémit ou un des miens ?

La Coryphée. — Je ne sais ; tout se mêle en un concert de cris.

Électre. — C'est dire que je dois mourir. Que tardons-nous ?

La Coryphée. — Attends d'avoir appris sûrement ton destin.

[1] C'est-à-dire le bruit d'un tremblement de terre ; *Hippolyte* 1201.

[2] Il est assez étrange qu'Électre oppose ici, par le mot Argien, Égisthe à Oreste. Le texte est contesté.

νει θερμᾷ φλογὶ θεοπύρῳ,
νεφέλαι δ' ἔνυδροι πρὸς ἄρκτον,
ξηραί τ' Ἀμμωνίδες ἕδραι
φθίνουσ' ἀπειρόδροσοι,
καλλίστων ὄμβρων Διόθεν στερεῖσαι.

Λέγεται, τὰν δὲ πίστιν — Ant. 2
σμικρὰν παρ' ἔμοιγ' ἔχει,
στρέψαι θερμὰν ἀέλιον
χρυσωπὸν ἕδραν ἀλλά-
ξαντα δυστυχίᾳ βροτεί-
ῳ θνατᾶς ἕνεκεν δίκας.
Φοβεροὶ δὲ βροτοῖσι μῦθοι
κέρδος πρὸς θεῶν θεραπείαν·
Ὧν οὐ μνασθεῖσα πόσιν
κτείνεις, κλεινῶν συγγενέτειρ' ἀδελφῶν.

Ἔα ἔα·
φίλαι, βοῆς ἠκούσατ', ἢ δοκὼ κενὴ
ὑπῆλθέ μ', ὥστε νερτέρα βροντὴ Διός;
Ἰδού, τάδ' οὐκ ἄσημα πνεύματ' αἴρεται·
δέσποιν', ἄμειψον δώματ', Ἠλέκτρα, τάδε.

ΗΛ. Φίλαι, τί χρῆμα; πῶς ἀγῶνος ἥκομεν;
ΧΟ. Οὐκ οἶδα πλὴν ἕν· φόνιον οἰμωγὴν κλύω.
ΗΛ. Ἤκουσα κἀγώ, τηλόθεν μέν, ἀλλ' ὅμως.
ΧΟ. Μακρὰν γὰρ ἕρπει γῆρυς, ἐμφανής γε μήν.
ΗΛ. Ἀργεῖος ὁ στεναγμὸς ἢ φίλων ἐμῶν;
ΧΟ. Οὐκ οἶδα· πᾶν γὰρ μείγνυται μέλος βοῆς.
ΗΛ. Σφαγὴν ἀυτεῖς τήνδε μοι· τί μέλλομεν;
ΧΟ. Ἔπισχε, τρανῶς ὡς μάθῃς τύχας σέθεν.

735 ἀπειρόδροσοι Bothe : ἄπειροι δρόσου L || 739 ἀέλιον Canter : ἀελίου L || 744 κέρδος δὲ P et primitus L, δὲ del. *l* || θεραπείαν Wecklein : -αις L, cf. ad v. 95 || 752 ἓν φόνιον corr. *p* : ἐμφόνιον LP || 753-760, 767, 770, 771, 774 lineolae praefixae in L || 756 μίγνυται L.

Électre. — Non, je suis bien vaincue. Vois ! point de messagers ?

La Coryphée. — Il en viendra. Tuer un roi n'est pas facile.

Arrive un Messager.

Le Messager. — Victoire, ô vierges de Mycènes ! Oreste est vainqueur, je l'annonce à tous ses amis ; le meurtrier d'Agamemnon, Égisthe, est couché sur le sol. Rendons grâces aux dieux.

Électre. — Qui es-tu ? prouve que ton message est fidèle.

Le Messager. — Ne sais-tu pas que tu m'as vu servant ton frère ?

Électre. — Ami, dans ma frayeur, je ne remettais pas ton visage ; mais à présent je te reconnais bien. Que dis-tu ? il est mort, l'odieux assassin de mon père ?

Le Messager. — Il est mort : je redis le mot que tu désires.

Électre. — O dieux ! et toi, Justice qui vois tout, tu es enfin venue ! De quelle façon, par quelle trame meurtrière Oreste a-t-il tué le fils de Thyeste ? Je désire l'apprendre.

Le Messager. — Dès que nous eûmes quitté ta demeure, nous suivîmes la bruyante[1] route charretière jusqu'au lieu où se trouvait l'illustre roi de Mycènes. Dans ses jardins qu'arrosent des eaux vives, il cueillait du myrte tendre pour en mettre une couronne à son front. Il crie en nous voyant : « Salut, seigneurs ! qui êtes-vous ? d'où venez-vous ? quel est votre pays ? » Oreste dit alors : « Nous sommes Thessaliens ; nous nous rendons sur les bords de l'Alphée pour y sacrifier à Zeus Olympien. » A ces mots, Égisthe répond : « Aujourd'hui, il vous faut rester à mon

[1] Litt. « qui résonne deux fois » (δίκροτος) du bruit des deux roues qu'ont les chariots de chaque côté. Le mot se dit d'un navire à deux bancs de rameurs ; Xénophon, *Helléniques* II 1, 28.

ΗΛ. Οὐκ ἔστι· νικώμεσθα· ποῦ γὰρ ἄγγελοι;
ΧΟ. Ἥξουσιν· οὔτοι βασιλέα φαῦλον κτανεῖν.

ΑΓΓΕΛΟΣ

Ὦ καλλίνικοι παρθένοι Μυκηνίδες,
νικῶντ' Ὀρέστην πᾶσιν ἀγγέλλω φίλοις,
Ἀγαμέμνονος δὲ φονέα κείμενον πέδῳ
Αἴγισθον· ἀλλὰ θεοῖσιν εὔχεσθαι χρεών.
ΗΛ. Τίς δ' εἶ σύ; πῶς μοι πιστὰ σημαίνεις τάδε;
ΑΓΓ. Οὐκ οἶσθ' ἀδελφοῦ μ' εἰσορῶσα πρόσπολον;
ΗΛ. Ὦ φίλτατ', ἔκ τοι δείματος δυσγνωσίαν
εἶχον προσώπου· νῦν δὲ γιγνώσκω σε δή.
Τί φῄς; τέθνηκε πατρὸς ἐμοῦ στυγνὸς φονεύς;
ΑΓΓ. Τέθνηκε· δίς σοι ταῦθ', ἅ γ' οὖν βούλῃ, λέγω.
ΗΛ. Ὦ θεοί, Δίκη τε πάνθ' ὁρῶσ', ἦλθές ποτε.
Ποίῳ τρόπῳ δὲ καὶ τίνι ῥυθμῷ φόνου
κτείνει Θυέστου παῖδα, βούλομαι μαθεῖν.
ΑΓΓ. Ἐπεὶ μελάθρων τῶνδ' ἀπήραμεν πόδα,
ἐσβάντες ᾖμεν δίκροτον εἰς ἁμαξιτὸν
ἔνθ' ἦν ὁ κλεινὸς τῶν Μυκηναίων ἄναξ.
Κυρεῖ δὲ κήποις ἐν καταρρύτοις βεβώς,
δρέπων τερείνης μυρσίνης κάρᾳ πλόκους·
ἰδών τ' ἀυτεῖ· Χαίρετ', ὦ ξένοι· τίνες
πόθεν πορεύεσθ' ἔστε τ' ἐκ ποίας χθονός;
Ὁ δ' εἶπ' Ὀρέστης· Θεσσαλοί· πρὸς δ' Ἀλφεὸν
θύσοντες ἐρχόμεσθ' Ὀλυμπίῳ Διί.
Κλύων δὲ ταῦτ' Αἴγισθος ἐννέπει τάδε·
Νῦν μὲν παρ' ἡμῖν χρὴ συνεστίους ἐμοὶ
θοίνῃ γενέσθαι· τυγχάνω δὲ βουθυτῶν

768 γινώσκω L || 769 πατρὸς Milton : πατρός γε L || 772 δὲ add. L[c] || τίνι P et primitus L : τίνος *l* || 780 πορεύεσθ' ἔστε τ' Musgrave : πορεύεσθέ τ' L || 781 ἀλφεὸν *l* : -ειὸν L || 783 ταῦθ' L || 785 θοίνῃ Seidler : θοίνην L -ης Reiske.

foyer et dîner avec moi ; je sacrifie aux Nymphes un taureau. En quittant demain votre lit dès l'aurore, vous regagnerez le temps perdu. Entrons dans la maison, — tout en parlant, il nous prenait la main et il nous emmenait — vous ne pouvez pas refuser. » Nous ayant introduits chez lui, il s'écrie : « Qu'on apporte au plus vite des bains pour nos hôtes, afin qu'ils puissent se tenir devant l'autel, auprès de l'eau lustrale. » — « Nous venons, dit Oreste, de nous purifier, en nous baignant dans l'onde claire d'une rivière ; mais, s'il est permis à des étrangers de prendre part au sacrifice des citoyens, nous sommes prêts, seigneur Égisthe, et ne refusons point. » Ils laissèrent donc tomber ce sujet d'entretien. Alors, déposant leurs lances, gardiennes du maître, les serviteurs mettent tous les mains à l'ouvrage. Les uns apportaient le bassin où doit couler le sang, d'autres levaient des corbeilles, d'autres allumaient le feu et, autour du foyer, ils dressaient des chaudrons ; ce n'était qu'un vacarme dans toute la maison. Mais, prenant des grains d'orge, l'amant de ta mère les répand sur l'autel en prononçant ces mots : « O Nymphes des rochers, puissions-nous vous offrir souvent des sacrifices, moi et la Tyndaride maîtresse à mon foyer, vivant comme aujourd'hui tandis que le malheur frappe nos ennemis[1] ! » Il voulait dire Oreste et toi. De son côté, mon maître, sans proférer les mots de sa prière, demandait de recouvrer le palais de ses aïeux. Alors, Égisthe prend dans la corbeille le couteau droit, coupe des poils du jeune taureau et, de sa main droite, il les pose sur le feu sacré ; puis, il égorge la victime que, de leurs bras, les valets ont soulevée sur leurs épaules[2]. Il dit alors à ton frère : « Un talent[3] dont on fait

[1] Euripide s'est souvenu ici de la prière de la Clytemnestre de Sophocle, *Électre* 647-658.

[2] Le couteau du sacrifice était placé dans la corbeille au milieu des grains d'orge ; *infra* 1142. *Héraclès* 922 note. Pour tous ces rites, comparez surtout Homère γ 439-463.

[3] Un écrit du début du IVe siècle (*Dialexeis* 2, 11 Diels, *Vorsokratiker* p. 638) attribue aux Thessaliens le même talent.

Νύμφαις· ἕῳοι δ' ἐξαναστάντες λέχους
ἐς ταὐτὸν ἥξετ'. Ἀλλ' ἴωμεν ἐς δόμους —
καὶ ταῦθ' ἅμ' ἠγόρευε καὶ χερὸς λαβὼν
παρῆγεν ἡμᾶς — οὐδ' ἀπαρνεῖσθαι χρεών.
Ἐπεὶ δ' ἐν οἴκοις ἦμεν, ἐννέπει τάδε·
Λούτρ' ὡς τάχιστα τοῖς ξένοις τις αἱρέτω,
ὡς ἀμφὶ βωμὸν στῶσι χερνίβων πέλας.
Ἀλλ' εἶπ' Ὀρέστης· Ἀρτίως ἡγνίσμεθα
λουτροῖσι καθαροῖς ποταμίων ῥείθρων ἄπο.
Εἰ δὲ ξένους ἀστοῖσι συνθύειν χρεών,
Αἴγισθ', ἕτοιμοι κοὐκ ἀπαρνούμεσθ', ἄναξ.
Τοῦτον μὲν οὖν μεθεῖσαν ἐκ μέσου λόγον·
λόγχας δὲ θέντες δεσπότου φρουρήματα
δμῶες πρὸς ἔργον πάντες ἵεσαν χέρας.
Οἳ μὲν σφαγεῖον ἔφερον, οἳ δ' ἦρον κανᾶ,
ἄλλοι δὲ πῦρ ἀνῆπτον ἀμφί τ' ἐσχάρας
λέβητας ὤρθουν· πᾶσα δ' ἐκτύπει στέγη.
Λαβὼν δὲ προχύτας μητρὸς εὐνέτης σέθεν
ἔβαλλε βωμούς, τοιάδ' ἐννέπων ἔπη·
Νύμφαι πετραῖαι, πολλάκις με βουθυτεῖν
καὶ τὴν κατ' οἴκους Τυνδαρίδα δάμαρτ' ἐμὴν
πράσσοντας ὡς νῦν, τοὺς δ' ἐμοὺς ἐχθροὺς κακῶς·
λέγων Ὀρέστην καὶ σέ. Δεσπότης δ' ἐμὸς
τἀναντί' ηὔχετ', οὐ γεγωνίσκων λόγους,
λαβεῖν πατρῷα δώματ'. Ἐκ κανοῦ δ' ἑλὼν
Αἴγισθος ὀρθὴν σφαγίδα, μοσχείαν τρίχα
τεμὼν ἐφ' ἁγνὸν πῦρ ἔθηκε δεξιᾷ,
κἄσφαξ' ἐπ' ὤμων μόσχον ὡς ἦραν χεροῖν
δμῶες, λέγει δὲ σῷ κασιγνήτῳ τάδε·
Ἐκ τῶν καλῶν κομποῦσι τοῖσι Θεσσαλοῖς

792 πέλας Lc (ελ et ς in rasura) || **800** σφαγεῖον ἔφερον Scal. : σφάγι' ἐνέφερον L || **801** πῦρ ἀνῆπτον Canter : πυρὰν ἦπτον L || **804** ἐννέπων ex -ειν fecit Lc || **805** λείπει ἀττικῶς τὸ δότε in mg L || **811** σφαγίδα Victorius : σφραγῖδα L || μοσχείαν Dindorf : -χίαν L.

honneur aux Thessaliens est leur habileté à dépecer un taureau et à dresser les chevaux. Prends ce fer, seigneur, et fais voir que le renom des Thessaliens est mérité. » Oreste saisit dans ses mains le couteau dorien[1] à la lame bien battue, rejette de ses épaules son élégant manteau de voyage et, n'admettant que Pylade à l'aider dans sa tâche, il écarte les valets. Il tient par le pied l'animal, et son bras qui s'étend met à nu les chairs luisantes ; il lui faut pour enlever la peau moins de temps qu'à un coureur à cheval pour achever deux fois le double parcours du stade[2]. Alors, il ouvre les flancs. Égisthe prend dans ses mains les parties sacrées et les observe. Un lobe manque au foie ; la veine porte et les vaisseaux voisins de la vésicule biliaire montrent à ses regards des saillies funestes[3]. Égisthe s'assombrit, et mon maître demande : « Pourquoi cet air découragé ? » — « Étranger, je redoute un piège du dehors. J'ai un ennemi mortel, le fils d'Agamemnon, et il est en guerre contre ma maison. » Mais Oreste réplique : « C'est donc d'un banni que tu redoutes les embûches, quand tu règnes sur un État ! Allons ! afin que nous puissions nous régaler de la fressure, qu'on m'apporte, au lieu de la lame dorienne, un couperet de Phthie ; je fendrai le thorax. » Il saisit l'arme et coupe. Égisthe prend les viscères et les observe, chacun séparément. Pendant qu'il est baissé, ton frère, se dressant sur la pointe des orteils, le frappe aux vertèbres et lui fracasse le dos. Avec des soubresauts de

[1] Il existait un mot δορίς pour désigner le couteau à écorcher (δέρειν). En l'appelant dorien (cf. 836), Euripide paraît avoir fait ici un jeu étymologique.

[2] Façon analogue de mesurer le temps, *Médée* 1181 sq. Oreste fait aller son couteau d'un pied à l'extrémité de l'animal, puis il revient en sens inverse jusqu'à l'autre pied, conduisant chaque fois son outil avec la rapidité d'un coureur qui boucle le stade (six cents pieds à l'aller et autant au retour).

[3] Ce lobe du foie ((*lobus Spiegelii*) est celui que l'haruspicine latine appelle *caput iecoris*. Son absence était un présage très funeste. — On a jusqu'ici mal compris, à la fin de la phrase, les mots κακὰς προσβολάς : « lui annonçaient un prochain malheur. » On n'a pas vu

εἶναι τόδ', ὅστις ταῦρον ἀρταμεῖ καλῶς
ἵππους τ' ὀχμάζει· λαβὲ σίδηρον, ὦ ξένε,
δεῖξόν τε φήμην ἔτυμον ἀμφὶ Θεσσαλῶν.
Ὁ δ' εὐκρότητον Δωρίδ' ἁρπάσας χεροῖν,
ῥίψας ἀπ' ὤμων εὐπρεπῆ πορπάματα,
Πυλάδην μὲν εἵλετ' ἐν πόνοις ὑπηρέτην,
δμῶας δ' ἀπωθεῖ· καὶ λαβὼν μόσχου πόδα,
λευκὰς ἐγύμνου σάρκας ἐκτείνων χέρα·
θᾶσσον δὲ βύρσαν ἐξέδειρεν ἢ δρομεὺς
δισσοὺς διαύλους ἵππιος διήνυσε,
κἀνεῖτο λαγόνας. Ἱερὰ δ' ἐς χεῖρας λαβὼν
Αἴγισθος ἤθρει. Καὶ λοβὸς μὲν οὐ προσῆν
σπλάγχνοις, πύλαι δὲ καὶ δοχαὶ χολῆς πέλας
κακὰς ἔφαινον τῷ σκοποῦντι προσβολάς.
Χὠ μὲν σκυθράζει, δεσπότης δ' ἀνιστορεῖ·
Τί χρῆμ' ἀθυμεῖς ; — Ὦ ξέν', ὀρρωδῶ τινα
δόλον θυραῖον· ἔστι δ' ἔχθιστος βροτῶν
Ἀγαμέμνονος παῖς πολέμιός τ' ἐμοῖς δόμοις.
Ὁ δ' εἶπε· Φυγάδος δῆτα δειμαίνεις δόλον,
πόλεως ἀνάσσων ; οὐχ, ὅπως παστήρια
θοινασόμεσθα, Φθιάδ' ἀντὶ Δωρικῆς
οἴσει τις ἡμῖν κοπίδ', ἀπορρήξω χέλυν ;
Λαβὼν δὲ κόπτει. Σπλάγχνα δ' Αἴγισθος λαβὼν
ἤθρει διαιρῶν. Τοῦ δὲ νεύοντος κάτω
ὄνυχας ἐπ' ἄκρους στὰς κασίγνητος σέθεν
ἐς σφονδύλους ἔπαισε, νωτιαῖα δὲ
ἔρρηξεν ἄρθρα· πᾶν δὲ σῶμ' ἄνω κάτω

Test. **817** ὀχμάζει Hesychius s. v. || **830** σκυθράζει Hesychius s. v. || **835** παστήρια Hesychius s. v.

817 λάβε L || **819** εἶδός τι μαχαίρας ἡ δωρίς in mg. L || **825** ἵππιος Musgrave : ἱππείους L ἱππίους Scal. || **835** παστήρια Nauck ex Hesychio : παστηρίαν L, ita scriptum ut πευστηρίαν legerit P || **836** θοινασόμεσθα corr. *l* : -μεθα L.

tout son corps, il se débat, il hurle et agonise dans le sang. A cette vue, les serviteurs se précipitent vers leurs lances pour combattre en foule contre deux. Pleins de vaillance, brandissant devant eux la pointe de leurs armes, Pylade et Oreste les attendent de pied ferme. Et ton frère leur dit : « Je ne viens pas ici en ennemi de la cité ni des gens de ma maison ; c'est le meurtrier de mon père que j'ai puni, moi, malheureux Oreste. Ne me tuez donc pas, vieux serviteurs de mon père. » A ces mots, les piques s'arrêtent, en même temps qu'Oreste est reconnu par un vieillard depuis très longtemps au service du palais[1]. Ils couronnent aussitôt la tête de ton frère, avec des cris de joie et de triomphe. Il vient pour te montrer, non pas la tête de Gorgone, mais l'objet de ta haine, Égisthe. Le sang avec usure a coulé pour le sang et payé chèrement la dette due au mort.

Le Chœur. — *Mêle tes pas à ma danse, ô amie; comme un faon léger, bondis dans les airs; c'est jour de liesse. Ton frère est vainqueur, il a remporté couronne plus belle que celle qu'on gagne aux bords de l'Alphée. Unis à ma danse ton chant triomphal.*

Électre. — O lumière, ô quadrige éclatant du soleil, ô terre, ô nuit que, seule, mes yeux voyaient naguère, maintenant mes regards se déploient librement, car Égisthe, le

qu'ici le mot προσβολαί devait être ou remplacer un terme technique de l'hiéroscopie. A côté du *caput iecoris,* l'haruspicine distingue dans le foie deux parties, *cellae,* une *pars familiaris* (à droite, s'appliquant au consultant) et une *pars hostilis* (à gauche, s'appliquant à l'ennemi). Or voici ce que dit une scholie des *Commenta Bernensia* de Lucain I 621 : *Diuersae uenae sunt quas aruspices cellas dicunt, hostium, amicorum et alia huius modi. Cum ergo aspiciunt iocinera, intellegunt quae cella iaceat, quae pars saliat. Igitur dum uident de hostili parte uenarum pulsus emergere, signifieari prœlium recognoscunt.* Ces derniers mots (*saliat, pulsus*) expliquent notre texte : il y avait dans les veines du foie des saillies funestes.

[1] Je ne crois pas que ce vieillard, qui semble être encore au service du palais, soit le même qu'on a vu paraître plus haut.

ἤσπαιρεν, ἠλάλαζε δυσθνῄσκων φόνῳ.
Δμῶες δ' ἰδόντες εὐθὺς ᾖξαν ἐς δόρυ,
πολλοὶ μάχεσθαι πρὸς δύ'· ἀνδρείας δ' ὕπο
ἔστησαν ἀντίπρῳρα σείοντες βέλη
Πυλάδης Ὀρέστης τ'. Εἶπε δ'· Οὐχὶ δυσμενὴς
ἥκω πόλει τῇδ' οὐδ' ἐμοῖς ὀπάοσιν,
φονέα δὲ πατρὸς ἀντετιμωρησάμην
τλήμων Ὀρέστης· ἀλλὰ μή με κτείνετε,
πατρὸς παλαιοὶ δμῶες. Οἱ δ' ἐπεὶ λόγων
ἤκουσαν, ἔσχον κάμακας· ἐγνώσθη δ' ὑπὸ
γέροντος ἐν δόμοισιν ἀρχαίου τινός.
Στέφουσι δ' εὐθὺς σοῦ κασιγνήτου κάρα
χαίροντες ἀλαλάζοντες. Ἔρχεται δὲ σοὶ
κάρα 'πιδείξων, οὐχὶ Γοργόνος φέρων,
ἀλλ' ὃν στυγεῖς Αἴγισθον· αἷμα δ' αἵματος
πικρὸς δανεισμὸς ἦλθε τῷ θανόντι νῦν.

ΧΟ. Θὲς ἐς χορόν, ὦ φίλα, ἴχνος, Str.
ὡς νεβρὸς οὐράνιον
πήδημα κουφίζουσα σὺν ἀγλαΐᾳ.
Νικᾷ στεφαναφορίαν κρείσσω
τᾶς παρ' Ἀλφειοῦ ῥεέθροις τελέσας
κασίγνητος σέθεν· ἀλλ' ἐπάειδε
καλλίνικον ᾠδὰν ἐμῷ χορῷ.

ΗΛ. Ὦ φέγγος, ὦ τέθριππον ἡλίου σέλας,
ὦ γαῖα καὶ νὺξ ἣν ἐδερκόμην πάρος,
νῦν ὄμμα τοὐμὸν ἀμπτυχαί τ' ἐλεύθεροι,
ἐπεὶ πατρὸς πέπτωκεν Αἴγισθος φονεύς.

Test. 843 ἤσπαιρεν Hesychius s. v.

843 ἠλάλαζεν L : ἠλέλιζε Schenkl ἐσφάδαζε Valckenaer || δυσθνῄσκων Paley : -ῄσκον L, cf. *Rhes.* 791 || **845** ἀνδρείας Elmsley: -ρίας L || **849** δὲ rec. : τε L || **850** κτείνετε L : καίνετε Elmsley || **856** κάρ' ἐπιδείξων L : κάρα γ' ἐπι- Lc || **862** νικᾷ Canter : νίκας L || **863** τᾶς Lenting : τοῖς L || **865** ᾠδὰν Victorius : ὧδ' ἂν L || **868** ἀμπτυχαί Lc : ἀναπ- L.

meurtrier de mon père, a succombé. Allons! tous les bijoux que je garde, enfermés dans ma maison pour en orner mes cheveux, je vais les chercher, amies, afin de couronner la tête de mon frère vainqueur.

Électre rentre un instant dans la maison.

LE CHŒUR. — *Lève tes bijoux pour parer sa tête, tandis que mon chœur, agréable aux Muses, mènera sa danse. Aujourd'hui, nos rois aimés d'autrefois reprendront leur trône. La justice abat nos maîtres injustes. Que le son des flûtes réponde à ma joie.*

Électre revient et Oreste et Pylade arrivent pendant ce couplet du Chœur. Des serviteurs apportent le cadavre d'Égisthe.

ÉLECTRE. — O glorieux vainqueur, digne fils d'un père qui fut victorieux dans la guerre d'Ilion, mon Oreste, reçois ces bandeaux pour en ceindre les boucles de ta chevelure. Tu ne fais pas ici ta rentrée, après avoir couru six plèthres dans une lutte vaine[1], mais tu as tué notre ennemi Égisthe, le meurtrier de ton père et du mien.

Toi, son compagnon d'armes, toi, Pylade, qu'ont formé les leçons du plus pieux des hommes[2], reçois cette couronne de ma main, car tu as eu la même part que lui dans la lutte. Puissé-je vous voir toujours heureux !

ORESTE. — Considère les dieux, Électre, tout d'abord, comme les auteurs de mon heureuse fortune, et ne me fais honneur que d'avoir bien servi les dieux et la fortune. Oui, je reviens après avoir tué Égisthe ; ce ne sont pas des mots, c'est la réalité, et pour le démontrer à l'évidence, je t'apporte le mort lui-même. Livre-le, si tu veux, en pâture aux bêtes fauves, ou qu'il serve de proie aux vautours,

[1] Sur le mépris d'Euripide pour les victoires des jeux gymniques, cf. 387 n. 862 sq. *Troyennes* 1211.

[2] Strophios, son père, hôte et ami fidèle d'Agamemnon.

Φέρ', οἷα δὴ ῎χω καὶ δόμοι κεύθουσί μου
κόμης ἀγάλματ' ἐξενέγκωμαι, φίλαι,
στέψω τ' ἀδελφοῦ κρᾶτα τοῦ νικηφόρου.

ΧΟ. Σὺ μέν νυν ἀγάλματ' ἄειρε Ant.
κρατί· τὸ δ' ἁμέτερον
χωρήσεται Μούσαισι χόρευμα φίλον.
Νῦν οἱ πάρος ἁμέτεροι γαίας
⟨αὖ⟩ τυραννεύσουσι φίλοι βασιλῆς,
δικαίως τούσδ' ἀδίκους καθελόντες.
'Αλλ' ἴτω ξύναυλος βοὰ χαρᾷ.

ΗΛ. Ὦ καλλίνικε, πατρὸς ἐκ νικηφόρου
γεγώς, 'Ορέστα, τῆς ὑπ' 'Ιλίῳ μάχης,
δέξαι κόμης σῆς βοστρύχων ἀνδήματα.
῞Ηκεις γὰρ οὐκ ἀχρεῖον ἔκπλεθρον δραμὼν
ἀγῶν' ἐς οἴκους, ἀλλὰ πολέμιον κτανὼν
Αἴγισθον, ὃς σὸν πατέρα κἀμὸν ὤλεσε.
Σύ τ', ὦ παρασπίστ', ἀνδρὸς εὐσεβεστάτου
παίδευμα Πυλάδη, στέφανον ἐξ ἐμῆς χερὸς
δέχου· φέρῃ γὰρ καὶ σὺ τῷδ' ἴσον μέρος
ἀγῶνος· αἰεὶ δ' εὐτυχεῖς φαίνοισθέ μοι.

ΟΡ. Θεοὺς μὲν ἡγοῦ πρῶτον, 'Ηλέκτρα, τύχης
ἀρχηγέτας τῆσδ', εἶτα κἄμ' ἐπαίνεσον
τὸν τῶν θεῶν τε τῆς τύχης θ' ὑπηρέτην.
῞Ηκω γὰρ οὐ λόγοισιν ἀλλ' ἔργοις κτανὼν
Αἴγισθον· ὡς δὲ τῷ σάφ' εἰδέναι τάδε
προσθῶμεν, αὐτὸν τὸν θανόντα σοι φέρω,
ὃν εἴτε χρῄζεις θηρσὶν ἁρπαγὴν πρόθες,
ἢ σκῦλον οἰωνοῖσιν, αἰθέρος τέκνοις,
πήξασ' ἔρεισον σκόλοπι· σὸς γάρ ἐστι νῦν

870 δὴ ῎χω Canter : δὴ 'γὼ L || **876** ἀμέτεροι re vera L || **877** ⟨αὖ⟩ Wil. || τυραννεύσουσιν L || βασιλῆς Seidler : -ῆες L || **878** τούσδ' L : τοὺς Matthiae τούς γ' Kirchhoff || ἀδίκους L[c] : -ως L || **882** ἀνδήματα Blomfield : ἀναδ- L || **883** ἔκπλεθρον Reiske : ἔκ- L || **889** αἰεὶ *l* : ἀεὶ L.

enfants de l'air, attaché à un pal. Car il est maintenant ton esclave, lui qu'on appelait ton maître.

Électre. — J'en rougis, mais pourtant je voudrais bien le dire...

Oreste. — Quoi ? Parle, tu es certes à l'abri de la crainte.

Électre. — C'est qu'outrager un mort peut m'attirer le blâme[1].

Oreste. — Il n'est personne qui t'en fera un reproche.

Électre. — La ville est malveillante et se plaît à médire.

Oreste. — Parle à ton gré, ma sœur ; entre cet homme et nous, il existe une haine implacable et sans trêve.

Électre. — Eh bien, soit ! Quelles injures te dire pour commencer, lesquelles pour finir, et lesquelles placer au milieu de mon discours[2] ? Chaque matin cependant, je ne manquais jamais de répéter les mots que je voulais te dire en face, si j'étais libre enfin de mes anciennes terreurs. Maintenant je le suis ; je vais t'adresser les injures que je te dois, comme j'aurais voulu le faire de ton vivant.

Tu m'as perdue et tu nous as rendus orphelins d'un père chéri, moi et mon frère qui ne t'avions fait aucun mal. Tu t'es uni à ma mère par un mariage infâme, et tu as tué son époux, le chef de l'armée grecque en Phrygie où, toi, tu n'es pas allé. Suprême déraison ! tu as donc espéré posséder en ma mère une épouse sans vice, après avoir souillé la couche de mon père. Mais, qu'il le sache, l'homme qui, ayant eu en secret un commerce coupable avec la femme d'autrui, se voit plus tard obligé de l'épouser est bien à plaindre s'il s'imagine que la vertu qu'elle n'a pu garder ailleurs, elle la gardera chez lui. Tu vivais misérable, en ignorant ton mal. Tu savais bien que tu avais pris une femme sacrilège, comme ma mère savait qu'elle possédait

[1] La règle du respect que l'on doit aux morts a été déjà formulée chez Homère χ 412 ; cf. *Phéniciennes* 1663.

[2] Cet exorde est un lieu commun très fréquent ; cf. *Iph. Aul.* 1124 sqq. Gorgias, *Palamède* 4 et déjà Homère, ι 14.

δοῦλος, πάροιθε δεσπότης κεκλημένος.
ΗΛ. Αἰσχύνομαι μέν, βούλομαι δ' εἰπεῖν ὅμως...
ΟΡ. Τί χρῆμα ; λέξον, ὡς φόβου γ' ἔξωθεν εἶ.
ΗΛ. νεκροὺς ὑβρίζειν, μή μέ τις φθόνῳ βάλῃ.
ΟΡ. Οὐκ ἔστιν οὐδεὶς ὅστις ἂν μέμψαιτό σε.
ΗΛ. Δυσάρεστος ἡμῶν καὶ φιλόψογος πόλις.
ΟΡ. Λέγ' εἴ τι χρῄζεις, σύγγον'· ἀσπόνδοισι γὰρ
νόμοισιν ἔχθραν τῷδε συμβεβλήκαμεν.
ΗΛ. Εἶεν· τίν' ἀρχὴν πρῶτά σ' ἐξείπω κακῶν ;
ποίας τελευτάς ; τίνα μέσον τάξω λόγον ;
Καὶ μὴν δι' ὄρθρων γ' οὔποτ' ἐξελίμπανον
θρυλοῦσ' ἅ γ' εἰπεῖν ἤθελον κατ' ὄμμα σόν,
εἰ δὴ γενοίμην δειμάτων ἐλευθέρα
τῶν πρόσθε· νῦν οὖν ἐσμέν· ἀποδώσω δέ σοι
ἐκεῖν' ἅ σε ζῶντ' ἤθελον λέξαι κακά.
'Απώλεσάς με κὠρφανὴν φίλου πατρὸς
καὶ τόνδ' ἔθηκας, οὐδὲν ἠδικημένος,
κἄγημας αἰσχρῶς μητέρ' ἄνδρα τ' ἔκτανες
στρατηλατοῦνθ' Ἕλλησιν, οὐκ ἐλθὼν Φρύγας.
'Ες τοῦτο δ' ἦλθες ἀμαθίας ὥστ' ἤλπισας
ὡς ἐς σὲ μὲν δὴ μητέρ' οὐχ ἕξεις κακὴν
γήμας, ἐμοῦ δὲ πατρὸς ἠδίκεις λέχη.
Ἴστω δ', ὅταν τις διολέσας δάμαρτά του
κρυπταῖσιν εὐναῖς εἶτ' ἀναγκασθῇ λαβεῖν,
δύστηνός ἐστιν, εἰ δοκεῖ τὸ σωφρονεῖν
ἐκεῖ μὲν αὑτὴν οὐκ ἔχειν, παρ' οἷ δ' ἔχειν.
Ἄλγιστα δ' ᾤκεις, οὐ δοκῶν οἰκεῖν κακῶς·
ᾔδησθα γὰρ δῆτ' ἀνόσιον γήμας γάμον,

902-905 lineolae praefixae in L ‖ **904** φιλόψογος Victorius : -ψυχος L ‖ **910** θρυλλοῦσ' L ‖ **912** πρόσθεν L ‖ **919** σὲ μὲν L : σ' ἐμὴν Reiske ‖ **924** παρ' οἷ et in mg παρ' αὐτῷ L ‖ **925** ᾤκεις Musgrave : οἰκεῖς L ‖ **926** ᾔδησθα Lobeck : -εισθα L.

en toi un mari impie. Mais la perversité qu'avait chacun de vous celait, à elle, ton état, et à toi, le mal de ta complice[1]. Tous les Argiens donnaient, à toi, l'homme, le nom de sa femme, et non pas à ta femme le nom de son mari. C'est pourtant une honte que la femme commande à la maison, non l'homme ; et je m'exaspère, lorsqu'on désigne dans le peuple les enfants, non pas du nom du père qui les a engendrés, mais du nom de leur mère. S'il fait un mariage brillant et supérieur à son rang, l'homme compte pour rien, il n'est question que de la femme.

Par une erreur très grande, due à ton ignorance, tu te flattais d'être quelqu'un, grâce à la force que donne la richesse. Mais celle-ci n'est rien qu'une possession qu'on garde un temps bien court. Ce qui dure, c'est la nature de l'âme, et non pas l'or. Elle, toujours, se maintient ferme et surmonte les malheurs. Mais l'opulence, si elle est injuste et au pouvoir des pervers, s'envole des palais et brille peu de temps[2].

Pour ta conduite avec les femmes, étant vierge, il ne me sied pas d'en parler ; je me tais donc, mais je me ferai comprendre à mots voilés. Tu ne respectais rien, étant maître du palais des rois et fort de l'avantage de ta beauté. Pour moi, puissé-je avoir un époux que distingue, non un visage de jeune fille, mais un mâle caractère ! Les enfants d'un tel père sont voués[3] à Arès, mais la place du bellâtre est dans les chœurs de danse dont il fait l'ornement.

[1] Ce passage n'a pas été compris jusqu'ici parce qu'on n'a pas vu qu'il fallait l'interpréter à l'aide de la doctrine socratique, surtout telle qu'elle est exposée dans le *Gorgias* de Platon. Les deux époux savaient qu'ils avaient chacun un conjoint impie et criminel, mais ils ignoraient que l'impiété ou le crime est en réalité le vrai et le seul mal, et que son auteur est par excellence misérable (v. 925 ; cf. *Gorgias* 521 C. 471 B. 478 E). En raison de la même ignorance du vrai bien, chacun des deux était privé de la connaissance du mal de l'autre, et leur perversité les empêchait de voir qu'ensemble ils formaient une maison misérable.

[2] Même lieu commun, *Phéniciennes*, 555-558. Cf. *supra* 371-385.

[3] Litt. « sont suspendus ». L'idée est peut-être celle d'une série d'anneaux aimantés ; cf. Platon, *Ion* 533 E. 536 A, — Euripide, fr. 360, 25.

μήτηρ δὲ σ' ἄνδρα δυσσεβῆ κεκτημένη.
Ἄμφω πονηρὼ δ' ὄντ' ἀφῃρεῖσθον τύχην,
κείνη τε τὴν σὴν καὶ σὺ τοὐκείνης κακόν.
Πᾶσιν δ' ἐν Ἀργείοισιν ἤκουες τάδε·
Ὁ τῆς γυναικός, οὐχὶ τἀνδρὸς ἡ γυνή.
Καίτοι τόδ' αἰσχρόν, προστατεῖν γε δωμάτων
γυναῖκα, μὴ τὸν ἄνδρα· κἀκείνους στυγῶ
τοὺς παῖδας, ὅστις τοῦ μὲν ἄρσενος πατρὸς
οὐκ ὠνόμασται, τῆς δὲ μητρὸς ἐν πόλει.
Ἐπίσημα γὰρ γήμαντι καὶ μείζω λέχη
τἀνδρὸς μὲν οὐδείς, τῶν δὲ θηλειῶν λόγος.
Ὃ δ' ἠπάτα σε πλεῖστον οὐκ ἐγνωκότα,
ηὔχεις τις εἶναι τοῖσι χρήμασι σθένων·
τὰ δ' οὐδὲν εἰ μὴ βραχὺν ὁμιλῆσαι χρόνον.
Ἡ γὰρ φύσις βέβαιος, οὐ τὰ χρήματα.
Ἣ μὲν γὰρ αἰεὶ παραμένουσ' αἱρεῖ κακά·
ὁ δ' ὄλβος ἄδικος καὶ μετὰ σκαιῶν ξυνὼν
ἐξέπτατ' οἴκων, σμικρὸν ἀνθήσας χρόνον.
Ἃ δ' ἐς γυναῖκας — παρθένῳ γὰρ οὐ καλὸν
λέγειν — σιωπῶ, γνωρίμως δ' αἰνίξομαι.
Ὕβριζες, ὡς δὴ βασιλικοὺς ἔχων δόμους
κάλλει τ' ἀραρώς. Ἀλλ' ἔμοιγ' εἴη πόσις
μὴ παρθενωπός, ἀλλὰ τἀνδρείου τρόπου.
Τὰ γὰρ τέκν' αὐτῶν Ἄρεος ἐκκρεμάννυται,
τὰ δ' εὐπρεπῆ δὴ κόσμος ἐν χοροῖς μόνον.

Test. **943** sq. Stob. *Flor.* 94, 5 (IV 31^{d}, 99 Hense) ubi *Phoenissis* (cf. 555 sqq.) tribuuntur || **944** Sextus Emp. p. 557, versum adferens cum *Phoen.* 558 coniunctum.

928 ἀφῃρεῖσθον Kirchhoff : ἀφαιρεῖσθον L, locus iniuria suspectus ; ἀφῃρεῖσθον passive intellegendum : ἡ πονηρία ἀμφοῖν ἀφῄρει τὸν ἕτερον τὴν τύχην (= τὸ κακόν) τοῦ ἑτέρου || **942** αἱρεῖ Bothe : αἴρει L, cf. *Suppl.* 608 || **943** ἄδικος L : ἀδίκως Stob. || **944** σμικρὸν L : μικρὸν Sextus βραχὺν et deinde ὁμιλήσας χρόνον Stob. ex v. 940 || **948** ἀραρώς Scal. : ἀραρὼν L.

Sois maudit ! ton ignorance est apparue enfin et tu as subi ta peine. Ainsi, qu'un scélérat, pour avoir bien mené la moitié de sa course, ne se croie pas vainqueur de la Justice avant d'être revenu à la ligne du départ et d'avoir passé le tournant suprême de la vie[1].

La Coryphée. — Affreux sont ses forfaits ; affreuse est la vengeance qu'il vous paie à tous deux. La Justice est puissante.

Oreste. — Allons ! emportez ce corps dans la maison, esclaves, et mettez-le dans l'ombre. Il ne faut pas qu'en arrivant ici, ma mère voie le cadavre avant d'être frappée.

Le corps d'Égisthe est transporté dans la maison. La voiture de Clytemnestre se montre au loin.

Electre. — Arrête. Un autre objet d'entretien nous appelle.

Oreste. — Que vois-je ? Viendrait-il du secours de Mycènes ?

Électre. — Non, c'est celle qui m'a conçue et enfantée.

Oreste. — Quel luxe dans son char et dans ses vêtements !

Électre. — Elle vient en beauté tomber dans nos filets[2].

Oreste. — Que faire ? Elle est ma mère. Allons-nous l'égorger[3] ?

Electre. — Es-tu pris de pitié, en face de ta mère ?

Oreste. — Hélas ! — Comment tuer qui m'a nourri et enfanté ?

Electre. — Comme elle a pris la vie de ton père et du mien.

[1] La maxime de Solon est ici exprimée par un trope emprunté à la course du stade. Cf. *Hippolyte* 87. *Héraclès* 780 n.

[2] Le brillant équipage de sa mère fait impression sur Oreste, tandis qu'Électre n'y voit que l'occasion d'un mot cruel à double entente. Καλῶς « en beauté » peut aussi s'entendre « à point ».

[3] L'hésitation d'Oreste, marquée par un seul vers chez Eschyle,

῎Ερρ', οὐδὲν εἰδὼς οὖν ἐφευρεθεὶς χρόνῳ
δίκην δέδωκας. ῟Ωδέ τις κακοῦργος ὢν
μή μοι, τὸ πρῶτον βῆμ' ἐὰν δράμῃ καλῶς,
νικᾶν δοκείτω τὴν Δίκην, πρὶν ἂν πέλας
γραμμῆς ἵκηται καὶ τέλος κάμψῃ βίου.
ΧΟ. ῎Επραξε δεινά, δεινὰ δ' ἀντέδωκε σοὶ
καὶ τῷδ'· ἔχει γὰρ ἡ Δίκη μέγα σθένος.
ΟΡ. Εἶεν· κομίζειν τοῦδε σῶμ' ἔσω χρεὼν
σκότῳ τε δοῦναι, δμῶες, ὡς, ὅταν μόλῃ
μήτηρ, σφαγῆς πάροιθε μὴ εἰσίδῃ νεκρόν.
ΗΛ. Ἐπίσχες· ἐμβάλωμεν εἰς ἄλλον λόγον.
ΟΡ. Τί δ'; ἐκ Μυκηνῶν μῶν βοηδρόμους ὁρῶ;
ΗΛ. Οὔκ, ἀλλὰ τὴν τεκοῦσαν ἥ μ' ἐγείνατο.
ΟΡ. Καὶ μὴν ὄχοις γε καὶ στολῇ λαμπρύνεται.
ΗΛ. Καλῶς ἄρ' ἄρκυν ἐς μέσην πορεύεται.
ΟΡ. Τί δῆτα δρῶμεν μητέρ'; ἦ φονεύσομεν;
ΗΛ. Μῶν σ' οἶκτος εἷλε, μητρὸς ὡς εἶδες δέμας;
ΟΡ. Φεῦ·
πῶς γὰρ κτάνω νιν, ἥ μ' ἔθρεψε κἄτεκεν;
ΗΛ. Ὥσπερ πατέρα σὸν ἥδε κἀμὸν ὤλεσεν.
ΟΡ. ῏Ω Φοῖβε, πολλήν γ' ἀμαθίαν ἐθέσπισας,
ΗΛ. Ὅπου δ' Ἀπόλλων σκαιὸς ᾖ, τίνες σοφοί;

Test. 953-956 Stob. *Ecl.* I 3, 18 || 954-956 Orion *Anthol.* 15 (p. 266 Meineke) || 957 δεινὰ δὲ Hesychius s. v.

952 οὖν Weil : ὢν L ὧν Kirchhoff σῶν (sc. sanum) Radermacher || ἐφηυρέθης Weil || 953 ὧδέ τις κακοῦργος ὢν L : ὥστε τῆς ἐπικουρίας Stob. ὥστε τις κακουργίας Madvig || 955 sq. πέλας... τέλος L : τέλος... τέλος Stob. τέλος... πέρας Orion πέρας... τέλος Weil || 960 τε Reiske : γε L || 961 μὴ Barnes: μ' L μὴ πρὸ τοῦ σφαγῆναι εἰσίδῃ τὸν τοῦ αἰγίσθου νεκρόν in mg L || 963 ὁρῶ L : ὁρᾷς Seidler || 964-985 lineolae pro notis personarum in L nisi quod 980, 981, 985 desunt || 965-966 transposuit, personis mutatis, Kirchhoff || 966 γε Schaefer : τε L ; versum Choro tribuit Camper || 967 μητέρ' in ras L^c.

Oreste. — Apollon, quel oracle insensé tu rendis...

Électre. —Si Phoibos est borné, qui donc a la sagesse ?

Oreste. — en m'ordonnant le meurtre inouï de ma mère !

Électre. — Mais, à venger ton père, quel mal vois-tu pour toi ?

Oreste. — J'étais pur ; je serai chargé d'un parricide.

Électre. — Ne défends pas ton père, et tu seras impie.

Oreste. — Ma mère me fera expier son trépas.

Électre. — Qui te punira, si ton père est invengé ?

Oreste. — Si, sous les traits du dieu, un démon m'a parlé[1] ?

Électre.. — Assis sur le trépied sacré ? Je n'y puis croire.

Oreste. — Je n'admettrai jamais que l'oracle ait raison.

Électre. — Ne laisse pas tomber lâchement ton courage. Va ! tends à ta mère le même piège que celui où elle a fait périr son époux sous les coups d'Égisthe.

Oreste. — J'entre. Terrible est l'entreprise et terrible est pour moi de m'en faire l'agent. Si les dieux l'ont décidé, qu'il en soit ainsi. Mais qu'amer et sans douceur est un pareil exploit !

Oreste, suivi de Pylade, entre dans la maison. Clytemnestre arrive en voiture, magnifiquement parée et accompagnée d'esclaves troyennes.

Le Chœur. — *Noble reine de la terre argienne, ô fille de Tyndare, sœur des deux bons jouvenceaux, fils de Zeus, qui,*

Choéphores 899, donne lieu ici à une discussion comparable au dialogue qui s'engage avant le meurtre entre la mère et le fils dans la même pièce, 908-930. Par exemple, le dilemme des vers 977 sq. s'y trouve indiqué 924 sq.

[1] On dirait qu'Euripide veut citer ce passage, *Oreste* 1668 sq. L'idée que les mauvais démons peuvent revêtir des aspects divers pour tromper les hommes est donc bien antérieure au néo-platonisme et au christianisme. Cf. Porphyre, *De abstinentia* II 39 sq. Proclus, *In Timaeum* p. 395, 29 sqq. Diehl.

ΟΡ. ὅστις μ' ἔχρησας μητέρ', ἣν οὐ χρῆν, κτανεῖν.
ΗΛ. Βλάπτῃ δὲ δὴ τί πατρὶ τιμωρῶν σέθεν ;
ΟΡ. Μητροκτόνος νῦν φεύξομαι, τόθ' ἁγνὸς ὤν.
ΗΛ. Καὶ μή γ' ἀμύνων πατρὶ δυσσεβὴς ἔσῃ.
ΟΡ. Ἐγὼ δὲ μητρὶ τοῦ φόνου δώσω δίκας.
ΗΛ. Τῷ δαὶ πατρῴαν διαμεθεὶς τιμωρίαν ;
ΟΡ. Ἆρ' αὖτ' ἀλάστωρ εἶπ' ἀπεικασθεὶς θεῷ ;
ΗΛ. Ἱερὸν καθίζων τρίποδ' ; ἐγὼ μὲν οὐ δοκῶ.
ΟΡ. Οὐδ' ἂν πιθοίμην εὖ μεμαντεῦσθαι τάδε.
ΗΛ. Οὐ μὴ κακισθεὶς εἰς ἀνανδρίαν πεσῇ,
ἀλλ' εἶ τὸν αὐτὸν τῇδ' ὑποστήσων δόλον,
ᾧ καὶ πόσιν καθεῖλεν Αἰγίσθου χερί.
ΟΡ. Ἔσειμι· δεινοῦ δ' ἄρχομαι προβλήματος
καὶ δεινὰ δράσω γ'· εἰ θεοῖς δοκεῖ τάδε,
ἔστω· πικρὸν δ' οὐχ ἡδὺ τἀγώνισμά μοι.

ΧΟ. Ἰώ,
βασίλεια γύναι χθονὸς Ἀργείας,
παῖ Τυνδάρεω,
καὶ τοῖν ἀγαθοῖν ξύγγονε κούροιν
Διός, οἳ φλογερὰν αἰθέρ' ἐν ἄστροις
ναίουσι, βροτῶν ἐν ἁλὸς ῥοθίοις
τιμὰς σωτῆρας ἔχοντες·

975 φεύξομαι et in mg κατηγορηθήσομαι L || **976** μή *l* : μήν L || **977** μητρὶ rec. : μητρὸς L || **978** τῷ δαὶ... διαμεθεὶς scripsi : τῶ δαὶ (αι supra rasuram scr. L[c]) ...διαμεθίης L τῷ δ' αὖ ... διαμεθεὶς Porson, sed cf. 1116, τῷ δ' ἂν (ἣν Camper). ..διαμεθῇς Musgrave || **979** αὐτὸ τὸ ἀποκτ⟨είνειν⟩ in mg L || **980** sq., **985** personarum notae desunt in L || **982** πεσῇ Elmsley : πέσης L || **983** Electrae continuat Weil : ΟΡ. L || εἶ... ὑποστήσων Weil : εἰς... ὑποστήσω L ἦ ...ὑποστήσω (Oresti versum tribuens) Victorius || **984** καθεῖλεν Αἰγίσθου χερί scripsi, cf. v. 9-10 : καθεῖλεν (in καθεῖλες corr. *l*) αἴγισθον κτανών L || **986** γ' εἰ θεοῖς (γ' add. L[c]) L : κεἰ θεοῖς Vitelli θεοῖσι δ' εἰ Weil || **987** δ' οὐχ ἡδὺ Musgrave: δὲ χ' ἡδὺ L (χ in ras. L[c]) || **989** Τυνδάρεω Dindorf : τυνδαρεύου P et primitus L -ρέου *l*.

mis au rang des astres dans l'éther enflammé, ont charge d'apporter sur les vagues marines leur secours aux mortels, salut[1]. *Je te révère autant que les dieux bienheureux pour ta richesse et ta félicité suprême*[2]. *C'est l'heure de savoir ménager*[3] *ta fortune. Salut, ô reine!*

CLYTEMNESTRE. — Descendez de voiture, Troyennes, et prenez ma main pour m'aider à mettre pied à terre[4]. Les temples des dieux sont ornés des dépouilles de la Phrygie; mais ces femmes, choisies entre toutes les Troyennes, sont le butin que j'ai pris pour remplacer mon enfant perdue[5]: part médiocre, mais qui du moins embellit ma maison.

ÉLECTRE. — Moi, l'esclave chassée du palais de son père et qui vis sous ce toit misérable, laisse-moi, ô ma mère, toucher ta bienheureuse main!

CLYTEMNESTRE. — Les esclaves sont là, ne prends pas cette peine.

ÉLECTRE. — Pourquoi? je suis pourtant captive et tu m'obliges à vivre loin de ma demeure; dans ma maison conquise, j'ai moi-même été conquise, restant, comme ces femmes, orpheline d'un père.

CLYTEMNESTRE[6]. — Ce sont là justement les desseins que ton père a tramés contre ceux qui devaient lui être le plus chers. Sans doute, quand une femme a mauvais renom, on trouve à sa parole quelque chose d'amer; dans mon cas, on a tort. Il faut connaître les faits. S'ils méritent la haine, il est juste qu'on en ait horreur; sinon, pourquoi haïr?

[1] Cette allusion aux Dioscures et à leur fonction prépare au rôle qui leur sera attribué *infra* 1241, 1347 sqq.

[2] Comparez le salut adressé par le Chœur à Clytemnestre, *Iph. Aul.* 590 sqq., lorsqu'elle fait en scène une entrée analogue.

[3] Le verbe grec (θεραπεύεσθαι) est à dessein d'une sinistre ambiguïté. Il peut s'entendre dans le sens de *colere* « honorer », ou dans celui de *curare* « soigner, préserver ».

[4] Même cérémonial, *Iph. Aul.* 617.

[5] C'est-à-dire Iphigénie dont elle va bientôt parler.

[6] Euripide a refait ici à sa manière la scène capitale de l'*Électre* de Sophocle 516-629; cf. Notice, p. 180. Les discours des deux

χαῖρε, σεβίζω σ' ἴσα καὶ μάκαρας
πλούτου μεγάλης τ' εὐδαιμονίας.
Τὰς σὰς δὲ τύχας θεραπεύεσθαι
καιρός. ⟨Χαῖρ',⟩ ὦ βασίλεια.

ΚΛΥΤΑΙΜΝΗΣΤΡΑ

Ἔκβητ' ἀπήνης, Τρῳάδες, χειρὸς δ' ἐμῆς
λάβεσθ', ἵν' ἔξω τοῦδ' ὄχου στήσω πόδα.
Σκύλοισι μὲν γὰρ θεῶν κεκόσμηνται δόμοι
Φρυγίοις, ἐγὼ δὲ τάσδε, Τρῳάδος χθονὸς
ἐξαίρετ', ἀντὶ παιδὸς ἣν ἀπώλεσα
σμικρὸν γέρας, καλὸν δὲ κέκτημαι δόμοις.

ΗΛ. Οὔκουν ἐγώ, — δούλη γὰρ ἐκβεβλημένη
δόμων πατρῴων δυστυχεῖς οἰκῶ δόμους —
μῆτερ, λάβωμαι μακαρίας τῆς σῆς χερός;

ΚΛ. Δοῦλαι πάρεισιν αἵδε, μὴ σύ μοι πόνει.

ΗΛ. Τί δ'; αἰχμάλωτόν τοί μ' ἀπῴκισας δόμων,
ᾑρημένων δὲ δωμάτων ᾑρήμεθα,
ὡς αἵδε, πατρὸς ὀρφαναὶ λελειμμέναι.

ΚΛ. Τοιαῦτα μέντοι σὸς πατὴρ βουλεύματα
ἐς οὓς ἐχρῆν ἥκιστ' ἐβούλευσεν φίλων.
Λέξω δέ· καίτοι δόξ' ὅταν λάβῃ κακὴ
γυναῖκα, γλώσσῃ πικρότης ἔνεστί τις.
Ὡς μὲν παρ' ἡμῖν, οὐ καλῶς· τὸ πρᾶγμα δὲ
μαθόντας, ἢν μὲν ἀξίως μισεῖν ἔχῃ,
στυγεῖν δίκαιον· εἰ δὲ μή, τί δεῖ στυγεῖν;
Ἡμᾶς δ' ἔδωκε Τυνδάρεως τῷ σῷ πατρί,
οὐχ ὥστε θνῄσκειν, οὐδ' ἃ 'γεινάμην ἐγώ.

997 ⟨χαῖρ'⟩ Nauck || **999** τοῦδ' ὄχου Victorius : τοῦ λόχου L || **1002** ἀπώλεσα Victorius : -σε L, « fortasse recte (sc. ille quem non nomino) » Murray || **1010** ὀρφανοὶ λελειμμένοι Fix || **1011** βουλεύματα Victorius : -λεύεται L || **1016** μαθόντας Reiske : μαθόντα σ' L || ἔχῃ Seidler : ἔχῃς L || **1018** δ' ἔδωκε Dawes : δέδωκε L || **1019** ἃ 'γεινάμην L : ἃ γειναίμην Reiske.

Tyndare, en me donnant à ton père, n'a point voulu ma mort, ni celle des enfants qui me sont nés. Mais lui, trompant ma fille par la promesse d'un mariage avec Achille, l'a emmenée loin du palais près des vaisseaux bloqués à Aulis, et alors il l'a étendue au-dessus de l'autel et il a moissonné la joue blanche de mon Iphigénie[1]. Certes, s'il l'avait fait pour préserver sa patrie de la ruine[2], ou bien dans l'intérêt de sa maison et pour le salut de ses autres enfants, si cet unique meurtre en avait empêché plusieurs, on pourrait pardonner. Mais non, il s'est trouvé une Hélène lubrique, et pour elle un mari qui n'a pas su châtier sa trahison ; et c'est pourquoi il a immolé mon enfant. Je ressentis l'outrage, certes ; mais cependant mon cœur ne devint pas féroce, et je n'aurais pas tué pour cela mon époux. Mais voici qu'il me revient avec une fille possédée, une ménade, et qu'il l'introduit dans son lit : nous étions deux épouses à vivre sous le même toit. La femme est sensuelle, je n'en disconviens pas. Mais, ce vice existant, quand l'époux a des torts et méprise le lit conjugal, la femme veut imiter l'homme et prend un autre amant. Et alors, c'est contre nous que les reproches éclatent, et le vrai coupable, l'homme, ne reçoit aucun blâme. Que si Ménélas avait été enlevé furtivement de sa maison, m'aurait-il fallu tuer Oreste pour sauver ce Ménélas, époux de ma sœur[3] ? Qu'eût fait ton père après un outrage pareil ? Ainsi donc, lui pourrait, sans le payer de sa vie, faire périr mes enfants, tandis que moi, je devrais recevoir de lui mon

femmes, comme deux plaidoyers mesurés par la clepsydre, ont chacun exactement le même nombre de vers (40), ce qui rend suspectes *a priori* toutes les athétèses proposées dans ces morceaux.

[1] La joue « blanche » ou « claire » (λευκός), c'est-à-dire en sa fleur de jeunesse. « Votre vie... en sa fleur doit être moissonnée. » Racine, *Iphigénie* I 2.

[2] On dirait qu'Euripide songe au sujet de son *Érechthée*. Praxithéa, la reine d'Athènes, y consentait au sacrifice de sa propre fille pour sauver la cité pendant une guerre ; fr. 360.

[3] Voir des raisonnements d'une rhétorique analogue, *Troyennes* 1242 n. *Andromaque* 215. *Hélène* 262.

Κεῖνος δὲ παῖδα τὴν ἐμὴν Ἀχιλλέως
λέκτροισι πείσας ᾤχετ' ἐκ δόμων ἄγων
πρυμνοῦχον Αὖλιν· ἔνθ' ὑπερτείνας πυρᾶς
λευκὴν διήμησ' Ἰφιγόνης παρηΐδα.
Κεἰ μὲν πόλεως ἅλωσιν ἐξιώμενος
ἢ δῶμ' ὀνήσων τἄλλα τ' ἐκσῴζων τέκνα
ἔκτεινε πολλῶν μίαν ὕπερ, συγγνώστ' ἂν ἦν·
νῦν δ' οὕνεχ' Ἑλένη μάργος ἦν ὅ τ' αὖ λαβὼν
ἄλοχον κολάζειν προδότιν οὐκ ἠπίστατο,
τούτων ἕκατι παῖδ' ἐμὴν διώλεσεν.
Ἐπὶ τοῖσδε τοίνυν καίπερ ἠδικημένη
οὐκ ἠγριώμην οὐδ' ἂν ἔκτανον πόσιν·
ἀλλ' ἦλθ' ἔχων μοι μαινάδ' ἔνθεον κόρην
λέκτροις τ' ἐπεισέφρηκε, καὶ νύμφα δύο
ἐν τοῖσιν αὐτοῖς δώμασιν κατείχομεν.
Μῶρον μὲν οὖν γυναῖκες, οὐκ ἄλλως λέγω·
ὅταν δ', ὑπόντος τοῦδ', ἁμαρτάνῃ πόσις
τἄνδον παρώσας λέκτρα, μιμεῖσθαι θέλει
γυνὴ τὸν ἄνδρα χἄτερον κτᾶσθαι φίλον.
Κἄπειτ' ἐν ἡμῖν ὁ ψόγος λαμπρύνεται,
οἱ δ' αἴτιοι τῶνδ' οὐ κλύουσ' ἄνδρες κακῶς.
Εἰ δ' ἐκ δόμων ἥρπαστο Μενέλεως λάθρα,
κτανεῖν μ' Ὀρέστην χρῆν, κασιγνήτης πόσιν
Μενέλαον ὡς σώσαιμι; σὸς δὲ πῶς πατὴρ
ἠνέσχετ' ἂν ταῦτ'; εἶτα τὸν μὲν οὐ θανεῖν
κτείνοντα χρῆν τἄμ', ἐμὲ δὲ πρὸς κείνου παθεῖν;
Ἔκτειν', ἐτρέφθην ἥνπερ ἦν πορεύσιμον
πρὸς τοὺς ἐκείνῳ πολεμίους· φίλων γὰρ ἂν

1022 πυρᾶς Tyrwhitt, cf. *Iph. Taur.* 26 : πύλας L || **1025** ἐκσώζων L : -ώσων Nauck || **1026** συγγνώστ' ἂν ἦν Scal. : συγγνωστά νιν L || **1027** Ἑλένη Heath : -ης L || **1031** ἠγριώμην Nauck : -ούμην L || **1033** δύο *l* : δύω L || **1034** τοῖσιν αὐτοῖς Canter : τοῖς αὐτοῖσι L || κατείχομεν L, cf. *Ion* 551 : κατεῖχ' ὁμοῦ Dawes || **1038** φίλον in mg L et in textu in ras. L[c] || **1045** κτείνοντα L : -αντα Matthiae.

châtiment ? J'ai tué, j'ai pris pour cela la seule voie qui me fût accessible, en me tournant vers ses ennemis. Est-ce donc un ami de ton père qui eût voulu s'associer à moi pour le mettre à mort ? Parle, si bon te semble, et démontre à ton tour, en toute liberté, comment ton père fut mis à mort contre le droit.

La Coryphée. — Tu as plaidé le droit, mais ce droit est infâme[1]. La femme, en toutes choses, doit céder au mari, si elle est raisonnable. Celle qui pense autrement n'entre pas même en ligne de compte dans mes discussions.

Électre. — Rappelle-toi, ma mère, tes dernières paroles : j'ai le droit de te parler en toute liberté[2].

Clytemnestre. — Je le répète et ne m'en dédis pas, ma fille.

Électre. — Prends garde ! si je parle, tu voudras me punir.

Clytemnestre. — Non ; à tes sentiments j'oppose la douceur.

Électre. — Je parle donc, et ton mot me fournit l'exorde à mon discours : Que n'as-tu, ô ma mère, de meilleurs sentiments[3] ! Certes, l'on a raison de vanter la beauté et d'Hélène et de toi ; mais vous êtes bien les deux sœurs, vaines l'une et l'autre et indignes de Castor. Hélène, en consentant à son enlèvement, a causé sa propre perte ; toi, tu as fais périr le plus noble héros de la Grèce, et tu oses donner la vengeance de ton enfant comme prétexte au meurtre de ton époux. C'est que les autres ne te connaissent pas aussi bien que moi. La mort de ta fille n'était point décidée, ton mari

[1] Ce vers est écrit pour des auditeurs qui ont dans la mémoire la scène parallèle de Sophocle, v. 557 sqq. : « Ton aveu est une infamie, que le meurtre soit juste ou non. »

[2] L'Électre de Sophocle prend la même précaution, v. 554. Euripide se ménage de surprendre plus loin les spectateurs en leur montrant une Clytemnestre qui, à l'inverse de celle de Sophocle, ne se laissera pas pousser à la colère.

[3] On n'a pas compris ce début, et la correction de Vitelli, si ingénieuse qu'elle soit (εὐχὴ... προοίμιον, « la prière que voici est mon exorde »), doit être rejetée. Électre reprend la réponse où Clytemnestre a laissé entendre que sa fille a des sentiments amers

τίς ἂν πατρὸς σοῦ φόνον ἐκοινώνησέ μοι;
Λέγ' εἴ τι χρῄζεις κἀντίθες παρρησίᾳ
ὅπως τέθνηκε σὸς πατὴρ οὐκ ἐνδίκως.

ΧΟ. Δίκαι' ἔλεξας· ἡ δίκη δ' αἰσχρῶς ἔχει.
Γυναῖκα γὰρ χρὴ πάντα συγχωρεῖν πόσει,
ἥτις φρενήρης· ᾗ δὲ μὴ δοκεῖ τάδε,
οὐδ' εἰς ἀριθμὸν τῶν ἐμῶν ἥκει λόγων.

ΗΛ. Μέμνησο, μῆτερ, οὓς ἔλεξας ὑστάτους
λόγους, διδοῦσα πρὸς σέ μοι παρρησίαν.

ΚΛ. Καὶ νῦν γέ φημι κοὐκ ἀπαρνοῦμαι, τέκνον.

ΗΛ. Ὅρα· κλύουσα, μῆτερ, εἶτ' ἔρξεις κακῶς.

ΚΛ. Οὐκ ἔστι, τῇ σῇ δ' ἡδὺ προσθήσω φρενί.

ΗΛ. Λέγοιμ' ἄν· ἀρχὴ δ' ἥδε μοι προοιμίου·
εἴθ' εἶχες, ὦ τεκοῦσα, βελτίους φρένας.
Τὸ μὲν γὰρ εἶδος αἶνον ἄξιον φέρει
Ἑλένης τε καὶ σοῦ, δύο δ' ἔφυτε συγγόνω
ἄμφω ματαίω Κάστορός τ' οὐκ ἀξίω.
Ἡ μὲν γὰρ ἁρπασθεῖσ' ἑκοῦσ' ἀπώλετο,
σὺ δ' ἄνδρ' ἄριστον Ἑλλάδος διώλεσας,
σκῆψιν προτείνουσ' ὡς ὑπὲρ τέκνου πόσιν
ἔκτεινας. Οὐ γάρ, ὡς ἔγωγ', ἴσασί σ' εὖ·
ἥ, τῆς θυγατρὸς πρὶν κεκυρῶσθαι σφαγὰς
νέον τ' ἀπ' οἴκων ἀνδρὸς ἐξωρμημένου,
ξανθὸν κατόπτρῳ πλόκαμον ἐξῄσκεις κόμης.

1051 ΧΟ. et **1055** ΗΛ. Camper : 1051-1056 Electrae tribuit L || δίκαι' L: δίκην Nauck, sed cf. Soph. *El.* 560 sq. || **1052** χρὴ Matthiae : χρῆν L || **1053** ᾗ Reiske : εἰ L || **1058** ὅρα· scripsi et punctum interrog. in fine versus delevi : ἆρα L οὐκ ἄρα Weil ; de structura cf. Soph. *El.* 945. *Œd. Col.* 587 || **1059** sq. lineolae in L || **1060** versus varie tentatus, ex. gr. εὐχὴ ... προοίμιον Vitelli. Sed nil mutandum ; Electra arripit verba τῇ σῇ... φρενί (ἥδε = τόδε) ut ipsa mores matris (φρένας 1061) aggrediatur || **1062** φέρει L : -ειν Porson || **1065** ἀπώλετο L : ἀπῴχετο Pierson et alii, male, cf. v. sequentem et 921 || **1068** ἴσασι σ' Porson : ἴσασιν L || **1069** ἣ τῆς L : ἥτις Lud. Dindorf || **1071** ἐξήσκεις *p* : -ει LP

venait à peine de quitter le palais que déjà tu attifais devant un miroir les tresses de ta blonde chevelure. Or une épouse qui, en l'absence de son mari, se pare pour être belle au dehors, raie-la du nombre des honnêtes femmes. Elle n'aurait nul besoin d'étaler à l'extérieur les attraits de son visage, si elle ne cherchait pas à mal faire. Ensuite — je suis la seule femme en Grèce à le savoir — à chaque succès des Troyens, tu te montrais joyeuse; avaient-ils des revers, tes yeux s'assombrissaient, tant tu désirais peu de voir Agamemnon revenir de Troie. Pourtant, que de belles raisons pour toi de rester sage : tu avais pour mari un homme qui valait bien Égisthe; c'est lui que la Grèce avait mis à la tête de son armée. Les scandales de ta sœur Hélène te permettaient d'acquérir une noble gloire; le vice, par son contraste, met en relief la vertu.

Mais accordons même que mon père a tué ta fille; quel mal t'avons-nous fait, moi et mon frère? Pourquoi, le meurtre commis, ne nous as-tu pas rendu le palais de nos pères, au lieu d'apporter le bien d'autrui à ton amant pour acheter à ce prix ton mariage avec lui? Ce nouvel époux n'est pas en exil pour expier l'exil de ton fils; il n'a pas péri pour expier ma mort, mort deux fois plus cruelle que celle de ma sœur, puisqu'elle m'a laissée vivante. Si la justice veut qu'on rende meurtre pour meurtre, c'est par ta mort que ton fils Oreste et moi devons venger notre père. Si le premier meurtre est juste, celui-ci est juste aussi[1].

Celui qui, ne voyant que l'or ou la naissance, épouse une femme perverse, est insensé. Nulle grandeur ne vaut l'humble foyer que garde une épouse fidèle[2].

et elle réplique : Tu parles de mes sentiments! Eh bien, le début de mon exorde sera ceci : Que n'as-tu etc.

[1] Comparez Sophocle, *Électre* 580-592.

[2] Plusieurs veulent retrancher les vers 1097-1099; sans bonne raison, je pense. Électre finit par une sentence qu'elle adresse, non à sa mère, mais au Chœur qui représente le public; cf. 1073. De même, *Andromaque* 623, 1273, Pélée débite directement au public des maximes sur le mariage analogues à celle d'ici.

Γυνὴ δ' ἀπόντος ἀνδρὸς ἥτις ἐκ δόμων
ἐς κάλλος ἀσκεῖ, διάγραφ' ὡς οὖσαν κακήν.
Οὐδὲν γὰρ αὐτὴν δεῖ θύρασιν εὐπρεπὲς
φαίνειν πρόσωπον, ἤν τι μὴ ζητῇ κακόν.
Μόνη δὲ πασῶν οἶδ' ἐγὼ σ' Ἑλληνίδων,
εἰ μὲν τὰ Τρώων εὐτυχοῖ, κεχαρμένην,
εἰ δ' ἥσσον' εἴη, συννεφοῦσαν ὄμματα,
Ἀγαμέμνον' οὐ χρῄζουσαν ἐκ Τροίας μολεῖν.
Καίτοι καλῶς γε σωφρονεῖν παρεῖχέ σοι·
ἄνδρ' εἶχες οὐ κακίον' Αἰγίσθου πόσιν,
ὃν Ἑλλὰς αὑτῆς εἵλετο στρατηλάτην·
Ἑλένης δ' ἀδελφῆς τοιάδ' ἐξειργασμένης,
ἐξῆν κλέος σοι μέγα λαβεῖν· τὰ γὰρ κακὰ
παράδειγμα τοῖς ἐσθλοῖσιν εἴσοψίν τ' ἔχει.
Εἰ δ', ὡς λέγεις, σὴν θυγατέρ' ἔκτεινεν πατήρ,
ἐγὼ τί σ' ἠδίκησ' ἐμός τε σύγγονος ;
πῶς οὐ πόσιν κτείνασα πατρῴους δόμους
ἡμῖν προσῆψας, ἀλλ' ἀπηνέγκω λέχει
τἀλλότρια, μισθοῦ τοὺς γάμους ὠνουμένη ;
κοὔτ' ἀντιφεύγει παιδὸς ἀντὶ σοῦ πόσις,
οὔτ' ἀντ' ἐμοῦ τέθνηκε, δὶς τόσως ἐμὲ
κτείνας ἀδελφῆς ζῶσαν. Εἰ δ' ἀμείψεται
φόνον δικάζων φόνος, ἀποκτενῶ σ' ἐγὼ
καὶ παῖς Ὀρέστης πατρὶ τιμωρούμενοι·
εἰ γὰρ δίκαι' ἐκεῖνα, καὶ τάδ' ἔνδικα.
Ὅστις δὲ πλοῦτον ἢ εὐγένειαν εἰσιδὼν

Test. **1097-1099** Stob. *Flor.* 72, 4 (IV 22f, 122 Hense) ubi *Cressarum* fragmento (464) adhaerent.

1074 θύρασιν Elmsley : -αισιν L || **1076** μόνη L : μόνην Victorius || **1077** τὰ Τρώων εὐτυχοῖ Musgrave : πατρῷ' ἦν εὐτυχῆ L τὰ Τρῷ' ἦν εὐτυχῆ Canter || **1085** εἴσοψίν τ' Scal. . εἰς ὄψιν τ' L || **1088** πῶς οὐ πόσιν κτείνασα Canter : πῶς οὖν πόσιν κτείνασ' οὐ L || **1089** ἀπηνέγκω L : ἐπ- Camper || λέχει Camper : λέχη L || **1093** ἀδελφῆς Victorius : -οῦ L.

La Coryphée. — On prend femme au hasard et, comme au jeu de dés, je vois les uns heureux, les autres malchanceux.

Clytemnestre. — Ma fille, ton affection va toujours à ton père ; c'est la nature : certains enfants sont ainsi du parti de l'homme, d'autres aiment mieux la mère que le père[1]. Je veux te pardonner, ma fille, car je n'ai pas tant lieu de me réjouir de ma conduite. — Mais toi, tu restes ainsi privée de bain et misérablement vêtue, alors que tu relèves à peine de tes couches ! Hélas ! malheureuse, quels projets j'ai conçus ! Combien ma colère contre mon époux m'a entraînée plus loin qu'il ne fallait !

Électre. — Tu gémis trop tard, quand le mal est sans remède. Mon père est bien mort ; mais ton fils, qui vit errant loin du pays, que ne le fais-tu revenir ?

Clytemnestre. — J'ai peur, je vois mon intérêt avant le sien. On le dit irrité du meurtre de son père.

Électre. — N'as-tu pas un époux féroce contre nous ?

Clytemnestre. — C'est sa nature ; et toi, n'es-tu pas intraitable ?

Électre. — C'est que je souffre ; mais ma colère cessera.

Clytemnestre. — Lui aussi, désormais, sera moins dur pour toi.

Électre. — La grande âme ! c'est qu'il habite en ma maison[2] !

Clytemnestre. — Tu vois ; tu viens encore rallumer les querelles.

Électre. — Je me tais ; je le crains juste autant que je dois.

Clytemnestre. — Plus un mot ! — Mais pourquoi m'appelais-tu, ma fille ?

[1] Même préférence d'Iphigénie pour son père, *Iph. Aul.* 638.

[2] Ce vers et les deux précédents sont à double entente sinistre. Electre pense à la mort d'Égisthe, sa mère à la réconciliation. Pour celle-ci, « ma maison » est le palais d'Agamemnon, pour l'autre, la chaumière où gît le cadavre.

γαμεῖ πονηράν, μῶρός ἐστι· μικρὰ γὰρ
μεγάλων ἀμείνω σώφρον' ἐν δόμοις λέχη.
ΧΟ. Τύχη γυναικῶν ἐς γάμους. Τὰ μὲν γὰρ εὖ,
τὰ δ' οὐ καλῶς πίπτοντα δέρκομαι βροτῶν.
ΚΛ. Ὦ παῖ, πέφυκας πατέρα σὸν στέργειν ἀεί.
Ἔστιν δὲ καὶ τόδ'· οἳ μέν εἰσιν ἀρσένων,
οἳ δ' αὖ φιλοῦσι μητέρας μᾶλλον πατρός.
Συγγνώσομαί σοι· καὶ γὰρ οὐχ οὕτως ἄγαν
χαίρω τι, τέκνον, τοῖς δεδραμένοις ἐμοί.
Σὺ δ' ὧδ' ἄλουτος καὶ δυσείματος χρόα
λεχὼ νεογνῶν ἐκ τόκων πεπαυμένη ;
Οἴμοι τάλαινα τῶν ἐμῶν βουλευμάτων·
ὡς μᾶλλον ἢ χρῆν ἤλασ' εἰς ὀργὴν πόσει.
ΗΛ. Ὀψὲ στενάζεις, ἡνίκ' οὐκ ἔχεις ἄκη.
Πατὴρ μὲν οὖν τέθνηκε· τὸν δ' ἔξω χθονὸς
πῶς οὐ κομίζῃ παῖδ' ἀλητεύοντα σόν ;
ΚΛ. Δέδοικα· τοὐμὸν δ', οὐχὶ τοὐκείνου σκοπῶ.
Πατρὸς γάρ, ὡς λέγουσι, θυμοῦται φόνῳ.
ΗΛ. Τί δαὶ πόσιν σὸν ἄγριον εἰς ἡμᾶς ἔχεις ;
ΚΛ. Τρόποι τοιοῦτοι· καὶ σὺ δ' αὐθάδης ἔφυς.
ΗΛ. Ἀλγῶ γάρ· ἀλλὰ παύσομαι θυμουμένη.
ΚΛ. Καὶ μὴν ἐκεῖνος οὐκέτ' ἔσται σοι βαρύς.
ΗΛ. Φρονεῖ μέγ'· ἐν γὰρ τοῖς ἐμοῖς ναίει δόμοις.
ΚΛ. Ὁρᾷς, ἀν' αὖ σὺ ζωπυρεῖς νείκη νέα.
ΗΛ. Σιγῶ· δέδοικα γάρ νιν ὡς δέδοικ' ἐγώ.
ΚΛ. Παῦσαι λόγων τῶνδ'· ἀλλὰ τί μ' ἐκάλεις, τέκνον ;
ΗΛ. Ἤκουσας, οἶμαι, τῶν ἐμῶν λοχευμάτων·

1098 πονηράν Stob. : -ρά L ‖ **1099** ἐν δόμοις λέχη L : εἰ δόμοις ἔχει Stob. ‖ **1105** συγγνώσομαι ex συγγνώμαι fecit L^c ‖ **1110** πόσει Gomperz (sc. Agamemnoni) : πόσιν L (sc. Aegisthum) ‖ **1114**, **1116-1124**, **1128-1132** lineolae in L ‖ **1116** δαὶ (αὶ in ras. L^c) L, cf. 978 ‖ **1121** ἀν' Boissonade : ἂν L.

Électre. — Tu as appris, je pense, que je viens d'accoucher. Veux-tu bien offrir à ma place — car j'ignore les rites — le sacrifice d'usage pour la dixième lune du nouveau-né[1] ? Je manque d'expérience, n'ayant pas encore eu d'enfant.

Clytemnestre. — Ce soin regarde celle qui t'a délivrée.

Électre. — Je me suis accouchée seule de mon enfant.

Clytemnestre. — Ta maison n'a donc point d'ami au voisinage ?

Électre. — Aucun ne veut avoir des pauvres pour amis.

Clytemnestre. — Eh bien, je vais entrer et offrir aux dieux le sacrifice prescrit pour une naissance quand le nombre des jours est accompli. Après t'avoir rendu ce service, j'irai dans le champ où mon mari sacrifie aux Nymphes. — Vous, serviteurs, emmenez mon attelage à l'écurie, devant le ratelier[2]. Mais, aussitôt passé le temps qui vous paraît nécessaire à mon sacrifice, vous devrez être ici. Car il me faut aussi complaire à mon époux.

Les serviteurs s'éloignent avec la voiture.

Électre. — Entre dans ma pauvre maison, et prends garde de noircir ta robe sous sa voûte enfumée. Tu vas offrir aux dieux l'offrande qu'ils réclament.

Clytemnestre entre dans la maison.

La corbeille est préparée[3]; il est aiguisé, le couteau qui a immolé le taureau[4] près duquel tu tomberas frappée. Tu seras unie, même dans la demeure d'Hadès, à l'époux dont tu partageais la couche ici dans la lumière[5]. C'est

[1] Le dixième jour après l'accouchement, on invitait la famille à un sacrifice et à un banquet, et on donnait à l'enfant son nom. — Le mot « lune » remplace ici le mot « jour ».

[2] Invention, assez maladroite, pour éloigner les serviteurs. Présents, ils auraient dû tenter de défendre leur reine (v. 1165).

[3] Formule rituelle qui commence le sacrifice ; *Iph. Aul.* 1471.

[4] Égisthe. Cf. Eschyle, *Agamemnon* 1126.

[5] L'idée vient d'Eschyle, *Choéphores*, 906.

τούτων ὑπέρ μου θῦσον — οὐ γὰρ οἶδ' ἐγώ —
δεκάτην σελήνην παιδὸς ὡς νομίζεται·
τρίβων γὰρ οὐκ εἴμ', ἄτοκος οὖσ' ἐν τῷ πάρος.
ΚΛ. Ἄλλης τόδ' ἔργον, ἥ σ' ἔλυσεν ἐκ τόκων.
ΗΛ. Αὐτὴ 'λόχευον κἄτεκον μόνη βρέφος.
ΚΛ. Οὕτως ἀγείτων οἶκος ἵδρυται φίλων ;
ΗΛ. Πένητας οὐδεὶς βούλεται κτᾶσθαι φίλους.
ΚΛ. Ἀλλ' εἶμι, παιδὸς ἀριθμὸν ὡς τελεσφόρον
θύσω θεοῖσι· σοὶ δ' ὅταν πράξω χάριν
τήνδ', εἶμ' ἐπ' ἀγρὸν οὗ πόσις θυηπολεῖ
Νύμφαισιν. Ἀλλὰ τούσδ' ὄχους, ὀπάονες,
φάτναις ἄγοντες πρόσθεθ'· ἡνίκ' ἂν δέ με
δοκῆτε θυσίας τῆσδ' ἀπηλλάχθαι θεοῖς,
πάρεστε· δεῖ γὰρ καὶ πόσει δοῦναι χάριν.
ΗΛ. Χώρει πένητας ἐς δόμους· φρούρει δέ μοι
μή σ' αἰθαλώσῃ πολύκαπνον στέγος πέπλους.
Θύσεις γὰρ οἷα χρή σε δαίμοσιν θύειν.
Κανοῦν δ' ἐνῆρκται καὶ τεθηγμένη σφαγίς,
ἥπερ καθεῖλε ταῦρον, οὗ πέλας πεσῇ
πληγεῖσα· νυμφεύσῃ δὲ κἀν Ἅιδου δόμοις
ᾧπερ ξυνηῦδες ἐν φάει. Τοσήνδ' ἐγὼ
δώσω χάριν σοί, σὺ δὲ δίκην ἐμοὶ πατρός.

ΧΟ. Ἀμοιβαὶ κακῶν· μετάτροποι πνέου- Str.
σιν αὖραι δόμων. Τότε μὲν ⟨ἐν⟩ λουτροῖς

Test. **1131** Stob. *Flor.* 97, 4 (IV 33, 4 Hense) || **1142** ἐνῆρκται Hesychius s. v. ?

1125 ὑπέρ μου L : ὕπερ μοι Seidler, sed τούτων est genitivus duplex cum παιδὸς || **1126** δεκάτην σελήνην Musgrave : -τῃ -νῃ L, cf. 1132. Aristoph. *Aves* 922. Bekker *An.* p. 237, 26 || **1130** ἀγείτων οἶκος Victorius : ἀγεῖτον' οἶκον (ον in ras. Lc) L || **1139** ΗΛ. P : lineola in L || **1141** θύειν L : θύη Nauck ; de υ brevi cf. *Cycl.* 334, Hom. ο 260 || **1146** δὲ δίκην ἐμοὶ Bothe : δ' ἐμοὶ δίκην L || **1148** ⟨ἐν⟩ Seidler.

toute la faveur que je puis t'accorder, tandis que, toi, tu vas me payer la mort de mon père.

Électre entre à son tour.

Le Chœur. — *O revirements des malheurs! Ils ont tourné, les vents qui soufflaient sur cette maison*[1]. *Jadis, c'était mon prince, mon cher prince, qui tombait frappé dans son bain. Les voûtes du palais et les créneaux de pierre ont retenti de ces paroles : « O douleur! Quoi, femme, tu vas me tuer, le jour où après dix moissons me voici revenu dans ma chère patrie? »*

En retour, la Justice fait comparaître la femme qui rompit son hymen. Hélas! longtemps absent, son époux revenait dans son palais et dans les murs que les Cyclopes ont élevés dans les airs. Avec le tranchant d'une arme affilée, elle l'a tué de sa main, oui, sa main a saisi la hache. La misérable! C'était son époux, quelque tort qu'il ait eu autrefois envers la malheureuse.

Pareille à une lionne des montagnes qui fréquente les bois voisins des guérets, elle a accompli ce forfait.

Clytemnestre[2]. — *(De l'intérieur.)* O mes enfants! Dieux! ne tuez pas votre mère.

La Coryphée. — Entends-tu crier sous ce toit ?

Clytemnestre. — Malheur à moi !

La Coryphée. — Moi-même, je gémis; ses enfants la saisissent.

Le Chœur. — *Oui, Dieu dispense la justice à l'heure du destin*[3]. *Pitoyable est ton sort, mais impie fut ton crime, ô misérable, envers ton époux.*

[1] Cf. *Héraclès* 734. Aristophane, *Paix* 945.

[2] Le cri de Clytemnestre interrompt la strophe commencée. Comparez la scène analogue, d'un effet bien plus tragique, chez Sophocle, *Électre* 1404-1416.

[3] La divinité doit tenir compte de l'ensemble des contingences qui, dans l'univers, constituent la Tyché. Cf. 403. 1248.

ἔπεσεν ἐμὸς ἐμὸς ἀρχέτας,
ἰάχησε δὲ στέγα λάινοί
τε θριγκοὶ δόμων, τάδ' ἐνέποντος· Ὦ
σχέτλια· τί με, γύναι, φονεύσεις φίλαν
πατρίδα δεκέτεσιν σποραῖσιν ἐλθόντ' ἐμάν ;

Παλίρρους δὲ τάνδ' ὑπάγεται Δίκα — Ant.
διαδρόμου λέχους, μέλεον ἃ πόσιν
χρόνιον ἱκόμενον εἰς οἴκους
Κυκλώπειά τ' οὐράνια τείχε' ὀ-
ξυθήκτῳ βέλει ἔκανεν αὐτόχειρ,
πέλεκυν ἐν χεροῖν λαβοῦσ' ἁ τλάμων,
πόσιν, ὅ τί ποτε τὰν τάλαιναν ἔσχεν κακόν.

Ὀρεία τις ὡς λέαιν' ὀργάδων
δρύοχα νεμομένα, τάδε κατήνυσεν.

ΚΛ. Ὦ τέκνα, πρὸς θεῶν μὴ κτάνητε μητέρα.
ΧΟ. Κλύεις ὑπώροφον βοάν ;
ΚΛ. Ἰώ μοί μοι.
ΧΟ. Ὤιμωξα κἀγὼ πρὸς τέκνων χειρουμένης.

Νέμει τοι δίκαν θεός, ὅταν τύχῃ·
σχέτλια μὲν ἔπαθες, ἀνόσια δ' εἰργάσω,
τάλαιν', εὐνέταν.

Ἀλλ' οἵδε μητρὸς νεοφόνοις ἐν αἵμασι
πεφυρμένοι βαίνουσιν ἐξ οἴκων πόδα,

Test. **1166** ὑπώροφον Photius *Lexicon* s. v.

1150 στέγα L . -εα Musgrave || ἐνέποντος Victorius : ἐνν- L || **1152** σχέτλια, τί με Seidler : σχετλία, τί με L σχέτλιος ἦ Weil || **1153** δεκέτεσιν *l* : δεκέταισιν ἐν P et primitus L, cf. 1161 || post hoc colon λείπει κῶλον adscr. *l* et plerique lacunam (cf. 1162 sq.) indicant. Sed vv. 1062 sq. fortasse stropham incipiunt quam Clytaemnestrae clamor interrumpit || **1155** παλίρρους... δίκα Victorius : παλλίρους... δίκαν L, cf. *Heracles* 738 || **1158** βέλει *lp* : βέλους LP, quo servato ὀξυθήκτου scribit Murray (sc. βέλους αὐτόχειρ), fortasse recte || **1160** λαβοῦσ' ἁ τλάμων, scripsi : λαβοῦσα τλάμων L || **1161** πόσιν scripsi, cf. 1156 : πόσις L || **1162** τάλαιναν *lp* : τάλαιν' P et primitus L || ἔσχε L.

Oreste, Électre et Pylade rentrent en scène. La machine dite ekkyklèma amène sous les yeux des spectateurs les cadavres de Clytemnestre et d'Égisthe.

La Coryphée. — Les voici. Tout souillés du sang frais de leur mère[1], ils sortent de la maison, et ils portent comme un trophée ces marques qui les désignent pour de tristes surnoms[2]. Non, il n'est point et il n'y eut jamais de maison plus déplorable que celle des descendants de Tantale.

Oreste. — *O Terre! ô Zeus qui vois tout ce que font les hommes, contemplez ces victimes sanglantes, abominables, ces deux corps étendus sur le sol, et frappés par ma main en expiation des maux que j'ai soufferts* . . . .

. . . .

Électre. — *Que de larmes, mon frère! et moi j'en suis la cause. Je brûlais d'une haine atroce, moi la fille, contre cette mère qui m'enfanta*[3].

Le Chœur. — *O quel destin, quel destin est le tien, ô mère qui n'as enfanté que pour subir de tes propres enfants un traitement horrible, lamentable et sans nom! Mais tu as justement expié le meurtre commis sur leur père.*

Oreste. — *O Phoibos, si le droit que tu as proclamé est obscur, visible est le malheur dont tu nous accables, et sanglant le tribut que tu offres sous la terre à Hadès*[4]. *Dans quelle autre*

[1] Cf. Sophocle, *Électre* 1422 sq.

[2] Ce vers n'a pas été compris, comme le montre le succès de la correction προσφαγμάτων : « indices d'un triste sacrifice ». Il s'agit de l'appellation de parricide (μητροφόντης, μητροκτόνος) qui, dans les drames d'Euripide, reste attachée à Oreste comme une flétrissure ; *supra* 975. *Andromaque* 999. *Oreste* 479, 1140, 1424, 1587.

[3] Sur le subit repentir d'Électre, voir Notice, p. 181.

[4] Le texte est ici gâté. Pour obtenir le sens conjectural que je lui donne, j'ai comparé *Phéniciennes* 1576, où il est parlé de la libation de sang que reçoit Hadès et qu'Arès lui fournit.

τρόπαια δείγματ' ἀθλίων προσφθεγμάτων.
Οὐκ ἔστιν οὐδεὶς οἶκος ἀθλιώτερος
τῶν Ταντταλείων οὐδ' ἔφυ ποτ' ἐκγόνων.

ΟΡ. Ἰὼ Γᾶ καὶ Ζεῦ πανδερκέτα Str. 1
βροτῶν, ἴδετε τάδ' ἔργα φόνι-
α μυσαρά, δίγονα σώματ' ἐν
χθονὶ κείμενα πλαγᾷ
χερὸς ὑπ' ἐμᾶς, ἄποιν' ἐμῶν πημάτων.
. . . .
. . . .

ΗΛ. Δακρύτ' ἄγαν, ὦ σύγγον', αἰτία δ' ἐγώ.
Διὰ πυρὸς ἔμολον ἁ τάλαινα ματρὶ τᾷδ',
ἅ μ' ἔτικτε κούραν.

ΧΟ. Ἰὼ τύχας, σᾶς τύχας,
μᾶτερ τεκοῦσ' ⏑ – –
ἄλαστα μέλεα καὶ πέρα
παθοῦσα σῶν τέκνων ὕπαι.
Πατρὸς δ' ἔτεισας φόνον δικαίως.

ΟΡ. Ἰὼ Φοῖβ', ἀνύμνησας δίκαι' Ant. 1
ἄφαντα, φανερὰ δ' ἐξέπρα-
ξας ἄχεα, φόνια δ' ὤπασας
† λέχε' ἀπὸ γᾶς τᾶς Ἑλλανίδος. †
Τίνα δ' ἑτέραν μόλω πόλιν; τίς ξένος,
τίς εὐσεβὴς ἐμὸν κάρα

1174 τρόπαια L et item *Heraclid.* 402 ‖ **1180** responsio deest, cf. 1193 ‖ **1181** lacunam indicavit Seidler, cf. 1195 sq. ‖ **1185** ΧΟ. Kirchhoff : Electrae continuat L ‖ σᾶς L : τεᾶς Weil cf. 1201 ‖ **1186** ἄλαστα iterat Grotefend, cf. 1202 ‖ **1187** μέλεα Seidler : μελέα L ‖ **1189** ἔτισας L ‖ **1190** δίκαι' Murray : δίκαν L ‖ **1191** ἄφαντα Elmsley : ἄφατα L ‖ ἐξέπρα ultimam syllabam in fine lineae metri causa erasit et initio lineae sequentis ξας rescripsit *l* : ἐξεπράξω P et fortasse primitus L ‖ **1192** φόνια P : φοίνια L ‖ **1193** λέχε' ἀπὸ γᾶς τᾶς (τᾶς P : in L erasit *l*) ἑλλανίδος L corruptum : λάχε' ἀπὸ τᾶσδ' ἐλῶντα γᾶς Weil, sed coll. *Phoen.* 1575 λοιβὰν φονίαν ἃν ἔλαχ' Ἅιδας, ὤπασε δ' Ἄρης malim λάχε' ὑπὸ γᾶς Ἅιδα. Cf. 1180.

cité pourrai-je aller? Quel hôte, quel homme pieux voudra lever les yeux vers la tête d'un parricide[1]*?*

ÉLECTRE. — *Hélas! où me présenter? dans quel chœur de danse, à quelle fête d'hyménée? Quel époux voudra me recevoir dans son lit nuptial?*

LE CHŒUR. — *Quel changement dans tes pensées! tu tournes au souffle du vent qui se lève. Tes sentiments sont pieux à présent, mais tantôt ils ne l'étaient guère. O amie, à quel forfait tu as entraîné ton frère qui s'y refusait!*

ORESTE. — *Tu as bien vu comment, rejetant ses voiles, l'infortunée a découvert son sein à l'instant du meurtre*[2]. *Ah! elle traînait par terre le corps d'où je suis né, et moi, par les cheveux*[3]*...*

LE CHŒUR. — *Je comprends; tu devais souffrir en entendant l'appel plaintif de la mère qui t'enfanta.*

ORESTE. — *Elle poussa ce cri, en portant la main à mon menton : « Mon enfant, je t'implore! » Et saisissant mes joues, elle s'y suspendait, à tel point que mes mains laissèrent tomber l'arme.*

LE CHŒUR. — *L'infortunée! Comment tes yeux ont-ils pu supporter de voir couler le sang de ta mère expirante?*

ORESTE. — *Et moi, alors, jetant mon manteau sur mes yeux, j'ai fait le sacrifice et enfoncé le fer dans le cou de ma mère.*

ÉLECTRE. — *Et moi, je t'ai encouragé et ma main a touché le glaive avec la tienne*[4].

[1] Voir l'accueil qu'Oreste reçoit dans la ville d'Athènes après son crime, *Iph. Taur.* 947 sqq.

[2] Le détail, rappelé aussi *Oreste* 527, 841, provient d'Eschyle, *Choéphores* 897. C'est le geste de la supplication maternelle : cf. Homère X 80. *Phéniciennes* 1568.

[3] Il allait dire qu'il l'a prise par les cheveux.

[4] Électre répète le même détail, *Oreste* 1235.

προσόψεται ματέρα κτανόντος;

ΗΛ. Ἰὼ ἰώ μοι. Ποῖ δ' ἐγώ, τίν' ἐς χορόν,
τίνα γάμον εἶμι; τίς πόσις με δέξεται
νυμφικὰς ἐς εὐνάς;

ΧΟ. Πάλιν, πάλιν φρόνημα σὸν
μετεστάθη πρὸς αὔραν·
φρονεῖς γὰρ ὅσια νῦν, τότ' οὐ
φρονοῦσα, δεινὰ δ' εἰργάσω,
φίλα, κασίγνητον οὐ θέλοντα.

ΟΡ. Κατεῖδες οἷον ἁ τάλαιν' ἕῶν πέπλων Str. 2
ἔβαλεν, ἔδειξε μαστὸν ἐν φοναῖσιν,
ἰώ μοι, πρὸς πέδῳ
τιθεῖσα γόνιμα μέλεα; τὰν κόμαν δ' ἐγὼ...

ΧΟ. Σάφ' οἶδα, δι' ὀδύνας ἔβας,
ἰήιον κλύων γόον
ματρός, ἅ σ' ἔτικτε.

ΟΡ. Βοὰν δ' ἔλασκε τάνδε, πρὸς γένυν ἐμὰν Ant. 2
τιθεῖσα χεῖρα· Τέκος ἐμόν, λιταίνω·
παρῄδων τ' ἐξ ἐμᾶν
ἐκρήμναθ', ὥστε χέρας ἐμὰς λιπεῖν βέλος.

ΧΟ. Τάλαινα· πῶς ἔτλας φόνον
δι' ὀμμάτων ἰδεῖν σέθεν
ματρὸς ἐκπνεούσας;

ΟΡ. Ἐγὼ μὲν ἐπιβαλὼν φάρη κόραις ἐμαῖς Str. 3
φασγάνῳ κατηρξάμαν
ματέρος ἔσω δέρας μεθείς.

1198 χορόν *l* : χῶρον L ‖ **1199** με add. Lc ‖ **1201** ΧΟ. Camper ΟΡ. L ‖ **1205** οὐ θέλοντα Seidler : οὐκ ἐθέλοντα L ‖ **1206** ΟΡ. add. *l* ‖ ἑῶν L : ἔξω Seidler ἐκ τῶν Reiske ‖ **1207** φοναῖσιν Seidler : -αῖς L ‖ **1209** ad κόμαν adscripsit εἶδον in mg L ‖ **1210** ΧΟ. Kirchhoff : ΗΛ. L ‖ **1215** χεῖρα Seidler : χέρας L ‖ **1216** παρηίδων L ‖ **1217** ἐκρίμναθ' L ‖ **1221** κόραις *p* : κόμαις L ‖ ἐμαῖς Seidler : -σι L.

Le Chœur. — *Tu a commis le plus horrible des forfaits.*

Oreste. — *Allons! couvre d'un voile les membres de ta mère et ferme ses blessures.* — (A Clytemnestre.) *Tu as donc enfanté tes propres meurtriers.*

Électre. — *Mère qui fus notre ennemie, nous t'enveloppons dans les plis de ce manteau.*

Le Chœur. — *C'est pour cette maison la suprême infortune.*

Les Dioscures apparaissent au-dessus de la maison.

Mélodrame.

La Coryphée. — Mais quelle est, au-dessus du toit de la demeure, cette apparition? Dois-je y voir des démons ou bien des dieux célestes[1]? Ce n'est pas un chemin que prennent les mortels. Pourquoi se rendent-ils visibles aux regards des humains?

Parlé.

Les Dioscures. — Fils d'Agamemnon, écoute. Les deux jumeaux, frères de ta mère, les Dioscures t'appellent, moi Castor et mon frère Pollux auprès de moi. A peine avions-nous apaisé les vagues déchaînées contre un vaisseau en mer[2] que nous sommes venus à Argos, car nous avons vu frapper ici cette victime, notre sœur et ta mère. Juste est son châtiment, mais non ton action. Phoibos, oui, Phoibos — mais il est mon souverain, je me tais — quoique sage, t'a rendu un oracle peu sage. Il faut bien s'incliner, mais dorénavant tu dois conformer ta conduite aux arrêts du destin et de Zeus.

Donne Électre pour femme à Pylade, qui l'emmènera

[1] Les Dioscures sont de bons génies subordonnés aux grands dieux; cf. 1245. La distinction entre dieux et démons est ici celle qu'indique Platon, *Banquet* 202 E.

[2] C'est le vaisseau qui vient d'amener à Nauplie (v. 1278) Ménélas, à qui les Dioscures, à la fin de l'*Hélène* 1663 sqq., promettent une navigation favorable.

ΗΛ. Ἐγὼ δ⟨έ γ⟩' ἐπεκέλευσά σοι
ξίφους τ' ἐφηψάμαν ἅμα.
ΧΟ. Δεινότατον παθέων ἔρεξας.
ΟΡ. Λαβοῦ, κάλυπτε μέλεα ματέρος πέπλοις Ant. 3
⟨καὶ⟩ καθάρμοσον σφαγάς.
Φονέας ἔτικτες ἆρά σοι.
ΗΛ. Ἰδού, φίλαν τε κοὐ φίλαν
φάρεα ⟨σέ⟩ γ' ἀμφιβάλλομεν.
ΧΟ. Τέρμα κακῶν μεγάλων δόμοισιν.

Ἀλλ' οἵδε δόμων ὑπὲρ ἀκροτάτων
φαίνουσι τίνες, δαίμονες ἢ θεῶν
τῶν οὐρανίων ; οὐ γὰρ θνητῶν γ'
ἥδε κέλευθος· τί ποτ' ἐς φανερὰν
ὄψιν βαίνουσι βροτοῖσιν ;

ΔΙΟΣΚΟΥΡΟΙ

Ἀγαμέμνονος παῖ, κλῦθι· δίπτυχοι δέ σε
καλοῦσι μητρὸς σύγγονοι Διόσκοροι,
Κάστωρ κασίγνητός τε Πολυδεύκης ὅδε.
Δεινὸν δὲ ναὸς ἀρτίως πόντου σάλον
παύσαντ' ἀφίγμεθ' Ἄργος, ὡς ἐσείδομεν
σφαγὰς ἀδελφῆς τῆσδε, μητέρος δὲ σῆς.
Δίκαια μὲν νῦν ἥδ' ἔχει· σὺ δ' οὐχὶ δρᾷς,
Φοῖβός τε, Φοῖβος — ἀλλ' ἄναξ γάρ ἐστ' ἐμός,
σιγῶ — σοφὸς δ' ὢν οὐκ ἔχρησέ σοι σοφά.
Αἰνεῖν δ' ἀνάγκη ταῦτα· τἀντεῦθεν δὲ χρὴ
πράσσειν ἃ μοῖρα Ζεύς τ' ἔκρανε σοῦ πέρι.
Πυλάδῃ μὲν Ἠλέκτραν δὸς ἄλοχον ἐς δόμους,

1224 δέ γ' ἐπεκέλευσά *l* : δ' ἐπεκέλευσά L δ' ἐπεγκέλευσά Musgrave, cf. *Cycl.* 652. *Or.* 1235 sq. || **1225** ἐφηψάμην L || **1227** ΟΡ. Seidler : om. L || **1228** ⟨καὶ⟩ Seidler || **1230** φίλαν... φίλαν Seidler : -αι... -αι L -ᾳ... -ᾳ Reiske || **1231** σέ γ' Seidler : γ' L τάδ' Kirchhoff || **1232** ΧΟ. Kirchhoff : hic om. et 1233 praef. L || **1240** κάστωρ *p* : -ορ L || **1242** ἐσείδομεν Victorius : εἴδομεν L.

dans sa maison[1]. Toi, quitte Argos; il ne t'est plus permis de fouler le sol de cette cité après avoir tué ta mère. Les Kères formidables, les déesses à la face de chienne, donneront le branle à tes transports et te feront errer en proie à la démence. Rends-toi à Athènes et embrasse la statue auguste de Pallas. Elle les frappera d'épouvante et empêchera leurs terribles serpents de t'atteindre, en étendant au-dessus de ta tête l'orbe de son bouclier à tête de Gorgone. Il est en ces lieux une colline qui porte le nom d'Arès; c'est là que, pour la première fois, les dieux ont siégé comme juges dans une cause de meurtre, lorsque le cruel Arès, irrité de la violence impie faite à sa fille, tua Halirrhothios, fils du roi de la mer. Là existe un suffrage très saint, sûr et venant d'un dieu[2], et c'est devant ce tribunal que tu devras, toi aussi, faire juger ton crime. Grâce au partage égal des suffrages, tu échapperas à la sentence de mort. Loxias prendra sur lui ta faute, puisque son oracle a ordonné le meurtre de ta mère. Et cet exemple fera loi dans l'avenir : l'égalité des suffrages doit toujours absoudre l'accusé. Les terribles déesses, désespérées de leur défaite, disparaîtront près de la colline même, dans une crevasse du sol qui deviendra le siège d'un oracle auguste, révéré des mortels[3]. Toi, tu devras habiter une ville d'Arcadie[4], sur les bords de l'Alphée, près du sanctuaire lycéen, et cette ville prendra ton nom.

[1] Dans le dénouement de l'*Oreste* 1625 sqq., où beaucoup de détails concordent avec les instructions des Dioscures, Apollon (1658) ordonne également le mariage de Pylade et d'Électre. Cette union était déjà connue d'Hellanicos de Mytilène, Pausanias II 16, 7. — Ce qui suit jusqu'au vers 1269 est le résumé de la légende traitée dans les *Euménides* d'Eschyle.

[2] Ici et *Oreste* 1650, *Iph. Taur.* 1470, Oreste est jugé, comme dans les *Euménides*, par des citoyens d'Athènes, non par les douze dieux, comme chez Démosthène 23, 66; cf. v. 1317. Le suffrage très saint désigne le *suffragium Minervae*.

[3] Cf. *Euménides* 805. Il n'est pas question ailleurs d'oracles rendus par les Euménides de l'Aréopage.

[4] C'est-à-dire Oresteion (près du mont Lykaion où Zeus avait un temple), comme il est dit *Oreste* 1647. Dans cette pièce, Oreste se

σὺ δ' Ἄργος ἔκλιπ'· οὐ γάρ ἐστί σοι πόλιν
τήνδ' ἐμβατεύειν, μητέρα κτείναντα σήν.
Δειναὶ δὲ Κῆρές ⟨σ'⟩ αἱ κυνώπιδες θεαὶ
τροχηλατήσουσ' ἐμμανῆ πλανώμενον.
Ἐλθὼν δ' Ἀθήνας Παλλάδος σεμνὸν βρέτας
πρόσπτυξον· εἵρξει γάρ νιν ἐπτοημένας
δεινοῖς δράκουσιν ὥστε μὴ ψαύειν σέθεν,
γοργῶφ' ὑπερτείνουσά σου κάρᾳ κύκλον.
Ἔστιν δ' Ἄρεώς τις ὄχθος, οὗ πρῶτον θεοὶ
ἕζοντ' ἐπὶ ψήφοισιν αἵματος πέρι,
Ἁλιρρόθιον ὅτ' ἔκταν' ὠμόφρων Ἄρης,
μῆνιν θυγατρὸς ἀνοσίων νυμφευμάτων,
πόντου κρέοντος παῖδ', ἵν' εὐσεβεστάτη
ψῆφος βεβαία τ' ἐστὶν ἔκ τέ του θεῶν.
Ἐνταῦθα καὶ σὲ δεῖ δραμεῖν φόνου πέρι.
Ἴσαι δέ σ' ἐκσῴζουσι μὴ θανεῖν δίκῃ
ψῆφοι τεθεῖσαι· Λοξίας γὰρ αἰτίαν
ἐς αὑτὸν οἴσει, μητέρος χρήσας φόνον.
Καὶ τοῖσι λοιποῖς ὅδε νόμος τεθήσεται,
νικᾶν ἴσαις ψήφοισι τὸν φεύγοντ' ἀεί.
Δειναὶ μὲν οὖν θεαὶ τῷδ' ἄχει πεπληγμέναι
πάγον παρ' αὐτὸν χάσμα δύσονται χθονός,
σεμνὸν βροτοῖσιν εὐσεβὲς χρηστήριον.
Σὲ δ' Ἀρκάδων χρὴ πόλιν ἐπ' Ἀλφειοῦ ῥοαῖς
οἰκεῖν Λυκαίου πλησίον σηκώματος·
ἐπώνυμος δὲ σοῦ πόλις κεκλήσεται.
  Σοὶ μὲν τάδ' εἶπον· τόνδε δ' Αἰγίσθου νέκυν
Ἄργους πολῖται γῆς καλύψουσιν τάφῳ.
Μητέρα δὲ τὴν σὴν ἄρτι Ναυπλίαν παρὼν

1251 κτείναντα L : -τι Scal. || **1252** ⟨σ'⟩ Dindorf || **1257** γοργῶπα (α erasum) L || σου L : σῷ Elmsley || **1258** Ἄρεως Seidler : ἄρεος L || **1260** ἀλλιρρόθιον L || **1263** ἔκ τέ του θεῶν Scal. : ἔκ τε τοῦ θεοῖς L || **1265** ἐκσώζουσι L : -σουσι Porson || **1267** αὑτὸν Victorius : ταυτὸν L || **1271** χάσμα Victorius : φάσμα L || **1272** Σεμνῶν Wil.

Voilà le sort que je t'annonce. Quant au cadavre d'Égisthe, les citoyens d'Argos le mettront dans la tombe. Pour ta mère, Ménélas, qui vient seulement d'arriver à Nauplie depuis si longtemps qu'il a pris Troie, et avec lui Hélène lui donneront la sépulture[1]. C'est du palais de Protée, en Égypte, que revient Hélène, et elle n'est jamais allée en Phrygie. Zeus, pour susciter la discorde et le carnage parmi les humains, avait envoyé à Ilion un fantôme d'Hélène.

Que Pylade conduise de la terre achéenne en sa maison la vierge qu'on appelle épouse; qu'il emmène en Phocide celui que l'on dit ton beau-frère et qu'il le comble de richesses. Toi, mets-toi en marche et par le col de l'Isthme rends-toi au temple bienheureux de Cécropie. Quitte envers le destin qui te fit meurtrier, tu pourras vivre heureux, délivré de tes maux.

Mélodrame.

LA CORYPHÉE. — Fils de Zeus, m'est-il permis de vous adresser la parole ?

LES DIOSCURES. — Oui, ce sang ne vous souille pas.

ORESTE. — Puis-je aussi parler, Tyndarides?

LES DIOSCURES. — Tu le peux; j'impute à Phoibos ce sanglant attentat.

LA CORYPHÉE. — Comment, étant dieux et les frères de la morte, n'avez-vous pas chassé les Kères de sa demeure ?

LES DIOSCURES. — L'arrêt de la fatalité devait s'accomplir, et aussi l'ordre peu sage qu'a donné la bouche même de Phoibos.

rend pour un an en Arcadie, avant d'aller à Athènes d'où il revient à Argos (1660). On sait que les Lacédémoniens retrouvèrent ses reliques à Tégée, Hérodote I 67 sq.

[1] Chez Homère γ 131, Ménélas revient le jour même des funérailles de Clytemnestre et d'Égisthe. Dans ce qui suit, Euripide indique la version de la fable qu'il traitera dans son *Hélène*. L'idée que Zeus a

Μενέλαος, ἐξ οὗ Τρωικὴν εἷλε χθόνα,
Ἑλένη τε θάψει· Πρωτέως γὰρ ἐκ δόμων
ἥκει λιποῦσ' Αἴγυπτον οὐδ' ἦλθεν Φρύγας.
Ζεὺς δ', ὡς ἔρις γένοιτο καὶ φόνος βροτῶν,
εἴδωλον Ἑλένης ἐξέπεμψ' ἐς Ἴλιον.
Πυλάδης μὲν οὖν κόρην τε καὶ δάμαρτ' ἔχων
Ἀχαιίδος γῆς οἴκαδ' ἐσπορευέτω,
καὶ τὸν λόγῳ σὸν πενθερὸν κομιζέτω
Φωκέων ἐς αἶαν καὶ δότω πλούτου βάρος.
Σὺ δ' Ἰσθμίας γῆς αὐχέν' ἐμβαίνων ποδὶ
χώρει πρὸς οἶκον Κεκροπίας εὐδαίμονα.
Πεπρωμένην γὰρ μοῖραν ἐκπλήσας φόνου
εὐδαιμονήσεις τῶνδ' ἀπαλλαχθεὶς πόνων.

ΧΟ. Ὦ παῖδε Διός, θέμις ἐς φθογγὰς
τὰς ὑμετέρας ἡμῖν πελάθειν;

ΔΙ. Θέμις, οὐ μυσαραῖς τοῖσδε σφαγίοις.

ΟΡ. Κἀμοὶ μύθου μέτα, Τυνδαρίδαι;

ΔΙ. Καὶ σοί. Φοίβῳ τήνδ' ἀναθήσω
πρᾶξιν φονίαν.

ΧΟ. Πῶς ὄντε θεὼ τῆσδέ τ' ἀδελφὼ
τῆς καπφθιμένης
οὐκ ἠρκέσατον κῆρας μελάθροις;

ΔΙ. Μοῖρά τ' ἀνάγκης ἦγ' ἐς τὸ χρεών,
Φοίβου τ' ἄσοφοι γλώσσης ἐνοπαί.

ΗΛ. Τίς δ' ἔμ' Ἀπόλλων, ποῖοι χρησμοὶ
φονίαν ἔδοσαν μητρὶ γενέσθαι;

1280 θάψει Victorius : -η L || 1289 οἶκον L : ὄχθον Valckenaer || 1292 ΧΟ. Victorius : ΟΡ. L || 1294 μυσαραῖς Orelli : -ροῖς L || 1295 ΟΡ. Victorius : ΗΛ. L || 1296 ΔΙ. P : om. L || 1298 ΧΟ. Victorius : lineola L || 1299 καπφθιμένης Elmsley : καταφ- L || 1301 μοῖρά... χρεών scripsi : μοίρας ἀνάγκης ἡγεῖτο χρεών L μοῖραν ἀνάγκης ἦγεν τὸ χρεών Seidler μοῖρά τ' ἀνάγκης ἦγ' ᾗ τὸ χρεών Murray μοῖρά σ' ἀνάγκης ἦγ' εἰς τὸ χρεών Tucker || 1303 ΗΛ. Victorius : om. L || τίς δ' ἔμ' Seidler : τί δαί μ' L.

Électre. — Mais quel Apollon, quels oracles m'ont fait, à moi, tuer ma mère?

Les Dioscures. — Communes sont vos actions et communs vos destins. La même malédiction qui a perdu vos pères vous a écrasés tous les deux[1].

Oreste. — Ma sœur, quand après si longtemps je te vois devant moi, je dois me priver aussitôt de tes caresses, et je suis perdu pour toi comme tu l'es pour moi.

Les Dioscures. — Elle a un époux, un foyer, et n'est pas à plaindre, si ce n'est d'abandonner Argos.

Électre. — Et quel plus grand sujet de larmes que de laisser derrière soi la frontière de sa patrie!

Oreste. — Moi, je vais quitter le palais de mon père et, devant des juges étrangers, je devrai répondre du meurtre de ma mère.

Les Dioscures. — Aie confiance. Dans la ville de Pallas où tu te rendras, règne la piété. Résigne-toi donc.

Électre. — Presse ton sein contre mon sein, ô frère bien-aimé! Nous allons vivre séparés, loin de la maison paternelle, chassés par les imprécations de notre mère ensanglantée.

Oreste. — Prends-moi, étreins mon corps; laisse couler tes pleurs comme sur la tombe d'un mort.

Les Dioscures. — Hélas, hélas! ton langage est cruel à entendre, même pour les dieux. Car moi-même et les habitants du ciel, nous savons compatir aux misères humaines[2].

Oreste. — Je ne te verrai plus.

Électre. — Et moi, je n'approcherai plus de tes yeux.

Oreste. — Tu me fais ton dernier adieu.

voulu, par la guerre de Troie, diminuer le trop grand nombre des humains (cf. *Hélène* 38-41. *Oreste* 1641 sq.) a son origine dans l'épopée des *Chants cypriens*, fr. 1.

[1] C'est l'hérédité criminelle des Pélopides, à laquelle a fait allusion le deuxième stasimon. Cf. la note au v. 699.

[2] L'idée ici exprimée contraste avec l'insensibilité qu'en de nombreux passages Euripide attribue aux dieux à l'égard des souffrances humaines. Cf. *Troyennes* 837 n.

ΔΙ. Κοιναὶ πράξεις, κοινοὶ δὲ πότμοι,
μία δ' ἀμφοτέρους
ἄτη πατέρων διέκναισεν.
ΟΡ. Ὦ σύγγονέ μοι, χρονίαν σ' ἐσιδὼν
τῶν σῶν εὐθὺς φίλτρων στέρομαι
καὶ σ' ἀπολείψω σοῦ λειπόμενος.
ΔΙ. Πόσις ἔστ' αὐτῇ καὶ δόμος· οὐχ ἥδ'
οἰκτρὰ πέπονθεν, πλὴν ὅτι λείπει
πόλιν Ἀργείων.
ΗΛ. Καὶ τίνες ἄλλαι στοναχαὶ μείζους
ἢ γῆς πατρίας ὅρον ἐκλείπειν;
ΟΡ. Ἀλλ' ἐγὼ οἴκων ἔξειμι πατρὸς
καὶ ἐπ' ἀλλοτρίαις ψήφοισι φόνον
μητρὸς ὑφέξω.
ΔΙ. Θάρσει· Παλλάδος
ὁσίαν ἥξεις πόλιν· ἀλλ' ἀνέχου.
ΗΛ. Περί μοι στέρνοις στέρνα πρόσαψον,
σύγγονε φίλτατε·
διὰ γὰρ ζευγνῦσ' ἡμᾶς πατρίων
μελάθρων μητρὸς φόνιοι κατάραι.
ΟΡ. Βάλε, πρόσπτυξον σῶμα· θανόντος δ'
ὡς ἐπὶ τύμβῳ καταθρήνησον.
ΔΙ. Φεῦ φεῦ· δεινὸν τόδ' ἐγηρύσω
καὶ θεοῖσι κλύειν.
Ἔνι γὰρ κἀμοὶ τοῖς τ' οὐρανίδαις
οἶκτοι θνητῶν πολυμόχθων.
ΟΡ. Οὐκέτι σ' ὄψομαι.

1305 ΔΙ. Victorius : lineolea L || κοινοὶ Victorius : -αὶ L || 1311 αὐτῇ Barnes : -ὸς L || 1314 ΗΛ. Lenting : ΟΡ. L || 1315 πατρίας Schaefer : -ώας L || ἐκλείπειν Heath : ἐκλιπεῖν L || 1316 ΟΡ. add. Lenting || 1320 ἥξεις ὁσίαν Monk || 1323 πατρίων Schaefer : -ώων L || 1327 ΔΙ. Victorius : ΗΛ. L || 1331 ΟΡ. et 1332 ΗΛ praef. *l*.

ÉLECTRE. — Adieu, ô ma cité! Adieu, adieu encore, chères concitoyennes!

ORESTE. — Fidèle amie, tu t'en vas déjà?

ÉLECTRE. — Je m'en vais, les yeux tout baignés de larmes de tendresse.

ORESTE. — Adieu, Pylade, pars joyeux, et prends Électre pour épouse.

Pylade et Électre s'éloignent.

LES DIOSCURES. — A eux de faire cet hymen. Mais voici les chiennes[1]! échappe-toi, pars pour Athènes. D'un pas terrible, elles s'élancent sur toi; leurs bras sont des serpents, leur peau est toute noire, de cruelles douleurs elles font leur pâture.

Oreste s'enfuit.

Pour nous, nous allons en grande hâte sur la mer de Sicile où s'avancent les proues de nefs que nous devons sauver[2]. Parcourant la plaine éthérée, nous refusons notre secours aux impies, mais les hommes à qui la piété et la justice sont chères dans leur vie, nous les délivrons des périls et leur apportons le salut. Ainsi, que personne ne consente à l'injustice et ne navigue avec des compagnons parjures. Moi, dieu, je le dis aux mortels.

Les Dioscures disparaissent. Les paroles de la Coryphée accompagnent la sortie du Chœur.

LA CORYPHÉE. — Soyez en joie! Pouvoir vivre dans la joie sans souffrir quelque disgrâce du destin, c'est pour un mortel être heureux.

[1] Nous ne pouvons savoir si les Furies, que Castor montre ici à Oreste, étaient un instant visibles pour le public.

[2] Sur cette allusion contemporaine, voir Notice, p. 189.

ΗΛ. Οὐδ' ἐγὼ ἐς σὸν βλέφαρον πελάσω.
ΟΡ. Τάδε λοίσθιά μοι προσφθέγματά σου.
ΗΛ. Ὦ χαῖρε, πόλις·
χαίρετε δ' ὑμεῖς πολλά, πολίτιδες.
ΟΡ. Ὦ πιστοτάτη, στείχεις ἤδη ;
ΗΛ. Στείχω βλέφαρον τέγγουσ' ἁπαλόν.
ΟΡ. Πυλάδη, χαίρων ἴθι, νυμφεύου
δέμας Ἠλέκτρας.
ΔΙ. Τοῖσδε μελήσει γάμος· ἀλλὰ κύνας
τάσδ' ὑποφεύγων στεῖχ' ἐπ' Ἀθηνῶν·
δεινὸν γὰρ ἴχνος βάλλουσ' ἐπὶ σοὶ
χειροδράκοντες χρῶτα κελαιναί,
δεινῶν ὀδυνῶν καρπὸν ἔχουσαι·
νὼ δ' ἐπὶ πόντον Σικελὸν σπουδῇ
σώσοντε νεῶν πρῴρας ἐνάλους.
Διὰ δ' αἰθερίας στείχοντε πλακὸς
τοῖς μὲν μυσαροῖς οὐκ ἐπαρήγομεν,
οἷσιν δ' ὅσιον καὶ τὸ δίκαιον
φίλον ἐν βιότῳ, τούτους χαλεπῶν
ἐκλύοντες μόχθων σῴζομεν.
Οὕτως ἀδικεῖν μηδεὶς θελέτω
μηδ' ἐπιόρκων μέτα συμπλείτω·
θεὸς ὢν θνητοῖς ἀγορεύω.
ΧΟ. Χαίρετε· χαίρειν δ' ὅστις δύναται
καὶ ξυντυχίᾳ μή τινι κάμνει
θνητῶν, εὐδαίμονα πράσσει.

1333-1337 lineolae in L personarum notae in P ‖ **1335** πολλά *l* : πολλαί P et primitus L ‖ **1340** ΟΡ. P : om. L ‖ **1342** ΔΙ. *lp* : om. LP ‖ **1348** νεῶν *l* : ναῶν L ‖ ἐνάλους Grotius : εναύλους L ‖ **1354** μηθεὶς L ‖ **1359** πράσσει rec. : πράσσειν L ‖ Subscr. τέλος τῆς εὐριπίδου ἠλέκτρας L.

Euripidis Electrae falso tribuuntur duo versus apud Stobaeum *Flor.* 49, 4 (fr. 850 Nauck) : Ἡ γὰρ τυραννὶς πάντοθεν τοξεύεται | δεινοῖς ἔρωσιν, ἧς φυλακτέον πέρι. Cf. Hense IV 8, 4[a] et *Heracles* 65 sq

TABLE DES MATIÈRES